西北特色农业发展的保障机制研究

黄爱学 著

国家社科基金项目『西北地区特色农牧业发展的保障机制研究』（16XMZ085）成果

法律出版社
LAW PRESS · CHINA
北京

图书在版编目(CIP)数据

西北特色农业发展的保障机制研究 / 黄爱学著. --
北京 : 法律出版社, 2022
ISBN 978 - 7 - 5197 - 7196 - 6

Ⅰ. ①西… Ⅱ. ①黄… Ⅲ. ①特色农业 - 农业发展 - 研究 - 西北地区 Ⅳ. ①F327

中国版本图书馆 CIP 数据核字(2022)第 191182 号

西北特色农业发展的保障机制研究
XIBEI TESE NONGYE FAZHAN DE BAOZHANG JIZHI YANJIU

黄爱学 著

责任编辑 王 珊
装帧设计 李 瞻

出版发行 法律出版社
编辑统筹 学术·对外出版分社
责任校对 晁明慧 王 皓
责任印制 陶 松
经　　销 新华书店

开本 710 毫米×1000 毫米 1/16
印张 20.75 **字数** 316 千
版本 2022 年 11 月第 1 版
印次 2022 年 11 月第 1 次印刷
印刷 三河市龙大印装有限公司

地址:北京市丰台区莲花池西里 7 号(100073)
网址:www.lawpress.com.cn
投稿邮箱:info@lawpress.com.cn
举报盗版邮箱:jbwq@lawpress.com.cn
销售电话:010 - 83938349
客服电话:010 - 83938350
咨询电话:010 - 63939796

书号:ISBN 978 - 7 - 5197 - 7196 - 6
定价:88.00 元
凡购买本社图书,如有印装错误,我社负责退换。电话:010 - 83938349

目　录

导　论

一、研究背景

西部地区经济社会发展对于保障国家安全、维护社会和谐、促进区域协调发展等具有十分重要的地位。从地理位置和自然条件等方面来说，西北五省(自治区)又在西部地区具有特殊性。受区位因素的制约以及历史原因的影响，西北地区的经济发育程度和社会发展水平明显滞后于中东部地区。西北地区深居内陆，地域辽阔，大部分位于中高纬地带，是我国东西跨经度最大的地区，在土质、地貌、气候、河流、降水、生物等方面具有显著的地域性特征。干旱、半干旱的气候，使西北地区降水稀少，沙漠化、荒漠化现象突出，生态环境脆弱，自然条件较为恶劣。基础设施建设严重不足，农业生产方式和发展水平较为落后。改革开放以来，西部地区发展相对较慢，与东部发达地区的差距进一步拉大。基于此，中央提出了西部大开发战略。我国西部大开发的根本目的是改变西部地区的落后状况，实现与中东部地区的协调发展和共同富裕。2002 年以来，国家发改委等部门先后编制发布了“十五”“十一五”“十二五”“十三五”“十四五”5 个五年西部开发总体规划，并对“大力发展特色优势农业”作了全面部署、提出了具体措施。西部大开发 20 多年来，在国家各种政策措施的支持下，通过发达地区的“输血”以及对本地区生态资源、自然资源的发掘和利用，西部地区的经济总量得到迅速增长。

西部大开发是一项涉及对外开放、基础建设、产业发展、生态保护、公共服务、民生保障等多方面的系统规划。但要从根本上改变西部地区的落后状况就必须利用当地的资源优势发展特色产业。西北五省（自治区）虽然在气候、土质、地形、降水等方面具有劣势，但同时也具有特有的自然资源以及生产条件等方面不可替代的优势，如丰富的光热资源、独特的物种资源以及人文传统资源等。特色农业是增强西北地区特色产品市场竞争力的有效途径，是加速西北地区经济发展的客观需要。西部开发总体规划明确提出充分发挥地区农业资源优势，积极发展区域优势产业和特色经济，促进农业产业化和特色农业现代化，提升特色农产品的附加值，建设特色农产品生产基地，建立有西部特色的农产品生产加工体系，形成一批农产品产业带等。通过发展特色农业进行产业扶贫也是我国扶贫开发的重要措施。产业扶贫强调立足于贫困地区的资源禀赋，充分利用当地的产业和产品优势，通过发展特色优势产业实现脱贫以及增收致富。产业兴旺也是实现乡村振兴的重要内容。产业兴旺为乡村振兴提供物质基础，是乡村振兴的经济保障。产业兴旺具体表现为发展特色农业、特色手工业等农村特色产业保障农户的经济利益，促进其与现代农业发展有机衔接。

经济发展实践表明，基于地理位置、气候条件、资源状况、生产水平、人文因素等方面存在的差异性，各地发展难以采取统一的模式，必须根据本地实际，充分利用地域优势，着力培育当地的特色经济。国务院 2022 年发布的《“十四五”推进农业农村现代化规划》明确指出，“农业生产地域特色鲜明，不同地区资源禀赋差异大，需要因地因时制宜发展特色优势产业”。各地的产业发展和产品供给要具备其他地区难以替代的优势，就必须形成自己的特色，这样才能提升市场竞争力。发展特色农业以及形成特色农产品就是要将本区域的农业资源优势和潜在的比较优势转化为现实的产业优势和经济优势，从而促进地区经济社会发展。比较优势是各地发展特色农业的客观基础，也是提升市场竞争力的基本条件。同时，要促进特色农业的现代化，就必须改进农业生产方式和转变农业发展模式，推进农业结构改革、优化农业布局，构建现代农业“产业体系、生产体系和经营体系”。促进优势特色农业发展是西部农业现代化的基本取向。区位、资源、环境、人文等多因素共同作用形成区域特色农业的比较优势。各地充分发挥比较优势进行农业产业布局,既能够实现区域农业效益的最大化,又能够满足市场需求的多样化,并最终形成竞争优势和经济优势。

虽然西北五省(自治区)在地理位置、气候因素等方面具有一些共性,但西北各省(自治区)农业生产条件差异较大,资源禀赋与产业布局各不相同。各省(自治区)立足于发挥区域优势,扬长避短,把发展特色产业和特色产品作为农业发展的基本定位。在西部大开发、乡村振兴、扶贫开发等国家战略的支持和带动下,西北五省(自治区)充分利用区位优势和资源优势,立足实情、因地制宜,突出环境特色、品种特色和人文特色等,运用多种强农惠农政策措施,从产业结构、区域布局、品种结构等层面上调整发展方向,形成了一批地方特色优质农牧产品,市场影响力逐步扩大,市场占有率日益提高。通过适应经济发展方式的转变需要,不断优化和调整农业经济结构,探索和创新多元化的农业经营方式,建立健全科技指导、市场信息、产品流通等服务体系,农牧业整体效益逐步提高,初步形成了区域化布局、适度规模化经营、一定专业化生产、竞争力逐步提升的农业发展格局,极大地改善了西部地区经济状况、人居环境以及乡村风貌,助推了新农村建设,维护了和谐的社会关系,促进了区域协调发展,为融入新发展格局和促进乡村振兴奠定了基础。

改革开放以来特别是西部大开发以来,西北地区特色农牧业虽然有了一定的规模和实力,但是仍然处在初级发展阶段。与中东部地区相比,仍相对落后,存在较大差距,农牧业基础仍较薄弱,发展过程中存在较多问题。相对于农业发达地区,西北地区的农业生产方式相对落后,特色资源和优势资源的利用还存在不足,效益较低、集约化程度不高、精深加工不足等问题依旧突出,难以满足市场的规模化、品质化需求。虽然一些新型经营主体不断涌现,但辐射带动能力弱,在组织农民进入市场、抵御市场风险等方面发挥的作用不够明显。许多特色优势农产品开发层次低,有影响力的中高端产品不足,资源优势没有转化为经济优势。加工业的滞后以及生产技术的落后,制约了农产品品质的提升,不利于农产品市场的进一步拓展。现行农村金融制度成为制约农业和农村经济发展的“瓶颈”，金融资源供给不足，普惠金融发展不平衡。现阶段，农业在投融资方面存在的问题主要表现为投融资渠道单一，信贷资金严重不足，农牧业贷款所占的比例偏低。农牧业生产经营者融资难、融资贵的问题没有得到根本解决。西北地区的地方财力有限，加重了地方财政的农业补贴负担。基于上述因素，必须创新体制机制，加强差异化政策引导，健全强农惠农富农措施，培育新动能，激发内部动力，形成可持续内生发展机制。

二、研究意义

1. 理论意义

我国是发展中农业大国。农业既是基础性、战略性产业，同时也是弱质性产业。农业生产不仅依赖自然条件，受到经济政策、法律制度等因素的影响，而且需要相应的理论作为指导。受区位因素的制约，西北各省（自治区）特色农业发展模式具有一些共性因素，需要进行理论上的阐述。现有关于特色农业发展的研究成果主要从西北某一省（自治区）或某一具体保障要素进行分析。本书以特色农业发展的基本原理和西北地区特色农业发展的实际情况为研究视角，构建新时期西北地区特色农业发展保障机制的理论分析框架，从而有助于深化对西北地区发展特色农业的整体认识并为促进特色农业发展提供相应的借鉴和参考。区域分工理论、创新理论以及产业化理论等经济学理论为研究农业现代化以及特色农业发展提供了理论基础。同时，绿色发展原则、市场导向原则和效益统一原则是特色农业发展的基本遵循。特色农业发展是一系列措施、手段和方式等多种因素共同作用的结果。就要素的体系化而言，具体包括法治和政策、金融政策措施、经营组织形式、财政税收以及农业服务等。党中央和国务院不同时期出台的农业政策既是特色农业发展的重要保障，也是指导各地发展特色农业的根本依据。立足于新时代，党中央提出了建设现代化经济体系的新任务，并在深化供给侧结构性改革、加快建设创新型国家、实施乡村振兴战略、实施区域协调发展战略等方面作出了新部署、提出了新要求。虽然农业政策与涉农法律都是调整“三农”关系的基本依据，但是基于全面依法治国的推进以及治理能力和治理体系的提升的需要，应将成熟稳定的农业政策措施上升为规范化的法律规定，进一步提升涉农问题的治理能力以及法治化水平。

2. 实践意义

本书立足于西北地区特色农业发展现状，有针对性地提出特色农业发展的基本思路和相应对策，具有较强的实践性和现实性。走特色农业之路是西部农业现代化的基本取向。发展特色农业既是推动农村脱贫致富的重要途径，也为实施乡村振兴战略提供物质保障。我国西部是欠发达地区，作为特色优势产业的农业的重要作用不容忽视。在西部大开发、扶贫开发、乡村振兴等国家战略的支持和带动下，西北五省（自治区）充分利用区位优势和资源优势，运用多种强农惠农富农政策措施，牢牢把握基础设施建设和生态环境保护两个发展基础，突出特色优势农业和特色优质农产品，有力地促进了区域经济社会发展。但与中东部地区相比，仍相对落后，存在较大差距，农牧业基础仍较薄弱，发展过程中存在较多制约因素。新形势下，我国农业领域的矛盾不再是产品总量不足问题，而主要是农业产业结构问题。农业农村发展的诸多难题，突出表现在农业结构方面，主要是在供给侧方面。传统的小农户经营模式与现代农业的发展要求难以有效衔接。生态农业、智慧农业和循环农业等农业新业态的发展存在一些制约因素。经济全球化和全面建成小康社会向纵深发展对农业和农村粗放型经济增长方式带来了巨大压力。因此，西北地区特色农业的发展应因地制宜，立足本地实情，优化空间布局，以市场为导向，走专业化、品质化、优质化之路，提升规模化、集约化水平，促进传统农业向现代农业的转型，从而实现农业的产业化以及可持续发展。

三、研究内容

本书的研究内容共分六部分，具体分述如下：

第一部分为西北特色农业发展及保障机制的基本分析。农业是伴随生产力和社会分工的深化而产生和不断发展的。特色农业是将区域内独特的农业资源转化为特色产业的现代农业。特色农业强调资源的特异性、产品的高价值、格局的区域化等。一般而言，特色农业是指具有“独特的资源条件、明显的区域特征、特殊的产品品质、特定的消费市场”以及能将区域比较优势转化为市场优势和竞争优势并具有较强支撑力和带动力的农业产业。特色农业具有地域性、优势性、规模性、开放性、多功能性等特征。特色农业发展的理论基础包括区域分工理论、创新理论、产业化理论等。特色农业发展必须坚持绿色发展原则、市场导向原则、效益统一原则等基本原则。西北地区深居内陆,形成了独特的地理景观和特有的资源优势。农业是西北地区的优势产业,也是促进地区经济社会发展的基础性产业。西北地区农业发展的基本情况可以概括为综合效益明显提升、优势产业带初步形成、农牧业体系逐步改善、市场化程度日益提高。改革开放以来特别是西部大开发以来,西北地区特色农牧业虽然有了一定的规模和实力,但是仍然存在一些不足,主要表现在竞争力亟待提高、经营主体实力不足、产品附加值有待提升、农业金融供给不充分。西北地区发展特色农业虽然具备资源条件和区位条件等基础性条件,但仍然需要建立健全相应的保障机制。特色农业发展的保障机制是指促进特色农业发展的一系列措施、手段和方式相互作用的一种运行状态。我国《农业法》和中央政策构成了保障机制的基本框架体系,包括法治和政策保障、金融支持保障、经营组织形式保障、财政税收保障以及服务体系保障等。这些保障机制既有农业发展的共性因素,也有专门的具有针对性的具体因素。针对西北地区特色农业发展的实际,应构建差异化、精准化的保障要素。

第二部分为西北特色农业发展的法治与政策保障。法治和政策为农业发展提供保障依据。法治是一种社会调控方式和现代治理方式。法治包括立法、执法、司法和守法四个环节,因而法治保障也可以分为立法保障、执法保障、司法保障和守法保障四个方面。法治具有指引、规制、促进等作用。调整农业领域的法律可以分为基本立法、专门立法和相关立法。基本立法主要是指《农业法》。该法明确了立法的目的和调整范围、基本原则以及具体法律制度等。专门立法是指针对农业领域某一专门问题的立法,如《农产品质量安全法》《种子法》《畜牧法》等。相关立法是指与农业发展有关的立法,如《食品安全法》等。从立法的调整范围和基本内容而言,可以分为有关经营组织形式的立法、知识产权保护的立法、农业生态环境保护的立法、农产品质量的立法、金融支持的立法等。西北五省(自治区)分别根据各地的实际情况出台发展特色农业的规范性文件,如《宁夏回族自治区枸杞产业促进条例》《陕西省果业条例》等。特色农业发展的具体保障制度主要包括:第一,生态环境保护制度,如农业生物资源保护、涉农环境影响评价制度、农业清洁生产制度、农业生态补偿制度、生态环境责任等;第二,农产品质量保障制度,如农产品质量标准体系、生产管理规范化、产品质量认证、产品质量监管制度以及相应的法律责任制度等;第三,知识产权保护制度,如涉农专利保护、植物新品种权保护、地理标志保护、商标保护以及相应的法律责任制度等。农业政策主要是指国家或政党为实现农业发展目标而作出的决策或采取的策略。农业政策具有弥补市场缺陷、优化资源配置等功能。农业政策为地区特色农业发展提供坚实的保障。这些政策既可以是宏观的,如西部大开发、扶贫开发、乡村振兴等,也可以是具体的,如财政投入政策、税收优惠政策、农地利用政策等。在我国西部地区技术水平整体上较落后、市场竞争力较差的情况下,西北各省(自治区)要发展农业经济,就必须充分利用强农惠农富农政策措施,将特色产业和资源优势转化为市场优势和经济优势。

第三部分为西北特色农业发展的经营组织形式。农业组织形式是指农业生产经营主体存在的形态和类型,本质上是农业生产关系的具体体现。农业经营方式是土壤、水源、种源、自然条件、技术、资金等农业生产诸要素的组合方式,是保障农业生产组织化程度的重要因素,具体包括个体经营、家庭经营、集体经营、合作经营、合伙经营、公司经营等多种经营方式。农业组织形式和经营方式相互作用,共同影响农业生产效益。我国农业经营主体已经由改革初期相对同质性的农户家庭经营占主导的格局转变为现阶段的多类型经营主体并存的格局。农业经营组织形式不同于利益联结方式或利益联结机制。后者主要是指通过农业产业链的各个环节的合作,与农民和农业经营组织形成紧密的利益关系,使农户分享由此带来的各种利益。目前,利益联结机制主要有“公司+农户”、“公司+基地+农户”以及“公司+合作社+基地+农户”等模式。“公司+农户”这种通过契约形成的利益联结方式,不同于独立的经营主体,应构建更紧密的利益联结机制,如进行股权型合作、保底分红型合作等,切实保障农户在产业链上获取增值收益。小农户经营是我国农业生产经营的基础。“统分”问题始终是农业产业组织的基本矛盾。小农户分散经营模式虽然符合客观实际并具有相应的优势,但仍然需要通过一定程度的“统合”实现其组织化和规模化。家庭农场、农民合作社以及龙头企业等农业经营主体,功能定位和适用空间不同,各有其比较优势。其中,家庭农场、农民合作社主要集中于种植业和养殖业,是农业生产环节的主力军。虽然近年我国农业产业化程度有所提升,经营组织形式得到一定程度的创新,但目前我国农业产业化还处于起步阶段,主要是因为我国农业产业化组织形式面临着利益联结不深入、治理机制不健全和发展资金缺乏等问题。新型农业经营主体虽然数量众多,但发展质量和融合程度不够高,需要提升“统合”经营水平和辐射带动效能。

第四部分为西北特色农业发展的金融支持保障。金融作为促进实体经济发展的工具,能够为经济发展输送血液。金融支持是一个比较宽泛的概念,其主要功能是通过金融资源发挥对经济发展的支撑和促进作用。商业性金融、政策性金融和合作性金融分别在金融资源配置中具有不同的功能,在产业发展中必须发挥三者的协同作用。农业的弱质和低收益等特性决定了农业自身积累的不足以及政府支援的有限性。这就要求发挥金融的融资和杠杆功能。从微观上而言,金融支持主要表现在金融机构为各类社会主体特别是市场主体提供资金支持,如债权融资和股权融资。债权融资包括担保贷款、信用贷款、债券发行、民间借贷等;股权融资主要指通过发行股票获得资金。金融支持是各个金融要素的综合运用,既包括出台一些专门的、针对性的金融制度和金融政策,如贷款品种、差异化的利率、贷款贴息、担保方式等,也包括金融机构为市场主体提供的不同性质和种类的金融服务,如信贷服务、投资基金服务、保险服务、资本市场融资服务等。在农业生产领域,可以通过多种保险产品为农业生产经营者提供风险保障,如农业巨灾保险、农产品质量保证保险、农业信贷保证保险等。我国现代农业总体水平不高,发展中面临着许多问题,如农业自身存在的问题和金融服务体系的缺失。农业生产面临自然灾害、产品质量、价格波动等诸多风险,不利于资本进入农业领域。受制于多种因素,目前农业金融供给与需求之间仍然不畅,农业经济发展的金融需求尚未得到有效满足。金融支持农业在总体上进展缓慢。特别是西北地区存在资本市场发育不足、农业金融供给不充分的问题。资金是现代农业发展的不竭动力。当前,我国正处于农业现代化以及产业化的关键时期,农业对金融资源的需求增长较快,需要创新金融体系,充分吸纳社会资本,以赋能现代农业发展。

第五部分为西北特色农业发展的财税与服务保障。农业是关系国计民生的基础性产业,战略地位十分重要,因而需要政府的积极干预和大力扶持。财政支持作为政府调控和保护农业的重要手段,对于促进农业结构调整和农业发展方式转变具有重大意义。财政对农业的重点支持主要源于农业的准公共性、农业的外部性、农业的可持续性。我国不断加大财政强农惠农富农政策支持建设,逐步建立起适合我国国情的财政支持农业发展的法律制度和政策措施体系。我国《农业法》对农业投入增长幅度、财政支农重点以及财政资金投入监管等作了明确规定,从立法上保障财政资金对农业的投入力度。财政支农主要包括财政直接投资和财政补贴支农。财政直接投资的方式主要包括设立农业信贷担保机构、产业基金和发行政府债券等。为保障农业农村发展,中央财政设立了专项资金或经费,包括中央财政农业生产发展资金、农业资源及生态保护补助资金、动物防疫等补助经费。农业生产发展资金重点支持具有区域优势、地方特色的生态农业,以促进优势特色主导产业发展和农民增收致富。在西部地方财力有限的情况下应增加中央财政支出,并通过积极的财政支出引导和鼓励社会资本参与农业投资。税收对农业发展的保障主要体现为税收优惠政策。我国目前已经形成了有关农业税收的法律和政策体系,特别是逐步建立健全了农业税收的优惠措施,包括农业生产环节和农产品销售环节对农业生产经营者以及服务于农业产业相关环节的企业进行税收减免或比例退税等,并成为促进农业发展的重要经济杠杆。目前,我国农业农村改革不断深化,农业全产业链逐步推进,需要更为精准的、覆盖范围广、以产业化为导向的税收优惠政策措施,如将农业加工和深加工产品、农民对农业企业等投资等纳入优惠范围。另外,农业服务包括农业公共服务和农业社会化服务。农业公共服务具有公共产品性质,主要包括政策法律宣传、基础设施建设、农业技术推广以及农业信息服务等。农业社会化服务是指充分运用社会资源和社会力量为农业发展所提供的服务,如农资供应、疫病防治、产品储藏、产品检测、技术培训、代耕代种、订单服务等。

第六部分为西北特色农业发展与保障的思考建议。法律的生命力和权威在于实施。而法律的实施又能促进科学立法。农业领域的执法和监管是提升农业法治水平和实现农业法治目标的重要环节。农业执法监管主要包括农业生产资料执法监管、农产品质量执法监管、农业生态环境执法监管等方面,如农药和肥料执法监管、农产品追溯和预警、推进农业清洁生产、农业生态环境修复等。由于农业执法监管的范围非常宽泛,具有鲜明的经济效益、社会效益和生态效益,而且具有公共物品、外部性、信息不对称等特性,易导致市场失灵,因而应健全联合执法、强化队伍建设、加强过程监管、重视信用监管以及完善监管依据。在农业经营主体方面,种养大户、家庭农场、农民专业合作社等得到较快发展,但家庭农场和农民专业合作社等在发展中也暴露出一些问题,如农民合作事项较窄、准入监管不严、内部治理不规范、日常监管不到位、小农户话语权缺失等,应进一步健全规范体系、治理结构、监管机制、司法救济等。在农业金融供给方面,为保障村镇银行、贷款公司和资金互助社等新型农村金融机构的持续经营能力,应拓宽其资金来源渠道,实现其资金来源的多元化。为了分散和降低农业生产风险,应健全信贷担保、保险品种、期货品种等政策机制,深化信贷机构、保险公司、期货公司等金融机构之间的协同、联动,通过增加金融供给以减少农业生产经营者的经济损失。政府为特色农业发展所提供的公共服务具有公共产品和准公共产品性质。我国农业现代化还存在很多短板,如标准化程度较低、质量可控性不强、技术储备不足、经营规模较小等。这就要求政府充分利用经济杠杆,积极发挥对农业资源配置的调控作用,解决农业领域公共产品供给不足的问题。从农业社会化服务的主体来看,相对于中东部地区,西部地区存在集体经济组织实力偏弱、社会资本参与不足、龙头企业数量偏少、农民合作社规模偏小和带动力不足等问题。基于此,政府需要通过财政、税收等经济杠杆引导和鼓励社会力量和社会资本升级农业产业链,构建以土地、产权、劳动、资金、技术、产品等为纽带的多种形式的合作与联合,以此实现农民增收致富、增加农民就业机会、提高农业经营组织的带动力的目的,并进而促进区域经济社会发展。

四、研究方法

农业是一个涉及经济学、金融学、法学、生态学等多学科的研究领域。从现有研究成果来看,不同学科的学者分别从不同的视角并采用不同的研究方法对农业问题进行分析和探讨。但就整体而言,目前主要是经济学界的学者从经济学的角度并采用经济研究方法对农业问题进行研究。本书主要从法学研究的视角对特色农业发展的保障机制进行分析。主要包括如下研究方法:

第一,规范分析方法。政策和法律是保障特色农业发展的基本依据。我国《农业法》《土地管理法》《农村土地承包法》是调整农业关系的重要法律规范。党和政府不同时期发布的政策为我国解决"三农"问题提供基本保障。在农业关系中,涉及不同的主体,包括政府机构、金融机构、农户、新型农业经营主体、农产品交易市场、消费者等。这些主体通过政策和法律的调整形成不同类型的经济社会关系,并分别享有相应的权利和承担相应的义务。

第二,比较分析方法。我国经济发展的区域特征十分明显,东部沿海地区利用自身优势率先得到发展,中西部地区相对落后。农业是西北地区的特色优势产业,也是促进地区经济社会发展的基础性产业。优势条件决定了地区产业的发展方向。西北地区发展特色农业具有显著的比较优势,包括生态环境优势、生物资源优势和人文因素优势以及由此产生的市场优势等。同时,西北各省(自治区)农业生产条件差异较大,资源禀赋与产业布局各不相同。

第三,实证分析方法。通过田野调查和文本分析是研究的基础。我国不同历史时期根据经济社会发展需要分别出台了一系列农业政策和农业规范性文件,形成了较为完善的政策体系和规则体系。在农业政策和法律的保障下,西北各省(自治区)分别形成了各自的特色优势产业和特色优质农产品,成为较为典型的发展案例。同时,随着农业产业结构的不断调整,农业生产规模化向优势地区集中发展,形成了多元化的特色农产品基地,产业聚集效应明显。

第四,价值分析方法。西部地区经济社会发展较为落后是多种客观原因造成的。西部地区特色农业的发展对于实现共同繁荣和共同富裕具有重要作用。这是实现社会公平的重要体现。特色农业的发展必须遵循经济规律。特色农业发展不仅要着眼于经济效益,而且要实现经济效益与社会效益和生态效益的统一。只有三者的协调统一才能确保人类的整体利益,才能实现农业的可持续发展和绿色发展。

第一章　西北特色农业发展及保障机制的基本分析

第一节　特色农业发展的基本原理

一、特色农业的含义

1. 特色农业的内涵

我国立法对“农业”进行了界定。作为调整我国农业关系的基本法，我国《农业法》规定，农业“是指种植业、林业、畜牧业和渔业等产业，包括与其直接相关的产前、产中、产后服务”。这是一种广义的“农业”概念，是一种涵盖整个农业产业链的界定方式。狭义上的“农业”主要是指种植业和畜牧业。种植业通常是指利用土地、阳光等自然资源栽种、培育作物以取得植物性产品的生产部门。种植业在农业部门中占有重要地位，是农业的基础。畜牧业或养殖业主要是指通过野外放牧、室内圈养或者二者相结结合的方式，养殖畜禽以取得动物产品或者役畜的生产部门。它包括牲畜、家禽等的养殖。畜牧业是农业的重要组成部分之一，与种植业构成农业的两大支柱性部门。农业是社会分工现象。农业部门作为经济单位，是人们利用动植物的生物机能，将自然界的物质要素转化为人类需要的产品的生产部门。从经营特性上来说，种植业和畜牧业既是自然再生产过程，也是经济再生产过程，其生产对象是生物体，需要及时对市场状况和自然环境变化作出反应。这是因为，农业生产过程具有明显的产地生态性和较强的环境依赖性。[①] 从功能上而言，农业是人类衣食之源、生存之本，是一切生产和消费的首要条件。农业是支撑国民经济建设与发展的基础产业，为国民经济其他部门提供粮食、副食品、工业原料以及资金和其他相关产品等。同时，农业与其他产业存在着极其复杂的直接和间接的经济联系，成为一个有机的系统。农业具有“多面性机能”。日本《食品农业农村基本法》明确指出，农业还具有国土的保全、水资源的涵养、自然环境及自然景观保护、文化传承等功能。[②] 农业往往形成为某一区域国民经济的重要组成部分。随着经济水平的提升和农业科技的进步，农业生产社会化程度有较大提高，经营规模日趋扩大，地域分工日渐明显，“小而散”的自给或半自给性生产方式逐步向专业化分工、适度规模化生产发展，农业生产环节与农牧产品的精深加工、市场销售以及其他服务体系紧密结合，形成了农工商、产加销等环节的一体化，产业融合得到深化，产业价值链得以提升。

农业是伴随生产力和社会分工的深化而产生和不断发展的。根据生产力水平，农业基本可分为古代农业、近代农业和现代农业。在近代，随着近代科学技术的发展，农业生产开始逐步向机械化作业以及商品化生产转变。但这种转变不具有普遍意义。全球的主要农业生产还是传统的生产方式。现代农业通常是指应用现代科学技术、基于现代科技而产生的生产资料以及现代生产管理方法等进行产业化、规模化、社会化生产经营的农业。农业生产方式的演变经历了一个缓慢的过程。受到生产力水平的制约，在一个较长的时期内，农业生产主要是一种小农户模式。美国学者舒尔茨认为，“传统农业是一种生产方式长期基本没有变动、基本维持简单再生产的、长期停滞的小农经济”。[③] 传统农业主要以自给为主的取向和相对封闭的环境，对自然资源的过度依赖使其具有典型的弱质性，其主要表现是农业部门结构较为单一，生产技术水平和经营管理方式较落后，商品经济化程度较弱，缺乏有效抗御

---

① 参见艾文喜、姜河、梁卫东主编：《农业标准化与农产品质量安全》，中国农业科学技术出版社2019年版，第2页。

② 参见温娟：《日本近现代农业政策研究》，江苏人民出版社2019年版，第8页。

③ ［美］西奥多·W. 舒尔茨：《改造传统农业》，梁小民译，商务印书馆2006年版，序言。

自然灾害的能力，生产规模不大，农业系统较为封闭，整体功效较低。传统农业具有一定的封闭性，是以自给自足居主导地位的自然经济。在漫长的历史中，农业技术进步和生产发展极其缓慢，依赖人力、畜力和手工工具，主要依靠传统的种养经验进行生产。在传统农业发展的过程中，生产技术和生产能力尽管有一定的改进和提高，但就其主要趋势而言，没有根本性的变化。传统农业主要是一种满足生计或生存需要的基本生活和生产方式，家庭成员共同参加生产劳动并进行一定程度的内部分工，生产过程多靠经验积累，种植规模和养殖规模都很小，农产品数量非常有限。传统农业的主体都是欠缺文化知识的农民，科学技术不发达，对天灾和虫害完全缺乏有效抵御措施，基本依赖大自然，产量比较低，甚至有时会颗粒无收。以一家一户为主体的小农经济构成了传统农业最基本的经济细胞，主要生产目的是满足家庭生活以及一定程度的再生产需要，生产结构基本是"小而全"。当然，小农户生产的农产品也用来交换其他需要的产品。在一定程度上，农产品市场是一种封闭半封闭的市场，主要用于家庭消费，并兼具一定的交换功能。总体而言，传统农业生产具有水平低、剩余少、积累慢的特性，生产状况几乎完全受制于自然条件。

现代农业是对传统农业生产方式的超越，是农业发展史上的一个新阶段。现代农业通过运用现代科学技术以及先进的生产管理方法，能够实现农业生产经营的集约化、规模化以及市场化。传统农业和现代农业的联系主要表现在，都受到地域因素的限制，不同区域的自然条件和资源禀赋决定了其不同的生产特性，某一区域的农业依赖于自然环境所带来的地理优势。二者的区别主要表现在：其一，资源利用不同。传统农业通常利用的优势单一或仅局限于地域优势，以要素投入为动力，而现代农业往往借助一种或几种特有的自然环境、资源条件、文化传统、生产技术等方面的优势，是多要素共同作用的机制。其二，组织化程度不同。农业现代化是农业经营管理和农业经济体制的现代化。[①] 在传统农业中，农户是基本生产单元，也是一种小型化生产方式。

---

① 参见杨敬宇、聂华林：《西部区域特色农业现代化与农地制度变革》，载《贵州社会科学》2010 年第 4 期，第 81 页。

在现代农业中,多数农户都能够参与或者被吸纳到社会化分工和专业化生产中,农业生产活动实行产业化经营。现代农业的合作方式主要体现为加入各种农业合作社,或者由农业企业、合作社等提供相应的服务。分散化的、小规模化的农户逐步融入合作化、产业化农业体系。现代农业是完全意义上的市场化农业,是以市场需求为导向的社会化和规模化的生产经营方式。现代农业要求建立完备的市场体系、组织体系和管理体系。其三,科技含量不同。传统农业主要依赖自然条件,而现代农业则依赖新技术的研发和投入,是科技支撑型产业。现代农业的发展过程,实质上是运用生物技术、信息技术、生产技术等先进科学技术的过程,是用现代科技改造传统农业以提质增效的过程。现代农业成为一个有较高经济效益和市场竞争力的产业。依靠高新技术的支撑,生产具有市场竞争力的农产品,从而提高农民的生产生活水平,并进而促进区域经济社会发展。科技创新是提升农业生产力和破解生态环境保护难题的有效途径。科技进步已成为特色农业不断发展的根本动力。其四,功能不同。"多功能"概念应用于农业领域,被称为"多功能农业",最早出现于20世纪80年代。① 传统农业主要是满足基本生活需要,而现代农业的经济功能不断被强化,并向观赏、休闲等方向扩延,出现了观光农业、休闲农业等新型农业业态,"创意农业"逐步得到重视。现代农业以促进农业现代化为基本目标,农业现代化的演进依赖于资源禀赋和比较优势。② 另外,现代农业是由政府依法加强支持保护的基础产业。③

相对于常规农业,特色农业要体现独特之处和不可替代性。特色是一个事物所特有的区别于其他事物的特殊属性,即异质性和差异化。"特色"由其赖以产生的特定条件和具体环境所决定,既是历史元素的积淀,也是文化因素的传承。特色农业的发展只有充分把握本地区的

---

①　参见向玉琼、张健培:《乡村多功能发展与治理:乡村振兴的一个理论视角》,载《天津行政学院学报》2020年第6期,第4页。

②　参见姜松:《中国西部农业:现代化演进过程及机理研究》,人民出版社2015年版,第46页。

③　参见蒋和平、辛玲、王晓君:《我国农业现代化评价及案例实证研究》,中国农业出版社2018年版,第157页。

资源禀赋,才能为市场提供具有特色和优势的产品和服务。特色农业对自然条件具有较强依赖性,天然的、难以复制的资源条件和地理条件有助于构建农产品的识别体系,增加市场识别度,从而为农业差异化发展奠定基础。产品的可替代性程度越低,市场竞争力就越强。[①] 目前关于特色农业的界定,学界并没有统一的解释。学者在解释特色农业时也各有侧重。例如,有观点认为,特色农业具有农业与旅游业的双重属性。[②] 其中比较有代表性的观点主要是从区域性、资源性、独特性、规模性以及高效性等来定义特色农业。[③] 特色农业强调资源的特异性、产品的高价值、格局的区域化等。一般而言,特色农业是指具有"独特的资源条件、明显的区域特征、特殊的产品品质、特定的消费市场",以及能将区域比较优势转化为竞争优势并形成较强支撑力和带动力的农业产业。[④] 广义上的特色农业是指在特殊的环境下生产,利用特殊的工艺和技术,具有特殊社会价值或经济价值的动植物种类,在一定规模下生产出特色农产品的产业。狭义上的特色农业是指一个区域独特的、不可替代的在农业方面的传统优势,而且通过这种传统优势能够实现产业的跨越式发展和持续性发展。特色农业的"特色"在于其产品能够得到市场的认可,具有难以被替代的地位,从而产生相对优势甚至形成绝对优势。特色农业是将区域内独特的种植和养殖等资源转化为特色产业的现代化农业。需要指出的是,特色农业与主导产业和优势产业既相区别,也有联系。主导产业,顾名思义,就是在区域经济发展中发挥主导作用或支撑作用的产业。特色农业经过不断培育和发展,也可以成为一个区域的主导产业,对区域经济的发展具有带动作用。优势产业体现为较强的比较优势,并具有相应的竞争优势,是比较优势以及竞争

---

① 参见白永秀、惠宁主编:《产业经济学基本问题研究》,中国经济出版社2008年版,第239页。

② 参见汪发元等:《乡村振兴战略背景下特色农业发展研究》,中国农业出版社2018年版,第13页。

③ 参见金莲、王永平、刘希磊:《中国特色农业内涵之研究综述》,载《现代经济信息》2012年第9期,第275页。

④ 2002年原农业部发布的《关于加快西部地区特色农业发展的意见》指出,"特色农业是指具有独特的资源条件、明显的区域特征、特殊的产品品质和特定的消费市场的农业产业"。

优势的综合体现。特色农业如果不具有一定生产规模和市场占有率，很难形成比较优势和竞争优势。因此，特色农业要做大做强，就要把资源优势变为经济优势，从而形成市场竞争力。

2. 特色农业的特征

(1)地域性

地域性是特色农业的空间特征。特色农业最终以特色农产品的形式展现。特色农产品的差异化首先是客观差异。它是指由产品的物理性能、地理位置等因素的不同产生的差异。[①] 特色农业的地域性是指特色农业产生于特定的地理空间并依赖相应的自然资源，且具有不可替代性。由于不同区域有着不同的自然条件，包括气候、地形、土壤、水源、动植物等，因而人类会因地制宜地发展不同的农业类型和生产模式。发展特色农业，需要利用区域的自然资源差异，从本地实际情况出发，因势利导，选择本地优势明显的农业类型作为培育对象。通过衡量区域的自然条件和生产因素，挖掘自然环境和人文传统所带来的特色优势资源，从而提升特色农产品的市场竞争力，并形成难以替代的比较优势。

正是由于地理环境和资源条件的专属性和差异性引致并强化生产活动的区域分工和专业分工，从而促进了有别于其他区域的特色产业和特色产品的形成。离开了特定的地理条件和特有的自然资源，发展特色农业和特色农产品就失去了赖以存在的客观基础。自然资源和生产条件的地域性越强，越容易形成生产部门的分工，并进一步强化地域生产分工。而且，资源的地域性和专属性越强，越容易形成产业和产品的比较优势，其产业特色也就越突出。因此，专有的环境和特色的资源是特色产业和特色产品形成的客观条件。我国西北地区深居内陆，光照充足，昼夜温差大，物种资源丰富，农业生产方式以及农业产业部门具有鲜明的地域特色，使西部地区农牧业资源条件得天独厚。

(2)优势性

优势性是特色农业的经济特性。特色农业的优势性是指特色农业具有显著的、难以替代的比较优势，包括生态环境优势、生物资源优势

---

① 参见石奇主编:《产业经济学》，中国人民大学出版社 2008 年版，第 85 页。

和人文因素优势以及由此产生的市场优势等。“资源禀赋的区域差异是区域经济扬长避短、发挥优势的基础,也使区域经济各具特色、千差万别。”[①]特有的专属资源是特色农业形成的客观基础。各地因资源禀赋而形成的优势生产条件决定了地区产业的发展方向和发展格局,对特色产业具有显著的支撑作用,提高了特色产业的经济效益和市场竞争力。在发展特色农业的过程中,各地应充分考虑本地资源的独特性,将具有优势的资源进行有效组合,从而凸显农业生产的差异性。由于特色农业以区域特有的诸如具有专属性的自然资源、独特的生产技术以及鲜明的人文传统等为基础和条件,其提供的产品和服务与其他区域的产品和服务相比具有显著的品质差异或具有不可替代性,能够满足市场的特定需求,因而特色农业具有显著的竞争性和一定的市场独占性。

研究表明,差异化的农产品能形成高附加值,并产生巨大的市场空间。[②] 一个产业的差异性越显著,产业的优势性就越大。正是由于差异性和优势性,特色农业经过培育可以发展成为区域的优势产业和支柱产业,并形成地区特色经济的重要组成部分。离开特色资源的优势去发展农业,势必会产生农业结构的同质化以及产品的供给过剩,最终导致资源浪费和效益低下。只有具有了相对的比较优势,特色产业才能在众多产业中凸显出来,也才能在更大的区域内突出其发展潜力。同时,通过差异化战略的实施,形成特色农业产业集群,实现特色农业比较优势向竞争优势的转化。特色产业的发展有赖于特色产品生产量的扩大和市场份额的扩展。各地形成的特有产品的品种和品牌,成为推动地区经济发展的重要源泉。基于各地特有的自然资源,各区域形成了一些其他地区所无法替代、仿造与迁移的各种特色优势农产品,如宁夏的枸杞和滩羊、新疆的棉花和哈密瓜等。

(3)规模性

特色农业的发展必须具有相应的格局或范围,即必须具有适度的

---

① 徐承红:《产业集群与西部区域经济竞争力研究》,西南财经大学出版社 2006 年版,第 30 页。

② 参见叶敬忠、张明皓:《小农户为主体的现代农业发展:理论转向、实践探索与路径构建》,载《农业经济问题》2020 年第 1 期,第 56 页。

规模。其核心是生产要素的优化和效益的最大化。这是对零星的、分散的经营模式的超越。特色农业发展的规模性主要具有如下意义：其一，只有具备了一定的规模，才能扩大市场范围，并得到持续性、稳定性的发展；其二，一定的规模有助于形成市场品牌，并得到市场的认可，从而体现出特色优势；其三，具有一定的规模有助于提高经济效益和社会效益，从而促进资源的优化配置，并带动一个地区经济社会的发展。特色农业的规模主要分为资源规模、经营规模以及市场规模等。资源规模是指一个地区的种植业和养殖业等所依赖的动物、植物和土地等自然资源能够达到一定的程度。经营规模是指自然资源、资金和人力资本等生产要素能够有机结合达到一定的程度，占有相当的经济比重，生产率和生产规模得到提高。市场规模是指特色农业及其产品占有一定的市场份额，即具有较高的市场占有率，市场认可度高。

特色农业发展到一定的规模可以吸纳相当数量的劳动力，带动有相应的资金和科技投入，促进各种市场主体之间的分工协调，进而推动各种要素的优化配置。产业集聚有助于形成一定的规模并进而发挥集约效应，这已成为推动地区农业现代化、产业化发展的重要途径。众多同类或相似的生产经营主体以及相应的产品聚集，形成专业化的生产经营中心，降低了生产经营成本，减少了市场的信息不对称，形成新的经济增长点，提升了经济竞争力。通过农产品规模化的空间聚集，为农产品区域品牌的形成奠定了基础。[①] 资源与市场的有机结合是特色农业发展的重要基础。当然，特色农业发展的规模性必须做到因地制宜、合理规划，符合经济规律。现代农业已成为一个与农业生产相关的全方位的产业群体，涉及产前、产中和产后多个环节和多个部门。在市场机制作用下，围绕农业生产而形成的产业链不断延伸，相互依赖、彼此促进，并形成稳定的利益共同体。

(4)开放性

虽然特色农业具有显著的地域优势以及难以替代的资源优势，但是任何产业的成长都面临着激烈的竞争，需要不断地拓展市场份额，以

---

① 参见潘燕：《农产品区域品牌——形成机理、效应及提升对策研究》，知识产权出版社 2019 年版，第 13 页。

产生显著的经济效益。要形成具有一定竞争力的产业,就要突破自我封闭的状态和地方保护的格局。自我封闭就是仅着眼于本地市场或区域市场,不能形成规模化和产业化,缺乏市场竞争力。这是因为,一方面,产业的培育和发展,需要加大扶持力度,提供人才、信息、资金和技术等方面的支持;另一方面,要有创新理念和大市场观念,增强核心竞争力,探索“走出去”模式,打造“走出去”品牌。虽然目前各区域的特色农业都有了一定的规模,但是其发展的出发点、立足点不能局限于本地市场,而是应该主动走出去。积极面向国内市场甚至国际市场是特色农业成长壮大的重要体现。特色农业不能故步自封,要时刻着眼于消费市场这个大环境。产品的差异化包括消费者主观的差异化,需要通过广告宣传和销售服务活动,充分利用品牌信誉,树立产品在消费者心目中的独特地位。① 如果仅仅局限于一个封闭的空间,无法形成相应的比较优势。

特色农业需要在开放的、竞争的市场环境下凸显其价值和地位。特色产业的选择和培育,要在关注国内市场需求的基础上,重视产业的外向性,并逐步迈入国际市场。有些地区的特色农业,区域特性并不显著,同质化较强。如果这些农业生产同时在多个地区都已形成规模,那么也就难以形成竞争力。特色农业需要积极而主动地走出地域的局限,建立起同国内市场和国际市场需求变化相适应的产业结构和产品结构。突破本地市场、面向广大消费群体是特色产业发展壮大的基本前提。特色农业的发展归根到底取决于生产规模和市场份额。只有特色农业具有较大的市场占有率,具有资源优势和生产优势的特色产品才能体现出比较优势。经济社会的发展对农产品的品质提出了更高的要求,特别是对营养、卫生、保健、无污染等绿色农产品的需求增加。西北地区发展特色农业必须以市场需求为导向,深刻把握和应对市场变化趋势,不断调整农业生产结构和农产品结构,积极发展具有地域特色的种植业和养殖业,形成有竞争力的特色农产品。

(5)多功能性

产业兴旺和特色产业发展承载着生产供给、生态保护、道德教育、

---

① 参见石奇主编:《产业经济学》,中国人民大学出版社2008年版,第63页。

文化传承等多种功能。[①] 特色农业的发展是动态的，具有一定的周期性，要经过一个逐步成长并成熟的过程。特色农业之所以呈现动态性特征，是因为经济水平以及市场需求是不断发展变化的。随着人们消费能力的提高以及消费观念的变化，特色农业必须不断调整以满足市场的多样化需求和高品质追求。囿于自然环境、经济水平、生产技术等方面的限制，传统农业的发展具有较大的局限性，其功能主要是满足基本的生存和生产需要。现代特色农业通过不断激发生产能力，转变经济增长方式以促进区域经济的大发展。这是因为，一方面，充分利用本地特色资源，大力发展特色农业等特色产业，是解决贫困问题的根本路径，是增收致富的重要手段；另一方面，特色农业的发展可以提高经济社会效益，进而促进区域协调发展和乡村振兴。因此，发展特色农业就要着眼当地资源禀赋，因地制宜，合理布局，生产满足市场需求的特色农产品，为区域经济发展提供动力。[②] 需要指出的是，生态农业、循环农业、绿色农业等已经成为人们消费方式的新趋势。根据区域资源和自然条件优势，走独特的特色农业产业化之路，促进特色观光农业、休闲农业等新型业态，不仅有利于改善农户的生产生活条件，而且有利于加强生态环境保护，是特色农业发展的方向。[③] 特色农业必将与生态优势、文化优势等进一步融合。随着生态环境的改善，出现了以农业和农村为载体的新型业态，如观光农业等。农民利用当地独特的农业资源以及特有的农牧产品发展旅游业，招揽各地游客，经济效益显著。天然的自然景观、多彩的地方风俗、独特的农业景观、生态景观和人文景观

---

① 参见李国胜：《论乡村振兴中产业兴旺的战略支撑》，载《中州学刊》2020 年第 3 期，第 49 页。

② 2021 年 4 月农业农村部等发布的《关于推动脱贫地区特色产业可持续发展的指导意见》明确提出“拓展农业功能价值”。“依托田园风光、绿水青山、村落建筑、乡土文化、民俗风情等特色资源，发展乡村旅游、休闲农业、文化体验、健康养老等新产业新业态，突出特色化、差异化、多元化，既要有速度，更要高质量，实现健康可持续。”

③ 2015 年国务院办公厅发布的《关于加快转变农业发展方式的意见》明确提出，“积极开发农业多种功能。加强规划引导，研究制定促进休闲农业与乡村旅游发展的用地、财政、金融等扶持政策，加大配套公共设施建设支持力度，加强从业人员培训，强化体验活动创意、农事景观设计、乡土文化开发，提升服务能力。保持传统乡村风貌，传承农耕文化，加强重要农业文化遗产发掘和保护，扶持建设一批具有历史、地域、民族特点的特色景观旅游村镇。提升休闲农业与乡村旅游示范创建水平，加大美丽乡村推介力度”。

的融合,使特色农业和第三产业结合的形式更加多样,内容更加丰富多彩。这种组合具有极大的优势,符合人们求新、求异、求知、求乐的生活需要和精神需求的发展趋势,必将为特色农业发展提供广阔的前景。近年来,研学式农业、体验式农业等新业态逐步得到重视,为特色农业发展增添了新的活力。

二、特色农业发展的理论基础

1. 区域分工理论

资源在地理空间内不是均衡分布的。一定的区域拥有区别于其他地域的生产要素,包括土壤、水文、气候等。资源要素的不完全流动性是区域经济产生的重要原因。① 特定的资源在区域内进行优化组合,可以获得尽可能多的产出,从而产生溢出效应。发展特色产业的实质,是强调产业的地域分工和专业分工,即根据优势条件和市场需要进行产业的合理规划和布局。区域分工主要是指各地区利用资源禀赋和经济优势,进行专业化的生产经营,通过各区域之间的贸易活动,从而实现区域利益并促进自身发展的分工模式。实现区域分工的前提是一个地区应具备相应的优势条件。区域比较优势是指一个区域中由区位条件、自然资源禀赋、劳动力和资金等因素共同形成的有利发展条件。②按照区域优势原则,各地应选择并发展最适宜当地条件的主导产业或特色产品。具体而言,就是按照地域优势设置差异化的、专业化的特色产品区域,按区域进行资源要素配置,建设特色产品生产基地,从而充分发挥区域比较优势。在不同的区域,资源的种类、特性、数量、质量及组合特征差异较大。这种差异使农业生产活动具有区域性特征,构成了比较优势的自然基础。这种资源差异必然导致并进一步强化各地农业生产的特殊性,因而也就形成了各具特色的农业发展路径。英国古典经济学家亚当·斯密最早对区域分工和国际贸易理论进行了阐述,并提出了“绝对优势理论”,或“内生比较优势理论”。亚当·斯密认为,每一个国家都有生产某些产品的绝对有利因素或优势条件,每个地

① 参见王传荣主编:《产业经济学》,经济科学出版社 2009 年版,第 287 页。
② 参见金碚等:《竞争力经济学》,广东经济出版社 2003 年版,第 353 页。

区都有区别于其他地区的生产效率绝对较高且生产成本绝对较低的优势产业。如果各个地区都能发挥产业的绝对优势并实现优势产品的交易,那么各地区的资源都能够得到有效利用,从而提高区域生产率,增进区域利益。这一理论为国际贸易发展奠定了基础。但是,这一绝对优势理论的缺陷显而易见,即难以说明没有任何绝对优势条件的区域也能通过贸易分工以实现利益。基于绝对优势理论的缺陷,大卫·李嘉图在其代表作《政治经济学及赋税原理》一书中提出了比较成本贸易理论,又称为比较优势理论,或外生比较优势理论。李嘉图认为,贸易活动产生的原因绝不局限于国家间生产技术上存在的绝对差距。生产技术上存在的相对差距也会对产品的成本和价格产生直接影响,从而使各国的产品和贸易具有比较优势。换言之,产品生产所具有的优势或劣势,不影响贸易活动的正常进行。其主要原因在于贸易活动会产生比较利益。比较优势理论强调,虽然一个国家的经济状况有强有弱,但都可以通过国际贸易和产业分工实现相对优势。

赫克歇尔与俄林提出的要素禀赋理论,对比较优势理论和绝对优势理论加以完善和发展,并以此来解释说明区域优势的产生问题。1919 年,瑞典经济学家赫克歇尔发表的《对外贸易对收入分配的影响》一文认为,在两个国家的生产部门具有同等技术水平时,两国所具有的生产要素禀赋的差异会产生比较优势。只要不同产品具有不同的资源要素,就存在分工和贸易的基础。1933 年,瑞典经济学家伯尔蒂尔·俄林出版的《地区间贸易和国际贸易》对上述观点进行了进一步发展,并创立了生产要素禀赋理论,亦称为"H－O 原理"。生产要素禀赋理论认为,区域分工与贸易取决于区域间生产要素禀赋的差异性和不可替代性。由于一些生产要素的可流动性受到限制,因此各地完全可以利用本地不可替代的资源要素进行产品生产,以此获得比较优势和利益。比较利益源于自然资源、劳动力、资本、技术等要素的相对禀赋差异。若需求不变,一国或地区利用相对优越且充裕的生产要素,就能够生产出具有比较优势的产品,并通过出口贸易来获取对本地而言生产要素相对稀缺的产品。也就是说,按照资源的比较优势进行产业布局和进出口贸易,也可以获取相应的利益。由此可见,一个国家或地区的产业布局状况主要取决于内部和外部资源禀赋状况。俄林的要素禀赋理论解释了各国和各地区在不同产品上产生比较成本差异的原因。此外，迈克尔·波特最早提出了竞争优势理论。波特从产业组织及企业行为等角度研究国家竞争力。波特提出的"钻石模型"认为，影响一国特定产业的因素主要有"生产要素条件、需求条件、相关与支持性产业、企业战略与企业结构和同业竞争、政府行为及机会因素"六个方面。[①] 其中，前四个因素起决定性作用，后两个变量起辅助作用。政府的影响主要体现在法律、政策以及相应的制度。波特认为，一个国家之所以具有竞争优势，是因为相关产业和企业具有竞争力，或者说生产力水平具有优势。而要取得这种优势的关键在于能否使主导产业形成比较优势。优势产业的建立有赖于生产效益的提高，而提高生产效益的源泉在于企业是否具有创新性，并进而形成竞争优势。而且，"单独的一个企业以至于单独一个产业，都很难保持竞争优势，只有形成有效的产业集群，上下游产业之间形成良性互动，才能使产业竞争优势持久发展"。[②] 波特还认为，在国际竞争中，比较优势是形成竞争优势的客观基础，但仅有比较优势并不一定能够产生竞争优势。在市场经济条件下，各区域之间所形成的比较优势在竞争中是不断变化的。对于任何产业而言，如果不能在市场竞争中取得优势，那么也就难以促进区域发展。因此，区域特色产业形成的客观基础是比较优势或潜在优势。在比较优势的基础上，区域特色产业经过培育和扶持不断成长壮大，并创造出竞争优势。经济学家斯蒂格利茨将农业比较优势理论分解为农业自然禀赋、农业获得性禀赋以及农业专业化三类，主要包括农业生产所需要的自然条件、物质资本和生产技能以及产业链的整合和延伸等。[③]

2. 创新理论

创新是对客观世界进行拓展和改进的过程。创新能力是衡量产业

---

① 参见[美]迈克尔·波特:《国家竞争优势》，李明轩、邱如美译，华夏出版社 2002 年版，第 119 页。

② 方大春编著:《区域经济学——理论与方法》，上海财经大学出版社 2017 年版，第 208 页。

③ 参见姜松:《中国西部农业:现代化演进过程及机理研究》，人民出版社 2015 年版，第 227 页。

进步的重要理论标准。[①] 熊彼特(Joseph A. Schumpeter)通过《经济发展理论》《经济周期》《资本主义、社会主义和民主主义》等研究成果的阐释,较为系统地形成了独特的理论体系,即“创新”理论。该理论的核心在于,强调生产技术的革新以及生产方法的变革对于促进经济发展具有至高地位。所谓创新,就是要将以往没有的即全新的“生产函数”或不同生产要素的“新组合”引进到生产过程和生产体系,以实现生产效益的显著提升。熊彼特的创新概念涉及生产技术创新、市场体系创新、组织形式创新以及产品体系创新等方面,强调将技术与经济结合起来。[②] 熊彼特认为,“创新”是实现经济增长以及经济发展的内在动力。没有“创新”也就难以实现经济发展。创新理论主要有以下基本观点:第一,创新内生于生产过程。经济“发展”根源于体系内部各种因素的自行变化,而非产生于外部环境。虽然资本和劳动力等生产因素的变动也会导致经济变化,但这并不是决定性因素。也就是说,创新能够实现经济上的根本变化。第二,创新能创造出新价值。熊彼特认为,“发明”只是某种新工具或新方法的发现,而“创新”则是新工具或新方法在生产中的应用。新工具或新方法最重要的意义在于,能够通过生产实践创造出新价值。第三,创新是发展的本质规定。熊彼特认为,“增长”与“发展”是需要区分的两种不同的经济现象。人口的增加以及资本的投入等虽然也可以导致经济增长,但不能将其称为“发展”。经济发展是超越单纯的经济增长的一种特殊经济现象。创新是经济“发展”的本质属性和实质要素。第四,创新的主体是企业家。熊彼特认为,企业家的根本职能不是对企业进行经营或管理,而是能否在经营管理中实现不同生产要素的“新组合”,即实现创新。熊彼特对企业家根本职能的阐释,突出了企业家经济功能的特殊性,强调了企业家所应具备的经济特质以及由此实现的经济贡献。从根本上而言,“诱导的创新理论把技术变革过程看作是经济制度的内生变量,将技术变革看作是对资源禀

---

① 参见白永秀、惠宁主编:《产业经济学基本问题研究》,中国经济出版社 2008 年版,第 223 页。

② 参见王传荣主编:《产业经济学》,经济科学出版社 2009 年版,第 125 页。

赋变化和需求增长的一种动态反映”。①

特色农业是建立在区域自然资源条件上，满足市场多元化、差异化、品质化需求的综合农业生产系统。在这个系统内，农业生产要受到该区域特定的环境因素、生产因素、市场因素、消费因素、制度因素等方面的影响。政府的经济职责主要是营造一个良好的营商环境，通过产业政策来构建一个良好的创新生态，最大限度地集聚科技资源，保障创新的可持续性，并形成相应的创新成果。要在传统经济模式的困境中寻求突破，就必须重视科技应用，进行产业结构调整，创新经济发展模式。农业不是单纯的土壤种植、植物的生长和动物的养殖，还涉及农产品的加工储存、资金投入、农产品流通、生态环境保护、食品安全以及与农产品生产相关的经济、社会、政治、文化等领域。特色农业发展的关键在于具有相应的生产要素。任何单一的农业生产要素都不能足以形成生产力或产生市场竞争力。只有将各种农业生产要素进行不同程度的组合才能实现农业生产。这种农业要素的组合主要体现在农业生产的组织管理上。实际上，有效的组织管理也是农业生产中的重要要素。不同的农业生产要素结合方式形成不同的农业生产模式。农业生产中的创新包括技术创新、市场创新、组织创新、产品创新、制度创新等。特色农业的发展，要激发主体活力，发掘要素潜能，通过不同要素的“新组合”不断注入新动能。就农业技术而言，可以通过人工技术实现区域特色资源的规模化生产，并避免生态破坏。例如，西北地区的发菜、甘草等野生资源虽然具有鲜明特色，但如果没有人工技术的支撑，既不能规模化生产，也容易导致滥采滥挖。就农业主体而言，应适应现代农业发展需要，不断完善农民增收扶持政策，积极培育新型经营主体，推进多种形式适度规模经营。主要包括培育新型职业农民，扶持专业大户、专业合作社、家庭农场以及涉农企业等。在生产要素方面，深化农村集体产权制度改革，深入推进农村土地制度改革，依法推进土地经营权有序流转。同时，注重生态因素和人文因素的组合，不断开发农业新兴业态，发掘农业“生产、生活、生态、示范”等多种功能，构建和延伸产业链

① 蒋和平、辛玲、王晓君：《我国农业现代化评价及案例实证研究》，中国农业出版社2018年版，第20页。

和价值链,提升综合效益。特色产业的"特"与特定地域的人文历史密切联系。[①] 特色产业的独特之处,往往根植于传统文化和风俗习惯。因此,培育和发展特色产业,离不开对传统的人文因素的发掘和弘扬。西北地区人民有着自己的风土人情和风俗习惯,观光农业、体验式农业等新业态的发展离不开对这些要素的发掘。

3. 产业化理论

农业产业化是一种以市场为导向、以效益为目标的组织形式和经营机制。[②] 农业产业化揭示了农业与其他产业之间的关系以及农业产业化组织内部利益主体之间的关系。[③] 20 世纪 90 年代,日本学者提出了"六次产业化"的概念,即通过产业相互融合,挖掘农业附加价值,以充分发挥农业的多功能性。[④] 农业产业化是提升农业发展水平和市场竞争力的有效途径。与传统农业相比,农业产业化有如下几个方面的特征:第一,生产专业化。其目的在于解决农户经营规模狭小与现代农业要求的适度规模之间的矛盾。改变传统农业生产方式,把农业生产中每个环节的专业化与一体化结合,形成种植、养殖、加工、销售以及服务体系等相互协同的专业化生产体系,并以此形成相应的主导产业或优势产业。从产品的角度而言,体现为原材料、初级产品、中间产品、最终产品等多元化的形式,并能够以品牌的形式进入市场。第二,服务社

---

① 2015 年原农业部等发布的《关于积极开发农业多种功能　大力促进休闲农业发展的通知》明确要求,"要结合资源禀赋、人文历史、交通区位和产业特色,在适宜区域,因地制宜、突出特色、适度发展"。

② 2015 年国务院办公厅发布的《关于加快转变农业发展方式的意见》明确提出,"大力开展农业产业化经营。把发展多种形式农业适度规模经营与延伸农业产业链有机结合起来,立足资源优势,鼓励农民通过合作与联合的方式发展规模种养业、农产品加工业和农村服务业,开展农民以土地经营权入股农民合作社、农业产业化龙头企业试点,让农民分享产业链增值收益。充实和完善龙头企业联农带农的财政激励机制,鼓励龙头企业为农户提供技术培训、贷款担保、农业保险资助等服务,大力发展一村一品、村企互动的产销对接模式;创建农业产业化示范基地,推进原料生产、加工物流、市场营销等一二三产业融合发展,促进产业链增值收益更多留在产地、留给农民。支持农业产业化示范基地开展技术研发、质量检测、物流信息等公共服务平台建设。从国家技改资金项目中划定一定比例支持龙头企业转型升级"。

③ 参见张敏、秦富等:《农业产业化发展:理论与实践》,中国农业出版社 2014 年版,第 4 页。

④ 参见廖媛红、宋默西:《小农户生产与农业现代化发展:日本现代农业政策的演变与启示》,载《经济社会体制比较》2020 年第 1 期,第 88 页。

会化。主要是充分利用新型农业主体为产业化中的各个组成部分和生产环节提供生产资料、市场信息、专业技术、经营管理、人才培训等方面的专业服务,促进各种要素紧密结合。现代农业要求农业服务向规范化、专业化方向发展,充分利用社会资源和市场力量,形成社会化的生产经营服务体系。在这种体制下,农户与其他农业生产经营主体相互促进、联动发展。第三,经营一体化。农业产业化强调的是以市场需求为导向、以经济效益为纽带,发展规模化经营。这就要求农业发展应形成包括种植、养殖、加工、流通、服务等在内的产业系列,使城市和乡村、工业和农业联结起来,实现"农工贸一体化""产供销一条龙"综合经营,产生聚合效应。我国农业产业化和现代化需要进行组织制度创新。在农业发展中,需要选择相应的特色产业,通过加盟、入股、入社等多种形式的联合与合作,使外部经济内部化,从而降低交易成本,提高市场竞争力。在龙头企业、农民专业合作社等农业经营主体的带动下,分散的小农户能够成为社会化大生产的一员,能够极大地提高经济效益,并产生积极的社会效益。当然,由于现代农业发展是一个渐进过程,因而适度规模经营也是动态变化的。[①] 第四,管理企业化。现代农业需要用企业模式进行经营和管理,提高农业生产经营的组织化程度,逐步走向规范化和标准化,将弱小而分散的农户经营转变为规模化的、组织化的经营。传统的小农经济主要是自给自足、自我服务。这种封闭式生产模式效率低下,产业链分割,价值链难以提升,不能适应现代农业发展的要求。只有提高生产经营的组织化程度,农业生产要素的组合和配置才能得以优化,产业链各个环节的协调效应以及各个利益主体的组织功能才能得以发挥。有观点认为,基于资源禀赋的差异,西北地区生态农业产业化模式主要有四种,即绿色农业产业化模式、旱地节水农业产业化模式、生态畜牧业产业化模式以及沙漠农业产业化模式。[②]

农业产业化既是现代农业发展的必然趋势和农业经营体制的重大创新,也是我国农业和农村经济发展中带有全局性和方向性的大战略。

---

① 参见曹前满:《论中国农业转型中的经营主体变迁与成长环境》,载《当代经济研究》2019 年第 10 期,第 83 页。

② 参见张红丽、温宁:《西北地区生态农业产业化发展问题与模式选择》,载《甘肃社会科学》2020 年第 3 期,第 197 页。

党和政府多次通过发布政策文件提出要积极推进农业产业化经营。国务院2012年3月发布的《关于支持农业产业化龙头企业发展的意见》(国发〔2012〕10号)指出,“农业产业化是我国农业经营体制机制的创新,是现代农业发展的方向”。国务院办公厅2015年7月发布的《关于加快转变农业发展方式的意见》明确提出“大力开展农业产业化经营”。农业产业化是农业发展的客观规律,具有其内在的必然性。在农村家庭承包经营的基础上,如何实现小规模农户与大市场对接,成为我国农业发展面临的一大问题。尽管农村家庭承包经营极大地提高了农民的生产积极性,但仍然存在农业生产环节分割、与其他产业部门难以融合、组织化程度弱、生产效益低下等突出问题。农业产业化对于推进规模化经营、发展农村经济以及促进经济结构调整等有着重要作用,是实现农民增收、农业增效以及农村繁荣的有效途径。要改变农户分散经营状态以及提高农业组织化程度,必须转变农业发展方式,创新农业生产经营模式。我国发展农业产业化经营的主要措施包括:其一,创新农业生产经营主体,形成紧密的利益联结机制。龙头企业、农民专业合作社和家庭农场分别发挥各自的优势,带动农民生产经营。龙头企业将先进的经营理念、管理方式、物质装备、生产技术等要素带入农业经营主体,促进了农业产业化。① 农民专业合作社和家庭农场属于新型农业经营主体,提升了组织化程度。农民通过入股、入社,与龙头企业和农民专业合作社形成了密切的利益关系。农民不仅可以获得劳动收益,而且还可以通过“保底收益+按股分红”等方式实现增收。另外,不同的农业生产经营主体还可以在分工协作的基础上进行一定程度的联合,形成一体化的经营联盟。其二,促进农业与其他产业深度融合,整合产业链和提升价值链。通过农业、工业、商业以及服务业的融合,实现农产品的生产、加工、运输、储存、销售以及其他服务等环节的一体化,不仅延伸了农业产业链,而且有助于增加农产品的附加价值。其三,促进土地资源的充分利用。农村土地承包经营权可以通过互换和

---

① 2012年国务院发布的《关于支持农业产业化龙头企业发展的意见》指出,农业产业化龙头企业集成利用资本、技术、人才等生产要素,带动农户发展专业化、标准化、规模化、集约化生产,是构建现代农业产业体系的重要主体,是推进农业产业化经营的关键。

转让等方式流转。土地经营权可以通过出租、入股、托管等方式流转，以实现农村土地的集约化利用。特色农业的发展离不开特色农业的产业化经营。农业产业化经营与特色农产品的结合有助于培育主导产业和促进区域经济发展。研究表明，龙头企业带动型经营组织和农民合作组织是打造特色农业和实现农业产业化的有效形式或重要载体。[①]当然，家庭经营和小农户经营仍然是我国农业生产经营的主体，必须尊重其主体性地位，不能盲目追求规模化。也有观点认为，农业的小规模经营为种养业的基本经营形态，“小农经济仍然有存在的现实价值”。[②]我国现阶段的小农户已经脱离了传统农业“小农经济”的属性和特征，在生产能力、经营结构等方面已经发生了质的变化，这为农业现代化和产业化奠定了基础。[③]

三、特色农业发展的基本原则

1. 绿色发展原则

绿色发展是基于生态环境容量和自然资源承载力而产生的一种可持续发展模式。绿色发展包括两个方面的含义：一是提高现有资源的经济效率；二是积极改善现有的环境状况。[④] 传统的经济发展主要是一种粗放型、数量型发展方式，高投入、高消耗导致环境污染严重以及生态系统退化，并危及生态安全，给人类生存带来了严重挑战。绿色发展是经济发展方式转型的内在要求。绿色发展是一种集约型、质量型发展方式，强调人类与生态的和谐以及经济增长与自然环境的协调，以实现人类的可持续发展。只有合理利用自然资源，注重生态系统的安全，经济社会发展才具有可持续性。从人类社会进程看，人类依赖自然界而生存发展。环境与资源是人类生存发展的物质基础。然而，自工业

---

① 参见宋瑛：《农业产业化经营组织——基于农户参与视角》，科学出版社 2017 年版，第 63 页。

② 赵晓峰：《农业现代化的中国道路与农业社会学的发展前景》，载《西北农林科技大学学报（社会科学版）》2020 年第 5 期，第 121 页。

③ 参见郭庆海：《小农户：属性、类型、经营状态及其与现代农业衔接》，载《农业经济问题》2018 年第 6 期，第 27 页。

④ 参见许标文、王海平、林国华：《欧美农业绿色发展政策工具的应用及其启示》，载《福建农林大学学报（哲学社会科学版）》2019 年第 1 期，第 13 页。

时代以来,人类的生产活动给生态环境造成了严重破坏,自然资源被过度消耗。正是在这一背景下,绿色发展开始得到重视。例如,欧盟要求成员国必须把本国直接支付资金的30%用于绿色支付,将30%的农村发展资金用于土地管理和应对气候变化,这对于实现农业可持续发展具有重要意义。[①] 尊重自然、崇尚绿色是对传统发展方式的反思和深省。建设资源节约、高度集约、环境友好的产业体系,推动经济的高质量发展,是我国发展模式的新要求。发展绿色产业是我国推动经济结构调整的重要举措,是践行"生态文明"的重要体现。近年来,党和政府对生态环境保护和生态文明建设提出了一系列新思想和新论断,积极推进生态文明顶层设计和制度体系建设。2015年4月,中共中央和国务院发布的《关于加快推进生态文明建设的意见》明确提出大力推进绿色发展,弘扬生态文化,把节约和保护放在优先位置,切实改善生态环境质量。从立法上而言,我国加大了生态环境保护力度,不断完善生物资源保护、环境影响评价、农业清洁生产、生态补偿以及损害赔偿等相关制度。根据绿色发展原则,绿色经济模式就成为当今经济高质量发展的必然选择。经济发展必须置于自然环境和人类自身可以承受的范围之内。绿色经济是一种以资源节约和环境友好为特征、以经济绿色化和绿色产业化为内容的经济形态。在绿色经济模式下,绿色理念得到贯彻,先进技术广泛运用,产业的各个环节和不同领域实现了生态优先和绿色优先,促进了经济、社会与自然的协调和共生。

特色农业是绿色经济的重要领域。特色农业的培育壮大必须贯彻绿色发展原则,积极推动农业绿色生产方式。生态环境为农业生产和人类活动提供物质条件,而农业生产和人类活动又反作用于生态环境。良好的生态环境是提高农业生产效率和保障农产品品质的基础。土地、水等自然资源是进行农业生产不可或缺的要素。长期以来,我国农业生产高度依赖农药、化肥等化学品,这不仅导致土质下降和养分失衡,土壤和水体污染问题日趋突出,而且也因有毒有害物质的残留造成了农产品质量安全隐患,影响了农业竞争力。自然资源的有限性以及其各种资源之间的联系性特征决定了其资源利用具有特殊性。具体而

---

① 参见刘武兵:《欧盟共同农业政策研究》,中国农业科学技术出版社2016年版,第51页。

言,农业生产活动应尊重自然规律,节约资源,注重优化利用。这是实现自然环境及农业生产可持续性的关键点。但是,随着经济的快速发展,资源短缺和污染问题越来越突出,生态保护的压力也逐步加大。我国西北地区的自然条件比较恶劣,生态环境较为脆弱。基于自然特性以及人类生产活动的影响,西北地区的生态环境极易遭受损害或被破坏。生态环境一旦遭受功能上的损害则很难通过物理方式进行修复,从而产生难以逆转的严重后果。这就对西北地区发展农业生产提出了相应的要求。种植业和养殖业是西北地区的主要特色产业。发展种养业必须构建科学合理的农业生态安全格局,以确保其在自然资源和生态环境的承载范围之内。一方面,优化农业空间布局,划定农业空间和生态保护红线,有序利用自然资源,进一步提高资源利用效率;另一方面,积极利用先进的农业科技,通过发展生态农业、绿色农业、循环农业以及农村循环经济,提高农业生产效益和农业发展质量。2017 年 9 月,中共中央办公厅和国务院办公厅发布的《关于创新体制机制推进农业绿色发展的意见》明确提出加强产地环境保护与治理、养护修复农业生态系统,具体包括建立工业和城镇污染向农业转移防控机制、健全农业投入品减量使用制度、完善秸秆和畜禽粪污等资源化利用制度、完善废旧地膜和包装废弃物等回收处理制度、构建田园生态系统、创新草原保护制度、健全水生生态保护修复制度、实行林业和湿地养护制度等。但是我国现有的农业技术创新、财政补贴、环境保护措施等农业政策工具还存在有效供给不足、结构不合理、实施效率较低等问题,与绿色发展目标有一定的偏差。①

2. 市场导向原则

特色农业的发展,资源是基础,市场是关键。② 特色农业经济是特色经济和市场经济,应遵循自然规律和经济规律,通过市场机制提高资源要素配置效率和竞争力。③ 特色农业的基本定位应以所提供的产品

① 参见许标文、王海平、林国华:《欧美农业绿色发展政策工具的应用及其启示》,载《福建农林大学学报(哲学社会科学版)》2019 年第 1 期,第 14 页。

② 参见黄海平:《特色农业产业集群形成机制与发展战略研究——以新疆为例》,中国科技大学出版社 2014 年版,第 53 页。

③ 2002 年原农业部发布的《关于加快西部地区特色农业发展的意见》指出,“适应市场多样化、优质化的消费需求,立足国内市场,积极开拓国际市场,重点发展商品率高、市场需求强的特色农产品”。

或服务的市场潜力或前景为基准。[①] 虽然农业是弱质性、基础性产业，需要国家的政策扶持，但不能否定市场在资源配置中的决定性作用。市场化是农业现代化的基础，是农业经济发展的原动力。传统农业主要是一种低效率的小农经济。这种封闭性的经营方式缺乏市场竞争力。在传统农业发展模式下，我国的种植业和养殖业等存在集约度低、标准化程度不高、抗市场风险能力弱等问题。破解“三农”问题，解决农业结构失衡和资源配置不合理等突出问题，必须打破传统农业发展路径依赖，充分发挥市场机制作用，从而推动传统农业向现代农业转型升级。现代农业是以市场需求为导向并具有规范化、标准化和产业化特质的产业。发展特色农业，必须按照现代农业发展的新趋向，因地制宜发挥区位优势和资源优势，以创新为引领积极拓展农业多种功能，加快培育农业发展新动能，从而形成结构更加合理的市场体系。农业市场化首先体现为生产要素配置的市场化。多元化市场主体的积极参与是发挥市场功能的重要基础。农业生产经营主体是农业现代化中最具活力的因素。“发展现代农业的核心任务是培育具有自生能力的职业农民。”[②]通过培育家庭农场、农民专业合作社等新型经营主体，充分发挥龙头企业的带动作用，加强农业社会化服务，从而促进农业的规模化和集约化发展。农业产业链的延长和农产品附加值的提升是农业面向市场的关键。随着经济社会的发展，人们对于产品的需求已从量转向了质，需求更加丰富多元。现代农业是一种多功能的产业。因此农业生产经营主体必须以市场化经营为导向，不断完善农产品供给体系，以适应多元化、优质化的市场需求。

改革开放以来，我国农业农村市场化改革不断向纵深推进，市场配置资源的决定性作用日益凸显。我国农业在市场主体、农产品品牌、交易体系、社会化服务、营商环境等方面均取得了显著的成就。农业系统加快各类要素市场建设，不断完善农业生产经营机制，为建设现代化的农业体系进行了卓有成效的探索。除众多分散的小农户外，种养大户、

---

① 参见谷树忠、杜杰：《我国西部地区发展特色农业的基础、问题与方向》，载《中国农村经济》2000 年第 10 期，第 6 页。

② 李周：《乡村振兴战略下的现代农业发展》，载《东岳论丛》2020 年第 3 期，第 34 页。

家庭农场、农民合作社等新型经营主体得到了发展和培育,日益成为农业生产的主导力量。农民专业合作社、龙头企业与小农户的利益联结方式逐步多元化,带动了小农户加入适度规模化生产经营。农业生产、农产品流通、农业科技和市场信息等方面的社会化服务体系不断得以拓展,促进了农业"统合"经营。农业生产要素市场的活力逐步得到激发。近年来,农村土地承包经营制度、农村集体产权制度等方面的改革逐步推进,极大地推动了农业生产要素的优化配置,为农业市场化释放了新动能。新型农业经营主体通过土地租赁、土地入股、代耕代种等多种形式发展适度规模经营。农村集体所有的经营性资产开始股份化,农业生产要素的能量得到激发。在发挥市场机制作用的同时,政府通过相应的政策措施,综合运用财税、金融等多种手段加强了对现代农业发展的支持和引导。例如,2015 年,原农业部发布的《关于进一步调整优化农业结构的指导意见》提出要大力发展绿色农业、特色农业以及品牌农业。① 2016 年,国务院发布《关于发挥品牌引领作用推动供需结构升级的意见》,明确提出农业品牌建设的路径和措施。农业经济的特殊性决定了农业市场化有一个逐步推进的过程。推动农业供给侧结构性改革是我国经济发展进入新常态的必然选择。政府是农业市场化的主要推动者。经济社会结构的发展变化要求政府转变职能,实现由"社会控制"向"社会服务"的方向转变。② 政府应在尊重市场规律的基础上,适应农业提质增效的需要,积极转变职能,打造服务型政府,并通过健全政策法规体系,营造良好的营商环境。当前,我国小农户占主导地位,自身占有的资源不足,经营规模小,效率低下,应创新合作机制,固化利益联结,将小农户纳入现代农业产业体系。③ 另外,我国农业同质化较为突出,竞争力明显不足。这就要求创新发展新业态和新模式,把农业产业做出特色,提升产业价值链,培植产业发展新优势。

---

① 2015 年原农业部发布的《关于进一步调整优化农业结构的指导意见》提出,"瞄准市场需求,增加市场紧缺和适销对路产品生产,大力发展绿色农业、特色农业和品牌农业,把产品结构调优调高调安全,满足居民消费结构升级需要"。

② 参见李俏、王建华:《农业社会化服务中的政府角色:转型与优化》,载《贵州社会科学》2013 年第 1 期,第 112 页。

③ 参见田浩国等:《乡村振兴战略下小农户融入现代农业发展研究》,载《云南农业大学学报(社会科学版)》2020 年第 1 期,第 5 页。

3. 效益统一原则

"效益"这一经济学中的常用概念,现已延伸到法学等学科领域。效益通常是指效果和收益。效益不同于效率,效率主要是指单位时间内完成的工作量,或投入与产出的比率,二者是不同的评价指标。效益是特色经济的根本属性。特色农业的效益首先是指具有经济效益,即对经济发展所作的贡献。特色农业首先是效益经济。特色农业所具有的比较优势为实现经济效益奠定了客观基础。发展特色农业,需要合理配置农业资源,充分利用生产要素。农业生产受自然因素的影响,风险性较大。而且,农业生产周期长,其效益形成一般要在一个生产周期结束时才能完成。这就要求推动土地、资本、劳动力、技术、信息、服务等农业生产要素的合理配置,做大做强特色产业,形成农业产业集群和优势产业带。因地制宜、突出特色和发展优势是实现农业经济效益应遵循的基本原则。西北地区具有自然资源和文化资源等优势,可以通过产业深度融合,促进业态和经营模式的创新,从而提高农业的市场竞争力。生态农业、观光农业、循环农业等农业的新业态和新模式,是实现农业多功能的重要途径,它们解决了传统农业生产经营所面临的困境,促进了农业生产方式和发展模式的转型。家庭农场、农民专业合作社等新型经营主体是实现农业适度规模化经营的主要推动力量。这些新型经营主体通过土地流转、资金投入、联合经营、订单农业和社会化服务等方式实现了规模效应。农业的特色化和品牌化本身就是产生经济效益的重要资源。特色农业的发展应利用生产条件的独特性,重视新品种、新技术的应用,打造优质品牌,提高市场占有率。种植业和养殖业虽然是西北地区的特色和优势,但产业结构的不合理不利于整体效益的提升。产业融合有利于资源整合及资源共享,并提高整体经济效益。[①] 现代农业竞争,已由产品之间的竞争,转为产业链之间的竞争。[②] 在一个较长时期,受到经营观念和生产技术等因素的制约,一些地区的农产品缺乏精加工,仅成为市场的初级农产品供应地。为改变

① 参见白永秀、惠宁主编:《产业经济学基本问题研究》,中国经济出版社 2008 年版,第 80 页。

② 参见国务院发展研究中心农村经济研究部:《构建竞争力导向的农业政策体系》,中国发展出版社 2017 年版,第 64 页。

这种状况，一些地区积极引入社会资本和先进技术进行产业升级，对特色农产品进行精深加工，实现了农产品的高端化和优质化，为特色农业的发展提供了新动能。

特色农业发展不仅要着眼于经济效益，而且要实现经济效益与社会效益和生态效益的统一。[①] 只有三者的协调统一才能确保人类的整体利益，才能实现农业的可持续发展。特色农业必须增强地区综合实力、提升整体效益，实现人与自然的和谐共生，促进区域协调发展。社会效益是指在促进社会发展以及提高生活质量等方面的作用。特色农业是一个地区的优势产业，不仅能带动农民就业、增加农民收入，而且在促进乡村振兴和社会进步以及区域发展等方面发挥重要作用。特色农业可以满足人们日益增长的多样化需求，提升人民的生活质量。传统农业生产主要考虑的是满足社会对粮食等农产品的需求。虽然这也是一种社会效益，但主要是满足人们的温饱需求，侧重于"数量"上的需求。随着经济社会的发展，人们的生活观念和消费水平也发生了变化，更注重产品品质的追求和生活质量的提升。特色农业的发展以良好的生态效益为前提条件。生态效益是农业生产活动所产生的效果或效应。生态环境是农业生产活动的基础。农业生产活动遵循生态规律，以节约优先和保护优先为原则。在农业生产中，如果自然资源得到合理利用，生态平衡得以维持，人们的生产和生活不致恶化或得到改善，就具有生态效益；如果自然资源被大量开发利用，生态环境被破坏，影响人们的生活和生产，就无法实现生态效益。传统的发展观导致资源浪费、环境污染、生态破坏等后果，给人类的生存和发展造成了严重威胁。一直以来，我国增产导向的农业支持政策导致了农业竞争力和绿色发展能力弱化等问题。[②] 因此，产业发展不应片面化为追求数量、轻视质量的单一经济目标，而忽视社会利益和环境后果。而且，特色必须

---

① 2002 年原农业部发布的《关于加快西部地区特色农业发展的意见》指出，"发展特色农业要遵守自然规律和经济规律，兼顾生态效益和经济效益，发展既能够合理利用和有效保护资源，又具有显著经济效益的特色农产品，调动农民保护和建设生态环境的积极性，实现对农业资源的可持续利用"。

② 参见马红坤、毛世平：《日本和欧盟农业支持政策的转型路径比较与启示》，载《华中农业大学学报（社会科学版）》2019 年第 5 期，第 46 页。

与市场、科技、信息以及管理等要素结合在一起，才能持久、高效，否则就会异化成另一种形式的变卖资源。① 农业产业结构调整是对农业生产要素的合理配置，以提高资源的有效利用，进而实现经济、社会和生态目标的统一。农业作为国民经济的基础，其发展应造福于全社会。农业生产应当根据区域所拥有的资源禀赋、区位优势等进行合理的分工与布局，最终实现社会公平发展。随着新的生产技术和经营模式向农业领域的渗透，农业新业态的出现不仅产生了良好的经济效益，而且兼顾了社会效益和生态效益，因而具有强大的生机活力和广阔的发展前景。例如，景观农业是一种利用当地的自然资源，提供包括休闲、娱乐、观光、体验等特殊服务的农业形态。发展景观农业，能优化农村经济结构，促进农村生态环境保护，实现经济效益、社会效益与生态效益的统一，从而发展高效农业。2012 年以来，宁夏银川市贺兰县四十里店村因地制宜开发了集农业种植、渔业养殖、产品初加工、生态旅游于一体的“稻渔空间”生态农工旅项目，获得了耕地保护、生态改善、产业提质、农民增收等多重效益。2021 年 12 月，宁夏银川市贺兰县“稻渔空间”一二三产融合项目入列自然资源部第三批 11 个生态产品价值实现典型案例，并在全国范围推广。②

第二节　西北特色农业发展的基本情况

一、西北特色农业发展的总体状况

西北地区深居内陆，大部分位于中高纬地带，地域辽阔，东西跨度大，在土质、地貌、气候、河流、降水、动物、植物等方面具有较强的特殊性，形成了独特的地理景观和特有的资源优势。西北地区土地资源丰富，地貌复杂多样，地形以高原、盆地、山地和河谷为主，从东到西为黄土高原、关中平原、河套平原、河西走廊、戈壁沙滩、荒漠草原、山麓绿

① 参见谷树忠、杜杰：《我国西部地区发展特色农业的基础、问题与方向》，载《中国农村经济》2000 年第 10 期，第 8 页。

② 参见 2021 年 12 月自然资源部办公厅发布的《生态产品价值实现典型案例》（第三批）。

洲。西北地区森林覆盖率较低，自东向西，地表植被呈草原、荒漠、戈壁、绿洲的变化。由于人类生产与生活的影响，自然植被有逐渐减少的趋势。西北地区河流和湖泊总体较少，多为内流河，如塔里木河、额尔齐斯河和渭河等。由于地处内陆，距海遥远，加之高原、山脉等对湿润气流的阻挡，导致本地区降水量少，气候干旱或半干旱，主要为温带大陆性气候，局部属于高寒气候。夏季高温短促，冬季严寒漫长，降水量自东向西呈递减趋势。由于干旱少雨、海拔较高、纬度偏北，具有日温差、年温差较大的特点。虽然温差大有对农业生产不利的地方，但也成就了发展果业等产业的特殊有利条件。西北地区光热资源丰富，是我国日照时间最长的地区之一。西北地区有着悠久的历史和优秀的文化传统，保持着丰富多彩的地方风情和习俗。另外，西北地区旅游资源十分丰富，类型繁多。

西北地区的地理要素较为特殊，对人们的生产和生活产生了深刻的影响。农业是西北地区的优势产业，也是促进地区经济社会发展的基础性产业。在农业结构布局方面，主要是灌溉农业、绿洲农业以及养殖业。西北地区草场广布，广阔的草原牧场使这里成为我国重要的畜牧业基地，并促进了养殖和畜产品加工业的发展。我国的青藏高原，由于平均海拔在4000米以上，地势高，热量低，属于高寒气候，多发展高原畜牧业。长期以来，由于牧区生产方式落后，主要依赖天然草场进行养殖，对草地存在过度利用而养护不足的情形，草场退化和土地沙漠化现象较为严重。因此，加强对草原的建设和保障，合理利用草原资源，防止草地退化、沙化，实现草畜平衡，是维持区域可持续发展的十分紧迫的问题。西北地区发展种植业的限制性因素主要体现在，水源不足，降水较少，自然地带以戈壁荒漠带为主。由于这些条件难以满足农作物自然生长的需要，因而西北地区发展“灌溉农业”成为其特色。西北地区的种植业主要分布在可以利用河水、地下水以及高山冰雪融水等进行灌溉的平原地带。但是，水资源短缺和生态脆弱也是困扰西北地区农业转型发展的主要障碍之一。另外，西北地区虽然日照充足，但冬季较长、气候严寒，这也对种植和养殖带来了挑战，需要采用防冻防寒的技术和设施。

西北各省（自治区）自然条件差异较大，资源禀赋与产业布局不尽相同。基于不同的地形条件和生态系统,形成了差异化的农业生产格局,包括河谷农业、灌溉农业、绿洲农业、设施农业、旱作农业、戈壁农业、高原农业、草原畜牧、沙滩种植等,或者各省(自治区)兼而有之,呈现多元化的种植和养殖形式。各省(自治区)立足于发挥本地优势,扬长避短,逐步健全法律制度和政策措施,把发展特色产业作为农业发展的基本定位,从产业结构、区域布局、品种类型、品牌机制等层面上进行引导和调整,按照支柱产业、主导产业、优势产业以及特色产品等产业层次多元规划和推进,促进农业产业逐步向优势产地和优势区域聚集。在此基础上,形成了一批专业化分工、适度规模化、区域化布局、种养结构合理的生产基地和产业集群,逐步实现由特色产品到优质产品的转变以及由特色产业到主导产业和支柱产业的转变。新疆棉花和林果、陕西苹果、甘肃马铃薯、青海牦牛和藏羊、宁夏枸杞和滩羊等特色农产品具有较高的市场知名度或市场占有率。另外,西北地区具有有利的区位优势,处于丝绸之路经济带,是我国向西开放的桥梁和枢纽,为发展外向型农业提供了便利条件。总体而言,西北地区农牧业发展的基本情况可以概括为如下几个方面:

第一,综合效益明显提升。随着农业农村改革的深入推进,农业资源要素市场进一步完善,基础设施建设水平有了一定提升,生态环境状况有所改善,地域和资源的比较优势日益凸显,农业与其他产业的融合得到进一步拓展,农业现代化水平逐步提高,经济效益和社会效益显著。西部大开发以来,中央和地方各项强农惠农政策得以贯彻实施,西北地区农牧业生产条件有了较大改善,特色优势产业和特色农产品的培育和发展得到重视。区位优势和资源优势等得以充分利用,通过挖掘本地特色资源,形成了一批具有市场潜力的特色农业,规模化生产水平和商品化生产能力显著提高(见图1-1)。适应经济发展方式的转变需要,不断优化和调整农业结构,探索和创新多元化的农业经营方式,建立健全科技指导、市场信息、产品流通等服务体系,农牧业整体效益逐步提高,初步形成了区域化布局、适度规模化经营、一定的专业化生产、市场竞争力逐步提升的农业发展格局,极大地改善了西部地区经济状况、人居环境以及乡村风貌,助推了新农村建设,维护了和谐的社会关系,促进了区域协调发展,为融入新发展格局和促进乡村振兴奠定了基础。

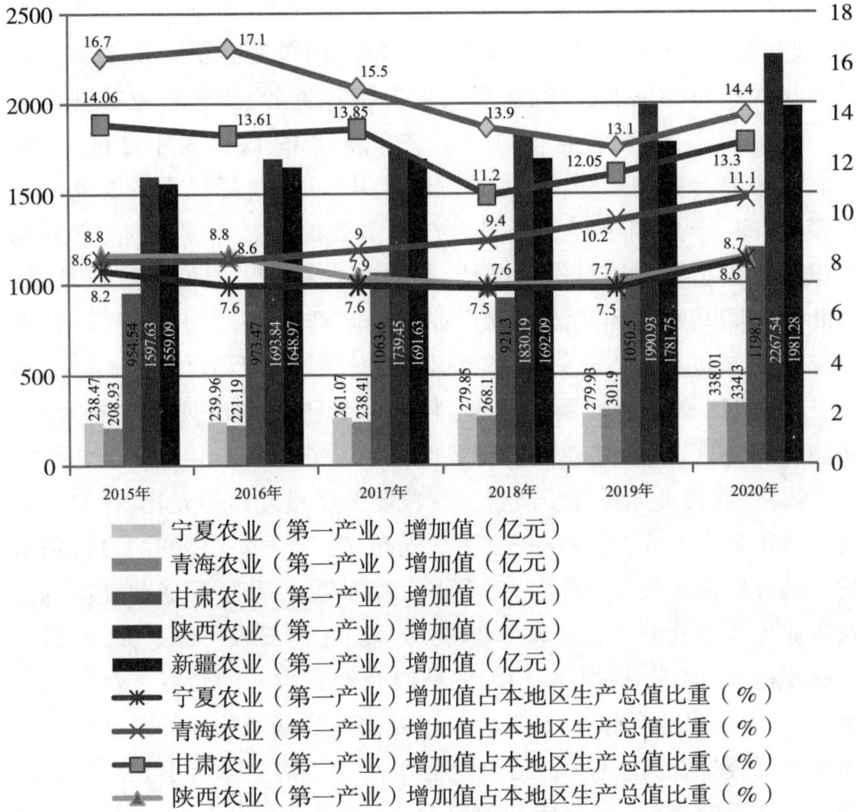

图1－1　2015～2020年西北五省(自治区)农业(第一产业)增加值与所占本地区生产总值比重

资料来源：西北五省(自治区)统计年鉴。

第二，优势产业带初步形成。西北地区立足于本地自然资源和人文资源，突出区域优势，优化空间布局，积极发展特色农牧业，不断提高生产经营规模和集约化水平。① 同时，由于农业产业结构的调整，生产能力和经营水平有了较大提升，农业生产规模化向优势地区集中发展，

① 2015年原农业部发布的《关于进一步调整优化农业结构的指导意见》提出，“推进特色农产品区域布局规划实施，大力发展一乡(县)一业、一村一品”。

形成了多元化的农产品基地,产业聚集效应明显。[①] 西北地区资源丰富,涉及药用、纤维、淀粉、糖类、油料、化工原料、香油蜜源、野果野菜、观赏花卉等经济植物,以及牦牛、骆驼、山羊等经济价值动物。经过多年的培育和发展,集约化利用地方特色资源,优势产业带基本形成。总体而言,灌溉农业主要分布在宁夏北部、陕西关中地区等,绿洲农业主要分布在新疆天山山麓、甘肃河西地区,畜牧业主要分布在陕西、青海、宁夏和新疆。新疆为全国重要的温带水果产地,宁夏和新疆为全国重要的糖料作物产地,新疆和青海为重要的畜牧业基地,西北是全国马铃薯和酿酒葡萄产业基地。具体而言,宁夏中部、甘肃中部是滩羊优势区,宁蒙河套地区、新疆精河以及青海是枸杞优势区,宁夏和新疆是葡萄酒优势区,甘肃和新疆部分市县是啤酒大麦、啤酒花优势区,陕西是猕猴桃优势区。[②]

第三,农牧业体系逐步改善。农牧业发展呈现出多元化,种植和养殖一体化基本形成,产业化程度明显提高,生产经营主体的活力得到激发。通过扶持农牧业合作经营,组织化程度显著提升,形成独具特色的农牧业生产经营模式。龙头企业得到培育,生产规模不断扩大,经营能力逐步提升,促进了农业结构的调整以及经营方式的转变。除了龙头企业外,农民专业合作社、种养大户以及家庭农场和牧场等新型经营主体加快形成。龙头企业、农民专业合作社等经营主体与小农户之间的利益联结得到增强,示范带动效果显著,社会化服务的覆盖面逐步扩大。原来主要处于分散经营的小农户开始逐步被纳入组织化的生产经营链条中,在不同程度上分享到了现代农业发展所产生的增值收益。经营模式不断创新,形成了包括公司、基地、农户(贫困户)、党支部等进行组合的多种模式,促进了农业"统合"经营。随着现代生产要素不断引入,农牧业生产某种程度上实现了专业化分工以及一定程度的标准化生产和社会化服务等,提高了生产效率和经营效益,提升了特色农牧

---

① 入选农业农村部和财政部发布的2020年优势特色产业集群建设名单的有陕西黄土高原苹果产业集群、陕西关中奶山羊产业集群、甘肃甘味肉羊产业集群、青海牦牛产业集群、宁夏六盘山肉牛产业集群、新疆库尔勒香梨产业集群、新疆薄皮核桃产业集群、新疆生产建设兵团红枣产业集群。

② 参见原农业部2014年发布的《全国特色农产品区域布局规划(2013—2020年)》。

产品的品质。随着生态环境状况的逐步改善，生态农业、绿色农业、休闲农业等得到一定程度的发展。

第四，市场化程度日益提高。市场化是现代农业发展的基础。特色农业只有面向市场，以市场需求为导向，才能实现农民的增收致富，也才能促进区域经济社会发展。西北地区依托本地资源禀赋，将生产经营与市场需求相结合，走特色化和品质化发展之路，积极培育特色优质农牧产品（见表1－1），形成了一批优势特色主导产业。在政府大力扶持下，通过引进先进技术、装备和其他生产要素，产业融合有了一定发展，产业链得到延伸，一些特色农产品实现了精加工，附加价值得到显著提升，市场占有率不断扩大，自给半自给的经济特性有所弱化，特色农业和特色农产品的商品化程度有较大提高。现代化生产经营理念的转变产生了切实效果，品牌的培育和营销得到高度重视。西北地区特色农牧产品资源丰富，是我国地理标志农产品的重要产地。[①] 特色农牧产品的产地保护以及产品认证得到重视，品牌效应日趋凸显，市场影响力逐步增强。[②] 如今，一批特色农牧产品已经在国内外市场上获得良好声誉，品牌价值得到进一步提升。

表1－1　西北各省（自治区）特色农牧产品

省（自治区）	特色农牧产品
宁夏	盐池滩羊、中宁枸杞、沙湖大鱼头、宁夏大米、宁夏枸杞、六盘山冷凉蔬菜、西吉马铃薯、香山硒砂瓜、固原黄牛、兴唐贡米、夏进肥牛、塞外香大米、盐池黄花菜、夏进牛奶、百瑞源锁鲜枸杞、灵武长枣、森淼红运果
甘肃	庆阳苹果、定西马铃薯、陇西黄芪、平凉金果、庆阳白瓜子、武威酿酒葡萄、肃南牦牛肉、泰安蜜桃、平凉红牛、民勤蜜瓜、康县黑木耳、庆阳小米、兰州软儿梨、天祝白牦牛、民勤羊肉、敦煌李广杏、金塔番茄、两当狼牙蜜、庆阳香瓜、肃南甘肃高山细毛羊

① 参见王文龙：《新型农业经营主体、小农户与中国农业现代化》，载《宁夏社会科学》2019年第4期，第107页。

② 2017年原农业部发布的《关于进一步调整优化农业结构的指导意见》明确提出，积极发展"三品一标"农产品。

续表

省（自治区）	特色农牧产品
陕西	洛川苹果、眉县猕猴桃、大荔冬枣、商洛核桃、米脂小米、横山大明绿豆、户县葡萄、洋县黑米、凤翔苹果、柞水黑木耳、留坝蜂蜜、城固蜜橘、直罗贡米、靖边荞麦、阎良甜瓜、平利女娲茶、略阳乌鸡、佳县红枣、商洛香菇、洛南核桃、镇安象园茶
青海	互助八眉猪、玉树牦牛、大通牦牛、祁连牦牛、互助葱花土鸡、柴达木枸杞、雏峰阁蜂蜜、乐都长辣椒、乐都大樱桃、泽库藏羊、龙羊峡三文鱼、同仁黄果梨、湟源胡萝卜、泽库黄蘑菇、乐都紫皮大蒜、湟源陈醋、大通鸡腿葱、循化振荣核桃油、互助油菜籽
新疆	阿克苏苹果、库尔勒香梨、和田御枣、吐鲁番哈密瓜、吐鲁番无核白葡萄、阿克陶巴仁杏、阿克苏核桃、阿图什无花果、沙雅罗布麻蜂蜜、岳普湖小茴香、天莱香牛、库车小白杏、库车药桑、雪花面粉、恰玛古、色麦提杏、阿瓦提长绒棉、白阿图什木纳格葡萄、新疆红花、吉木萨尔白皮大蒜

资料来源：农业农村部市场与信息化司：《中国特色农产品精萃》，中国农业出版社2018年版，第173～201页。

二、宁夏特色农业发展概况

宁夏位于我国西北地区东部，处于黄河中上游，北依贺兰山脉，地势南高北低，为温带半干旱区和半湿润地区，在地形上分为三大板块，即北部引黄灌区、中部干旱带以及南部山区。总体而言，宁夏具有丰富的土地资源、便利的引黄灌溉以及良好的光热条件，有利于发展多种种植业和养殖业。自古以来，宁夏属于农牧交错地带，农牧并重在第一产业中居主导地位（见图1－2）。截至2019年，宁夏农业从业人员为115.8585万人，占比为16.7%；宁夏优势特色农业比重达到85.2%。在产业结构中，种植业和畜牧业占全部农业的90%以上。宁夏突出发展特色优势产业（见表1－2），经过多年来的努力，重点扶持和培育枸杞产业、牛羊肉产业、马铃薯产业、奶产业、葡萄酒产业、硒砂瓜产业、红枣产业，呈现出区域化布局、专业化分工以及适度规模化生产和产业化经营的良好态势，初步形成了以牛羊肉、乳制品、枸杞、葡萄酒、马铃薯以及优质粮食等为主导的农产品加工业发展格局。特色农业经济在结构调整中不断升级壮大，已拥有系列驰名商标，如“宁夏红”枸杞果酒、

"香山硒砂瓜"、"盐池滩羊"、"灵武长枣"等。"宁夏大米""中宁枸杞""中卫硒砂瓜""贺兰山东麓葡萄""盐池滩羊""贺兰螺丝菜"等获国家地理标志认定。[①] "贺兰山东麓葡萄酒"被誉为宁夏独具特色的"紫色名片",属于具有国际影响力的知名品牌。"十三五"期间,酿酒葡萄种植面积49万亩,年产葡萄酒近10万吨,综合产值达到261亿元,贺兰山东麓已成为全国最大的酿酒葡萄集中连片种植区和酒庄酒产区,也是国内最佳、国际知名的葡萄酒产区之一。枸杞种植面积35万亩,年产干果9.8万吨,综合产值达到210亿元。另外,新型经营主体不断发展壮大,农业产业化龙头企业、农民合作社、家庭农场分别达到385家、6166家、15,615家。

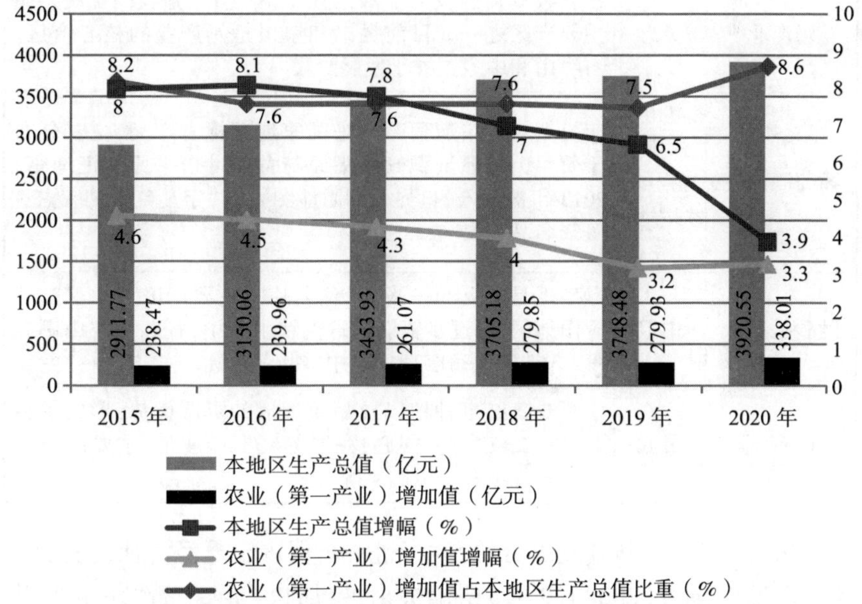

图1-2　2015～2020年宁夏农业(第一产业)增加值与本地区生产总值

资料来源:宁夏回族自治区统计局。

---

① 盐池县的滩羊目前已达300多万只,贫困户收入80%以上来自以滩羊为主导的特色产业。参见《白了滩羊　绿了草原　红了日子(在习近平新时代中国特色社会主义思想指引下——新时代新作为新篇章)》,载《人民日报》2019年4月4日,第1版。

表1-2　宁夏主要特色农业

产业名称	主产地	基本情况
枸杞产业	中宁	宁夏已形成了以中宁为主体或核心区,并辐射清水河流域区和银川平原产业带的“一核两带”枸杞发展格局。中宁县是全国枸杞标准化生产基地,被誉为“枸杞之乡”
牛羊肉产业	盐池	宁夏目前已形成了盐池、灵武、海原等滩羊生产区以及六盘山山麓肉牛生产区等产业带。盐池滩羊肉是知名肉羊品牌
马铃薯产业	西吉	宁夏目前已形成了以生产鲜食薯和淀粉为主的南部山区生马铃薯产业带。固原市西吉县是宁夏马铃薯的主产区。“西吉马铃薯”是地理标志产品和知名品牌
奶产业	吴忠	宁夏牧草资源较为丰富,奶牛品种优良,是我国优质奶源主要产区之一。目前吴忠和银川是奶产业的核心产区。石嘴山和中卫正处于发展阶段
葡萄酒产业	银川、永宁、青铜峡、红寺堡等	宁夏贺兰山东麓葡萄酒是国家地理标志产品,主要分布于贺兰山东麓洪积倾斜平原与黄河冲击平原交汇地带,2013年被列入《世界葡萄酒地图》,有“宁夏红”“西夏王”等知名品牌
硒砂瓜产业	中卫	硒砂瓜是宁夏的一张“绿色名片”,主要产区为中卫市环香山地区,并逐步辐射到青铜峡牛首山山麓。“香山硒砂瓜”入选宁夏著名商标和中国驰名商标
红枣产业	灵武	宁夏具备红枣种植以及品质形成的资源优势,形成了灵武、中宁、红寺堡、同心、海原等红枣产业带,主要品种有灵武长红枣和中卫圆枣等

2008年9月,国务院出台的《关于进一步促进宁夏经济社会发展的若干意见》(国发〔2008〕29号)明确提出,要加快建设北部引黄灌区现代农业、中部干旱带旱作节水农业和南部黄土丘陵区生态农业“三大示范区”。① 2021年《宁夏回族自治区国民经济和社会发展第十四个五

① 2008年国务院《关于进一步促进宁夏经济社会发展的若干意见》(国发〔2008〕29号)提出,“转变生产方式,大力发展现代农业,加快建设北部引黄灌区现代农业示范区、中部干旱带旱作节水农业示范区、南部黄土丘陵区生态农业示范区。北部灌区在稳定粮食生产的基础上,重点抓好枸杞、牛羊肉、奶牛、设施蔬菜、酿酒葡萄等优势特色产业;中部干旱带重点发展滩羊和抗旱性强的特色农产品;南部山区重点发展草食畜牧业和马铃薯产业”。

年规划和二〇三五年远景目标纲要》明确提出,持续优化特色产业区域布局,做优做精特色优势产业,打造贺兰山东麓"葡萄酒之都"、打造"枸杞之乡"品牌新优势、打造"中国高端奶之乡"、打造高端牛肉生产基地和"中国滩羊之乡"。北部引黄灌区是全国四大自流灌区之一,有得天独厚的种植和养殖条件,光照以及水、土等资源较为丰富,是西北地区重要的商品粮生产基地,被誉为"塞上江南"和"西部粮仓"。贺兰山东麓的土壤、气温、光照等条件适宜发展酿酒葡萄。中部干旱带土地广袤,日照充足,适宜发展特色旱作节水农业和绿色农产品,如滩羊、长枣、硒砂瓜等。南部山区气候温和凉爽,环境状况良好,牧草资源较为丰富,适宜发展草食畜牧业和马铃薯产业以及生态农业。2003 年以来,围绕培育壮大特色优势农业、延长农业产业链、提升农产品附加值,宁夏先后出台了《宁夏特色优势农产品区域布局及发展规划》《宁夏农业特色优势产业发展规划》等扶持政策和具体措施,促进了特色优势产业集聚升级。根据发展规划,"十三五"期间重点发展"1 +4"特色优势产业,即"优质粮食和草畜、蔬菜、枸杞、葡萄"。根据优势特色产业发展情况,明确提出农业特色产业十大农业产业集群①的发展。总体而言,宁夏优势特色农业的发展模式可以概括为自然资源型、市场主导型和乡村工业带动型。② 近年来,宁夏农业生产稳定增长,农村居民的收入不断提高。据统计,2020 年蔬菜产量为568. 61 万吨,瓜果产量为 157. 18 万吨,枸杞产量为 9. 8 万吨,牛奶产量为 215. 34 万吨。2015 年到 2020 年,宁夏农村居民人均可支配收入年增长率为 8% 以上,保持较高的增长速度。

三、甘肃特色农业发展概况

甘肃地形呈东西狭长状,生态环境复杂多样,山地、高原以及盆地、平川、沙漠和戈壁等兼而有之,大部分地区气候干燥,黄河干流纵贯中部,是我国中西部的结合地带,是丝绸之路经济带的枢纽。截至 2019

---

① 包括:枸杞及中药材产业集群;清真牛羊肉产业集群;奶产业集群;瓜菜园艺产业集群;马铃薯及马铃薯淀粉产业集群;贺兰山东麓葡萄及葡萄酒产业集群;优质、精品、高端粮食产业集群;生态渔业适水产业集群;饲料饲草产业集群;优良动植物物种业集群。

② 参见李文庆:《宁夏优势特色产业发展研究》,宁夏人民出版社 2014 年版,第 63 页。

年,农业从业人员为645.18万人,占比为24%。如表1－3所示,甘肃农业优势产业主要集中在粮食、药材、果品和畜产品上,特别是草食畜牧业、马铃薯产业两大产业。2002年9月,甘肃省委和甘肃省人民政府出台《关于大力推进农业产业化经营的意见》(省委发〔2002〕52号),明确提出要重点发展“牛、羊、菜、果、薯、药”六大特色农业产业。2009年12月,国务院批准了《甘肃省循环经济总体规划》,明确了甘肃省发展循环农业的目标和任务。2010年5月,国务院办公厅发布的《关于进一步支持甘肃经济社会发展的若干意见》明确指出,要优化空间布局,大力发展旱作节水农业,突出发展特色优势农业,加快发展中药材、酿酒原料、林果、蔬菜、草食畜牧业等产业以及地方特色农产品。此后国务院办公厅发布《关于进一步支持甘肃经济社会发展若干意见重点工作分工方案》,就政策措施的落实进行了具体部署。2014年5月,甘肃省委和甘肃省人民政府出台《“丝绸之路经济带”甘肃段建设总体方案》,明确提出要充分发挥历史文化、产业基础等优势,努力把甘肃建设成为产业合作的示范基地。2016年甘肃省人民政府办公厅发布的《甘肃省“十三五”农业现代化规划》提出,“按照战略性主导产业、区域性特色优势产业和地方特色产品三个层面大力推进农业产业化发展”。

表1－3　甘肃主要特色农业

产业名称	主产地	基本情况
马铃薯产业	定西	马铃薯是甘肃第三大粮食作物。甘肃是我国马铃薯主产区之一,已经形成中部、河西及沿黄灌区、陇南和天水等优势产区。甘肃马铃薯种薯繁育和加工的竞争优势明显。“定西马铃薯”被认定为中国驰名商标,是国家地理标志保护产品
中药材产业	陇南 定西	甘肃是我国中药材主产地,种植面积和产量居于全国前列,主要品种有黄芪、党参、当归、甘草、板蓝根、半夏、红芪等。岷县、渭源县、陇西县、民乐县以及西和县分别被原农业部授予当“归之乡”“党参之乡”“黄芪之乡”“板蓝根之乡”“半夏之乡”

续表

产业名称	主产地	基本情况
制种产业	张掖	甘肃是我国最大的马铃薯脱毒种薯生产基地、杂交玉米种子生产基地以及重要的花卉、瓜菜生产基地。张掖玉米种子获得了我国唯一的种子国家地理商标证书。张掖市被认定为国家级杂交玉米种子生产基地,已成为我国现代农作物种业核心基地之一
果蔬产业	平凉 酒泉	苹果是甘肃特色优势产业,已形成以天水、平凉、庆阳等为主的产区,有"平凉苹果""花牛苹果""静宁苹果"等知名品牌。甘肃是我国西北内陆出口蔬菜重要生产区域,已经形成河西走廊、沿黄灌区等优势产区,"高原夏菜"畅销国内外
草食畜牧业	兰州 定西	甘肃是西北地区重要的牛羊肉生产供应基地,初步形成了以陇东地区、河西走廊为主的肉牛生产基地;以河西走廊、白银、兰州、定西、临夏、甘南为主要产区的肉羊生产基地;以兰州、酒泉、临夏、张掖为主的奶牛生产基地

近年来,甘肃特色优势农业得到了较快发展,经营规模不断扩大,生产水平和产品质量显著提高,农业产业链得到进一步延伸,已初步形成了马铃薯、百合、草食畜牧业等农业主导产业、区域性特色优势产业区以及相应的农产品,进一步促进了农业生产总值的逐年提高,使农村居民收入保持一个较高的增长幅度(见图1－3)。据统计,2019年甘肃中药材产量为113.15万吨,甜菜产量为26.51万吨,蔬菜产量为1388.75万吨,园林水果产量为438.54万吨。甘肃是西北地区重要的牛羊肉生产供应基地以及西北内陆出口蔬菜重要生产区域。一批特色农产品生产优势明显,其中中药材、马铃薯等产业位居全国首位,食用百合等产业位居全国前列。目前已经培育了"平凉苹果""花牛苹果""静宁苹果""下曲葡萄""岷县当归""祥宇油橄榄""陇南有机茶""苦水玫瑰""定西马铃薯"等一批具有较高知名度和影响力的品牌。"陕西黄芪""平凉金果""民勤蜜瓜""民勤羊肉"等获得中国地理标志保护产品认证。特色优势产业生产基地已初具规模,形成了农业特色产业集群和五个较大的农业发展区域,分别为"河西片区、中部片区、陇东片区、陇南片区和甘南片区"。河西地区的主导产业有蔬菜、瓜果、制种

等，中部地区的主导产业有淀粉、百合、中药材等，陇东地区的主导产业有水果、蔬菜、肉产品等，陇南地区的主导产业有干果、中药材、食用菌等，甘南和临夏地区的主导产业有牛羊肉、乳品、皮毛等。2021 年《甘肃省国民经济和社会发展第十四个五年规划和二〇三五年远景目标纲要》明确提出"大力发展现代丝路寒旱农业"，包括壮大陇中陇东黄土高原区旱作高效农业、提升河西走廊节水戈壁生态农业规模、加快黄河上游高原生态循环农牧业和特色种养业发展、做大做强陇东南现代特色农产品生产加工和山地特色农业等。

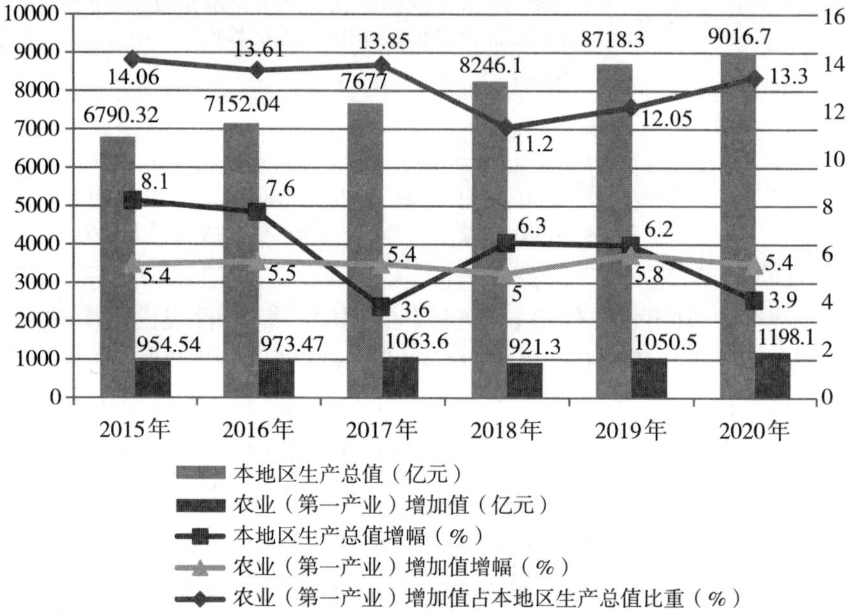

图 1-3　2015~2020 年甘肃农业（第一产业）增加值与本地区生产总值

资料来源：甘肃省统计局。

四、陕西特色农业发展概况

陕西的地形特征是南北长、东西窄，南北高、中部低，在区位上具有承东启西的地域优势，是我国农耕文化的重要发祥地之一。据统计，2020 年，陕西乡村人口为 1477 万人，占比为 37.34%。从地貌上而言，从北到南依次是黄土高原区、关中平原区和秦巴山地区。其中，关中平原区，地貌包括平原、河谷和丘陵，渭河由西向东横贯其中，土壤肥沃，灌溉便利，气候半湿润，自古农业发达。从气候类型上而言，从北到南依次是中温带、暖温带和北亚热带，气候差异明显。多样的气候类型、独特的地貌特征、丰富的资源优势为出产多种优质农产品提供了自然条件，奠定了陕西特色农业（见表1－4）发展的基础。陕西特色主导产业和区域特色产业以苹果、猕猴桃、奶山羊为支柱，同时辅之以牛肉、马铃薯、油菜、蔬菜、茶叶等多元化发展，形成了黄土高原苹果产业带、秦岭北麓和汉丹江流域猕猴桃产业带、关中时令水果产业带。陕西水果种植的规模、产量、品牌居全国首位。陕西渭北是全球最大的优质苹果连片种植基地，已形成"洛川苹果""白水苹果"等品牌。秦岭北麓、渭河以南是世界猕猴桃的原产地，有先进的品种资源，面积与产量均居世界首位，已形成"周至猕猴桃""眉县猕猴桃"等品牌。畜牧业是陕西省优势特色产业之一，畜禽品种众多，在关中地区已形成秦川牛、奶山羊等优势产业，有"秦宝""乡党"等知名牛肉品牌。此外，茶叶产业已成为陕西农业主导产业之一。近年来，陕西农业生产稳步提升，农村常住居民的收入增长明显（见图1－4）。据统计，2020年，陕西猕猴桃产量为115.8336万吨，苹果产量为1185.2143万吨，茶叶产量为8.6965万吨。

表1－4　陕西主要特色农业

产业名称	主产地	基本情况
水果产业	渭北、秦岭	陕西果业的规模、产量、品牌居全国首位。陕西渭北是苹果优势产业带，形成了"洛川苹果""凤翔苹果"等品牌。秦岭是世界猕猴桃的原产地，形成了"眉山猕猴桃""周至猕猴桃"等品牌
牛羊肉产业	渭北 关中	陕西畜牧业包括秦川牛、奶山羊等。秦川牛产于陕西关中地区。目前已形成了"秦宝""乡党"等牛肉产品品牌。奶山羊产业主要分布在关中和渭北地区，已经形成了系列产品，居全国首位
茶叶产业	汉中 安康	茶叶目前已经成为陕西支柱产业之一，种植面积居于全国前列，主要产区为陕南地区的汉中、安康和商洛，被农业农村部列为"长江中上游特色和出口绿茶基地"

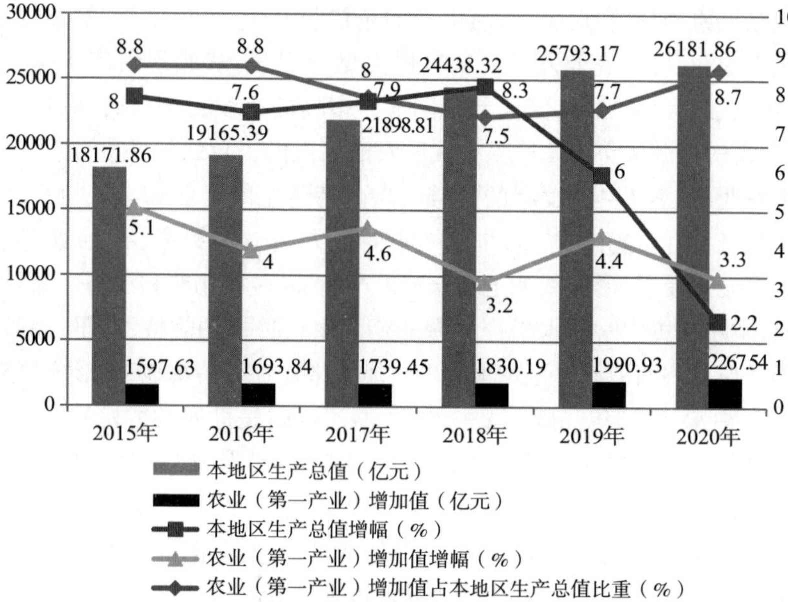

图 1－4　2015～2020 年陕西农业(第一产业)增加值与本地区生产总值

资料来源:陕西省统计局。

2015 年 12 月,陕西省人民政府办公厅发布的《关于加快转变农业发展方式的实施意见》明确提出优化农业产业布局,主要是按照特色农业产业布局,建设“陕北长城沿线、渭北旱塬、关中灌区、陕南川道”四大粮食功能区,打造“陕北肉羊、渭北苹果、关中奶畜、陕南生猪和茶叶”五大特色产业带,发展“西咸都市农业、秦岭北麓及秦巴浅山区猕猴桃、渭南高效设施农业、宝鸡高效设施农业、渭北东部大樱桃、黄河沿岸土石山区红枣”六大区域特色产业板块,形成“粮食为基础、果畜为支柱、菜茶为特色”的产业布局。建设蔬菜产业集群,围绕大中城市蔬菜供应,优化设施种类和品种结构,集成配套栽培技术,完善专业化育苗点和冷链体系建设,推进产销一体化,引导蔬菜产区规模发展,打造陕北、陕南、关中、秦岭山区四大设施蔬菜产业集群。2017 年 2 月,陕西省人民政府办公厅出台的《关于推进农村一二三产业融合发展的实施意见》提出,围绕“关中高效农业、陕北有机农业、陕南生态农业”定位,按照“渭北苹果、秦岭北麓及秦巴浅山区猕猴桃、黄河沿岸土石山区红枣、陕南渭北富硒有机食品、陕北小杂粮”布局,大力发展区域特色产业。2018 年 10 月,国务院发布的《关于进一步支持杨凌农业高新技术产业示范区发展若干政策的批复》,明确了对杨凌示范区的政策支持和发展目标。2021 年《陕西省国民经济和社会发展第十四个五年规划和二〇三五年远景目标纲要》明确提出做强果业、畜牧业、设施农业"3 + X"现代农业体系,优化果业品种结构、推动蔬菜产业转型升级、促进畜牧业标准化规模养殖等。

五、青海特色农业发展概况

青海位于青藏高原东北部,地处高原内陆,是一个典型的种植业和养殖业相结合的省份,农牧业在全省国民经济中占有重要地位。据统计,2019 年农业从业人员为 115.6 万人,占比为 19%。但相比较而言,青海的牧区面积较大,而农区耕地相对较少,畜牧业是农牧民发展经济的支柱性产业。基于特殊的地理环境而形成的特有的地域优势、资源优势和气候优势为青海发展特色农牧业提供了客观条件。这种自然条件构成了具有高原地貌和气候特点的冷凉性高原农业。青海地处世界屋脊,土壤、水源等基本没有受到污染,生态环境状况较好,是发展绿色农业和绿色食品的天然基地。青海省农牧业突出"高原特色",围绕油菜、马铃薯、中藏药材、特色果品、藏羊、牦牛、冷水鱼、饲草料、毛绒等产业,积极推进相关农畜产品生产基地建设,形成了较为完善的高原特色农牧业产业体系。粮食作物主要有春小麦、青稞、马铃薯等,经济作物以油菜籽为主。油菜已经成为青海第一大农作物。如表 1－5 所示,油菜产业是青海特色优势产业,已基本形成东部农业区产业带,建成了全国最大的春油菜制种繁育基地。青海畜牧业生产条件优势突出,牧区均以草原牧业为主,海南藏族自治州被列为全国唯一的生态畜牧业可持续发展试验区。畜产品主要有牛羊肉、牛奶、羊毛绒、牛毛绒、驼毛绒等,是我国主要的畜牧区和毛绒产区之一。玉树州凭优质的牦牛入选我国特色农产品优势区,"环湖牦牛""雪多牦牛"成为国家畜禽遗传资源。[①]青海被誉为"世界牦牛之都"和"中国藏羊之府"。青海农业的发展促进了农民增收致富(见图 1－5)。据统计,2019 年,水果产量为 1.6557

---

① 参见林玫均:《绿色发展,打造特色农牧业新引擎——我省大力推进高原现代特色农牧业发展述评》,载《青海日报》2018 年 9 月 23 日,第 1 版。

万吨，青稞产量为 14.41 万吨，小麦产量为 40.29 万吨，枸杞产量为 9.2301 万吨，羊毛产量为 1.9441 万吨，牲畜头数为 1835.5 万只。

表 1-5　青海主要特色农业

产业名称	主产地	基本情况
油菜产业	湟中、互助等	青海是优质油菜、杂交油菜和白菜型小油菜制种基地，是全国最大的杂交春油菜制繁种基地。油菜种植区主要分布在海东农业区、海北环湖地区以及柴达木盆地。湟中、互助、大通是油菜主产县
青稞产业	玉树、海西等	青稞是我国藏区的第一大作物和主导优势作物。目前，青稞产量约占全国藏区青稞总产量的 20% 以上。目前主要有玉树、海西两州和门源、同德、兴海、贵南等优质青稞生产基地
牦牛产业	玉树、大通、果洛等	牦牛是青藏高原及其毗邻地区特有的优势畜种。青海是我国最大的牦牛主产基地，占世界牦牛总数的 34%，被称为"世界牦牛之都"，已经形成"玉树牦牛""大通牦牛"等品牌

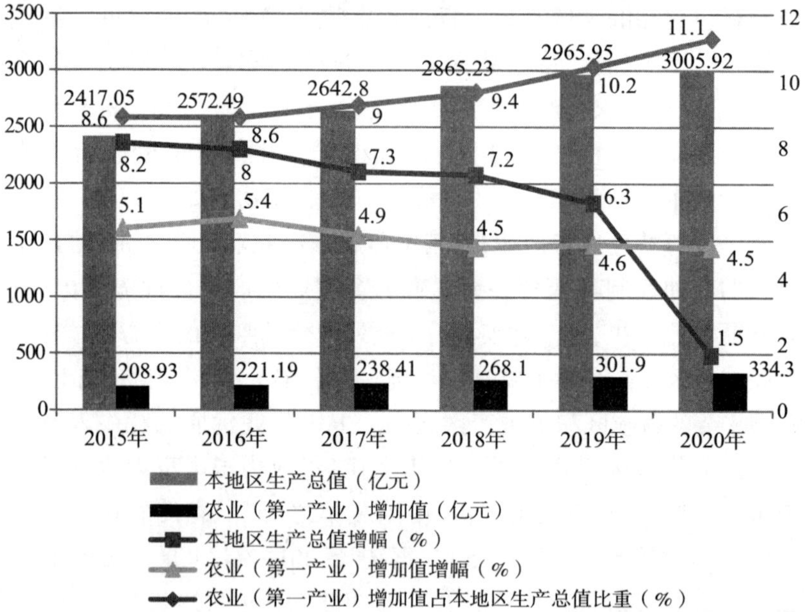

图 1-5　2015～2020 年青海农业(第一产业)增加值与本地区生产总值

资料来源：青海省统计局。

2017年，青海省人民政府办公厅转发青海省农牧厅和财政厅起草的《关于加快推进现代农牧业产业园建设的实施意见》，明确了重点任务和发展目标，即坚持以农为本，围绕“十大特色优势产业”和“四个百亿元”产业，建成一批优势突出、特色明显、集中连片的生产基地。通过创建国家级现代农业产业园，打造省级重点现代农牧业产业园，带动创建特色精品现代农牧业产业园，基本实现农业现代化。此外，甘肃省农牧厅、财政厅等部门还联合编制了《青海省现代农牧业产业园建设总体规划（2017－2020年）》。目前，青海首批省级现代农牧产业园创建，包括都兰县枸杞产业园、海东富硒现代农业产业园、门源县百里花海产业园等，涵盖枸杞、特色果蔬、特色养殖、饲草、有机畜产品、牧草种子等产业。2017年11月，青海省人民政府办公厅转发青海省发展改革委起草的关于《青海省贯彻落实西部大开发“十三五”规划实施方案》，明确要求优化农牧业发展区域布局。主要是着力构建“三区一带”农牧业格局，即“西宁、海东两市为主的东部特色种养高效示范区”、“海北、海西、海南三州为主的环湖农牧交错循环发展先行区”、“青南三州为主的青南生态有机畜牧业保护发展区”以及“沿黄冷水养殖适度开发带”。2018年青海省人民政府出台的《关于加快推进牦牛产业发展的实施意见》提出，到2025年将青海打造成为全国牦牛特色产业优势区、全国重要的牦牛肉生产基地、精深加工基地，全面确立青海牦牛在全国乃至世界牦牛产业中的中心地位。

六、新疆特色农业发展概况

新疆地处我国西北内陆，山脉与盆地相间，降水量较少且分布不均匀，属于温带大陆性气候。新疆具有得天独厚的日照资源和气候条件，是我国重要的棉花、葡萄、红枣、哈密瓜、香梨、番茄酱、羊肉、乳制品等特色农产品生产基地。如表1－6所示，棉花是目前新疆最大的特色产业，也是新疆农业的支柱产业。棉花产量占全国棉花总产量的80%以上，为我国最大的商品棉生产基地。阿克苏、喀什、昌吉、巴州等是新疆棉花的主要产区。特色林果业是新疆农业仅次于棉花的又一支柱产业。[①] 新疆气温日差较大的特点，成就了新疆林果的优良品质，使新疆林果有机物质较多，含糖量高，哈密瓜、葡萄、香梨等"名特优"产品享有较高市场声誉。特色果品的精深加工得到重视和发展，干鲜果品以及精深加工产品的出口量逐年增加。新疆地区山地和荒漠较多，气候干旱半干旱，降水量不足以满足农作物的自然生长，因而新疆的特色种植业主要依靠河湖水、地下水、高山冰雪融水等进行浇灌。为了充分利用高山积雪融水发展种植业，人们发明了坎儿井这一特殊的兼具蓄水、灌溉、生活用水等多功能的系统，既能保持稳定的水量，又能避免风沙的影响。灌溉农业和绿洲农业成为新疆农业的两种主要农业类型。新疆番茄生产居于亚洲首位。我国是世界重要的番茄产品生产国。据统计，2019 年，新疆棉花产量为 500.2 万吨，特色林果（园林水果、红枣、香梨、葡萄、苹果、坚果、果用瓜）总产量为 1729.44 万吨，蔬菜产量为 1458.82 万吨。

表 1-6　新疆主要特色农业

产业名称	主产地	基本情况
棉花产业	阿克苏等	棉花是新疆特色优势经济作物，是我国具有国际影响力的棉花主产区，种植规模、产量和出口量居全国首位，主要产地有北疆棉区、东疆棉区和南疆棉区
葡萄产业	吐鲁番、伊犁等	新疆已成为我国葡萄酒的重要生产基地，新疆的葡萄产业主要包括鲜食葡萄、葡萄干、酿酒葡萄，分别产于新疆西部地区、吐鲁番盆地和新疆中部地区，有"乡都""楼兰""尼雅"等知名品牌
番茄产业	昌吉州、巴州等	新疆是我国重要的番茄制品生产和加工基地。我国番茄制品出口的近 70% 产自新疆。番茄酱被称为新疆的"红色产业"。目前，新疆番茄产业主要分布在北疆沿天山各县市和焉耆盆地

---

① 参见余红、李秉龙：《新疆六大特色农业产业发展现状及优势评价》，载《新疆农垦经济》2012 年第 9 期，第 38 页。

新疆特色农业的产业聚集主要由地方政府和兵团两大行政系统主导。[①] 新疆不断调整优化农业结构，加强农业主体功能区和优势产区建设，目前正进入一个新的历史发展时期。原农业部发布的《支持新疆农牧业发展规划(2012－2020年)》提出了六个不同农业功能和产业区，分别是：粮食安全保障区、棉花产业优势区、特色林果产业区、现代畜牧业生态区、设施农业产业区、区域特色农产品产业区。国家支持新疆发展具有本地特色的现代农牧业，目标是把新疆建设成"国家粮食安全后备基地、国家优质商品棉基地、优质畜产品基地、特色林果业基地和农牧产品精深加工出口基地"。虽然棉花是新疆重要的特色产业，但在激烈竞争的市场环境中，棉花生产必须进一步加强资源整合，加快棉花生产组织方式从小农分散经营向规模化生产、集约化经营方向变革发展，实现重大转型升级。另外，2017年，新疆畜牧厅和发改委先后发布《新疆维吾尔自治区畜牧业现代化"十三五"发展规划》《现代农业(种植业)"十三五"发展规划(2016－2020年)》，提出了新疆"十三五"期间畜牧业和种植业的发展目标和保障措施等。2019年新疆工业和信息化厅等出台的《新疆维吾尔自治区葡萄酒产业发展规划(2019—2025年)》明确提出了发展"天山北麓、伊犁河谷、焉耆盆地、吐哈盆地"四大主产区的目标和定位。2021年《新疆维吾尔自治区国民经济和社会发展第十四个五年规划和2035年远景目标纲要》明确提出"培育特色农业"，如大力发展加工番茄、加工辣椒、甜瓜、酿酒葡萄、沙棘、万寿菊、中药材、油料、甜菜等特色种植业，把地方土特产和小品种打造成为带动农民增收的"大产业"。目前，新疆主要农作物耕种收综合机械化水平位居全国前列。总体而言，新疆农业生产总值逐年稳步增长，农民收入大幅提升(见图1－6)。

---

① 参见黄海平：《特色农业产业集群形成机制与发展战略研究——以新疆为例》，中国科技大学出版社2014年版，第64页。

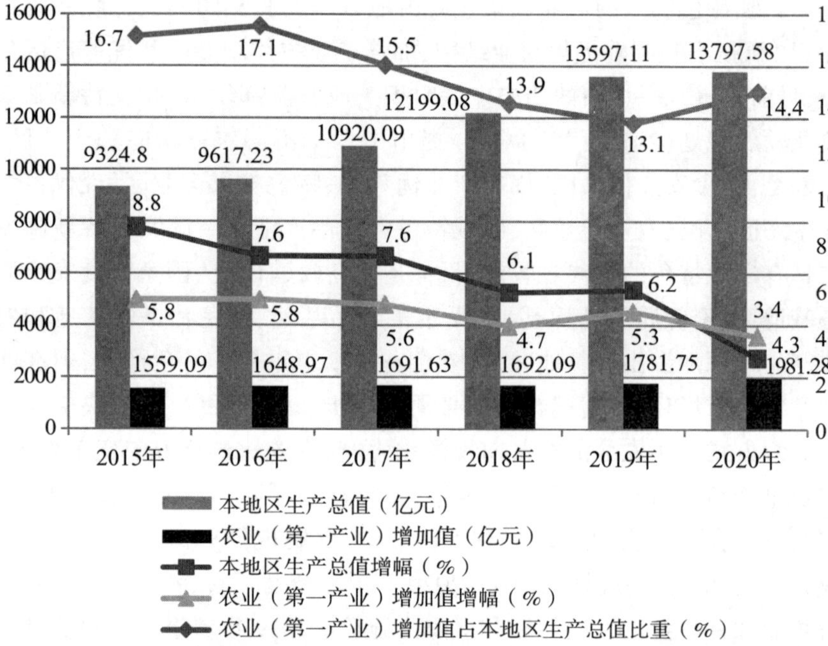

图1－6　2015～2020年新疆农业(第一产业)增加值与本地区生产总值

资料来源:新疆维吾尔自治区统计局。

第三节　西北特色农业发展的保障概述

一、特色农业发展保障的必要性

改革开放以来特别是西部大开发以来,西北地区特色农牧业虽然有了一定的规模和实力,但是仍然处在初级发展阶段。与中东部地区相比,仍相对落后,存在较大差距,农牧业基础仍较薄弱,发展过程中存在较多问题。西北地区经济文化比较落后,在思想观念上对特色农业的认识不足。受资金投入、技术水平、人力资源和气候条件等因素的制约,先进的设施农业技术的推广应用还受到一定程度的影响。目前,农业布局还比较分散,服务体系不健全,技术指导和培训还不能适应农业现代化发展的需要,经营规模有限,生产总量不足,特色产品生产能力仍处于较低水平。农业基础设施建设和先进技术的应用滞后，远低于全国水平。农业结构性问题突出，农业产业链条延伸不足，与其他产业融合发展滞后。特别是受西部整体经济发展水平的制约，政府财力有限，农牧业生产经营者自身的投入也有不足，优势资源条件尚未被充分利用，优势特色产品的深度开发程度不够。农业抗旱防灾能力不足，生态环境依然脆弱。长期以来，主要依靠资源要素进行高投入以实现高产出的农业发展方式已经对土地资源、水资源等造成了损害。由于不合理的资源利用和过度开发，生态系统功能的恢复还需要一个渐进过程。

在市场经济条件下，作为基础性产业的农业与其他产业相比，呈现出鲜明的弱质性特点。特别是在我国城乡二元经济结构以及发展不平衡中，农业的弱质性表现得尤为明显。而农业的弱质性与自然风险、市场风险的共同作用，正是特色农业难题产生的主要原因。新形势下，农业的主要矛盾已经由总量不足转变为结构性矛盾。农业农村发展的诸多难题，突出表现在农业结构方面，主要表现在供给侧。传统的小农户经营模式与现代农业的发展要求难以有效衔接。生态农业、智慧农业和循环农业等农业新业态的发展存在一些制约因素。经济全球化和全面建成小康社会向纵深发展对农业和农村粗放型经济增长方式带来了巨大压力。因此，西北地区特色农业的发展应因地制宜，立足本地实情，优化空间布局，以市场为导向，走专业化、品质化、优质化之路，提升产业化水平，促进传统农业向现代农业的转型，从而实现特色农业的现代化以及可持续发展。特色农业发展的实现不仅要具备技术条件、资金条件、区域条件等基础性条件，还要具备政策、措施等“保护条件”。[①]基于农业自身的弱质性以及西北地区自然环境的特殊性等方面的制约，西部地区农业发展需要加强保障力度。

我国西部是欠发达地区，作为特色优势产业的农业的重要作用不容忽视。在西部大开发、扶贫开发、乡村振兴等国家战略的支持和带动下，西北五省（自治区）充分利用区位优势和资源优势，运用多种强农惠

---

① 《关于发展特色农业问题的学术观点综述》，载《江西农业经济》1996 年第 6 期，第 20 页。

农富农政策措施,牢牢把握基础设施建设和生态环境保护两个发展基础,突出特色优势农业和特色优质农牧产品,有力地促进了区域经济社会发展。但西北地区特色农业的发展仍然存在一些不足,有较大的提升空间。例如,虽然各省(自治区)农业部门认定了一些特色农产品,但知名度不高,市场化程度较低,基本局限于本地域,较为“小众”化;一些特色农产品虽然具有一定的知名度和生产规模,但主要限于初级农产品,中高端产品开发不足,产品附加值没有得到有效提升;一些特色农产品如宁夏酿酒葡萄和葡萄酒等虽然具有较高的知名度和生产规模,但市场占有率相对较低,与市场对接的力度不够。总体而言,西北特色农业发展的不平衡不充分问题仍然较为突出,需要进一步优化政策措施、壮大农业经营主体、发展适度规模经营、丰富中高端产品、保障农产品质量、提升市场化程度、延伸农业产业链、促进资本市场发育、加大金融支持力度等。现具体分析如下:

第一,竞争力亟待提高。产业的发展必须通过市场环节才能够实现,只有能够较大程度满足消费者的需要(包括潜在的需求)的产品才构成核心竞争力。[①] 相对于农业发达地区,西北地区还存较大差距,主要表现为农业生产方式相对落后,有利于规模化生产以及专业化管理的经营机制还未完全形成,特色资源和优势资源的利用不够,综合效益不高、比较效益不够、集约化程度低、精深加工不足等问题依旧突出,难以适应市场对农产品的品质化、中高端化需求。科技的创新和利用对支撑农业发展还存在短板。大多数区域的农业生产仍然存在生产规模小、分散经营问题突出、先进技术不足、社会化程度低、生产标准不高等情况,产业的集中化和规模化处于初步阶段,产业的发展潜力挖掘不足,特色经济的发展力度不够。农业多种功能挖掘还有欠缺,潜在价值拓展不充分。长期以来,农业生产更多考虑产品“够不够”的问题,对生态、社会、文化价值等挖掘不足,新工艺、新技术的开发不够,品质提升不显著。总体而言,能支撑和代表区域经济状况且具有鲜明特色的产业较少。各地可以成为主导产业的主要局限于传统产业,而传统产业

① 参见刘南昌:《强国产业论——产业政策若干理论问题研究》,经济科学出版社 2006 年版,第 21 页。

因要素投入不足、技术含量低、生产能力差等原因，与其他产业融合度不深，产业链整体偏短，导致产品数量小、精品少、商品化率、标准化程度低，具有特色的中高端产品或优质产品明显不足。一些产业基地由于规模小、起点低、设点分散、简单趋同，带动效应和规模效应尚未得到充分激发。一些产业虽然具有鲜明的地域特色，但市场规模较小，短期内无法形成主导产业、优势产业。① 西部地区的特色农业应逐步由比较优势向竞争优势转变。②

第二，经营主体实力不足。在一个较长时期，小农户这种微观农业主体仍然是我国最主要的农业经营主体。③ 这种情况在我国西北地区特别是偏远地区或山区表现得更为突出。由于小农户生产经营占主要地位，因而农业生产的适度规模化经营比重低。农户的分散经营导致其在农业产业化过程中处于弱势地位。小农户因资金投入、种养技术、市场信息、经营管理能力和产品营销能力等方面存在较大欠缺，生产效益和经营规模明显低于农业经营组织。“老人农业”和“兼业农业”现象没有得到根本改变。一些农户虽然具有相应的种养技术，但由于缺乏市场信息和营销能力，严重影响其生产能力。虽然一些新型经营主体不断涌现，但辐射带动能力弱，在组织农民进入市场、抵御市场风险等方面发挥的作用不够明显。现代农业的发展需要具有一定规模以及有较强带动作用的龙头企业和合作经济组织。西北地区特色农业规模化、专业化不足的一个重要原因，就是具有经营实力的农业企业不足。实力强的农业企业是沟通农户与市场的桥梁和纽带，其生产规模和技术水平直接影响农产品走向市场的广度和深度。大多数农产品经营企业因资金、技术等方面的欠缺，规模化发展明显不足。一些特色农产品

---

① 2017 年原农业部发布的《关于进一步调整优化农业结构的指导意见》提出，“综合考虑产业基础、区位优势、市场条件、资源禀赋等各方面因素，优先发展比较优势突出的产业或产品，做大做强、做优做精，培育壮大具有区域特色的农业主导产品、支柱产业和特色品牌，防止盲目跟风现象，避免产业同构、同质竞争，将比较优势转化为产业优势、产品优势、竞争优势”。

② 参见李双元：《青海特色农牧业发展探研》，载《青海社会科学》2010 年第 2 期，第 90 页。

③ 参见崔红志、刘亚辉：《我国小农户与现代农业发展有机衔接的相关政策、存在问题及对策》，载《中国社会科学院研究生院学报》2018 年第 5 期，第 34 页。

农业企业实力普遍不强、经营规模小、带动能力弱。虽然一些产品特色鲜明，具有良好的品质和市场声誉，但没有形成销售规模，市场占有率不大。例如，宁夏葡萄酒多次获得国际大奖，但销售规模不大，市场占有率低，市场创新不够。龙头企业以及科技型企业等优质企业较少，致使能够通过孵化并在将来上市或挂牌的后备企业资源不足。已上市或挂牌的公司也存在数量少、体量小等问题，影响其市场竞争力。企业中的股份合作数量较少，利益联结关系不够紧密。一批经济实力较强、效益较好的龙头企业，尚未与基地、农牧民形成风险共担、利益共享的利益共同体和稳定的带动关系，龙头企业的带动作用有限。

第三，产品附加值有待提升。在市场经济快速发展的今天，产品质量和经营品牌已经成为企业扩大市场的有效手段以及增强产业竞争力的工具。只有立足于农产品结构的优质提升，才符合创新发展、协调发展和绿色发展的新时代要求。① 特色农业发展必须从产业关联或产业链的角度来有效提升市场竞争力，进而达到增产、增收、增效的目的。② 西北地区特色农产品种类多，但农产品品牌效益并不突出，产业链条仍然偏短、价值链单一，没有从根本上改变出售原料以及初级产品的单一生产经营格局，不能充分体现特色农牧资源的质量优势和市场优势。在农产品加工上还存在原料型初级产品和低档次产品多、精深加工产品少、产业附加值低等问题。大多数农业生产经营者主要利用自然资源来培育初级农产品和养殖畜产品，大多数农产品都以初级产品为主进入市场，特色农业的比较优势并没有得到充分体现。加工能力以及加工体系的滞后，影响了特色农产品品质的提升，从而不利于特色农产品市场的拓展。而且，农牧产品的质量保障能力和条件须进一步提高，以增强“获得性禀赋”。研究表明，一些地区的农产品精细化种植不够，深加工率较低，市场辨识度不高，直接影响农产品的市场变现能力。③

---

① 参见王凡：《生态农业绿色发展研究——基于新型农业经营主体培育创新》，社会科学文献出版社 2018 年版，第 37 页。

② 参见汪发元等：《乡村振兴战略背景下特色农业发展研究》，中国农业出版社 2018 年版，第 79 页。

③ 参见李江南、陈彤：《新疆南疆农业社会化服务评价体系的影响因素分析》，载《新疆大学学报（哲学 · 人文社会科学版）》2018 年第 5 期，第 37 页。

另外,特色农产品结构不平衡。在供求结构上,部分特色农产品供给难以及时适应市场需求上的变化,导致供求出现结构性失衡。总体而言,西北地区农牧业科技总体水平较低,对产业持续发展的保障力度不足,难以适应现代农牧业优质高效发展的需要。许多特色优势农产品开发层次低,有影响力的中高端产品不足,资源优势没有转化为经济优势。因此,要促进西部地区特色农业的发展,应逐步由“资源优势”驱动向“品牌创新优势”驱动转化。①

第四,农业金融供给不充分。金融为特色农业发展发挥输血功能。是否满足农业经营主体的资金需求对于特色农业的发展至关重要。我国虽然出台了一系列强农惠农政策措施,加大了对特色农业的保障力度,但现行农村金融制度成为制约农业和农村经济发展的“瓶颈”,资本市场发育不够,金融资源供给不足,普惠金融发展不平衡。也就是说,金融资源的供给和需求矛盾在很大程度上制约了农业农村经济的发展。现阶段,农业在投融资方面存在的问题主要表现为投融资渠道单一,信贷资金严重不足,农牧业贷款所占的比例偏低。农牧业生产经营者融资难、融资贵的问题没有得到根本解决,其原因是多方面的。从生产经营者来看,总体规模偏小,抗风险能力较差,有效的抵押物不足,银行信用等级不高,较难获得金融机构贷款。从金融机构的角度来看,由于农业投入大、周期长,且受自然条件影响比较大,贷款的成本高、风险大,致使银行对中小生产经营者,特别是农户发放贷款的积极性不高。村镇银行、小额贷款公司等农村新型金融机构本身存在资金实力等发展问题。从深层次看,农村金融机构对农业的支持缺少相应的激励和约束机制。从农村信用体系建设方面来看,我国农业经营主体征信建设滞后,存在信用信息屏障,影响了信用贷款的实施。从担保机构的运行来看,各地担保机构的组成以及实质性作用的发挥存在较大差异,“增信”作用受到制约。另外,有关特色农产品的保险品种较少,区域覆盖面严重不足。由于欠缺财政税收等经济杠杆的有效激励,西北地区农业资本市场发育不足,社会资本投入农业的积极性不高。

---

① 参见俞燕、李艳军:《我国传统特色农业集群区域品牌形成机理研究:理论构建与实证分析——以新疆吐鲁番葡萄集群为例》,载《财经论丛》2015 年第 4 期,第 11 页。

二、特色农业发展的保障机制

“机制”一词的意思较为宽泛,如机器的构造和工作原理、要素的构成和相互关系、工作系统各部分的相互作用等。此处的“机制”主要是指一个工作系统的各要素之间相互作用、持续运行的过程和方式,如市场机制、竞争机制等。“机制”一词区别于制度、体制。与制度和体制相比,机制是一个动态的概念,是一种运行状态。制度通常是指调节人与人之间社会关系的办事规程或行动准则,包括一系列习惯、道德、法律等。体制是指一定的规则和制度,特别是各个要素所构成的一种组织制度和运行机制等,如社会主义市场经济体制。一方面,机制体现且包含于制度和体制之中,机制要受制于制度和体制;另一方面,机制的合理运行对制度和体制的改革和完善具有促进作用。只有在一个机制健全的环境下,相关制度才能得以发挥作用。机制是制度和体制中各种因素互相制约、共同作用的基本保障。从经济学的角度看,政府在制度变迁中起着不可替代的作用。“制度变迁的深化,仍然需要政府发挥制度供给者的作用,并提供法律、政策上的制度维护。”①西北地区发展特色农业虽然具备资源条件和区位条件等基础性条件,但仍然需要建立健全相应的保障机制。特色农业发展的保障机制是指促进特色农业发展的一系列措施、手段和方式相互作用的一种运行状态。我国《农业法》和中央政策构成了保障机制的基本框架体系,包括法治和政策保障、金融支持保障、经营形式保障、财政税收保障和服务体系保障等。这些保障机制既有农业发展的共性因素,也有专门的具有针对性的具体因素,如对特色农业的直接补贴、保险补贴、信贷支持等。针对西北地区特色农业发展的实际,应构建差异化、精准化的保障措施。具体分析如下:

第一,法治和政策保障。法治和政策为农业发展提供基本依据。法治主要是指一种治国方略或者社会调控方式。法治强调依法治国、法律至上,法律具有最高地位。法治还是一种法律价值、法律精神,即

---

① 张跃强:《政府对新型农业经营主体的支持政策研究——基于政策传导机制视角》,经济科学出版社2018年版,第24页。

通过法治方式、原则和制度而形成的一种社会状态。法治与法制不同。法制，是静态的，是指法律及相关制度；而法治，是动态的，强调法律和制度的运行机理和状态以及实施效果。政策是指为了实现一定的目标，而由有关机关或组织制定的策略、方略和措施的总和。比较而言，法律比较稳定、具体，具有强制力。政策比较灵活、原则，无法律强制力。农业，不仅是产业问题，也是社会问题。现代农业发展，需要法律和政策支持。农业发展的法治保障是指国家在经营形式、资金融通、财政税收、农业服务等方面的立法、司法和执法保障等。为了促进农业的发展，需要建立健全农业法律体系，推进农业执法建设，加大市场监管力度。农业政策是指为了实现一定的经济社会及特定的发展目标，政党或政府在一定时期内对农业发展制定的一系列策略和措施的总称。农业政策具有激励和约束功能。农业政策的实施具有目标性，如调整农业产业结构，推动农业科技进步，支持农业劳动者教育和培训，满足市场对农产品的需求，提高农业生产水平，促进农村经济发展等。农业政策体系具有多样性，包括农业区域政策、农机购置补贴政策、设施农用地支持政策、培养农村实用人才政策、庭院经济补助政策、扶持家庭农场政策、扶持农民专业合作社政策、发展农业电子商务政策、农村集体产权制度改革政策、发展农业保险政策、农业信贷担保政策等。研究表明，在西北地区，相对于种植业和农区而言，畜牧业和牧区的政策支持力度偏小，应健全与农区相当的牧区政策体系。① 而且，扶持新型农业经营主体的政策措施较多，但对小农户有针对性的扶持措施明显不足，缺乏应有的张力。因此，涉农的补贴、信贷、保险等方面的政策应对小农户给予更多的关注，保障其享受政策红利。另外，相比于政策而言，法律规定明确具体，具有强制执行力，能确保涉农规定的实施。因此，对于成熟稳定的政策措施应通过立法程序上升为立法规定。基于产业发展的内在规律以及特色农业现代化的必然要求，农业政策的目标和手段应转向激发市场活力，促进农业创新。

第二，经营组织形式保障。农业生产的经营形式是生产要素和经

① 参见方言主编：《转型发展期的农业政策研究》，中国经济出版社2017年版，第481页。

营要素的不同组合，是不同层次生产特点和发展水平的客观反映。农业生产经营活动需要通过一定的经营载体或组织方式来加以体现，主要包括个体经营、家庭经营、集体经营、合作经营、公司经营等多种经营方式。我国不同区域资源禀赋以及生产条件的差异，决定了农业产业形态的不同以及生产经营主体的多元。[①] 虽然我国市场经济体制日趋完善，但西部地区资源配置的机制尚不健全，生产要素市场发育明显不足，农民和农业的组织化和规模化程度低，农业经济组织发展不够，农业劳动生产率处于劣势，不利于特色农业的产业升级以及农产品提质增效。农民作为生产主体，是特色农业发展的基础，其生产能力的高低对增收致富以及农业效益等有着至关重要的影响。但农民由于自身文化程度不高，科技素质较低，劳动技能存在不足，影响了特色农业专业化和规模化发展。要改变这种状况，一是要重点培育种养业能手、科技带头人、农村经纪人和专业合作组织领办人等新型职业农民和农村实用人才，提升管理能力、技术能力以及市场营销能力；二是要通过一定的经营组织形式和利益联结机制将农民的分散经营发展为组织化经营，通过一定的“统合”提高规模化水平。近年来，种养大户、家庭农场、农民专业合作社和社会化服务组织等农业经营主体逐步得到发展，促进了农业的适度规模化经营。专业大户和家庭农场主要是单个农户经营形式。农民专业合作社和龙头企业优化了农业农村资源。[②] 原农业部 2014 年 2 月发布的《关于促进家庭农场发展的指导意见》对家庭农场的发展提出了指导性意见。为了指导本地家庭农场的发展，各地也陆续出台了相应的政策文件。我国《农民专业合作社法》对农民专业合作社进行了规范调整。但在我国立法上，农民专业合作社只是一种狭义的合作社，调整范围有较大限制，不包括资金合作、股份合作、劳务合作、土地合作等。而且，随着农村集体产权制度改革的推进，一些地方

---

① 参见陆彩兰、张郁：《普惠金融支持下小农户与现代农业发展有机衔接的探讨》，载《西南金融》2020 年第 8 期，第 79 页。

② 学者指出，“根据企业理论，企业的多样性或差异性首先体现在企业所拥有的资源上。如果企业资源具有异质性、不完全移动性和事前阻绝竞争性特点的话，企业就可以凭借其所拥有的资源形成自身竞争优势”。参见白永秀、惠宁主编：《产业经济学基本问题研究》，中国经济出版社 2008 年版，第 204 页。

的农村集体经济组织改制成立股份经济合作社,迫切需要出台相应的规范性法律文件。另外,在农户与农业经营组织之间的利益联结机制方面,应建立更为紧密的利益联结方式,如进行股权型合作、保底分红型合作等,充分发挥新型农业经营主体对小农户的带动作用。

第三,金融支持保障。金融支持主要是指通过金融资源的合理和优化配置发挥对农业发展的支撑和促进作用。西北地区金融业发展总体水平较低,与经济社会发展不相适应,支持实体经济能力还比较弱,融资难、融资贵的问题仍未得到有效缓解。金融机构应立足西北地区资源禀赋、产业特色,有效对接特色农业生产基地、现代农业示范区以及农业产业园区的金融需求,积极创新金融产品和服务方式,促进绿色生态种养业、休闲农业、传统手工业、农村电商等特色产业发展。西北地区特色农业的发展,必须通过相应的法律机制和政策措施,培育农业资本市场,引导金融机构下沉服务,丰富金融产品,增加金融供给,切实发挥金融对农业的支持作用。主要包括如下方面:其一,在金融体系方面,国家通过商业性金融、合作性金融、政策性金融等相结合的方式健全农业农村金融体系。由于农业农村金融环境的弱质性,单纯的商业性金融难以在市场框架下改善农业农村金融资源配置的功能性缺失,因此必须发挥政策性金融的功能,改善农业农村投融资缺口。其二,在金融机构方面,创新金融组织形式,优化金融机构布局。在普惠金融的价值目标下,村镇银行、资金互助社、小额贷款公司等新型农村金融机构增加了农业生产经营者的融资渠道。同时,支持、鼓励和引导证券、期货、保险、信托等金融机构在贫困地区设立分支机构,改进金融服务方式,扩大金融业务覆盖面。其三,在融资担保方面,创新贷款担保方式,扩大贷款抵押品范围,鼓励金融机构积极开展农村土地经营权、农民住房财产权抵押贷款业务试点,探索农民享有的集体建设用地使用权、集体资产股份担保贷款,推动涉农贷款政策性担保、贷款补贴、贷款补偿基金、农户联保贷款、信贷保险等普惠金融产品和服务等。其四,在农业企业直接融资方面,根据地方资源优势和产业特色,加强对西北地区企业的辅导培育和孵化力度,帮助更多企业通过证券交易所以及全国中小企业股份转让系统和区域股权交易市场等进行融资。符合条件的农业企业可以通过发行企业债券、公司债券、短期融资券、中期票据、项目收益票据、区域集优债券等债务融资工具拓宽融资来源。目前,西北地区农业企业通过产业基金、私募股权等直接方式融资还存在较大不足。其五,在农业风险保障方面,创新发展保险产品和服务,扩大农业保险覆盖范围和补偿标准,形成多层次风险分散机制。发展符合中西部地区特色的期货产品,引导中西部地区农业企业利用期货市场套期保值和风险管理。

第四,财政税收保障。相比其他产业而言,农业具有弱质性,其生产易受自然条件的制约,具有相当的不确定性。并且,随着市场经济的发展,农业生产经营者往往还要承受较大的市场风险。为了降低各种风险对农业带来的冲击,使农业生产经营能够稳定运行和持续发展,财政税收政策就成为扶持农业农村发展的有效手段,主要包括财政直接投资、财政贴息、财政补贴、担保贷款、税收优惠、专项建设基金、"以奖代补"等政策措施。① 财政部门通过政府购买服务、补贴、贴息以及政府与社会资本合作等方式,为农业产业引入新技术、新业态和新模式,延伸农业产业链,促进农产品精深加工和农村服务业发展。中央和地方财政通过设立专项资金或经费重点支持绿色农业、优势特色产业的发展,特别是促进全产业链的发展。与其他投资相比,财政直接投资可以极大提高农业经济的整体效益。财政直接投资的方式主要包括设立农业信贷担保机构、产业基金和发行政府债券等。财政补贴是政府的无偿支出,是一种有效的经济调节手段,可以调整农业产业结构、优化农业资源配置。财政补贴包括涉农贷款增量奖励、农村金融机构定向费用补贴、农业保险保费补贴、扶贫贴息贷款、民贸民品贴息贷款、重大技术推广与服务补助等政策措施。自 2004 年起,国家先后实施了"农作物良种补贴"、"种粮农民直接补贴"和"农资综合补贴"三项补贴政策。2015 年,财政部、原农业部发布《关于调整完善农业三项补贴政策的指导意见》(已失效),将上述三种农业补贴合并为"农业支持保护补贴"。该项补贴重点用于种粮大户、家庭农场、农民专业合作社、农业社会化服务组织等新型经营主体。政府在确保财政投入农业保持优先增长、

---

① 我国《乡村振兴促进法》第 60 条规定:"国家按照增加总量、优化存量、提高效能的原则,构建以高质量绿色发展为导向的新型农业补贴政策体系。"

稳定增长的前提下,应创新财政资金投入机制和使用方式,充分发挥财政支农资金的引导和激励功能,通过贴息、补贴、担保、政府购买服务等方式,吸引社会资本投入农业,以拓宽农业投融资渠道。由于西北地区的地方财政困难,因而农业补贴应增加中央财政支出。税收对农业发展的保障主要体现为税收优惠政策,主要包括增值税、所得税、房产税、城镇土地使用税、耕地占用税等优惠。基于推动农业现代化、规模化和产业化发展的需要,应进一步增加优惠环节和扩大优惠范围,以提高税收优惠政策的针对性和实效性。

第五,服务体系保障。现代农业的健康持续发展需要健全的农业服务体系加以保障。农业生产涉及产前、产中、产后多个环节和市场主体,而农业生产经营者不可能全程包揽各个环节,这就需要相应的农业社会化服务体系来支持。在农业生产前,需要农资供应服务、融资服务、农业保险服务以及对农产品的预测服务等;在农业生产中,农业生产经营者对技术指导、市场信息等会有很大的需求;在农业生产完成后,需要得到对农产品进行储藏、加工、销售的服务。现代农业服务体系主要包括农业公共服务、农业公益性服务、农业经营性服务三个方面。通过专项服务和综合服务实现服务内容的协调。农业公共服务机构主要包括农业技术推广、动植物疫病防控、农产品质量监管等部门;农业公益性服务机构主要是指通过改革和发展而形成的技术指导、市场信息等方面的服务机构;农业经营性服务组织主要包括龙头企业、供销合作社、农民专业合作社、专业服务公司、专业技术协会、农民经纪人等。农产品行业协会在引导农业生产者和农产品加工、销售企业等加强行业自律以及提高信息服务和维护成员权益等方面发挥积极作用。农村法律、财务等中介组织能够为农业主体进行生产经营和维护合法权益提供有效服务。然而,我国的农业社会化服务体系在产前、产中以及产后均存在发展不足问题。总体而言,西北地区特色农业服务体系存在着供给不平衡、不充分等问题,农业信息的供给和引导不足,相关技术设施及配套服务滞后于农业发展需要。一些时令性农产品可以通过季节差实现高收益,但一些生产经营者缺乏相应的仓储设施、保鲜设备等基础条件。大量的小农户还没有完全纳入社会化服务体系中,也就难以分享特色农业发展所带来的利益。农业技术推广的覆盖面有限,农产品深加工体系尚不健全。正是基于这些问题,需要加快培育农业生产的服务组织,推进农业服务机制创新,建立新型农业社会化服务体系。

上述保障措施构成特色农业发展的保障体系,共同发挥作用,不可割裂开来。西北特色农业近年来取得了一定的成效,如综合效益明显提升、优势产业带初步形成、农牧业体系逐步完善、市场化程度日益提高等,但仍然存在一些不足和挑战,如竞争力亟待提高、经营主体实力不足、产品附加值有待提升、农业金融供给不充分等。这些措施和手段对于促进西北特色农业进一步发展具有十分重要的作用。健全的法治和精准的政策为西北特色农业发展提供基本的保障依据。西北特色农业竞争力的提高事关区域性发展,首要的就是要精准施策,通过具体的、针对性、体系化的措施提高保障力度。金融是经济的血液,农业发展离不开资金的投入。然而,农业领域融资难、融资贵的问题没有得到有效缓解。这就需要改进资金融通机制,培育资本市场,向农业领域增加金融供给。农民和农业生产经营组织者既是农业资金的需求者,也是农业生产经营的主体。然而,农业生产经营组织采取何种形式,将会对提高农业生产水平、提升规模化经营程度、建立密切的利益联结机制等产生直接影响。种养大户和家庭农场虽然具有一定的经营规模,但主要还是属于单个农户经营模式,无法提高规模化水平。农民专业合作社和农业企业能够克服家庭经营的不足,提升了农业生产经营的组织化程度,有助于深化利益联结机制和提高农业生产经营实力。现代农业生产涉及多个环节,科技含量高,仅靠单一农业生产经营主体的能力显然不能适应现代化农业发展。这就需要构建多元化的农业服务主体。另外,由于农业是弱质性产业和基础性产业,不能完全依赖市场机制增加农业投入。由此,国家通过一系列财政投入和税收优惠保障农业领域的资金投入。当然,随着农业现代化的推进以及乡村振兴战略的实施,保障机制中的一些具体制度和措施逐步暴露出不适应性,应根据特色农业发展需要不断进行调整,加以改进和优化。

第二章　西北特色农业发展的法治与政策保障

第一节　法 治 保 障

一、法治保障的含义与作用

1. 法治保障的含义

法治，简言之，是指用法的手段和方式来治理国家。法治通过提供普遍化和明确化的制度安排和行为规则，平衡和协调财产交易关系、归属关系和人身关系以及经济和社会事务的监督管理关系等社会关系，指引和规约不同主体的行为，保障和维护各个主体的利益和诉求。例如，家庭农场、农民专业合作社等农业生产经营者作为市场主体，有权依据法律规定从事农业生产经营活动，对生产的农产品享有财产权，并可以通过合同关系销售农产品以实现其收益。农业行政部门等行政主体有权依据法律规定对农业经营者的生产经营活动进行监督管理。法具有规范性、强制性、普遍性和程序性的特征。规范性是指法是一种社会规范，调整社会主体之间的关系，为人们规定相应的行为规则或行为模式。法律规范是对社会生活实践中人们具体行为高度抽象出来的一种模式，其对象是不特定的任何人，具有反复适用性。法律明确了社会主体的权利和义务，任何主体的行为都不能偏离既定的规则体系。强制性是指法体现为国家意志，具有权威性,其实施由国家强制力来保障。违反法律规定应承担相应的法律责任,主要包括民事责任、行政责任和刑事责任等。普遍性是指法所提供的行为规则具有普遍约束力,在国家管辖范围内,法具有普遍效力,适用于所有的主体,不是针对具体的、特定的个人,所有的人都应该严格遵守,不允许有法律规定之外的特殊。程序性是指法的制定和实施严格按照规定的步骤和方式而进行。法的表现形式包括宪法、法律、行政法规、地方性法规、自治条例和单行条例、规章等规范性文件。

健全的立法体系是法治的基本前提。按照立法权限和适用范围,法可以分为国家立法和地方立法。国家立法的形式主要包括宪法、法律、行政法规和部门规章等。地方立法的形式主要包括地方性法规和地方政府规章。根据我国《宪法》《立法法》等有关法律的规定,各地具有立法权的人民代表大会及其常务委员会根据本行政区域的实际情况以及需要制定规范性文件,如《宁夏回族自治区枸杞产业促进条例》《甘肃省农业生态环境保护条例》等。设区的市的人民代表大会及其常务委员会根据本市的具体情况和实际需要,可以对城乡建设与管理、环境保护以及历史文化保护等方面的事项制定地方性法规。地方政府规章是指具有立法权的地方政府制定的规范性文件。地方立法不得与宪法、法律以及行政法规等相抵触。地方立法的效力范围限于本行政区域。在调整范围上,地方立法可以根据法律、行政法规和部门规章等上位法的具体适用规定,也可以是在没有上位法的情况下结合本地实际需要的单独立法。这些地方立法具有较强的针对性。此外,广义的立法还包括对法律的修订。例如,我国《农业法》《农村土地承包法》《土地管理法》等分别进行了数次修订,以适应我国农业农村现代化发展的需要。

法治是相对人治而言的,强调的是良法之治、法律至上和法律权威,体现的是制约权力、保障权利的理念和精神。按照古希腊亚里士多德的论述,法治包括两个方面的含义:一是法律应该得到普遍遵守;二是法律应该是善法。我国法治“不仅应当是形式上的法律之治,更应当是实质上的良法之治”。[①] 2014 年 10 月,党的十八届四中全会通过了

---

① 张文显:《新时代全面依法治国的思想、方略和实践》,载《中国法学》2017 年第 6 期,第 17 页。

中共中央《关于全面推进依法治国若干重大问题的决定》,明确提出了我国依法治国的总目标和具体要求。推进全面依法治国,是国家治理体系以及治理能力现代化的内在逻辑和根本要求。法治是一种社会调控方式和现代治理方式。法治通过明确化的制度体系调整社会关系,确保各个主体的行为不偏离轨道,从而使社会运行得以规范化和秩序化。依法治国,既是一种基本方略和运行模式,也是经济社会发展的客观要求。法治是规则之治。如果没有既定的规则体系及实施机制,社会生活就不能有序进行,也就难以形成预期的社会效果和稳定的社会秩序。法治包括立法、执法、司法和守法四个环节,因而法治保障也可以分为立法保障、执法保障、司法保障和守法保障四个方面,具体分析如下:

第一,立法保障。立法保障就是有权主体通过制定规范性法律文件对某种秩序予以保护,是一种立法行为。立法,又称法的创制等,通常是指有法的创制权的国家机关在职权范围内,依照法定程序,制定、补充、修改和废止规范性文件的一项专门活动,如颁布《农业法》《产品质量法》《食品安全法》《农村土地承包法》《农民专业合作社法》等。良法是善治的前提。立法涉及规则的制定以及利益的分配,“是保障社会公平正义的法治起点”。[①] 法治保障需要完备的法律规范体系,需要健全的立法机制。调整农业发展的法律包括有关经营组织的法律、税收的法律、环境资源保护的法律、金融制度的法律、知识产权保护的法律等。立法为执法和司法提供法律适用的依据,只有法律的明确规定,才能为法律的适用和遵守提供规范化指引。例如,农业经营者因生产资料质量问题而受到损失的,可以根据《农业法》的规定,要求出售该生产资料的经营者赔偿购货价款、有关费用和可得利益损失。根据《农业法》的规定,农业生产经营者权益受到侵犯的,可以选择的救济途径包括申请行政复议和提起诉讼等。

第二,执法保障。执法是指具有行政职权的主体依照法定的程序对具体事项进行处理的行政行为。由于执法仅对行政相对方的权利与义务产生影响,因而是一种具体行政行为。中共中央《关于全面推进依

---

① 周佑勇:《推进国家治理现代化的法治逻辑》,载《法商研究》2020年第4期,第12页。

法治国若干重大问题的决定》指出，“法律的生命力在于实施，法律的权威也在于实施”。执法既是行政主体对社会事务进行监督管理的权力，也是一种具体职责。行政执法的主体是行政机关或法律授权的组织。执法的对象一般是特定的，其行为效力仅限于特定的人和特定的事。行政主体在进行社会管理时，相对人应当以积极的行动主动配合。行政主体必须依法执法、严格执法以及公正执法。执法必须严格遵守程序规定，遵循比例原则，不得选择性执法和报复性执法，不得损害行政相对人的合法权益。执法主体的不作为、乱作为破坏了法律尊严。执法的措施可以是检查、调查、行政处理以及必要的强制措施。农业农村部 2021 年发布的《农业行政处罚程序规定》对农业行政处罚的管辖、农业行政处罚的决定、执法文书的送达和处罚决定的执行等作出了明确规定。农业执法的主体具有综合性和广泛性，包括农业行政管理部门以及市场监督管理机构、卫生检疫机构、财政税收机构等。

第三，司法保障。司法又称法的适用，通常是指司法机关依据法定的职权和程序对案件进行处理的一种法律活动。我国的司法机关一般是指人民法院和人民检察院。人民法院是审判机关，依法独立行使审判权，不受其他组织或个人非法干涉。司法是实施法律的一种方式，在纠纷解决体系中具有终局性。当事人既可以通过协商、调解等方式解决纠纷，也可以选择向法院提起诉讼。司法机关在解决纠纷时，应维护法律的尊严和权威性，确保司法的公信力。中共中央《关于全面推进依法治国若干重大问题的决定》指出，“公正是法治的生命线”。农业生产经营者在权利受到侵害时或与他人发生纠纷时，可以向法院提起诉讼维护自己的合法权益；具有执行内容的生效裁决书可以请求法院强制执行。农业经营主体内部产生纠纷也可以根据法律规定提起诉讼。人民检察院是法律监督机关，依据法定职权和程序独立行使检察权，对人民法院的审判工作进行监督。根据我国《民事诉讼法》《行政诉讼法》等法律的规定，检察院可以提起公益诉讼。公益诉讼案件范围包括生态环境和资源保护、食品药品安全等案件。

第四，守法保障。守法，即法的遵守，是指一切组织和个人，必须树立法治意识，自觉遵守法律的规定，自觉接受监督，将自己的行为限制在法律范围之内。任何组织和个人不得有凌驾于法律之上的特权。守法的具体形式可以是权利的行使、义务的履行等。守法是法的实现的最基本的形式。立法的目的,就是要有法可依,使社会生活得到法律的规范和调整。如果法律颁布并实施了,却不能得到切实遵守和有效执行,那么法律的尊严和权威也必将受到影响。市场经济是法治经济。用法律手段对经济生活进行调整是依法治国的基本要求。保障市场公平竞争是法治的重要功能。农业生产经营者既要运用法律武器维护自己的合法权益,也应严格遵守法律的规定从事生产经营活动,并自觉接受行政主体的监管以及其他社会主体的监督。例如,农业生产经营者应遵守环境保护的要求、农产品质量的要求以及知识产权的规定等。此外,作为市场主体的农业生产经营者应遵循公平原则、诚实信用原则等民商事交易基本原则,按照合同约定履行义务。

2. 法治保障的作用

(1)指引作用

指引作用是指法对人们的行为起到指向、引导的作用。法的指引是针对整个社会主体的指引,具有连续性、稳定性。法的指引对人们行为具有控制和导向作用,是稳定社会秩序必不可少的条件。人们可以根据法律设定的轨道安排自己的行为。或者说,人们可以通过法律规定预先估计他人将怎样行为以及相应的法律后果等,从而对自己的行为进行安排,以符合法律的规定。法的指引是一种规范性指引,是通过不同的规范性表现形式来实现的,包括授权性规范、命令性规范、禁止性规范等。根据授权性规范,法律既不禁止人们进行一定的行为,也不强制人们做出一定的行为,而是授权人们可以选择为一定的行为或不为一定的行为。授权性规范亦称为任意性规范,其表达用语主要有"有权""具有""享有""可以"等。例如,根据《农业法》的规定,因农产品的质量等级发生争议的,可以委托具有法定资质的检验机构进行检验,以明确双方的权利义务。根据我国《农民专业合作社法》的规定,为了扩大生产经营和服务的规模,农民专业合作社可以自愿选择设立或加入农民专业合作社联合社。命令性规范是指人们应当或必须作出某种行为的规范。命令性规范又称强制性规范,其表达用语主要是"应""必须"等。例如,根据《农业法》的规定,征收农民集体的土地,应当依法给予补偿。禁止性规范是指人们不得为一定行为的规范,其表达用语主要是“不得”“禁止”等。例如,根据《农业专业合作社法》的规定,政府组织不得干涉农民专业合作社的经营自主权,不得向农民专业合作社及其成员摊派。

(2)规制作用

规制,是指通过一定的规范手段或强制方式对某一偏离了应有状态和秩序的行为或事件进行制约、矫正,使之有序运行,权利义务关系得以有效维护,从而形成良好的社会环境或市场环境。在市场经济中,市场主体都是利益主体,都有权通过市场交易实现自身利益的最大化。但是在现实生活中,市场主体的交易行为与市场秩序和公共利益密切联系。一些主体的行为往往偏离法治轨道,以牺牲公共利益为自己谋求私利,对经济社会秩序造成危害。在这种情况下,国家就需要对市场主体的行为进行规制,以维护市场秩序。“市场经济本质上是法治经济。”[①]虽然市场对资源配置发挥决定性作用,但无法避免市场失灵的出现。为确保市场公平竞争和社会平稳运行,客观上要求制定和颁布一系列与市场经济相适应的法律法规。农业特色产业和优势产业的可持续发展离不开法律机制的保障。法律可以通过强制性规范、禁止性规范等义务性规范对市场主体的行为进行约束。例如,《农产品质量安全法》《农药管理条例》《农作物种子生产经营许可管理办法》等都属于监督管理方面的立法。特别是法律通过规定法律责任的种类、方式以及强制执行等,对市场主体的违法行为进行矫正。在农业生产经营的各个领域和各个环节,都有可能出现侵害农业生产经营者合法权益的现象,如侵犯知识产权、污染环境等。法律通过责任机制以保护受侵害的经营者的利益,如恢复原状、损害赔偿等。如果农业生产环境受到污染,受害者可以通过诉讼方式进行救济,要求赔偿损失,进行生态修复等。[②] 当然,农业生产经营者也应遵守法律,合法经营,诚信经营。如果

---

① 中共中央《关于全面推进依法治国若干重大问题的决定》指出,“社会主义市场经济本质上是法治经济”。

② 我国《农业法》第66条规定:“县级以上人民政府应当采取措施,督促有关单位进行治理,防治废水、废气和固体废弃物对农业生态环境的污染。排放废水、废气和固体废弃物造成农业生态环境污染事故的,由环境保护行政主管部门或者农业行政主管部门依法调查处理;给农民和农业生产经营组织造成损失的,有关责任者应当依法赔偿。”

生产销售假冒伪劣产品,损害消费者合法权益,破坏市场秩序,也应承担相应的法律责任,包括承担刑事责任、行政责任和民事责任,纳入失信人名单,以惩戒其违法行为和失信行为。农业执法部门通过行政执法监管维护市场秩序。

(3)促进作用

法的促进作用主要体现在通过制定若干保护性、扶持性、赋权型规范以及优惠性措施促使相关主体积极行为或主动作为以实现既定目标的法律机制。赋权型规范比惩戒性制度更容易产生效果。这是因为,相关主体可以获得更大的收益,这就增强了其主动性。法律通过一般立法来体现的促进作用,也可以通过特别立法加以实现,前者如《农业法》的赋权型规定,后者包括《中小企业促进法》《促进科技成果转化法》等立法的相关规定。在农业领域,法的赋权型规范和措施既可以针对农业生产经营者,也可以针对服务于农业生产的相关组织,如信贷机构、保险机构等。根据《农业法》的规定,通过法律机制促进农业的发展,有其客观原因。农业具有弱质性和不稳定性等特性。法对农业发展的促进作用主要通过税收、补贴、信贷、价格等措施得以实现。具体分述如下:①税收。它是指法律通过税收的减免等优惠措施来减少相关主体的负担。②补贴。它是指法律对农业生产及农产品的财政投入或资金支持。例如,根据《农业保险条例》第7条的规定,政府通过财政补贴保险费来发展农业。对农业生产环节的补贴一般被称为“绿箱”政策。对农产品的补贴又称为保护性补贴,一般被称为“黄箱”政策。③信贷。它是指通过利率优惠和贴息等措施来促进农业发展。例如,根据《农业法》的规定,农村信用合作社应优先向农业生产经营者提供信贷。国家通过贴息等措施,鼓励金融机构向农业经营者提供贷款。④价格。它是指在粮食等重要农产品的市场价格过低时,政府实行价格保护,以维护农业生产经营者的利益和经济秩序。⑤其他措施,包括健全政策性金融机构、鼓励农民规模化经营等。例如,根据《农业保险条例》的规定,国家通过完善政策性农业保险来发展农业生产。我国《农业法》规定,鼓励农民一体化经营,自愿组成专业化合作组织。

二、立法情况

(一)国家立法情况

国家立法的形式主要表现为宪法、法律、行政法规以及部门规章等。根据我国《立法法》的规定,全国人民代表大会及其常务委员会行使法律的制定和修改的权力,如《农业法》《农产品质量安全法》等。行政法规是指国务院根据宪法和法律制定的规范性文件,如《农田水利条例》《农业保险条例》等。部门规章是国务院所属部委根据法律和行政法规在权限范围内制定和发布的规范性文件,如农业农村部发布的《农作物种子生产经营许可管理办法》《农作物种子标签和使用说明管理办法》《农田建设项目管理办法》《农产品地理标志管理办法》《农作物种子质量检验机构考核管理办法》《农业机械试验鉴定办法》等。调整农业领域的法律可以分为基本立法、专门立法和相关立法。基本立法主要是指《农业法》。该法明确了立法的目的和调整范围、基本原则以及具体法律制度等。专门立法是指针对农业领域某一专门问题的立法,如《农产品质量安全法》《种子法》《畜牧法》等。相关立法是指与农业发展有关的立法,如《环境保护法》《商标法》《食品安全法》等。

就立法的调整范围和基本内容而言,可以分为有关经营组织形式的立法、知识产权保护的立法、农业生态环境保护的立法、农产品质量的立法、金融支持的立法等。具体分析如下:

第一,有关经营组织形式的立法。农业生产经营组织主要包括个体工商户、个人独资企业、家庭农场、农民专业合作社及其联合社、公司型农业企业、合伙型农业企业以及农业领域的集体企业等。[①] 相关立法主要包括《农村土地承包法》《农民专业合作社法》《合伙企业法》《公司法》《个人独资企业法》等。这些立法为农民以及其他主体采取何种经营组织形式从事农业生产经营提供了法律依据。我国的家庭农场、农地股份合作社、股份经济合作社等农业经营主体目前缺乏专门的立法,主要通过中央政策文件和地方政策措施以及相应的规范性文件进行

① 根据《农业法》的规定,农业生产经营组织,“是指农村集体经济组织、农民专业合作经济组织、农业企业和其他从事农业生产经营的组织”。

调整。

第二,农业知识产权保护的立法。知识产权立法主要包括《专利法》、《专利法实施细则》、《商标法》、《商标法实施条例》以及《集体商标、证明商标注册和管理办法》、《地理标志产品保护规定》、《农产品地理标志管理办法》、《农产品地理标志使用规范》、《农产品地理标志登记程序》等规范性文件。《反不正当竞争法》也是知识产权保护的相关立法。《农产品地理标志管理办法》对源于特定地域的初级农产品的地理标志保护作了具体规定。地理标志保护制度有助于增强本地特色优势农产品的市场竞争力。国务院于1997年颁布了《植物新品种保护条例》。我国于1998年加入《国际植物新品种保护公约》。《种子法》对植物新品种的保护也作了相应的规定。

第三,农业生态环境保护的立法。在农业生态环境保护立法方面,没有出台综合性专门立法,主要是基本立法和相关立法。我国《宪法》作为国家的根本法,明确了国家在生态环境保护中的责任,对农业生态环境立法提供了宪法基础。①《环境保护法》是我国环境保护领域的基本法律。相关立法包括《清洁生产促进法》《水污染防治法》《大气污染防治法》《土壤污染防治法》《固体废物污染环境防治法》《农药登记管理办法》《农药登记试验管理办法》等。这些立法对农业生物资源保护、农业环境影响评价、农业清洁生产、农业生态补偿以及农业生态环境责任等作了规定。

第四,农产品质量的立法。有关农产品质量的专门立法是《农产品质量安全法》,其相关立法包括《食品安全法》《标准化法》《进出境动植物检疫法》《动物防疫法》等。此外还包括《兽药管理条例》《农药管理条例》《饲料和饲料添加剂管理条例》《农业转基因生物安全管理条例》等行政法规。《农产品质量安全法》对农产品质量安全标准、农业投入品、农产品产地、农产品生产、农产品包装和标识、监督检查和法律责任等方面作出了明确规定,建立了保障农产品质量安全的基本法律制度。《食品安全法》对食用农产品的销售、安全标准等也作了相关规定。

---

① 《宪法》第26条规定:"国家保护和改善生活环境和生态环境,防治污染和其他公害。国家组织和鼓励植树造林,保护林木。"

第五,金融支持的立法。有关农业农村的金融立法包括《商业银行法》《公司法》《证券法》《保险法》《民法典》,以及行政法规《农业保险条例》等。涉及农业农村金融的专门性规范文件主要包括《贷款公司管理规定》《农村资金互助社管理暂行规定》等。这些规范性文件主要对满足农业生产经营需要的新型农村信贷机构、农业信贷担保、农业保险、农业投融资等作了相应的规定。2021 年 4 月颁布的《乡村振兴促进法》是关于乡村振兴的综合性法律。该法明确提出要健全多层次资本市场,促进涉农企业利用多种方式融资,同时引导社会资本投向乡村产业。

(二)地方立法情况

1. 宁夏立法情况

宁夏关于特色农业发展的地方立法主要包括:其一,关于特色种植业和养殖业的专门立法,如《宁夏回族自治区奶产业发展条例》《宁夏回族自治区贺兰山东麓葡萄酒产区保护条例》《宁夏回族自治区枸杞产业促进条例》《贺兰山东麓葡萄酒原产地域保护管理办法》等。奶产业、枸杞产业、葡萄酒产业、红枣产业等是宁夏的特色优势产业,属于重点保护和发展的产业,主要通过专门立法进行调整。其二,关于农牧产品质量保护的相关立法,如《宁夏回族自治区产品质量监督管理条例》《宁夏回族自治区保护消费者合法权益条例》等。此外,还包括其他规范性文件,如宁夏回族自治区农牧厅等部门发布的《宁夏永久性蔬菜生产基地认证与管理办法》、宁夏回族自治区质量技术监督局发布的《休闲农业分类及休闲农庄分级规范》《贺兰山东麓葡萄酒地理标志保护产品专用标志管理实施细则》等。

2. 甘肃立法情况

甘肃关于特色农业发展的地方立法主要包括:其一,关于农业经营主体的规范性文件,如《甘肃省农民教育培训条例》和甘肃省农牧厅发布的《甘肃省省级示范性家庭农场认定管理办法》(甘农牧发〔2014〕281 号)以及甘肃省农业农村厅等联合发布的《甘肃省农业产业化联合体认定管理办法》等;其二,关于保障农产品质量的立法,如《甘肃省农业植物检疫办法》《甘肃省农作物种子生产基地管理办法》等;其三,关于生态环境保护的立法,如《甘肃省草畜平衡管理办法》《甘肃省草原条例》《甘肃省草原禁牧办法》《甘肃省种畜禽管理办法》《甘肃省耕地质量管理办法》《甘肃省草原防火办法》《甘肃省肥料管理办法》《甘肃省农业生态环境保护专项资金管理办法》等。此外,《甘肃省农村扶贫开发条例》也与农牧业发展有着密切关系。根据该条例的规定,县级以上人民政府应该培植特色优势产业,扶持农民专业合作社、家庭农场等,从而增加扶贫对象收入。

3. 陕西立法情况

陕西关于特色农业发展的地方立法主要包括:其一,关于特色种植业的立法,如地方性法规《陕西省果业条例》和《陕西省现代农业园区条例》等。其中,《陕西省现代农业园区条例》为我国首部有关现代农业园区发展的地方性法规。其二,关于经营主体的规范性文件,如《陕西省农业产业化经营重点龙头企业认定和运行监测管理办法》《陕西省新型职业农民培育认定管理暂行办法》等。其三,关于农业生态环境保护、农业知识产权保护等方面的立法,如《陕西省地理标志产品保护办法》《陕西省耕地质量保护办法》《陕西省河道管理条例》《陕西省农业机械管理条例》《陕西省渭河流域管理条例》《陕西省渭河流域生态环境保护办法》《陕西省农产品区域公用品牌管理办法(试行)》等。其中,《陕西省地理标志产品保护办法》是我国首部关于地理标志产品保护的地方政府规章。

4. 青海立法情况

青海关于特色农业发展的地方立法主要包括:其一,关于农牧业种养大户和家庭农牧场等经营主体的规范性文件,如《青海省农牧业种养大户和家庭农牧场培育扶持暂行办法》等。其二,有关农产品质量保障的规范性文件,如 2020 年 11 月青海省农业农村厅和市场监督管理局联合发布的《青海省试行食用农产品合格证制度实施方案》。其三,关于特色农业发展的相关立法,主要是涉及农业生态环境保护的规范性文件,如《青海省农业环境保护办法》《青海湖流域生态环境保护条例》《青海省湟水流域水污染防治条例》《三江源生态补偿机制试行办法》《青海省农田建设项目管理办法(试行)》等。青海省地处高原,主要产业为种植业和畜牧业,生态较为脆弱,在生态环境保护方面具有特殊性,需要加大对河流、草原等环境的保护。

5. 新疆立法情况

新疆关于特色农业发展的地方立法主要包括:其一,关于家庭农场的规范性文件。《新疆维吾尔自治区家庭农场认定标准(试行)》对家庭农场的认定条件、申报条件和管理等进行了规定。其二,关于农业信贷机构的规范性文件。《新疆维吾尔自治区小额贷款公司管理暂行办法》对小额贷款公司的设立、业务范围以及监督管理作了明确规定。其三,关于农产品流通和质量保障等方面的立法,如《新疆维吾尔自治区农产品展销会管理办法》《新疆维吾尔自治区种畜禽生产经营许可证管理办法》《新疆监管棉花公证检验管理办法》《新疆维吾尔自治区鲜活农产品运输"绿色通道"管理办法》。其四,关于农业新业态和生态环境保护的相关立法,如《新疆维吾尔自治区乡村旅游促进办法》《新疆维吾尔自治区草原禁牧和草畜平衡监督管理办法》等。

三、保障制度

1. 生态环境保护制度

生态环境保护制度是指因改善生态环境、防治环境污染及其他损害而产生的调整各种生态环境关系的一系列法律制度的总称。土壤、水体等构成的生态环境是农业生产的物质基础,直接影响着农业和农村经济的可持续发展。在生态环境问题日趋严峻的情形下,必须通过严格的制度措施助推农业转型发展,提高农业竞争力。生态利益具有整体性、共享性和公益性的特性,因而生态环境保护属于"公共产品"。解决生态环境保护中的各种问题需要运用法治思维和法治方式。只有坚持法治,才能为生态环境保护提供强有力的保障。法治对农业生态环境的保护体现在立法、执法、司法、守法等方面。国家不断健全立法增加对农业生态环境保护的投入,积极发展绿色农业生态环保技术,增强维护农业生态环境保护的科技能力。农业生态环境保护涉及不同的治理主体和利益主体,应是多元主体共同参与的治理机制。根据环境公益诉讼制度,对生态环境损害行为提起诉讼的主体除了法律上的利益相关者外,法律规定的组织有权基于公共利益的保护提起生态环境损害诉讼。[①] 具体而言，农业生态环境保护主要包括如下法律制度：

第一，农业生物资源保护。农业生物资源是指既定经济社会以及科学技术条件下人类可以用于农业生产的生物，主要包括动物资源、植物资源以及微生物资源等。农业生物资源在维持人类生存、促进农业的可持续发展以及保障生态安全等方面具有重要作用。我国农业生物资源保护主要包括《农业法》《种子法》《生物安全法》《水产资源繁殖保护条例》《草畜平衡管理办法》《农作物种质资源管理办法》等规范性文件。《农业法》对生物物种资源的保护、引进、转基因技术作了明确规定。随着环境污染和外来物种入侵，我国的物种保护面临新的挑战，一些特有物种甚至有灭绝的危险，因而国家出台了一系列规定加以保护，如国务院《关于加快推进现代农作物种业发展的意见》（国发〔2011〕8号）和国务院办公厅《关于深化种业体制改革提高创新能力的意见》（国办发〔2013〕109 号）以及原农业部等部门颁发的《全国农作物种质资源保护与利用中长期发展规划（2015 – 2030 年）》等。

第二，涉农环境影响评价制度。环境影响评价应用于农业生产，是指对可能造成的环境影响的规划项目或建设项目等进行分析、预测和评估，以预防或减轻减少相关项目给农业生态环境造成的不良影响。1979 年我国颁布的《环境保护法（试行）》以立法的形式正式确立了环境影响评价制度。1989 年颁布的《环境保护法》再次用法律的形式确认了环境影响评价制度。国务院于 1998 年颁布了《建设项目环境保护管理条例》，并于 2017 年进行了修订。2003 年颁布的《环境影响评价法》将“建设项目的环境影响评价”和“规划的环境影响评价”纳入调整范围。国务院于 2009 年颁布的《规划环境影响评价条例》作出了更为具体的规定。我国没有专门的涉农环境影响评价法，但原国家环保总局出台的《建设项目环境影响评价分类管理名录》明确将农产品基地项目、达到一定出栏量的规模化畜禽养殖、涉及环境敏感区的规模化养殖等纳入我国环境影响评价范围。此外，涉农环境影响评价在地方性法规和行政规章中也作了相应的规定。

---

① 参见最高人民法院《关于审理环境民事公益诉讼案件适用法律若干问题的解释》第 2 条至第 5 条的规定。

第三,农业清洁生产制度。清洁生产是指在产品的设计生产、资源利用中,采用环保生产设备与技术,或者使用清洁能源与资源,从生产源头上预防或减少污染物给农业生态环境带来的风险。1984 年颁布的《水污染防治法》对农业和农村水污染防治进行了明确规定。1987 年颁布的《大气污染防治法》强调对农业生产经营活动排放大气污染物的控制。1989 年颁布的《环境保护法》强调对农业环境的保护,对污染防治以及相应的法律责任资源等作了规定。1995 年颁布的《固体废物污染环境防治法》对工业领域和生活中的固体废物的防治和监督管理进行了规定。2002 年我国颁布了专门性立法《清洁生产促进法》,该法对我国清洁生产的推行和实施、鼓励措施以及法律责任等作出了明确规定,并对农业生产领域的清洁生产作出了相应规定。[①] 2013 年国务院颁布的《畜禽规模养殖污染防治条例》对畜禽规模养殖污染的预防、治理、激励及法律责任进行规定。2018 年颁布的《土壤污染防治法》对农用地的污染防控、监管机制以及修复责任作了明确规定。此外,《农作物病虫害防治条例》、《农药管理条例》和《肥料登记管理办法》等规范性文件也作出了具体规定。

第四,农业生态补偿制度。生态补偿制度是通过财政支出、税收费用、基金等经济手段进行调节,以防止生态环境破坏、促进生态良性发展的法律制度。科学合理的生态补偿制度可以限制生态环境消费和激励生态环境保护。根据“谁开发谁保护、谁受益谁补偿”的原则,生态补偿主要包括两个方面的内容,一是对保护和恢复生态环境的组织和个人进行物质补偿,二是对从生态环境获益的组织和个人收取税收和费用。补偿主体主要包括政府、特定的生态受益者以及环境资源的开发利用者等。由于生态利益具有公共利益属性,因而政府是补偿的主要主体。[②] 我国的生态补偿制度带有较强的政策性。中共中央和国务院2005 年发布的《推进社会主义新农村建设的若干意见》提出“建立和完

---

① 我国《清洁生产促进法》第 22 条规定:“农业生产者应当科学地使用化肥、农药、农用薄膜和饲料添加剂,改进种植和养殖技术,实现农产品的优质、无害和农业生产废物的资源化,防止农业环境污染。禁止将有毒、有害废物用作肥料或者用于造田。”

② 参见史玉成:《生态补偿的法理基础与概念辨析》,载《甘肃政法学院学报》2016 年第 4 期,第 14 ~ 15 页。

善生态补偿机制”。2008年通过的中共中央《关于推进农村改革发展若干重大问题的决定》明确提出“健全农业生态环境补偿制度”。国务院办公厅2016年发布的《关于健全生态保护补偿机制的意见》对生态补偿制度的健全提出了要求，但没有明确生态补偿的种类、标准和保障机制等。2018年，国家发改委、农业农村部等部门明确提出，“积极推进市场化、多元化生态保护补偿机制建设”。[①] 我国农业生态补偿制度缺少基本法，主要是通过单行法加以具体规定。例如，《森林法》对森林生态效益补偿基金制度进行了具体规定，《水污染防治法》对水环境生态保护中的补偿制度作出了规定。[②]

第五，农业生态环境责任。实现农业绿色发展，“需要全方位的责任保障机制”。[③] 具体包括环境行政责任、环境刑事责任以及环境民事责任。生态环境损害主要是指因污染环境、破坏生态等原因造成环境要素和生物要素的不利改变以及生态系统的功能退化。生态环境损害赔偿制度是指由造成生态环境损害的责任者承担相应的赔偿责任，以修复受损生态环境的法律制度。我国《环境保护法》对损害赔偿责任作出了一般规定。中共中央、国务院2015年发布的《关于加快推进生态文明建设的意见》《生态文明体制改革总体方案》明确提出要严格实行生态环境损害赔偿制度。中共中央办公厅和国务院办公厅2015年发布的《生态环境损害赔偿制度改革试点方案》（已失效）对建立生态环境损害制度进行探索，并在吉林等地进行改革试点。中共中央办公厅和国务院办公厅2017年发布的《生态环境损害赔偿制度改革方案》进一步明确了赔偿范围、责任主体、索赔主体、解决途径、执行监督、保障措施等。根据该方案的规定，省级政府和市地级政府是追究损害生态

---

① 参见国家发改委、农业农村部等部门2018年12月发布的《建立市场化、多元化生态保护补偿机制行动计划》。

② 《森林法》第7条规定：“国家建立森林生态效益补偿制度，加大公益林保护支持力度，完善重点生态功能区转移支付政策，指导受益地区和森林生态保护地区人民政府通过协商等方式进行生态效益补偿”。《水污染防治法》第8条规定：“国家通过财政转移支付等方式，建立健全对位于饮用水水源保护区区域和江河、湖泊、水库上游地区的水环境生态保护补偿机制。”

③ 李嵩誉：《农业绿色发展法律机制的建构》，载《郑州大学学报（哲学社会科学版）》2020年第2期，第41页。

环境责任者的修复和赔偿责任的权利人。在生态环境可修复的情况下,由侵害人承担修复费用以及评估费用等,并承担间接损害赔偿责任,而在生态环境功能永久性损害无法修复的情况下,侵害人应当承担赔偿损失责任,具体损害数额可通过环境价值评估方法进行计算。① 对于农地损害而言,承担的责任包括多农作物的实际损害和间接损害赔偿责任,以及对农地生态功能的修复责任等。另外,该方案对法院探索完善赔偿诉讼规则提出具体要求。2019 年 6 月最高人民法院发布《关于审理生态环境损害赔偿案件的若干规定(试行)》。生态环境损害赔偿诉讼与环境民事公益诉讼和普通环境侵权责任诉讼共同构成生态环境保护的诉讼制度。由此可知,我国的生态环境损害赔偿制度采取了私法和公法协动的混合救济模式。②

2. 农产品质量保障制度

根据我国《农产品质量安全法》的规定,农产品是指源于农业领域或者在农业活动中获得的初级农产品,主要包括直接源于农业没有经过加工的产品以及经过粗加工但没有改变基本性质的产品,即动物、植物和微生物及其相关产品。如果农产品构成《食品安全法》中关于"食品"的界定,那么农产品应符合该法的规定。农产品质量安全是指农产品应符合相应的技术标准和卫生标准,不含可能损害人身健康的因素。农产品质量安全问题涉及产地环境、生产收获、加工贮藏、流通使用、执法监管等诸多环节。农产品质量安全的主要风险来源有产地环境污染、农药及农药残留、非法添加违禁物质、病原微生物及寄生虫污染、动植物疫病、农产品自身毒素以及贮存流通过程中的污染等。从主体而言,农产品质量安全涉及农产品的生产者和经营者、质量安全监管机构、检测技术机构和行业协会等。对于生产者和经营者而言,应强化生产过程管理,严格农业投入品管理,切实遵守质量标准,生产有机产品和绿色产品。特别是龙头企业应推行标准化生产,提高生产经营组织化程度,引进精深加工新技术,开发具有高科技含量的新产品。对监管

---

① 参见吴一冉:《生态环境损害赔偿诉讼中修复生态环境责任及其承担》,载《法律适用》2019 年第 21 期,第 37 ~ 38 页。

② 参见冯洁语:《公私法协动视野下生态环境损害赔偿的理论构成》,载《法学研究》2020 年第 2 期,第 184 页。

机构而言,应加强市场准入管理,落实质量标准、检验检测和产品认证制度,严格执行《无公害农产品管理办法》《绿色食品标志管理办法》《有机农产品认证管理办法》等相关规定,保障农产品质量安全。具体分析如下:

第一,农产品质量标准体系。标准一般是指为实现一定范围的秩序,对有关活动或结果规定的共同规则和规范。农产品质量关乎人类生命健康安全,是农产品得以进入市场进行流通的前提条件。农产品标准包括种植业、畜牧业等行业所涉及的技术标准。蔬菜、水果、肉禽、蛋奶等属于食用农产品标准的范畴。[①] 衡量标准的要素主要包括:种子、农药、兽药等生产资料标准,生产中的生态环境保护,储存和流通中的安全卫生标准,相关的技术术语和符号等。就性质而言,农产品标准分为强制性标准和推荐性标准。强制性标准是指在一定范围内予以强制执行的标准。推荐性标准亦称自愿性标准,由各个有关部门或行业自主采用。从层次上来说,农产品标准分为国家标准、行业标准、地方标准和企业标准。国家标准是指依照法律、行政法规的规定出台的有关农产品质量安全的强制性技术规范,包括市场准入体系、质量安全标准体系、质量检测体系、质量认证体系以及质量监控体系等。行业组织、地方政府和农业企业也可以依法制定相应的标准。目前我国已经形成了涵盖品种培育到包装储运全过程的优势农产品标准体系和特色农产品标准体系。[②] 我国的小农生产占有重要地位,农产品质量问题较为突出。为此,政府部门、行业协会、农业社会化服务部门等应结合本地实际情况,做好农产品质量安全的宣传教育、职业培训以及监督管理工作,保障特色农业发展的可持续性。

第二,农业生产管理规范化。农产品的生产和管理涉及产前、产中

---

① 2015 年国务院办公厅发布的《关于加快转变农业发展方式的意见》明确提出,"全面推行农业标准化生产。加强农业标准化工作,健全推广和服务体系。加快修订农兽药残留标准,制定推广一批简明易懂的生产技术操作规程,继续推进农业标准化示范区、园艺作物标准园、畜禽标准化示范场和水产健康养殖示范场建设,扶持新型农业经营主体率先开展标准化生产,实现生产设施、过程和产品标准化。积极推行减量化生产和清洁生产技术,规范生产行为,控制农兽药残留,净化产地环境"。

② 参见阮金谒等:《我国食用农产品质量安全管理研究》,光明日报出版社 2016 年版,第 36 页。

和产后等环节，主要体现为生产、贮存、流通中的包装、标识、标志等。农产品规范化生产是保障产品质量、落实质量标准的重要条件，因而应把生产管理的规范化渗透到农业生产的全过程。在农产品的种植、养殖、采收、加工、运输、贮藏等过程中都有可能造成质量问题，因而规范化生产和管理非常关键。农产品生产者和经营者应确保技术措施、生产工艺、生产流程符合产品等级、规格、品质等特性要求。现代农业强调常规农业向有机农业和绿色农业的转换，推行基本不用化学投入品的生产技术制度。无公害农产品、绿色食品、有机食品等都注重生产过程的专业化和标准化。例如，依据《动物防疫法》和《兽药管理条例》，动物养殖用药须遵守相关规定，应严格按照规定使用兽药，严格执行停药期规定。养殖户应建立规范的用药记录。我国《食品安全法》第 49 条规定，食用农产品的生产者应按照安全标准和国家规定使用农业投入品，并且食用农产品的生产企业以及农民专业合作社应建立“农业投入品使用记录制度”。但对于其他主体的农产品生产记录没有强制性要求。目前，我国农业生产经营主体虽然数量多，但小而分散，多数是个体经营和家庭经营，部分农业企业组织化、专业化、标准化程度不高，往往影响区域品牌农产品生产经营者的质量声誉。标准化生产的推行，“可以降低每个农户进行质量投入的平均成本，从而提高农户的质量供给水平”。[①] 因此，发挥带动作用的龙头企业、专业合作社等应明确农业生产管理的流程和标准，加强对与其建立利益联结机制的农户的实时指导和监督。

第三，农产品质量认证。认证是指认证机构依据一定的规范和程序证明某一产品或服务达到相应标准的合格评定活动。认证机构是符合法定条件并获得认证资质的第三方机构。合格的认证主要表现为“认证证书”和“认证标志”。农产品质量安全标志是对农产品质量标准的凝练和提炼，能有效表达农产品的生产信息、质量信息和消费信息，提高农产品质量的社会透明度。[②] 通过对终端农产品质量安全状况

---

① 刘刚、张晓林：《农民合作社的规模、治理机制与农产品质量安全控制——基于集体行动理论的视角》，载《农业现代化研究》2016 年第 5 期，第 927 页。

② 参见任大鹏：《农产品质量安全法律制度研究》，社会科学文献出版社 2009 年版，第 133 页。

进行评价，一方面，可以促进农业生产经营者进行全面质量管理，提高产品信誉；另一方面，有助于加强对农业生产活动进行有效地监督和管理，从而提高农业生产水平和农产品品质。由于农业生产受自然环境、生产方式的影响较大，因而农产品认证具有一定的地域性、时令性、个案性。农产品质量认证可以分为无公害农产品认证、绿色食品认证、有机食品认证三种类型。无公害农产品侧重于健康安全因素；绿色食品兼顾健康安全因素和产品的质量标准；有机食品侧重于生态环境因素。“无公害农产品”“绿色食品”“有机食品”都是经质量认证而达到相应标准的安全农产品。农产品认证可以采取产地认定与产品认证相结合的方式进行。产地认定由省级农业主管部门组织实施，产品认证由农业农村部农产品质量安全中心组织实施。首先对农产品进行产地认定。通过产地认证后，再进行产品认证。我国产品质量认证主要靠政策推进。2018 年，国家发改委、农业农村部等部门发布的《建立市场化、多元化生态保护补偿机制行动计划》明确提出，“健全无公害农产品、绿色食品、有机产品认证制度和地理标志保护制度，实现优质优价”。

第四，农产品质量监管制度。农产品质量监督管理包括监管的依据、监管的主体和监管的措施等制度。农产品质量监管的依据主要是指法律、法规等规范性法律文件。农产品监管的主体较为复杂。根据国务院关于食品药品监管职责分工的规定，由农业部门负责农产品生产、收购、贮藏、运输四个环节的监管；农产品进入流通环节后的监管由食药监部门负责。事实上，农产品质量的监管还涉及地方政府、环境部门、质检部门等。例如，2018 年颁布的《土壤污染防治法》明确规定，地方政府及相关部门具有监管责任。因此，农产品质量监管是一个由多部门共同构成的监管主体。一方面，国家建立健全农产品质量安全监测制度；另一方面，县级以上政府农业行政主管部门按照监管要求保障农产品质量安全，对生产中或者市场上销售的农产品进行监督抽查。在农产品质量安全监督检查中，县级以上政府农业行政主管部门可以采取的措施主要包括对生产和销售的农产品进行现场检查、调查了解农产品质量安全的有关情况、查阅和复制有关记录和资料，并对经检测不符合农产品质量安全标准的农产品，有权采取查封、扣押等强制措施。就广义而言,农产品质量监管的主体还包括农业生产经营者和行业协会的自律监管。行业协会的会员规章对会员具有约束力,并对违反者采取必要的自律措施。

第五,法律责任制度。法律责任是指违反法律规定所承担的强制性、否定性的法律后果,主要分为民事责任、行政责任和刑事责任。民事责任是指违反民事法律规范所应承担的民事法律后果,如损害赔偿责任等。相关制度包括损害农业生产经营者权益的赔偿责任、农业生产经营者损害消费者合法权益的赔偿责任、质量检测机构的赔偿责任等。最高人民法院对这类案件的适用作了具体规定,如《关于审理食品药品纠纷案件适用法律若干问题的规定》《关于审理食品安全民事纠纷案件适用法律若干问题的解释》等司法解释。行政责任是指违反有关行政管理规定所应承担的一种法律后果。例如,农业生产经营者等污染环境或生产销售不合格农产品,执法部门根据法律规定可以给予罚款、责令停产停业、暂扣或者吊销许可证和营业执照等行政处罚。刑事责任是针对严重违法行为所应承担的一种法律后果。2021 年最高人民法院、最高人民检察院发布了修订的《关于办理危害食品安全刑事案件适用法律若干问题的解释》(法释〔2021〕24 号),对"生产、销售不符合安全标准的食品罪"以及"生产、销售有毒、有害食品罪"进行了规定。

3. 知识产权保护制度

农业现代化以及产业化水平的提升离不开知识产权的支撑和保障。农业知识产权是指农业领域的知识产权保护体系,包括涉农专利、农产品商品商标、农业服务商标、植物新品种、农产品地理标志、农业生物遗传资源以及农业商业秘密等。农业知识产权是现代农业的重要引擎,是农业市场竞争力的核心标志。农业现代化的关键在于科技发展。加强对农业知识产权的保护,无疑会促进农业科技创新,从而获得农业竞争优势。我国特色农业现代化、产业化、优质化要取得实质性的发展,必须要依赖科技创新,提升农业科技水平。鼓励农业科技创新,提升农业生产水平和农产品品质,正是知识产权的价值所在。近年来,我国知识产权的立法和执法不断加强,农业知识产权保护状况得到较大改善,农业知识产权管理服务水平全面提升。原农业部发布的《农业知识产权战略纲要（2010 - 2020 年）》明确提出要提升农业知识产权创造、运用、保护和管理能力，增强我国农业科技自主创新能力和核心竞争力。[①] 具体分析如下：

第一，涉农专利保护。专利是受法律保护的权利和利益。发明创造、实用新型和外观设计都可以申请获得专利保护。发明和实用新型应当具备新颖性、创造性和实用性。专利权人对其专利享有独占权和排他权。涉农专利是产生于种植业、畜牧业等领域，与其相关的产前、产中、产后等环节的发明和实用新型。例如，肥料、饲料、农药、兽药等领域的发明创造都可以申请专利权。新的微生物、微生物学方法或者其产品符合条件的也可以申请专利权。但是根据我国《专利法》的规定，利用遗传资源，并依赖该遗传资源完成的发明创造，不授予专利权。因此，动物和植物品种不被授予专利。另外，农机具的发明与改进，可申请发明专利或实用新型专利。农产品的包装符合《专利法》规定的新颖性要求，可以申请外观设计专利。

第二，植物新品种权保护。根据《植物新品种保护条例》的规定，植物新品种，"是指经过人工培育的或者对发现的野生植物加以开发，具备新颖性、特异性、一致性和稳定性并有适当命名的植物品种"。完成育种的单位和个人对其授权的植物品种，享有排他的独占权，即生产、销售和使用授权品种繁殖材料的专有权。植物新品种权属于知识产权的一种特殊形态。相关立法主要是《种子法》和国务院行政法规《植物新品种保护条例》。我国《种子法》采用专章"新品种保护"对植物新品种权的保护原则、客体范围、授予条件、强制许可等作了一般规定，重点解决我国植物新品种保护工作中存在的立法层级相对较低、保护水平偏低、鼓励品种创新不足以及企业维权难度大、效果差等问题。[②] 国务院农业、林业行政部门为植物新品种权的审批机关。根据《植物新品种

---

① 《农业知识产权战略纲要（2010 - 2020 年）》提出，"到 2020 年，把我国农业知识产权创造、运用、保护和管理能力提升到新的水平，政策法规基本完善，管理体系基本健全，公共服务和技术支撑能力显著增强，知识产权意识深入人心，中介服务机构和人才队伍建设适应形势发展需要，农业领域自主知识产权拥有量跨入世界先进行列，知识产权对建设中国特色农业现代化的支撑作用显著"。

② 参见李菊丹、陈红：《新〈种子法〉对我国植物新品种保护的积极作用与局限》，载《法学杂志》2016 年第 7 期，第 70 页。

保护条例》的规定，藤本植物、林木、果树和观赏树木的品种权保护期限为20年，其他为15年。相比于最高人民法院发布的《关于审理侵害植物新品种权纠纷案件具体应用法律问题的若干规定》，《种子法》明确了民事赔偿的确定方法，将法定赔偿最高额度提高到了500万元，并规定了惩罚性赔偿制度。

第三，地理标志保护。[①] 地理标志是一种新型知识产权，具有地域性、永久性、集团性和不可转让性等特征，并具有经济价值、社会价值和人文价值。[②] 地理标志是特定产品来源的地域性标志，主要用于鉴别某一产品的产地，即该产品的产地标志，如“贺兰山东麓葡萄酒”“宁夏枸杞”“吐鲁番葡萄”“凤翔苹果”等。因而地理标志具有鲜明的地域性特征。地理标志的一个重要的功能就是识别商品的产地来源，明确该产品独特的人文因素和其特定的地理环境的密切联系，包括生产工艺、配方、文化以及原产地的气候、土壤、水质、天然物种等因素。原农业部颁布的《农产品地理标志管理办法》对农产品地理标志作了明确规定。如果农产品源于特定地域，其品质和相关特征主要取决于特定的自然环境和人文历史因素，那么经过登记可以以该地域名称冠名，从而作为特有农产品标志。区别于大众化的产品和工业品，初级农产品具有鲜明的地域性和较强的自然属性。对具有鲜明地域特色和区域资源的特色优势的农产品实行地理标志产品保护，可以进一步提升其知名度以及市场竞争力。地理标志可由产品来源地所有的企业、个人共同使用。虽然“区域品牌”区别于地理标志，但二者所共同具有的区域、品质、不完全的集体属性以及相应的市场基础的耦合性，体现出依托农产品“地理标志”打造“区域品牌”的内在必然逻辑。[③] 农产品区域品牌蕴含着独特的地理特征、自然资源以及传统的历史人文因素。[④] 难以替代的“区域品牌”为农业生产经

---

① 我国《商标法》规定，地理标志“是指标示某商品来源于某地区，该商品的特定质量、信誉或者其他特征，主要由该地区的自然因素或者人文因素所决定的标志”。

② 参见任大鹏主编：《农业法学》，法律出版社2018年版，第254～257页。

③ 参见费威、杜晓镔：《打造农产品区域品牌：以地理标志为依托的思考》，载《学习与实践》2020年第8期，第51页。

④ 参见潘燕：《农产品区域品牌——形成机理、效应及提升对策研究》，知识产权出版社2019年版，第63页。

营主体带来显著的增值收益。

第四,商标保护。商标是生产者、经营者在其产品或服务中使用的用于区别其他产品或服务的具有显著特征的标志,“包括文字、图形、字母、数字、三维标志、颜色组合和声音等,以及上述要素的组合”。注册商标受法律保护,任何组织或个人未经商标注册人的许可或授权,均不得擅自使用,否则将承担法律责任。根据我国《商标法》的规定,经核准注册的商标,包括商品商标、服务商标以及集体商标和证明商标。从事农业生产与服务的农业企业、合作社等可以申请农产品商标以及乡村旅游、生态旅游等服务商标。农产品商标和农业领域的服务商标是一种区别性商标,只能由持有者使用,具有显著的私权属性。这种商标是一种“品质”名片,以区别于地理标志这种“产地”名片。集体商标和证明商标是农产品的区域性商标,是具有集团性、公共性的知识产权,属于该区域内的生产经营者。集体商标由团体、协会或者其他组织中的成员使用。证明商标通常由政府机构申请并持有,由该区域内的组织或个人共同使用。例如,宁夏中宁的“中宁枸杞”、甘肃苦水的“苦水玫瑰”就是注册的证明商标。在实践中,通过以商标或者地理标志为纽带将农户、农业企业、合作社等组织起来,有助于形成生产经营品牌形象,将资源优势转化为市场优势和竞争优势,从而提高经济效益。

第五,法律责任制度。行为人侵害他人专利权、商标权、著作权等知识产权造成权利人损害的,权利人可以追究侵权人的民事责任。根据相关法律规定,侵犯专利权、著作权、植物新品种权等知识产权的赔偿数额的计算主要包括几种情形:其一,实际损失能够具体确定的,按照权利人因被侵权所受到的实际损失确定;其二,实际损失难以确定的,可以按照侵权人因侵权所获得的利益确定;其三,权利人的损失或者侵权人获得的利益都难以确定的,参照许可使用费的倍数合理确定。恶意侵权造成严重损害的,承担惩罚性赔偿责任。赔偿数额还包括权利人为制止侵权行为所支付的合理开支,如律师费、差旅费、调查费、鉴定费等。我国《民法典》还对侵害知识产权的行为作了惩罚性规定。权利人或者利害关系人有证据证明他人正在实施或者即将实施侵犯知识产权的行为,如不及时制止将会使其合法权益受到难以弥补的损害的,可以在起诉前向法院申请采取责令停止有关行为的措施。对侵犯知识产权的行为,管理部门有权依法查处,并给予罚款等行政处罚。侵犯知识产权构成犯罪的,依法承担刑事责任。

第二节 政策保障

一、农业政策的含义与意义

1. 农业政策的含义

农业政策主要是指国家或政党为实现农业发展的目标而作出的决策或采取的策略。政策与法律的区别主要表现在:第一,意志属性的差异。法由有权国家机关依法定程序制定,体现为国家意志,向社会公众公开,具有普遍约束力。政策包括政党政策和国家政策。政党政策由政党机关依照党章规定的权限和程序制定,体现为党的意志。国家政策由中央政府及相关部委发布,体现为国家意志。第二,规范形式的差异。法表现为规范性文件,具有严格的逻辑结构,并明确相关主体的权利义务。政策表现为决议、决定、通知、指导意见等,具有纲领性、原则性和方向性等特征,一般不具有规范性。第三,实施方式的差异。法的实施具有较强的可操作性和规范性,由国家强制力进行保障。法具有强制执行的效力,否则应承担相应的否定性后果。政党政策以党的纪律保障实施。国家政策具有指导作用。在某种程度上,政策不具有强制执行的效力。第四,调整范围的差异。法调整社会关系,但不是所有的社会关系都由法来调整。社会关系经过法律调整成为法律关系,对相关主体具有约束力。一般而言,政策调整的领域以及所涉及社会关系较法律宽泛。第五,稳定性程度的差异。法一经颁布实施,就具有较高的稳定性。即使法律需要修改,也需要遵循严格的程序。程序性是法的重要特征。政策具有原则性、概括性、阶段性、灵活性,可随形势变化作出较为迅速的反应和调整。政策与法律的联系表现在,政策对法律的制定、修订具有指导作用,成熟的政策措施可以通过法定程序制定为法律。在立法滞后的情况下,可以通过制定各种政策来弥补法律的缺位，以实现对农业发展的指导和促进作用。[①] 例如，我国没有关于家庭农场的立法，但家庭农场对于农业和农村的发展有着重要作用，农业农村部等发布的《关于实施家庭农场培育计划的指导意见》（中农发〔2019〕16号）就对家庭农场的发展有着指导意义。

农业政策一般具有如下特征：第一，农业政策的功能具有多重性。它主要表现在：克服资源配置中的市场缺陷；提高农业的市场竞争能力；实现生产要素在各地区间的优化配置；促进科技进步与产业结构调整等。虽然市场机制在资源配置中起着决定性作用，但农业产业的特殊性需要各级各类政策措施的支持。而且，由于生态环境、自然资源、经营方式、生产技术等方面的差异，也导致各地农业发展水平不平衡，更需要相关政策的大力扶持。西北地区特色农业发展对于农民的脱贫增收、生态环境保护、传统文化传承、社会关系的和谐构建以及区域协调发展等都发挥积极作用。第二，农业政策的措施具有综合性。国家实施农业政策实际上是通过具体的措施和手段来进行的，包括财政、税费、金融、价格、奖励措施以及必要的行政指导等。一般来说，在不同的领域或不同的地区，措施的选择和实施应具有针对性和实效性。不过在一个特定历史时期，这些措施如何运用，与经济体制、经济目标以及政府的效能密切相关。另外，农业政策不能违背世贸组织规则，以避免引起农业贸易争端。对农产品的直接补贴等价格支持措施属于世贸组织规则限制的"黄箱"政策。因而可以选择通过其他措施加以支持。农作物保险属于市场行为。美国近年来农作物保险发展迅速，政府的保费补贴金额超过了价格补贴。[②] 第三，农业政策的实施具有阶段性。农业的发展不能脱离具体的历史时期和特定的地域，具有动态性和可变性。由于发展阶段以及地域环境的不同，农业政策通常因时因地而不

---

① 2019年1月中共中央、国务院发布的《关于坚持农业农村优先发展做好"三农"工作的若干意见》明确提出，"加快发展乡村特色产业。因地制宜发展多样性特色农业，倡导'一村一品'、'一县一业'。积极发展果菜茶、食用菌、杂粮杂豆、薯类、中药材、特色养殖、林特花卉苗木等产业。支持建设一批特色农产品优势区。创新发展具有民族和地域特色的乡村手工业，大力挖掘农村能工巧匠，培育一批家庭工场、手工作坊、乡村车间。健全特色农产品质量标准体系，强化农产品地理标志和商标保护，创响一批'土字号'、'乡字号'特色产品品牌"。

② 参见王智来、侯峥、郭峰：《美国金融与现代农业考察报告》，载《农业发展与金融》2017年第2期，第100页。

同。一个阶段的目标实现后，原先的农业政策会因此作出调整，以适应新的发展需要。例如，发展特色农业，可以阶段性地解决贫困问题，而且对于乡村产业的进一步发展也具有极大的促进作用。从实践上而言，作为解决“三农”问题的统领性政策，历年中央“一号文件”是根据不同时期的实际情况制定的，“具有延续性长和聚焦性强等特点”。改革开放以来，我国农业发展经历了三个阶段，即“农业生产与研发双聚焦阶段、农业全产业链构建阶段和农业产业体系优化阶段”。[①] 当前，我国农业政策的制定和完善，应立足于我国小农生产、农业竞争力弱和绿色发展能力不足的现实情况，“坚持问题导向和目标导向的统一”。[②] 第四，农业政策的内容具有宏观性。农业政策的内容十分广泛，包括农业区域政策、农业结构政策、农业科技政策、农业组织政策、农业金融政策、农业财税政策等。这些宏观政策必须与具体措施相结合，实施效果才能得到保障。虽然农业政策与涉农法律都是调整“三农”关系的基本依据，但是基于全面依法治国的推进以及治理能力和治理体系的提升的需要，应将成熟稳定的农业政策措施上升为规范化的法律规定，进一步提升涉农问题的治理能力以及法治化水平。

有关农业发展政策的范围较为广泛，内容十分丰富。我国不同历史时期根据经济社会发展需要分别出台了一系列农业政策，形成了较为完善的政策体系。有些政策涉及农业发展，具有全局性、宏观性和战略性，如西部开发、扶贫开发、乡村振兴等。相关文件有中共中央和国务院发布的《关于打赢脱贫攻坚战的决定》、国务院发布的《关于促进乡村产业振兴的指导意见》、国务院办公厅发布的《关于深入开展消费扶贫助力打赢脱贫攻坚战的指导意见》等。有些政策是直接调整农业发展的，如中共中央和国务院发布的《关于深入推进农业供给侧结构性改革　加快培育农业农村发展新动能的若干意见》、国务院发布的《关于加快推进农业机械化和农机装备产业转型升级的指导意见》、中共中央办公厅和国务院办公厅发布的《关于促进小农户和现代农业发展有机

① 魏丽莉、侯宇琦：《中国现代农业发展的路径突破——产业链整合与产业体系优化》，载《兰州大学学报（社会科学版）》2018 年第 6 期，第 138 页。

② 马红坤、毛世平：《日本和欧盟农业支持政策的转型路径比较与启示》，载《华中农业大学学报（社会科学版）》2019 年第 5 期，第 52 页。

衔接的意见》、国务院办公厅发布的《关于建立统一的绿色产品标准、认证、标识体系的意见》等。为落实中央部署，相关部委还出台了具体规定，如农业农村部等发布的《关于实施家庭农场培育计划的指导意见》、原农业部发布的《关于加大贫困地区项目资金倾斜支持力度促进特色产业精准扶贫的意见》、原农业部发布的《关于推进农业供给侧结构性改革的实施意见》、原农业部和国家发改委等九部门发布的《贫困地区发展特色产业促进精准脱贫指导意见》、国务院西部开发办等六部门发布的《关于促进西部地区特色优势产业发展的意见》等。此外，各地也针对本地具体情况出台了相应的政策措施。从类别上来说，农业发展政策包括补贴类政策、涉农项目扶持类政策、农产品流通政策、农业人才支持政策、农业结构政策、农业组织政策等。需要指出的是，我国存在着"三农"工作过度依赖政策推进、涉农立法严重滞后的状况，影响了规则的执行力和法律的权威性。[①]

2. 农业政策的意义

(1)概述

通说认为，"产业政策"一词于1970年由日本通产省代表提出。但学术界对于产业政策的具体含义和作用机理并没有达成共识。一段时期以来，有关产业政策的争论成为社会舆论的热点。一种观点认为，经济发展要有产业政策的支持才能成功，发展中国家追赶发达国家必须要利用各种产业政策；另一种观点认为，由于人类认知的局限性和激励机制的扭曲，产业政策注定会失败，进而主张废除任何形式的产业政策。如何正确认识产业政策，是我国社会主义现代化建设需要正确面对的问题。无论怎样质疑产业政策的有效性问题，都不能否认产业政策的客观历史和现实存在。事实上，政府制定经济政策干预经济发展和产业活动是现代经济中的常见现象。[②] 严格来说，产业政策早在产业革命后开始工业化进程的西欧资本主义国家就已经出现。[③] 一般而言，产业政策是指国家为了实现一定的经济和社会目标而对产业形成和发

---

① 参见朱智毅：《论乡村振兴立法的功能定位与基本原则》，载《中国农业大学学报(社会科学版)》2020年第2期，第89页。

② 参见石奇主编：《产业经济学》，中国人民大学出版社2008年版，第272页。

③ 参见苏东水主编：《产业经济学》，高等教育出版社2000年版，第331页。

展进行干预的一系列政策的总称。历史经验表明,尽管各国的经济发展模式千差万别,但在推动经济发展的过程中都离不开产业政策这个重要的工具。产业政策广泛存在于市场经济发展的各个时期。尽管不同国家在不同发展阶段运用产业政策的形式不尽相同,但没有一个经济体能够完全抛开产业政策。迈克尔·波特提出的“钻石模型”认为,政策法规及相关制度是影响国家竞争力的重要因素。制度是经济增长中的“内生变量”。[①]

经济社会的发展,需要多种保障机制。在社会规范中,法律是最具有明确性、确定性和强制性的规范。法律规范的这些特征使得法律成为社会控制的主要手段。但是,由于立法者的认识局限以及客观条件的制约,法律具有滞后性,缺乏灵活性,难以对经济社会发展作出及时反应。产业政策是法律之外有针对性地对产业部门间和各产业内部资源分配的干预,可以弥补法律调整经济关系的不足。在现代社会,产业政策的目标趋向多元化,但总体上沿着经济增长、提高效率、增强竞争力、保护资源环境与实现可持续发展的方向发展。[②] 作为调控经济的重要手段,产业政策发挥弥补市场失灵、优化资源配置等方面的作用。国家可以通过制定农业结构政策来加快地区产业内部结构的调整,促进产业布局的合理化,提高产业发展水平及市场竞争力。例如,国家通过财政、税收、金融等政策措施支持高附加值的特色农产品的发展,增强其市场占有率。产业政策对促进经济增长具有显著的目标导向作用。例如,在内外因素的共同作用下,欧盟农业政策开始出现转型,如“从扶持农业生产转向农业农村综合发展”“农业补贴从与产量挂钩转向与产量脱钩”“逐步实现绿色生态转型”等。[③] 市场主体如果没有产业政策措施的支持,就无法实现与市场机制的有效结合,也难以达到结构转换和提质增效的发展目标。农业是最古老也是永远年轻的产业,因而农

① 徐承红:《产业集群与西部区域经济竞争力研究》,西南财经大学出版社2006年版,第136页。

② 参见刘南昌:《强国产业论——产业政策若干理论问题研究》,经济科学出版社2006年版,第23页。

③ 张云华、赵俊超、殷浩栋:《欧盟农业政策转型趋势与启示》,载《世界农业》2020年第5期,第7页。

业政策是人类史上最早的政策,也是不断创新的政策。①

农业政策是由农业政策环境、农业政策目标和农业政策手段构成的要素体系。② 政策环境是影响经济发展的一个重要因素。农业发展当然离不开政策措施的支持。只有优良的政策环境才能促进农业结构转变,保障特色农业得到发展。农业政策为地区特色农业发展提供坚实的保障,对地区农业综合竞争实力的提升有重大影响。这些政策既可以是宏观的,如西部开发、乡村振兴等,也可以是具体的,如财政投入政策、税收优惠政策、农地利用政策等。在我国西北地区技术水平整体上较落后、市场竞争力较差的情况下,西北各省(自治区)要发展经济,就必须充分利用国家的政策措施,依靠特色资源的优势,发展有特色的优势产业和高附加值产品。也只有这样,才能使特色产业和资源优势更快、更好地转化为现实的经济优势。而且,产业政策的目标和手段等必须与经济发展相适应。③ 如果农业政策的制定脱离经济规律,不立足于经济实践,不仅无法发挥合理配置资源、优化农业结构的作用,甚至可能阻碍市场经济发展的进程。例如,一些地区推行"命令农业",忽视市场规律,势必导致难有特色。④ 西部作为一个经济发展相对落后的区域,国家的惠农政策必须真正落到实处,使农业生产经营者切实享受到这些政策带来的实惠。

我国是发展中农业大国,实现国家的现代化需要产业政策的引导。改革开放以来,我国在不到40年的时间从一个贫穷落后的国家,一跃成为世界第二大经济体,一些产业达到国际先进水平,经济水平有了很大提高,国际竞争力不断增强。我国不同历史时期出台的农业政策极大地推动了农业经济发展,促进了西部地区经济水平的提高。这些历史性重大变化的背后,都有各种产业政策的有力支撑。有效制定和运用产业政策,既是我国经济社会发展的必然要求,也是我国制度优越性的集中体现。立足于新时代,党中央提出了建设现代化经济体系的新

---

① 参见佟光霁主编:《农业政策学》,科学出版社2017年版,第7页。

② 参见冯涛:《农业政策国际比较研究》,经济科学出版社2007年版,第15页。

③ 参见王传荣主编:《产业经济学》,经济科学出版社2009年版,第330页。

④ 参见谷树忠、杜杰:《我国西部地区发展特色农业的基础、问题与方向》,载《中国农村经济》2000年第10期,第8页。

任务,并在深化供给侧结构性改革、加快建设创新型国家、实施乡村振兴战略、实施区域协调发展战略等方面作出了新部署、提出了新要求。要实现这些目标,不能单纯依靠市场主体的自发力量,必须在充分发挥市场作用的同时,依靠国家政策对产业发展进行引导和调节。农业政策的制定和实施,必须确保其普惠性和公平性,既要扶持新型农业生产经营主体,也要惠及占我国农业经营主体主导地位的小农户。顺应我国经济发展阶段变化以及发展动力转换的内在要求,新时期我国产业政策目标应从以产业扶持为主转向维护竞争以及促进创新。①

(2)弥补市场缺陷

产业政策的理论基础是多方面的,如资源禀赋理论、产业结构理论、产业组织理论、比较优势理论、技术进步理论等。其实质是在市场基础上实现国家对产业发展的有效指导。产业政策之争的背后,是如何看待政府在市场经济中的作用问题。事实上,产业政策的制定和实施,并不意味着政府要替代市场的作用。制定和实施产业政策要有利于市场在资源配置中决定性作用的发挥,这是基本前提。市场经济条件下,市场本身不可能解决所有的经济问题,必然存在着市场调节失效或部分失效的缺陷。例如,在农业领域,银行和保险本身缺乏合作的内在动力,因而需要政府出台指导意见,通过政策机制推动银保联动。②产业政策的基本功能是要明确产业发展方向,规划产业发展目标,调节各产业之间的相互关系及其内部结构变化关系。产业政策形成的逻辑起点,在于政府有责任弥补“市场失灵”的缺陷。③ 国家通过产业政策进行宏观调控,以克服市场调节手段和效果的不足,兼顾经济运行的效率和平衡。农业发展中的“市场失灵”的原因主要在于:

第一,农业的基础性。农业不仅是国民经济的有机组成部分,而且在国民经济中处于基础性地位。农业具有鲜明的公共产品属性。一方面,农业是人类赖以生存和发展的基础。农业是人类的衣食之源和生

① 参见茶洪旺、和云:《中国产业政策的反思与转型取向》,载《甘肃社会科学》2019 年第 6 期,第 133 页。

② 参见林凯旋:《农业信贷与保险联动支持农业发展:内在逻辑与改进路径》,载《保险研究》2020 年第 4 期,第 74 页。

③ 参见王传荣主编:《产业经济学》,经济科学出版社 2009 年版,第 326 页。

存之本,即为人类提供食物、原料以及适宜的生存环境。人们对农产品的需求是一种刚性需求。另一方面,农业是其他产业存在和发展的基础。农业为其他产业提供原材料、资金、劳动力等生产要素,以此为基础形成了国民经济体系,促进其他产业的发展,支持工业化和城镇化进程。就当代而言,农业是我国实现现代化建设的基础。中华人民共和国成立以来,特别是改革开放以后,党和政府高度重视"三农"问题,始终将"三农"作为工作的重中之重。我国经济社会发展的实践表明,巩固和加强农业的基础地位,符合我国国情。我国农业所取得的成就,为消除农村贫困、区域协调发展以及维护社会稳定等作出了重大贡献。农业农村的稳定发展为促进我国经济转型提供了坚实的基础。在我国现代化建设过程中,虽然农业在国民生产总值中所占的比重会降低,但农业在国民经济中的基础地位不会改变。西部大开发、乡村振兴等政策的实施,必将进一步促进我国特色农业现代化的发展。在我国这样一个人口众多、农业资源相对紧缺的国家,农业的基础地位不可动摇,必须改革农村土地制度、农业经营制度、农村集体产权制度、农产品质量制度等,创新农业生产组织形式,提高农业生产要素的配置效率,发展资源节约型、环境友好型农业,提升农业生产水平。

第二,农业的弱质性。农业是弱质性产业。农业生产面临的风险具有多重性和复杂性,包括自然风险、市场风险、科技风险等。对自然资源、生态环境和气候条件的依赖以及生产的周期性和季节性等都是农业生产的显著特征。在农业生产中,资金的投入和回收、动物的养殖和农作物的耕种、气候因素的影响等都具有明显的不确定性。农业生产的特性是,除土地是基本的生产资料外,主要生产对象是有生命的动植物。动物和植物的成长受自然条件的影响很大。而且,农产品不耐久藏,储藏费用高,难以实现农产品的市场供需均衡。由于农产品本身特性和消费需求限制,农产品需求弹性比较低,农产品价格容易出现季节性波动。社会需求的变动、供求关系的预测偏差等都会导致农产品价格有较大幅度的波动。无论是种植还是养殖,都有一个生产周期,而且会持续一定的时间段,因而农业生产难以随时调整。农业生产经营者对价格的反应不敏感,具有明显的滞后性,因而市场风险较高。在市场机制自行调节的情况下,农产品的供给与需求并不能达到一个平衡状况,如此就会放大农产品的短缺和过剩效应,造成农业生产出现更大的波动,进而影响农民收入。尤其是关系国计民生的农产品,需求弹性更小,更容易受市场影响,加大了市场风险。因而在与其他产业的竞争中,农业处于相对不利的地位。另外,随着经济的发展和非农建设的需要,非农用地的需求不断增加,地价不断上涨,农地非农化现象较为突出。由于农业的比较利益低下,高素质的劳动力以及社会资本通常流向工商业,由此造成高素质农业人员的缺乏以及农业资金供给的短缺,农业的可持续性发展受到影响。农民一般都是小规模经营,抵御自然风险能力差,生产技术、管理方式、基础设施等落后,投入较少,提高产量和质量都受到限制,农产品的盈利性较弱。

第三,农业的外部性。它通常是指某种经济行为能使他人得到利益或受到损害,而受益人无需支付报酬或受害人不能得到赔偿的现象。农业外部性取决于生产方式、技术水平、农业品种、要素投入以及产权制度等多种因素。农业的外部性可以从两方面进行分析,即正外部性和负外部性。就正外部性而言,农业的发展为其他产业提供了原料和市场,为人类的生存提供了食物来源,农村生态的改善提高了人们的生活质量。另外,大力发展农业,也可以增加就业,提高农民的生活水平。农业对于消除贫困、增加就业以及提高保障水平等具有明显的正外部效应。就负外部性而言,农业生产可能会造成环境污染和生态破坏。农业使用物和农业废弃物是主要污染源。在使用物方面,农药、农肥等投入品被滥用。我国农民的多元复合性角色决定了其行为策略选择的可变性和因人而异性,如不正确地使用或恶意违规使用投入品。[①] 在废弃物方面,包括养殖场排除的粪便和粪水以及农田里的秸秆焚烧等。这些都会给生态环境造成影响。农业生产还可能造成水土流失、地表水和地下水污染、化学品污染等。环境污染造成人们生活质量下降,并有可能造成健康危险。如果要加大农村环境治理的力度,减少农药、化肥等生产资料的使用,那么也就意味着农业生产者或经营者需要更大的投入。在农业生产者没有相应的农业科技支持的情况下,要求其不

① 参见任大鹏:《农产品质量安全法律制度研究》,社会科学文献出版社 2009 年版,第 129 页。

使用农药和化肥,就有可能导致产量的减少。如此,农业生产就会受到影响。事实上,我国农业生产的主体是农户或农民个体,主要是传统的耕作方式,小规模经营加大了成本,经营效益较低,无法形成市场优势。而且,农业基础设施投入大,生产周期长,投资回报慢。这就需要政府运用"有形之手"来促进农业的发展。我国农业人口比重较大,农业经济发展水平不高,农村社会保障体系有待健全,需要国家通过特殊政策和特定措施对农业进行干预,从而减少农业的负外部性问题,实现农业的可持续发展。

(3)优化资源配置

资源是人类生存和发展的客观基础和基本条件。人类社会的生产过程,就是有效运用各种资源、合理实现资源配置的过程。资源配置通常是指通过一定的方式把相对稀缺或有限的资源合理分配到各个领域以得到最佳利用。资源可以分为自然资源和经济资源。自然资源是指自然界存在的自然因素和条件,包括动物、植物、土地、水等资源。自然资源是一个有机联系的整体,并在一定程度上为人类所利用,但也具有总量有限、分布不均衡等特性。自然资源可以通过一定的作用方式发挥经济功能或产生经济效益,因而也是经济资源的组成部分。除了可以利用的自然资源外,技术、信息、劳动力和资本等生产要素也属于经济资源。相对于人类不断增长的需求,在一定时间和空间范围内,人类能够利用的资源总是有限的。一方面,资源的总量是有限的,不能无限制地供给;另一方面,生产力水平所处阶段制约了人类的资源的利用。而且,某一领域资源需求的增加必然会导致其他领域资源供给的减少。正是由于稀缺性的存在,如何以最少的资源消耗获取最佳效益,就是人类发展所面临的重大问题。就这个意义而言,人类社会的发展过程,就是不断优化利用方式以实现资源合理配置的过程。

在市场经济体制下,市场是资源配置的决定性力量。资源的流向、流量及消费强度等均由市场进行调节。市场对资源的调节具有自发性。就微观而言,面向市场进行经营,是经济主体得以生存发展的内在要求。经济主体从自身利益的最大化出发,按照市场所传递的价格信息了解供求状态,并据此调整生产方向和规模,对生产要素重新组合进行生产。当某种产品价格上涨时,经济主体会扩大生产规模,以增加供给;当某种产品价格下跌时,经济主体会缩小生产规模,或转向其他生产领域。优胜劣汰的竞争机制促使经济主体有效利用生产要素,提高经营管理能力,以产生更大的经济效益。经济主体为了争夺市场份额进行激烈的竞争,在竞争中如果处于被动地位,则面临被淘汰的危险;在竞争中如果占据主导地位,则意味着获取了更大的市场份额,其优势地位又会被进一步强化。从宏观上来说,市场可以调节相关资源向某一领域或区域集中,进而实现整个社会资源的优化配置。因此,市场是实现资源优化配置的一种有效形式。然而,市场调节又具有盲目性、滞后性等弱点,即市场机制具有有限性。在市场经济中,由于任何市场主体的经济行为都是在一定的时间和空间范围内进行的,因而其行为也就必然会受到不同条件下相关因素的制约和影响。而且,市场调节本身并不提供"公共产品",也不解决社会公平问题以及外部不经济问题等。例如,垄断会限制竞争,扭曲市场机制,阻碍资源的优化配置,而市场自身无法解决。基于此,国民经济运行、重大结构调整、供求的总量平衡以及经济可持续发展等,必然需要由政府通过宏观调控来进行调整。总体而言,市场和政策分别发挥不同的作用,二者不可偏颇。市场对劳动力以及生产资料在各经济部门之间保持适当的比例关系进行调节。政府宏观调控在确定发展目标、总量控制以及结构调整等方面发挥重要作用。产业政策的一个重要功能在于促进产业结构合理化,实现资源优化配置。①

产业发展除了取决于地理位置、自然资源、生态环境等基础性要素外,还取决于一个国家在特定产业竞争中有关生产投入方面的情况,包括基础设施、人力资源、资金投入、制度体系等"获得性资源禀赋"。产业竞争优势的形成离不开特定政策的支持,只有实施有力的产业政策,才能充分发挥其引导和调控资源配置的功能。产业政策侧重于从产品的生产和交换的角度,干预产业部门之间和产业内部的资源分配,在发挥市场机制有效调节作用的前提下,实行对供给侧结构的调节和干预。产业政策既可以是宏观的、指向性的、引导性的,也可以是具体的、细化的和操作性的,或者兼顾这些特性。无论产业政策的特性如何,都应避

---

① 参见王传荣主编:《产业经济学》,经济科学出版社2009年版,第326页。

免政策措施的笼统性和模糊性缺陷。因此，产业政策应增加调节的科学性和准确性，促使有限资源直接形成有效供给或缩短形成有效供给的周期，弥补市场机制自发调节供给结构的不足。在需求多元化和多样化的市场经济发展中，复杂的结构问题深入产业之间、产业内部甚至产品层次。在一定时期，当资源配置出现问题导致市场结构、区域结构、产品结构等失衡时，政府通过科学合理的产业政策，将掌握或控制的资源转移到重大发展的领域或区域，使经济布局符合生产力要求，促使产业向规模化、专门化、协作化的方向发展，进而提高某一产业或某一区域的竞争力。在区域结构调整中，通过促进西部地区发展，加速传统农业改造和现代农业建设，缩小西部与东部、中部的差距；在产业结构调整中，通过具体措施促进技术创新，增加农业资金、科技和装备投入，引进先进的经营管理方式，促进产业优化升级。在坚持家庭承包经营制度的基础上，引导社会资本投入农业农村，采取“公司 + 农户”“公司 + 农民专业合作社 + 订单农业”等方式，重点发展产前和产后服务、设施农业、适度规模化种植和养殖以及“四荒”资源开发等，带动农户走产业化经营之路。通过创新生产经营模式，促进农业组织与农户建立紧密型利益联结机制，采取“保底收购”“股份分红”“利润返还”等方式，使农民更多地分享农业生产效益。

农业发展的基础资源包括农村土地、集体产权等资源。这些资源都需要合理配置以充分发挥其经济效用。土地既是人类生存的物质基础，也是可持续发展的资源要素。随着城市化和工业化的加快推进，大量的农村土地非农化现象较为突出，污染物的排放严重影响农地的生态质量。维持农业发展的可持续性，就必须对农业用地进行优化配置，实现土地资源的有效利用。有效的土地利用方式对缓解生态、资源等问题具有重要作用。空间规划可以起到科学配置和严格管控农业农村资源的作用，合理形成农业产业带和产业集群。依据主体功能区进行空间规划是保障农业资源的重要手段，主要包括区分农业空间、生态空间与城镇空间，划定城镇开发边界与农田、生态保护红线，确定林地、草原、河流、湖泊、湿地等自然资源的保护边界等。原农业部先后发布《特色农产品区域布局规划（2006 – 2015 年）》和《特色农产品区域布局规划（2013 – 2020 年）》，保障了特色农产品的生产区域。为充分发挥农村土地的效用,我国积极出台相关政策推动农村耕地、宅基地和建设用地的改革。我国将土地承包经营权分为土地承包权和土地经营权,实行土地所有权、土地承包权、土地经营权分置并行,着力推进农村土地资源的优化配置,是继农村土地家庭承包经营后的又一重大制度创新。农村承包地“三权分置”制度以及宅基地所有权、资格权、使用权“三权分置”对于促进农村土地有效利用、发展适度规模经营以及构建新型农业经营体系等具有重要的现实意义。另外,我国还出台相关政策推进农村集体产权制度改革,推动资源变资产、资金变股金、农民变股东,发展多种形式的股份合作。① 农民对集体资产股份的权能制度不断得到完善,集体资产的利用效率得以提高。

二、农业政策体系

(一)中央政策

1. 西部大开发

西部大开发是我国改革开放后的一项重大战略决策。我国的区域发展差距,始于改革开放。这主要是因为,在计划经济时代,中央政府可以通过指令性计划调控各地方之间的经济收入。而改革开放后,地方政府的财政收入主要取决于当地经济发展水平。② 1988 年,针对我国区域发展不平衡的状况,邓小平同志提出了“两个大局”的战略构想。我国西部大开发的根本目的是改变西部地区的落后状况,实现与中东部地区的协调发展和共同富裕。虽然西部地区占我国国土面积的 2/3,但与东部沿海地区相比,自然条件较为恶劣,生产水平较为落后。受历史因素、自然环境以及地理位置等因素的影响,西部发展水平与东部地区存在较大的差距。改革开放以来,西部地区发展相对较慢。在没有

---

① 2016 年 12 月中共中央、国务院发布的《关于稳步推进农村集体产权制度改革的意见》指出,“农村集体资产包括农民集体所有的土地、森林、山岭、草原、荒地、滩涂等资源性资产,用于经营的房屋、建筑物、机器设备、工具器具、农业基础设施、集体投资兴办的企业及其所持有的其他经济组织的资产份额、无形资产等经营性资产,用于公共服务的教育、科技、文化、卫生、体育等方面的非经营性资产。这三类资产是农村集体经济组织成员的主要财产,是农业农村发展的重要物质基础”。

② 参见王志远:《西部的开放与开放的西部:邓小平“两个大局”战略三十年》,载《新疆财经大学学报》2018 年第 3 期,第 24 页。

政府调控和介入的情况下，单纯依靠西部自身力量以及市场机制的调节难以缩小与东部地区的差距。西部大开发是一项涉及对外开放、基础建设、产业发展、生态保护、公共服务、民生保障等多方面的系统规划，具有重要的经济意义、社会意义和政治意义。一方面，西部大开发战略直接关系到西部经济增长和区域协调发展，对于实现全国各地区的共同繁荣和共同富裕具有重要作用。另一方面，西部地区的经济发展和社会进步，关系到国家安全和社会稳定，有助于巩固和发展和谐的社会关系。另外，经过30多年的建设，东部地区发展水平有了很大提升，资金、技术和管理等方面得到显著增强，有愿望也有能力支持西部地区的发展。1999年9月，党的十五届四中全会正式提出“国家要实施西部大开发战略”。2000年1月，国务院西部地区开发领导小组开始研究部署实施西部大开发工作，标志着西部大开发的推进迈出了实质性步伐。

2002年2月，原国家计委、国务院西部开发办发布的《“十五”西部开发总体规划》是第一个西部大开发五年规划，明确提出充分发挥地区农业资源优势，积极发展“特色经济”和“优势产业”，促进“特色农业”发展以及“农业产业化”经营，“积极促进特色农产品的增值转化”等。基于环境问题日趋严重，此后的规划开始强调经济发展的质量和效益。2007年1月，国务院批复同意发展改革委、西部开发办编制的《西部大开发“十一五”规划》明确提出转变发展方式，“坚持实现又好又快发展”，并提出重点建设一批特色农产品生产基地，培育和壮大一批龙头企业和特色农产品加工中心等。2012年2月，国务院批复同意的国家发改委编制的《西部大开发“十二五”规划》明确提出，加快发展现代特色农业，建立有西部特色的农产品生产加工体系，形成一批农产品产业带等。2017年1月，国家发改委发布的《西部大开发“十三五”规划》第十章“大力发展特色优势农业”作了全面部署，具体包括完善农业基础设施、优化特色农业布局、大力发展安全农产品生产、完善现代农业服务体系、推动农业经营方式创新。经过20多年的建设，西部地区经济社会有了较大发展，但与东部地区相比仍然存在较大差距，发展不平衡不充分问题较为突出。基于此，2020年5月，中共中央和国务院发布《关于新时代推进西部大开发形成新格局的指导意见》，提出要“加快形成西部大开发新格局，推动西部地区高质量发展”。此外，国务院先后出台了《关于实施西部大开发若干政策措施的通知》《关于进一步做好退耕还林还草试点工作的若干意见》等政策文件。中共中央办公厅和国务院办公厅发布了《西部地区人才开发十年规划》。国务院办公厅发布了《关于健全生态保护补偿机制的意见》。其他还包括相应的产业政策,如《关于促进西部地区特色优势产业发展的意见》《深入实施西部大开发战略公路水路交通运输发展规划纲要》《西部地区鼓励类产业目录》等。这些政策措施为西部发展优势特色产业提供了有力的支持。总体而言,西部大开发主要以数量增长为发展目标,注重经济总量的增长。在产业结构中,形成了一批有发展潜力的特色产业,能源化工、装备制造等成为促成经济增长的主要经济部门,而农业的规模化水平、产业链延伸以及市场竞争力与中东部地区还存在较大差距。

西部大开发既是一项宏大的系统工程,也是一项艰巨的历史任务。涉及农业发展方面的政策措施主要包括:第一,基础设施建设。主要是通过财政支持加快西部各项基础设施的建设,包括公路建设以及铁路、机场、天然气管道干线建设,电网、通信和广播电视等基础设施建设以及水利基础设施建设等。第二,生态环境保护。西部地区虽然自然资源较为丰富,但生态环境较为脆弱。在开发中针对西部实际情况,因地制宜,分类指导,在追求经济效益的同时兼顾保护生态环境,主要包括退耕还林还草、退牧还草、水土保持、天然林保护、土地修复、防护林体系建设等。改善农村人居环境,推动生态文明建设。第三,调整和优化农业农村产业结构,提升农业综合生产能力。西部地区根据资源特点和自身优势,合理开发和保护资源,促进资源优势转化为经济优势,发展有市场前景的特色经济和优势产业。通过引进先进技术和加强职业培训,积极推动三产业深度融合,提升特色农畜产品深加工能力,促进西部地区绿色产业加快发展。第四,发展科技和教育,加快人才培养。主要是通过贫困地区教育的发展,提高劳动者素质,培养新型职业农民。通过创新驱动,加快科技成果的转化和推广应用,推动实施科技助推西部转型发展。第五,财政、税收和金融等方面的支持。主要包括对西部地区的转移支付、税收优惠以及投融资支持等。西部大开发 20 多年来,在国家各种政策措施的支持下,通过发达地区的“输血”以及本地区生态资源、自然资源的发掘和利用,西部地区的经济总量得到迅速增长。基于较为丰富的资源,西部地区成为我国能源和原材料的供应基地。长期以来,西部地区的经济发展存在对自然资源的严重依赖,形成了以资源开发和粗加工为主的资源型经济。由于对本地区资源的路径依赖严重以及新兴绿色产业的培育不足,西部地区"资源型经济粗放的发展模式并未发生根本性改变"。① 目前西部地区发展仍然面临产业结构不合理、内生动力不足、市场化水平偏低、生态环境脆弱等一系列深层次的现实问题。② 在新时代背景下,新一轮的西部大开发要"以新发展理念为指导,以高质量发展为目标",以实现西部地区经济发展的转型。③

2. 扶贫开发

扶贫开发是一项具有重要战略地位的民生工程。通过扶贫开发,消除贫困现象,保护贫困人群的合法权益。贫困线内的扶贫对象分为两类:第一类是集中连片贫困地区。全国有18个片区,包括革命老根据地和边远山区等。第二类是零星的贫困县和贫困户。这一类扶贫对象比较分散。造成贫困的原因是多方面的,主要是自然条件较差,经济文化较为落后,缺少生产资料和生活资料。我国农村的贫困问题是在长期历史发展中形成的。在相当长一个时期,我国贫困地区的主要特征表现为贫困面积大、贫困人口多、贫困程度深。由于历史和自然的原因,各地区之间和地区内部的经济发展很不平衡,东部和中西部经济水平有很大差别,特别是贫困地区的生产力发展十分缓慢。我国经济发展的区域特征十分明显,东部沿海地区利用自身优势率先得到发展,中西部地区相对落后。与此相关,我国贫困人口的绝大多数集中在中西部地区的农村,尤其是西部地区的农村,并呈块状和片状分布。这些地区是我国贫困结构最复杂的地区,扶贫任务十分艰巨。扶贫是一项系统性工程,需要采取积极扶持措施,解决

---

① 林建华、李琳:《西部大开发20年西部地区绿色发展的历史进程、存在问题与未来路径》,载《陕西师范大学学报(哲学社会科学版)》2019年第4期,第84页。

② 参见白永秀、何昊:《西部大开发20年:历史回顾、实施成效与发展对策》,载《人文杂志》2019年第11期,第61页。

③ 参见任保平、张倩:《西部大开发20年西部地区经济发展的成就、经验与转型》,载《陕西师范大学学报(哲学社会科学版)》2019年第4期,第61页。

制约贫困地区发展的深层次问题。扶贫开发是我国扶贫工作的一项重要举措。传统的扶贫方式是分散性的救济式扶贫，主要依赖行政系统以及社会力量的资金单向输入。这种扶贫方式只能解决个别的、暂时性的问题，难以从根本上解决致贫的突出问题，不具有持久性。开发式扶贫是对救济式扶贫的改革与调整，是我国扶贫政策的核心和基础。开发式扶贫就是通过多种方式和途径，合理利用自然资源和人文资源，积极改善当地生产条件，致力于促进贫困地区特色优势产业发展，从而增强扶贫对象自我发展能力。

贫困问题是一个世界性难题。贫困的发生原因比较复杂，主要包括区位劣势、可行能力、产业优势的丧失以及其他外部性因素的冲击等。[①] 我国的扶贫机制和脱贫之路为世界消除贫困提供了“中国方案”，彰显了解决贫困问题所具有的治理体系和治理能力的“中国智慧”。我国高度重视减贫问题，逐步探索出一条具有中国特色的扶贫开发道路（部分扶贫政策文件见表2－1）。虽然新中国成立以来就着手推进扶贫事业，但政府文件和理论界通常把20世纪80年代中期作为我国扶贫开发的历史起点。[②] 早在20世纪就出台专门的扶贫计划，如国务院1994年发布的《国家八七扶贫攻坚计划（1994－2000年）》等。此后，中共中央和国务院发布了《中国农村扶贫开发纲要（2001－2010年）》《中国农村扶贫开发纲要（2011－2020年）》等纲领性文件。2014年中央办公厅和国务院办公厅发布的《关于创新机制扎实推进农村扶贫开发工作的意见》提出要“注重实效，扎实解决突出问题”。2016年11月国务院发布的《“十三五”脱贫攻坚规划》细化了精准扶贫、精准脱贫相关路径和措施。2015年11月中共中央和国务院发布的《关于打赢脱贫攻坚战的决定》明确提出了脱贫目标。此外，各部门根据中央政策出台了相应的具体措施，包括电子商务、特色产业、金融服务、财税支持等。2016年3月，中国人民银行等部门联合发布的《关于金融助推脱贫攻坚的实施意见》明确提出，要“大力推进贫困地区普惠金融发展”。

---

① 参见李永东编著：《农业经济学》，中国人民大学出版社2019年版，第179页。

② 参见韩喜平：《中国农村扶贫开发70年的历程、经验与展望》，载《学术交流》2019年第10期，第6页。

2016 年 5 月，原农业部等部门发布的《贫困地区发展特色产业促进精准脱贫指导意见》明确提出，“加大农业项目资金倾斜支持力度，不断壮大农业特色主导产业，促进贫困地区传统农业加快向现代农业迈进”。2016 年 9 月，原农业部发布的《关于加大贫困地区项目资金倾斜支持力度　促进特色产业精准扶贫的意见》明确提出，“着力在农业生产基础设施、农业科技推广服务、现代农业产业体系、新型经营主体发展、农业防灾减灾等方面，加大农业项目资金向贫困地区倾斜支持力度，助推贫困地区特色产业发展”。2016 年 11 月，国务院扶贫办等部门发布的《关于促进电商精准扶贫的指导意见》（国开办发〔2016〕40 号）对贫困地区的电商基础设施建设、人才培训、特色产业和服务体系等提出了明确的要求。其他相关的政策文件包括原农业部发布的《关于加强农业行业扶贫工作的指导意见》、中国人民银行等发布的《关于全面做好扶贫开发金融服务工作的指导意见》、国家中医药管理局等部门发布的《中药材产业扶贫行动计划（2017－2020 年）》以及原农业部办公厅发布的《关于深入实施贫困村“一村一品”产业推进行动的意见》等。

表 2－1　部分扶贫政策文件

发布时间	文件名称	主要内容
2018 年 12 月	国务院办公厅《关于深入开展消费扶贫助力打赢脱贫攻坚战的指导意见》（国办发〔2018〕129 号）	大力拓宽贫困地区农产品流通和销售渠道、全面提升贫困地区农产品供给水平和质量、大力促进贫困地区休闲农业和乡村旅游提质升级
2018 年 6 月	中共中央、国务院《关于打赢脱贫攻坚战三年行动的指导意见》	集中力量支持深度贫困地区脱贫攻坚、强化到村到户到人精准帮扶举措、加快补齐贫困地区基础设施短板、加强精准脱贫攻坚行动支撑保障、动员全社会力量参与脱贫攻坚、夯实精准扶贫精准脱贫基础性工作
2017 年 9 月	中央办公厅、国务院办公厅《关于支持深度贫困地区脱贫攻坚的实施意见》	中央统筹，重点支持“三区三州”；落实部门责任，支持深度贫困地区解决深度贫困问题；省负总责，解决区域内深度贫困问题

续表

发布时间	文件名称	主要内容
2016 年 11 月	国务院《“十三五”脱贫攻坚规划》(国发〔2016〕64 号)	产业发展脱贫(农林产业扶贫、旅游扶贫、电商扶贫、资产收益扶贫、科技扶贫)、转移就业脱贫、易地搬迁脱贫、教育扶贫、健康扶贫、生态保护扶贫、兜底保障、社会扶贫
2015 年 11 月	中共中央、国务院《关于打赢脱贫攻坚战的决定》	实施精准扶贫方略,加快贫困人口精准脱贫;加强贫困地区基础设施建设,加快破除发展瓶颈制约;强化政策保障,健全脱贫攻坚支撑体系;广泛动员全社会力量,合力推进脱贫攻坚;大力营造良好氛围,为脱贫攻坚提供强大精神动力
2011 年 12 月	中共中央、国务院《中国农村扶贫开发纲要(2011－2020 年)》	总体要求、目标任务、对象范围、专项扶贫、行业扶贫、社会扶贫、政策保障、国际合作、组织领导
2019 年 1 月	商务部等 10 部门《多渠道拓宽贫困地区农产品营销渠道实施方案》	推动流通企业与贫困村建立长期稳定的产销关系、组织开展贫困地区农产品定向直供直销活动、完善贫困地区农村物流配送体系、加强特色优势农产品生产基地冷链设施建设
2018 年 5 月	工业和信息化部《关于推进网络扶贫的实施方案(2018－2020 年)》	推进贫困村通宽带进程、加强贫困地区网络应用、优先支持深度贫困地区和部系统定点县和片区县、保障措施
2016 年 9 月	原农业部《关于加大贫困地区项目资金倾斜支持力度促进特色产业精准扶贫的意见》(农计发〔2016〕94 号)	加强农业生产基础设施建设、强化农业科技推广服务、构建现代农业产业体系、支持新型经营主体发展、提高农业防灾减灾能力、加强资源环境保护
2016 年 5 月	原农业部、国家发改委等部门《贫困地区发展特色产业促进精准脱贫指导意见》	科学确定特色产业、促进一二三产业融合发展、发挥新型经营主体带动作用、完善利益联结机制、增强产业支撑保障能力、加大产业扶贫投入力度、创新金融扶持机制、加大保险支持力度

针对我国扶贫攻坚所面临的任务和形势,2016 年国务院发布的《"十三五"脱贫攻坚规划》进一步明确了"十三五"期间我国脱贫攻坚的具体路径和措施,主要包括产业扶贫、生态保护扶贫、社会扶贫等。具体分析如下:①产业扶贫。产业扶贫强调立足于贫困地区的资源禀赋,充分利用当地的优势资源,通过发展特色优势产业增加贫困户的经济收入。通过积极培育生态农业等新兴产业,挖掘西部比较优势,助力形成发展优势。[①] 产业扶贫将扶贫攻坚与产业发展相结合,是促进贫困地区发展的内生机制和有效途径,主要包括农林产业扶贫、旅游扶贫、电商扶贫、科技扶贫等。分述如下:第一,加强贫困地区的设施建设,以改善当地的基本生产生活条件。贫困地区的基础设施较为薄弱,抵御自然灾害能力不足。国家通过以工代赈的方式投入资金,支持贫困户投工投劳,以促进基本农田、环境改造和公共服务等方面的设施建设。第二,因地制宜地发展种植业和养殖业以及相应的加工业。主要是根据市场需求,提供必要的信息、技术、销售服务,帮助贫困群众发展特色种养业项目,打造区域性特色农产品品牌。同时为贫困户提供相应的就业岗位,使其能够参与产业链的各个环节。第三,推进农业产业化经营。主要包括通过规划建设以形成有特色的区域性主导产业,大力发展"公司 + 农户"和订单农业,引导和鼓励大中型农产品加工企业为贫困户提供涵盖产前、产中、产后各个环节的一体化和系列化服务。研究表明,合作社制度具有"天然的益贫性",贫困农户加入农民专业合作社具有明显的减贫效果。[②] 第四,财税优惠政策。主要是通过财政扶贫资金和扶贫小额贷款,支持能够带动贫困人口增加收入的种养业以及相关企业的发展。②生态保护扶贫。主要是实行生态保护修复以及生态保护补偿机制,使贫困群众参与生态保护工程和项目,从而实现脱贫。③社会扶贫。主要是通过东西部扶贫协作、定点帮扶、企业帮扶、社会组织和志愿者帮扶以及国际交流合作等途径,对西部贫困地区进行横向帮扶,引进信息、资金、技术等,带动贫困户大力发展投入产出比、附

---

① 参见高新才、魏丽华:《新时代西部大开发的新格局》,载《甘肃社会科学》2020 年第 1 期,第 95 页。

② 参见王任等:《贫困农户参与农民专业合作社减贫增收的机制》,载《中国农业大学学报》2020 年第 10 期,第 217 页。

加值高的种养业。随着2020年贫困地区脱贫的实现，我国"三农"工作的重心开始转移到乡村振兴。

3. 乡村振兴

我国经济社会发展所呈现出的阶段性特征，必然要根据发展需要赋予农业农村新要求、新面貌、新使命。乡村振兴战略是我国经济社会发展时代性特质的客观反应和必然要求。乡村振兴是实现农业农村现代化和国家现代化的关键之举。[①]"大国小农"的基本国情和农情决定了乡村振兴的必然性和紧迫性。[②]当前，我国经济社会发展进入新阶段，城乡关系和工农关系面临新的情况，需要有针对性地加以调整。一些地方出现了农业萎缩、农村凋敝、人口老龄化等问题。我国社会主义现代化建设中最薄弱的环节仍然是农业农村。我国现代化建设必须着力解决"三农"问题。另外，我国实施乡村振兴战略已经具备制度层面、技术层面、市场层面、要素层面等方面的现实基础和有利条件。近年来，我国农业供给侧结构性改革以及农村土地制度、农村集体产权制度改革稳步推进，农业生态环境有所改善，农业结构调整逐步推进，农村新业态得到发展，农业生产经营方式发生重大变化，农村活力得到激发，农业功能不断拓展、产业链得以延伸，农业综合生产能力明显增强。但是，当经济社会发展进入一定阶段后，农业布局、产业结构、产业层次等问题日益凸显，不再局限于对生产要素总量的依赖。农业生产要向提质增效、生态保护、文化传承等功能转变。乡村振兴不仅是社会主义建设事业的本质属性的体现，而且因我国的独特国情、乡村现实以及传统文化等而具有鲜明的中国特色和时代特色。[③]

乡村振兴战略是2017年10月党的十九大报告提出的战略。[④]2018年1月，中共中央和国务院发布《关于实施乡村振兴战略的意

---

① 参见张阳丽、王国敏、刘碧：《我国实施乡村振兴战略的理论阐释、矛盾剖析及突破路径》，载《天津师范大学学报（社会科学版）》2020年第3期，第52页。

② 根据第三次农业普查数据，我国小农户数量占到农业经营主体98%以上，小农户从业人员占农业从业人员90%，小农户经营耕地面积占总耕地面积的70%。

③ 参见许伟：《中国特色社会主义乡村振兴的特质和实践路径》，载《中南民族大学学报（人文社会科学版）》2020年第3期，第147页。

④ 党的十九大报告指出，"农业农村农民问题是关系国计民生的根本性问题，必须始终把解决好'三农'问题作为全党工作的重中之重"。

见》,阐述了乡村振兴战略的重大意义,并就乡村振兴作了总体部署。2018年9月,中共中央和国务院发布《乡村振兴战略规划(2018－2022年)》,标志着乡村振兴战略全面实施。乡村振兴战略实施的总要求是"产业兴旺、生态宜居、乡风文明、治理有效、生活富裕",涉及农村经济、农业发展、生态文明和党的建设等多个方面,是一个完整的多元体系,具有内在的逻辑关联,不可分割。产业兴旺为乡村振兴提供物质基础,是乡村振兴的经济保障,也是农民富裕的前提。产业兴旺具体表现为保障"小农户"的经济利益,促进其与现代农业发展有机衔接。[①] 推动生态宜居是乡村振兴的外在条件,是乡村振兴的生态环境要求。乡村经济发展,要尊重自然、顺应自然、保护自然,不能以牺牲环境、透支资源为代价。乡风文明是乡村振兴的根基和"灵魂",体现为乡村振兴主体的社会价值。乡风文明是乡村社会得以延续和发展的内核,为乡村振兴提供强有力的精神动力和智力支持。乡村振兴应充分发掘乡土文化特色,焕发乡村文化的生机,使乡风文明更富生命力。只有弘扬优秀传统文明,使其渗入乡村振兴的全过程和各环节,才能激发乡村发展的强大动力。[②] 治理有效是乡村振兴的秩序基础,关系乡村振兴主体的能动性。乡村振兴必须调动农民群众的积极性和主动性。农民的主体地位和主导作用是推进乡村振兴的内在逻辑。[③] 乡村振兴需要有效调动各类主体积极参与,并着力构建自治、法治、德治相结合的乡村治理体系。生活富裕明确了乡村振兴的方向,是乡村振兴的根本指引和目标所在。推进乡村振兴,必然惠及广大农民,使其走上富裕之路。2021年4月颁布的《乡村振兴促进法》为全面实施乡村振兴战略提供了法治保障。

产业是衡量经济社会发展水平的重要指标。只有农业产业得到发展,农民收入才能稳定增长,农村经济水平才能得到提升。国务院2019年6月发布的《关于促进乡村产业振兴的指导意见》明确指出,"产业兴

---

① 参见张洁:《乡村振兴战略的五大要求及实施路径思考》,载《贵州大学学报(社会科学版)》2020年第5期,第63页。

② 参见曹东勃、宋锐:《农耕文化:乡村振兴的伦理本源》,载《西北农林科技大学学报(社会科学版)》2020年第3期,第150页。

③ 参见王东:《法治乡村建设推进乡村振兴的价值耦合、行动构设与路径选择》,载《西北农林科技大学学报(社会科学版)》2020年第5期,第96页。

旺是乡村振兴的重要基础，是解决农村一切问题的前提”。为此，围绕促进产业振兴，必须坚持“质量兴农、绿色兴农、品牌强农”，建立健全相应的体制机制和政策体系，大力推动农业高质量发展。虽然我国农业产业体系建设取得了长足进展，但综合效益不高、精深加工不足、产业链延伸不够、科技实力较低等问题依然比较突出。农村基础设施建设仍然滞后，农民适应生产力发展和市场竞争的能力不足。推动乡村产业振兴，需要着力农业的产业化，促进乡村旅游、精深加工、电子商务等新业态，拓展农业的生产、生活、生态、人文等多重功能，提升农业产业的优质化、绿色化、品牌化发展，推动农业生产全环节升级。通过农业与其他产业的融合发展，完善农产品和农业生产经营的产业链、价值链，提升农户在价值增值中的收益份额。① 产业兴旺要求农村各类产业依托特色资源和优势资源，实现差异化发展。② 乡村产业体系越健全，农民就业和增收就越能得到保障。实施乡村振兴战略，要以城带乡、城乡互补，破除城乡二元体制所带来的弊端，打破因城乡分割所形成的利益樊篱，推进城乡深度融合发展，构建符合新时代“三农”发展质量要求的支持政策体系。实施乡村振兴战略，构建现代农业产业体系，有助于推动农业从增产向提质的转变，增强我国农业创新力、竞争力以及影响力，为我国现代化建设奠定坚实基础。中共中央、国务院2020年12月发布的《关于实现巩固拓展脱贫攻坚成果同乡村振兴有效衔接的意见》明确提出，“支持脱贫地区乡村特色产业发展壮大”。“支持脱贫地区培育绿色食品、有机农产品、地理标志农产品，打造区域公用品牌。”我国《乡村振兴促进法》明确规定，各级政府应依托优势特色资源，支持、引导农民发展特色农业和建设特色农产品优势区以及农业新业态、新模式。关于农业发展的中央政策文件、部委文件见表2-2、表2-3。

① 参见姜涛：《新型农业经营主体带动农村三产融合的动因、模式和对策》，载《中州学刊》2019年第10期，第48页。

② 参见李国胜：《论乡村振兴中产业兴旺的战略支撑》，载《中州学刊》2020年第3期，第48页。

表2－2　农业发展的中央政策文件

发布时间	文件名称	主要内容
2021年11月	国务院《关于印发"十四五"推进农业农村现代化规划的通知》(国发〔2021〕25号)	推进农业农村现代化,必须立足国情农情特点,必须立足农业产业特性,必须立足乡村地域特征
2021年1月	中共中央、国务院《关于全面推进乡村振兴加快农业农村现代化的意见》	实现巩固拓展脱贫攻坚成果同乡村振兴有效衔接、加快推进农业现代化、大力实施乡村建设行动
2020年12月	中共中央、国务院《关于实现巩固拓展脱贫攻坚成果同乡村振兴有效衔接的意见》	建立健全巩固拓展脱贫攻坚成果长效机制、聚力做好脱贫地区巩固拓展脱贫攻坚成果同乡村振兴有效衔接重点工作、健全农村低收入人口常态化帮扶机制、着力提升脱贫地区整体发展水平、加强脱贫攻坚与乡村振兴政策有效衔接
2020年9月	国务院办公厅《关于促进畜牧业高质量发展的意见》(国办发〔2020〕31号)	加强良种培育与推广、健全饲草料供应体系、提升畜牧业机械化水平、发展适度规模经营、扶持中小养殖户发展
2019年6月	国务院《关于促进乡村产业振兴的指导意见》(国发〔2019〕12号)	突出优势特色,培育壮大乡村产业;科学合理布局,优化乡村产业空间结构;促进产业融合发展,增强乡村产业聚合力;推进质量兴农绿色兴农,增强乡村产业持续增长力
2019年2月	中共中央办公厅、国务院办公厅《关于促进小农户和现代农业发展有机衔接的意见》	提升小农户发展能力、提高小农户组织化程度、拓展小农户增收空间、健全面向小农户的社会化服务体系、完善小农户扶持政策
2019年2月	中共中央办公厅、国务院办公厅《关于加强金融服务民营企业的若干意见》	加大金融政策支持力度,着力提升对民营企业金融服务的针对性和有效性;强化融资服务基础设施建设,着力破解民营企业信息不对称、信用不充分等问题

续表

发布时间	文件名称	主要内容
2019 年 2 月	国务院办公厅《关于有效发挥政府性融资担保基金作用切实支持小微企业和"三农"发展的指导意见》(国办发〔2019〕6 号)	切实降低小微企业和"三农"综合融资成本、完善银担合作机制、强化财税正向激励
2018 年 12 月	国务院《关于加快推进农业机械化和农机装备产业转型升级的指导意见》(国发〔2018〕42 号)	加快推动农机装备产业高质量发展、着力推进主要农作物生产全程机械化、大力推广先进适用农机装备与机械化技术、积极发展农机社会化服务、持续改善农机作业基础条件、切实加强农机人才培养
2018 年 1 月	中共中央、国务院《关于实施乡村振兴战略的意见》(中发〔2018〕1 号)	提升农业发展质量,培育乡村发展新动能;推进乡村绿色发展,打造人与自然和谐共生发展新格局;繁荣兴盛农村文化,焕发乡风文明新气象、推进体制机制创新,强化乡村振兴制度性供给
2017 年 12 月	国务院《关于探索建立涉农资金统筹整合长效机制的意见》(国发〔2017〕54 号)	推进行业内涉农资金整合、推进行业间涉农资金统筹、改革完善涉农资金管理体制机制
2017 年 12 月	中共中央办公厅、国务院办公厅《生态环境损害赔偿制度改革方案》	生态环境损害赔偿范围、赔偿义务人和赔偿权利人、赔偿诉讼规则、生态环境修复与损害赔偿的执行和监督等
2017 年 9 月	国务院办公厅《关于加快推进农业供给侧结构性改革大力发展粮食产业经济的意见》(国办发〔2017〕78 号)	培育壮大粮食产业主体、创新粮食产业发展方式、加快粮食产业转型升级、强化粮食科技创新和人才支撑、夯实粮食产业发展基础、完善保障措施
2017 年 9 月	中共中央办公厅、国务院办公厅《关于创新体制机制推进农业绿色发展的意见》	优化农业主体功能与空间布局、强化资源保护与节约利用、加强产地环境保护与治理、养护修复农业生态系统、健全创新驱动与约束激励机制

续表

发布时间	文件名称	主要内容
2017 年 9 月	国务院办公厅《关于进一步加强农药兽药管理保障食品安全的通知》	加强农药兽药生产经营管理、加强农药兽药使用管理和指导、加强农药兽药残留抽检监测、加强食用农产品产地准出和市场准入管理、加强食品安全风险源头治理、严厉打击食品安全违法犯罪、严格落实地方属地管理责任
2017 年 5 月	中共中央办公厅、国务院办公厅《关于加快构建政策体系培育新型农业经营主体的意见》	发挥政策对新型农业经营主体发展的引导作用、建立健全支持新型农业经营主体发展政策体系、健全政策落实机制
2017 年 3 月	国务院《关于建立粮食生产功能区和重要农产品生产保护区的指导意见》(国发〔2017〕24 号)	科学合理划定“两区”、大力推进“两区”建设、切实强化“两区”监管、加大对“两区”的政策支持
2017 年 2 月	国务院办公厅《关于创新农村基础设施投融资体制机制的指导意见》(国办发〔2017〕17 号)	构建多元化投融资新格局,健全投入长效机制;完善建设管护机制,保障工程长期发挥效益;健全定价机制,激发投资动力和活力
2016 年 12 月	中共中央、国务院《关于稳步推进农村集体产权制度改革的意见》	全面加强农村集体资产管理、由点及面开展集体经营性资产产权制度改革、因地制宜探索农村集体经济有效实现形式
2016 年 12 月	中共中央、国务院《关于深入推进农业供给侧结构性改革加快培育农业农村发展新动能的若干意见》(中发〔2017〕1 号)	优化产品产业结构,着力推进农业提质增效;推行绿色生产方式,增强农业可持续发展能力;壮大新产业新业态,拓展农业产业链价值链;强化科技创新驱动,引领现代农业加快发展;补齐农业农村短板,夯实农村共享发展基础;加大农村改革力度,激活农业农村内生发展动力
2016 年 11 月	国务院办公厅《关于建立统一的绿色产品标准、认证、标识体系的意见》(国办发〔2016〕86 号)	统一绿色产品内涵和评价方法、构建统一的绿色产品标准、认证、标识体系、实施统一的绿色产品评价标准清单和认证目录、创新绿色产品评价标准供给机制、健全绿色产品认证有效性评估与监督机制、加强技术机构能力和信息平台建设、推动国际合作和互认

续表

发布时间	文件名称	主要内容
2016 年 11 月	国务院办公厅《关于完善支持政策促进农民持续增收的若干意见》(国办发〔2016〕87 号)	完善农业支持保护制度,挖掘农业内部增收潜力;强化就业创业扶持政策,拓宽农民增收渠道;构建城乡一体化发展长效机制,释放农民增收新动能;健全困难群体收入保障机制,确保实现全面小康
2016 年 10 月	中共中央办公厅、国务院办公厅《关于完善农村土地所有权承包权经营权分置办法的意见》	扎实做好农村土地确权登记颁证工作、建立健全土地流转规范管理制度、构建新型经营主体政策扶持体系、完善"三权分置"法律法规
2016 年 10 月	国务院《关于印发全国农业现代化规划(2016—2020 年)的通知》(国发〔2016〕58 号)	推进农业结构调整、增强粮食等重要农产品安全保障能力、提高技术装备和信息化水平、深化农业农村改革、推进农村一二三产业融合发展、促进区域农业统筹发展、推动经营主体协调发展、推进资源保护和生态修复、强化农业环境保护、确保农产品质量安全
2016 年 7 月	国务院办公厅《关于进一步做好民间投资有关工作的通知》(国办发明电〔2016〕12 号)	继续深化简政放权、放管结合、优化服务改革,努力营造一视同仁的公平竞争市场环境,着力缓解融资难融资贵问题,切实降低企业成本负担
2015 年 12 月	中共中央、国务院《关于落实发展新理念加快农业现代化实现全面小康目标的若干意见》(中发〔2016〕1 号)	持续夯实现代农业基础,提高农业质量效益和竞争力;加强资源保护和生态修复,推动农业绿色发展;推进农村产业融合,促进农民收入持续较快增长;推动城乡协调发展,提高新农村建设水平;深入推进农村改革,增强农村发展内生动力
2015 年 12 月	国务院办公厅《关于推进农村一二三产业融合发展的指导意见》(国办发〔2015〕93 号)	发展多类型农村产业融合方式、培育多元化农村产业融合主体、建立多形式利益联结机制、完善多渠道农村产业融合服务、健全农村产业融合推进机制

续表

发布时间	文件名称	主要内容
2015 年 12 月	国务院《推进普惠金融发展规划(2016—2020 年)》	健全多元化广覆盖的机构体系、创新金融产品和服务手段、加快推进金融基础设施建设、完善普惠金融法律法规体系、发挥政策引导和激励作用、加强普惠金融教育与金融消费者权益保护
2015 年 11 月	中共中央办公厅、国务院办公厅《深化农村改革综合性实施方案》	深化农村集体产权制度改革、加快构建新型农业经营体系、健全农业支持保护制度、健全城乡发展一体化体制机制、加强和创新农村社会治理
2015 年 10 月	国务院办公厅《关于促进农村电子商务加快发展的指导意见》(国办发〔2015〕78 号)	加强政策扶持、鼓励和支持开拓创新、大力培养农村电商人才、加快完善农村物流体系、加强农村基础设施建设、加大金融支持力度、营造规范有序的市场环境
2015 年 8 月	国务院《关于开展农村承包土地的经营权和农民住房财产权抵押贷款试点的指导意见》(国发〔2015〕45 号)	赋予“两权”抵押融资功能,维护农民土地权益;推进农村金融产品和服务方式创新,加强农村金融服务;建立抵押物处置机制,做好风险保障;完善配套措施,提供基础支撑;加大扶持和协调配合力度,增强试点效果
2015 年 8 月	国务院办公厅《关于加快转变农业发展方式的意见》(国办发〔2015〕59 号)	增强粮食生产能力,提高粮食安全保障水平;创新农业经营方式,延伸农业产业链;深入推进农业结构调整,促进种养业协调发展;提高资源利用效率,打好农业面源污染治理攻坚战;强化农业科技创新,提升科技装备水平和劳动者素质;提升农产品质量安全水平,确保“舌尖上的安全”
2015 年 4 月	中共中央、国务院《关于加快推进生态文明建设的意见》(中发〔2015〕12 号)	强化主体功能定位,优化国土空间开发格局;推动技术创新和结构调整,提高发展质量和效益;全面促进资源节约循环高效使用,推动利用方式根本转变;加大自然生态系统和环境保护力度,切实改善生态环境质量;健全生态文明制度体系;加强生态文明建设统计监测和执法监督

续表

发布时间	文件名称	主要内容
2014 年 11 月	中共中央办公厅、国务院办公厅《关于引导农村土地经营权有序流转发展农业适度规模经营的意见》	稳定完善农村土地承包关系、规范引导农村土地经营权有序流转、加快培育新型农业经营主体、建立健全农业社会化服务体系
2014 年 8 月	国务院《关于加快发展现代保险服务业的若干意见》(国发〔2014〕29 号)	发挥保险风险管理功能,完善社会治理体系;完善保险经济补偿机制,提高灾害救助参与度;大力发展"三农"保险,创新支农惠农方式;拓展保险服务功能,促进经济提质增效升级;推进保险业改革开放,全面提升行业发展水平;加强和改进保险监管,防范化解风险;加强基础建设,优化保险业发展环境;完善现代保险服务业发展的支持政策
2014 年 7 月	国务院《关于加快发展生产性服务业促进产业结构调整升级的指导意见》(国发〔2014〕26 号)	鼓励企业向价值链高端发展、推进农业生产和工业制造现代化、加快生产制造与信息技术服务融合
2014 年 5 月	国务院《关于进一步促进资本市场健康发展的若干意见》(国发〔2014〕17 号)	发展多层次股票市场、规范发展债券市场、培育私募市场、推进期货市场建设、提高证券期货服务业竞争力、扩大资本市场开放、防范和化解金融风险、营造资本市场良好发展环境
2014 年 4 月	国务院办公厅《关于金融服务"三农"发展的若干意见》(国办发〔2014〕17 号)	大力发展农村普惠金融、引导加大涉农资金投放、创新农村金融产品和服务方式、加大对重点领域的金融支持、拓展农业保险的广度和深度、稳步培育发展农村资本市场、完善农村金融基础设施、加大对"三农"金融服务的政策支持
2012 年 12 月	国务院办公厅《全国现代农作物种业发展规划(2012－2020 年)》(国办发〔2012〕59 号)	建立新型农作物种业科技创新体系、构建以企业为主体的商业化育种体系、加强种子生产基地建设、强化种子市场监管、健全种子市场调控体系、提升农作物种业人才素质

续表

发布时间	文件名称	主要内容
2012 年 3 月	国务院《关于支持农业产业化龙头企业发展的意见》(国发〔2012〕10 号)	加强标准化生产基地建设,保障农产品有效供给和质量安全;大力发展农产品加工,促进产业优化升级;创新流通方式,完善农产品市场体系;加快技术创新,增强农业整体竞争力;完善利益联结机制,带动农户增收致富
2012 年 1 月	国务院《全国现代农业发展规划(2011—2015 年)》(国发〔2012〕4 号)	完善现代农业产业体系、强化农业科技和人才支撑、改善农业基础设施和装备条件、增强农产品质量安全保障能力、提高农业产业化和规模化经营水平、大力发展农业社会化服务、加强农业资源和生态环境保护、创建国家现代农业示范区
2011 年 12 月	中共中央、国务院《关于加快推进农业科技创新持续增强农产品供给保障能力的若干意见》(中发〔2012〕1 号)	加大投入强度和工作力度,持续推动农业稳定发展;依靠科技创新驱动,引领支撑现代农业建设;提升农业技术推广能力,大力发展农业社会化服务;加强教育科技培训,全面造就新型农业农村人才队伍;改善设施装备条件,不断夯实农业发展物质基础;提高市场流通效率,切实保障农产品稳定均衡供给
2011 年 4 月	国务院《关于加快推进现代农作物种业发展的意见》(国发〔2011〕8 号)	强化农作物种业基础性公益性研究、加强农作物种业人才培养、建立商业化育种体系、推动种子企业兼并重组、加强种子生产基地建设、完善种子储备调控制度、强化市场监督管理
2009 年 12 月	中共中央、国务院《关于加大统筹城乡发展力度　进一步夯实农业农村发展基础的若干意见》(中发〔2010〕1 号)	健全强农惠农政策体系,推动资源要素向农村配置;提高现代农业装备水平,促进农业发展方式转变;加快改善农村民生,缩小城乡公共事业发展差距;协调推进城乡改革,增强农业农村发展活力

续表

发布时间	文件名称	主要内容
2009 年 5 月	国务院《关于当前稳定农业发展促进农民增收的意见》(国发〔2009〕25 号)(已失效)	抓好粮食等大宗农产品生产、促进畜牧业稳定发展、做好大宗农产品收储、支持农产品加工和龙头企业发展、促进农产品流通发展、采取有力措施促进农民工就业、搞好农村民生工程和基础设施建设
2008 年 10 月	中共中央《关于推进农村改革发展若干重大问题的决定》(中发〔2008〕16 号)	大力推进改革创新,加强农村制度建设;积极发展现代农业,提高农业综合生产能力;加快发展农村公共事业,促进农村社会全面进步
2006 年 12 月	中共中央、国务院《关于积极发展现代农业扎实推进社会主义新农村建设的若干意见》(中发〔2017〕1 号)	加大对"三农"的投入力度,建立促进现代农业建设的投入保障机制;加快农业基础建设,提高现代农业的设施装备水平;推进农业科技创新,强化建设现代农业的科技支撑;开发农业多种功能,健全发展现代农业的产业体系;健全农村市场体系,发展适应现代农业要求的物流产业;培养新型农民,造就建设现代农业的人才队伍;深化农村综合改革,创新推动现代农业发展的体制机制
2005 年 12 月	中共中央、国务院《关于推进社会主义新农村建设的若干意见》(中发〔2006〕1 号)	统筹城乡经济社会发展,扎实推进社会主义新农村建设;推进现代农业建设,强化社会主义新农村建设的产业支撑;促进农民持续增收,夯实社会主义新农村建设的经济基础;加强农村基础设施建设,改善社会主义新农村建设的物质条件;加快发展农村社会事业,培养推进社会主义新农村建设的新型农民;全面深化农村改革,健全社会主义新农村建设的体制保障;加强农村民主政治建设,完善建设社会主义新农村的乡村治理机制

表 2－3 农业发展的部委文件

发布时间	文件名称	主要内容
2021 年 4 月	农业农村部等《关于推动脱贫地区特色产业可持续发展的指导意见》（农规发〔2021〕3 号）	建设标准化生产基地、提升农产品加工业、加强农产品流通设施建设、拓展农业功能价值、打造知名产品品牌、推动产业园区化发展
2019 年 12 月	自然资源部、农业农村部《关于设施农业用地管理有关问题的通知》（自然资规〔2019〕4 号）	设施农业用地的范围、调整、规模以及管理部门
2019 年 8 月	农业农村部等《关于实施家庭农场培育计划的指导意见》（中农发〔2019〕16 号）	完善登记和名录管理制度、强化示范创建引领、建立健全政策支持体系、健全保障措施
2019 年 2 月	农业农村部、国家发改委等《国家质量兴农战略规划（2018—2022 年）》（农发〔2019〕1 号）	加快农业绿色发展、推进农业全程标准化、促进农业全产业链融合、培育提升农业品牌、提高农产品质量安全水平、强化农业科技创新、建设高素质农业人才队伍
2019 年 1 月	中国人民银行、银保监会、证监会、财政部、农业农村部《关于金融服务乡村振兴的指导意见》（银发〔2019〕11 号）	坚持农村金融改革发展的正确方向，健全适合乡村振兴发展的金融服务组织体系；明确金融重点支持领域，加大金融资源向乡村振兴重点领域和薄弱环节的倾斜力度；强化金融产品和服务方式创新，更好满足乡村振兴多样化融资需求；建立健全多渠道资金供给体系，拓宽乡村振兴融资来源；加强金融基础设施建设，营造良好的农村金融生态环境
2017 年 11 月	原农业部和中国人民银行《关于推进金融支持农业绿色发展工作的通知》（农财发〔2017〕63 号）	创新绿色金融产品、完善信贷支持政策、优化和完善服务渠道、探索多方合作的金融服务模式
2017 年 10 月	原农业部、财政部等《关于促进农业产业化联合体发展的指导意见》（农经发〔2017〕9 号）	建立分工协作机制，引导多元新型农业经营主体组建农业产业化联合体；健全资源要素共享机制，推动农业产业化联合体融通发展；完善利益共享机制，促进农业产业化联合体与农户共同发展

续表

发布时间	文件名称	主要内容
2017 年 8 月	原农业部、国家发改委、财政部《关于加快发展农业生产性服务业的指导意见》(农经发〔2017〕6 号)	积极拓展服务领域、大力培育服务组织、不断创新服务方式、加强指导服务
2017 年 6 月	科技部和原农业部等《"十三五"农业农村科技创新专项规划》(国科发农〔2017〕170 号)	健全农业科技创新体系、构筑农业科技创新先发优势、夯实农业科技创新物质基础、壮大农业高新技术产业、提升农业科技国际合作水平、增强县域科技创新服务能力、强化科技扶贫精准脱贫
2017 年 1 月	原农业部《关于推进农业供给侧结构性改革的实施意见》(农发〔2017〕1 号)	稳定粮食生产,巩固提升粮食产能;推进结构调整,提高农业供给体系质量和效率;推进绿色发展,增强农业可持续发展能力;推进创新驱动,增强农业科技支撑能力;推进农村改革,激发农业农村发展活力;完善农业支持政策,千方百计拓宽农民增收渠道
2017 年 1 月	原农业部《"十三五"全国新型职业农民培育发展规划》(农科教发〔2017〕2 号)	选准对象、分类施策,提高新型职业农民培育的针对性;创新机制、多措并举,增强新型职业农民培育的有效性;规范认定、科学管理,加强新型职业农民培育的规范性;跟踪服务、定向扶持,提升新型职业农民的发展能力;巩固基础,改善条件,提升新型职业农民培育的保障能力
2016 年 12 月	原农业部《农业资源与生态环境保护工程规划(2016 - 2020 年)》(农计发〔2016〕99 号)	加强耕地质量建设与保护、推进农业投入品减量使用、开展农业废弃物资源化利用、推广高效节水农业模式、强化退化草原治理修复、养护渔业资源环境、加强外来生物入侵防控、实施农业湿地保护修复
2016 年 12 月	原农业部《全国农业执法监管能力建设规划(2016—2020 年)》(农计发〔2016〕100 号)	加强陆域农业综合执法能力建设、加强农产品质量安全监管能力建设

续表

发布时间	文件名称	主要内容
2016 年 11 月	原农业部《全国农产品加工业与农村一二三产业融合发展规划（2016—2020 年）》（农加发〔2016〕5 号）	做优农村第一产业，夯实产业融合发展基础；做强农产品加工业，提升产业融合发展带动能力；做活农村第三产业，拓宽产业融合发展途径；创新融合机制，激发产业融合发展内生动力
2016 年 7 月	原农业部《关于大力发展休闲农业的指导意见》（农加发〔2016〕3 号）	加强规划引导、丰富产品业态、改善基础设施、推动产业扶贫、弘扬优秀农耕文化、保护传统村落、培育知名品牌
2016 年 1 月	原农业部《西北旱区农牧业可持续发展规划（2016 – 2020 年）》（农计发〔2016〕46 号）	优化农牧业结构、保护水土资源、改善农业生态与环境
2016 年 1 月	原农业部办公厅《农业电子商务试点方案》（农办市〔2016〕1 号）	鲜活农产品电子商务试点、农业生产资料电子商务试点、休闲农业电子商务试点
2015 年 9 月	原农业部等部门《推进农业电子商务发展行动计划》（农市发〔2015〕3 号）	积极培育农业电子商务市场主体、着力完善农业电子商务线上线下公共服务体系、大力疏通农业电子商务渠道、切实加大农业电子商务技术创新应用力度、加快完善农业电子商务政策体系
2015 年 7 月	财政部、原农业部、原银监会《关于财政支持建立农业信贷担保体系的指导意见》（财农〔2015〕121 号）	建立健全覆盖全国的政策性农业信贷担保体系框架、加快建立省级农业信贷担保机构、适时筹建全国农业信贷担保联盟、稳妥建立市县农业信贷担保机构
2015 年 6 月	国家农业综合开发办公室《关于调整和完善农业综合开发扶持农业产业化发展相关政策的通知》（国农发〔2015〕52 号）（已失效）	产业化经营项目由省级农发机构组织项目申报和审核批复，并及时报国家农业综合开发办公室备案；在工商部门注册 1 年以上、具备可持续经营能力的龙头企业和农民合作社，均可申报产业化经营项目；单个财政补助项目的财政资金申请额度不高于自筹资金额度，单个贷款贴息项目的贷款额度一般不高于 1 亿元人民币

续表

发布时间	文件名称	主要内容
2015 年 5 月	原农业部等部门《全国农业可持续发展规划（2015－2030 年）》（农计发〔2015〕145 号）	优化发展布局，稳定提升农业产能；保护耕地资源，促进农田永续利用；节约高效用水，保障农业用水安全；治理环境污染，改善农业农村环境；修复农业生态，提升生态功能
2015 年 5 月	财政部、原农业部等部门《关于调整完善农业三项补贴政策的指导意见》（财农〔2015〕31 号）（已失效）	支持对象为主要粮食作物的适度规模生产经营者，重点向种粮大户、家庭农场、农民合作社、农业社会化服务组织等新型经营主体倾斜，体现"谁多种粮食，就优先支持谁"
2015 年 2 月	原保监会、原农业部等《关于进一步完善中央财政保费补贴型农业保险产品条款拟定工作的通知》（保监发〔2015〕25 号）	保险责任应列明保险标的所在区域内的主要风险，切实保障投保农户的风险需求；保险金额应覆盖直接物化成本或饲养成本；种植业保险条款应根据农作物生长期间物化成本分布比例，科学合理设定不同生长期的赔偿标准；种植业保险条款应明确全部损失标准
2014 年 9 月	原国土资源部、原农业部《关于进一步支持设施农业健康发展的通知》（国土资发〔2014〕127 号）（已失效）	合理界定设施农用地范围、积极支持设施农业发展用地、规范设施农用地使用、加强设施农用地服务与监管
2009 年 8 月	原农业部《关于推进农业经营体制机制创新的意见》（农经发〔2009〕11 号）	巩固家庭承包经营基础地位，稳步推进土地承包经营权流转；积极探索集体经济有效实现形式，增强集体组织服务功能；加快发展农民专业合作社，大力培育新型现代农业经营组织；培育壮大龙头企业，推进农业产业化经营；大力发展农业生产性服务业，建立新型农业社会化服务体系；加强农民负担监管，构建村级公益事业建设新机制

续表

发布时间	文件名称	主要内容
2007 年 11 月	国家发改委《关于印发促进产业集群发展的若干意见的通知》(发改企业〔2007〕2897 号)	加强科学规划,优化区域和产业布局;坚持节约发展,提高土地等资源利用效率;壮大龙头企业,提高专业化协作水平;增强自主创新能力,提升产业层次;切实推进发展循环经济和生态型工业;大力实施品牌战略,积极培育区域品牌;大力发展生产性服务业,健全社会服务体系;规范引导区域产业转移
2006 年 5 月	国务院西部地区开发领导小组办公室等部门《关于促进西部地区特色优势产业发展的意见》(国西办经〔2006〕15 号)	发展西部地区特色优势产业的总体思路、西部地区特色优势产业的发展重点、促进西部地区特色优势产业发展的政策措施

(二)地方政策

1. 宁夏农业政策

2008 年 9 月,国务院发布《关于进一步促进宁夏经济社会发展的若干意见》(国发〔2008〕29 号),明确了宁夏长远发展的战略定位、总体思路和重大举措,是指导宁夏实现科学发展和跨越式发展的纲领性文件,具有里程碑式的意义。① 2006 年 10 月,宁夏回族自治区党委九届十四次全体会议通过的《关于加快产业结构调整的意见》提出“大力发展优势产业,培育壮大特色产业”,将羊绒、枸杞、葡萄、乳品、牛羊等特色农产品加工业列为重点发展的特色优势产业,并制定了针对性很强的培育措施。为充分发挥农业资源优势,推进农业特色优势产业的升级,提升农业现代化发展水平,宁夏出台的《关于扶持农业特色优势产业发展

① 国务院发布的《关于进一步促进宁夏经济社会发展的若干意见》明确提出,“转变生产方式,大力发展现代农业,加快建设北部引黄灌区现代农业示范区、中部干旱带旱作节水农业示范区、南部黄土丘陵区生态农业示范区。北部灌区在稳定粮食生产的基础上,重点抓好枸杞、牛羊肉、奶牛、设施蔬菜、酿酒葡萄等优势特色产业;中部干旱带重点发展滩羊和抗旱性强的特色农产品;南部山区重点发展草食畜牧业和马铃薯产业。实施品牌战略,形成特色农业优势产业带”。

的意见(2012－2015年)》明确提出走宁夏特色现代农业发展之路，重点发展牛羊肉产业、枸杞产业、葡萄酒产业、奶产业、红枣产业等。为加快实施开放带动战略，努力构建内陆开放型经济新体制，宁夏回族自治区党委通过了《关于融入"一带一路"加快开放宁夏建设的意见》(宁党发〔2015〕22号)。2020年1月，宁夏回族自治区人民政府发布的《关于推进农业高质量发展促进乡村产业振兴的实施意见》对发展优势特色农业作了相应的规定。此外还包括《宁夏特色优势农产品区域布局及发展规划》《宁夏回族自治区现代农业"十三五"发展规划》《宁夏回族自治区农业特色优势产业发展布局"十三五"规划》等政策文件。在农村扶贫方面，出台了《宁夏回族自治区"十三五"脱贫攻坚规划》等文件。2021年11月，宁夏回族自治区人民政府办公厅发布的《宁夏回族自治区农业农村现代化发展"十四五"规划》明确提出，"立足资源禀赋、产业基础、发展潜力和环境承载能力，围绕粮食、奶产业、肉牛、滩羊、家禽、蔬菜、枸杞、葡萄酒等优势特色产业，优化农业主体功能和空间布局，构建科学适度有序的农业空间布局"。

具体而言，又包括如下政策：第一，知识产权保护的相关政策，如《关于加快实施商标战略的意见》《关于加强贺兰山东麓葡萄酒地理标志产品产地环境保护工作的意见》等文件，对宁夏地区农产品品牌的认定、评价和监督管理活动进行引导。第二，强化经营组织的相关政策，如《宁夏回族自治区关于促进家庭农场发展的指导意见》等。第三，葡萄产业发展的具体政策，如《宁夏国家葡萄及葡萄酒产业开放发展综合试验区建设总体方案》《宁夏葡萄产业"十三五"发展规划》《银川市加快推进葡萄产业集群化发展实施意见》等。第四，财税支持政策，如宁夏回族自治区人民政府颁布的《关于创新财政支农方式加快发展农业特色优势产业的意见》(宁政发〔2016〕27号)，宁夏回族自治区农牧厅、财政厅的制定的《关于创新财政支农方式加快发展农业特色优势产业的扶持政策暨实施办法》，以及宁夏回族自治区财政厅等发布的《加快发展农业特色优势产业贷款担保基金管理办法(试行)》《加快发展农业特色优势产业贷款风险补偿基金管理办法(试行)》《加快发展农业特色优势产业贷款贴息资金管理办法(试行)》《关于调整农业特色优势产业贷款担保基金管理办法、贷款风险补偿基金管理办法和贷款贴息风险补偿基金管理办法的通知》，宁夏回族自治区地税局《关于执行自治区加快开放宁夏建设有关税收优惠政策的通知》等。第五，农村集体产权制度改革政策，如《宁夏回族自治区农村集体产权制度改革试点方案》。

2. 甘肃农业政策

甘肃省出台了系列政策对特色农业发展进行了总体规划和布局，如甘肃省人民政府办公厅发布的《甘肃省"十三五"农业现代化规划》（甘政办发〔2016〕126 号）明确提出发展草食畜牧业、优质林果、蔬菜、中药材、现代制种和酿酒原料等特色优势产业以及具有区域特色、地方特点、优势明显的农、林、畜、水产等地方特色农产品。2020 年 1 月甘肃省人民政府发布的《关于促进乡村产业振兴的实施意见》明确提出，根据寒区和旱区的不同气候特点以及地理类型，优化由沿黄产业带、河西灌溉农业区、陇东雨养农业区、中部旱作农业区、天水及陇南山地特色农业区、甘南及祁连山高寒草地农牧交错区构成的寒旱农业"一带五区"产业布局，"形成以'牛羊菜果薯药'六大产业为重点，地方特色产品为补充的现代丝路寒旱农业产业体系"。其他相关政策文件还包括甘肃省委和甘肃省人民政府发布的《关于深入推进农业供给侧结构性改革加快培育农业农村发展新动能的实施意见》、甘肃省人民政府发布的《甘肃省加快转变农业发展方式的实施方案》（甘政发〔2015〕94 号）和《关于加快推进现代农业示范区建设的意见》、《甘肃省"十四五"推进农业农村现代化规划》以及甘肃省人民政府办公厅发布的《关于进一步促进农产品加工业发展的实施意见》（甘政办发〔2017〕23 号）等。

具体而言，又包括如下政策：第一，推动发展家庭农场、农民合作社等农业经营主体的相关政策，如甘肃省人民政府发布的《关于进一步加快农民合作社发展的意见》（甘政发〔2014〕75 号）、甘肃省委办公厅和甘肃省人民政府办公厅联合发布的《关于加快构建政策体系培育新型农业经营主体的实施意见》、甘肃省人民政府办公厅发布的《关于培育发展家庭农场的指导意见》（甘政办发〔2014〕170 号）等。第二，农村产权制度的有关政策，如 2017 年 5 月甘肃省委和甘肃省人民政府发布的《关于稳步推进农村集体产权制度改革的实施意见》等。第三，金融服务方面的政策，如甘肃省人民政府发布的《关于加快发展现代保险服务业的实施意见》、甘肃省人民政府办公厅发布的《甘肃省农业信贷担保体系建设实施方案》等。第四，财政扶持政策，如甘肃省农牧厅、财政厅等发布的《甘肃省草食畜牧业和设施蔬菜产业发展贷款贴息管理办法》《关于调整草食畜牧业和设施蔬菜等特色产业贷款贴息政策的通知》等。此外还包括食品安全的有关政策，如甘肃省人民政府办公厅发布的《甘肃省“十三五”食品药品安全规划》等。

3. 陕西农业政策

陕西省在一二三产业融合发展、乡村振兴战略的具体实施、农业现代化等方面出台了系列政策进行了总体规划，如陕西省委和陕西省人民政府发布的《关于推进科技创新加快现代农业发展的若干意见》（陕发〔2012〕1 号）、《关于实施乡村振兴战略的实施意见》，陕西省人民政府发布的《陕西省现代农业发展规划（2011—2017 年）》《关于深入持续推进现代农业园区建设的意见》（陕政发〔2012〕53 号）、《关于建立粮食生产功能区的实施意见》（陕政发〔2017〕56 号）、《陕西省农业现代化推进规划》（陕政发〔2017〕58 号），陕西省人民政府办公厅发布的《关于进一步加快肉牛肉羊产业发展的意见》（陕政办发〔2013〕47 号）、《关于推进农村一二三产业融合发展的实施意见》（陕政办发〔2017〕8 号）、《关于加快推进农业供给侧结构性改革大力发展粮食产业经济的实施意见》等。

具体而言，又包括如下政策：第一，对龙头企业发展、新型经营主体的培育等方面的政策，如陕西省人民政府发布的《关于支持农业产业化龙头企业发展的实施意见》（陕政发〔2012〕54 号）以及陕西省农业厅发布的《关于促进农业产业化联合体发展的实施意见》（陕农业发〔2018〕6 号）和原陕西省工商局出台的《关于促进农村新型市场主体发展的意见》等。第二，财政支持政策，如陕西省农业厅和财政厅发布的《农业产业帮扶资金实施指导意见》《关于做好 2018 年培育千亿级奶山羊全产业链项目实施工作的通知》（陕农业计财〔2018〕45 号）等。第三，产权制度政策以及知识产权保护政策等，如陕西省委和陕西省人民政府发布的《关于稳步推进农村集体产权制度改革的实施意见》以及陕西省农业厅出台的《关于开展陕西农产品“三年百市”品牌营销行动的意见》等。第四，生态环境保护政策，如陕西省人民政府发布的《陕西省“十三五”生态环境保护规划》(陕政发〔2017〕47 号)等。

此外,陕西省还出台了一系列金融服务政策,如陕西省人民政府发布的《关于进一步促进金融业发展改革的意见》(陕政发〔2012〕43 号)、《关于进一步推进农村信用社改革的意见》(陕政发〔2013〕24 号)、《关于进一步加快电子商务发展的若干意见》(陕政发〔2014〕22 号)、《关于加快发展多层次资本市场服务实体经济转型升级的实施意见》(陕政发〔2015〕57 号)、《关于进一步促进民间投资健康发展的若干意见》(陕政发〔2016〕37 号)、《关于开展农村承包土地的经营权和农民住房财产权抵押贷款试点的实施意见》(陕政发〔2016〕20 号)、《陕西省推进普惠金融发展规划(2016—2020 年)实施方案》(陕政发〔2017〕4 号)以及陕西省农业厅等部门发布的《陕西省政策性农业保险工作实施方案》等。

4. 青海农业政策

围绕特色农业的发展,青海省出台了系列政策进行了总体规划和布局,如《青海省人民政府贯彻落实〈国务院关于促进牧区又好又快发展的若干意见〉的实施意见》、《青海省"十三五"特色农牧业发展规划》、《青海省贯彻落实西部大开发"十三五"规划实施方案》、《青海省永久基本农田划定工作方案》、《青海省黄河、湟水流域特色农牧业发展规划(2008 - 2010 年)》、《青海省现代农牧业产业园建设总体规划(2017 - 2020 年)》、《青海省"十三五"农牧业对外合作交流规划》、《关于促进高原特色畜牧业高质量发展的实施意见》(青政办〔2021〕20 号)等政策文件。其中,《青海省"十三五"特色农牧业发展规划》明确提出要着力推进黄河、湟水流域特色农牧业"百里长廊"建设,打造"马铃薯、油菜、青稞、蚕豆、果蔬、肉牛、肉羊、奶牛、冷水鱼和饲草"十大重点特色产业,形成"粮油种植、畜牧养殖、果品蔬菜和枸杞沙棘"四个"百亿元"产业。青海省委和青海省人民政府 2017 年发布的《关于推进农牧业供给侧结构性改革　提升高原特色现代生态农牧业发展水平的意见》明确提出"优化农牧业区域布局"。具体包括,"充分发挥区域比较优势,更加凸显青海高原特色",重点建设"十大特色产业带",鼓励各地争创"特色农产品优势区"。

具体而言,又包括如下政策:第一,经营主体和农民权益保障方面的政策。2013 年 11 月,青海省人民政府办公厅发布的《关于大力培育新型农牧业经营主体的指导意见》明确提出加大对职业型农牧民、种养大户、家庭农牧场、农牧民专业合作社等新型经营主体政策扶持和资金支持力度。青海省人民政府办公厅发布的《关于加强新形势下农民工工作的意见》(青政办〔2014〕113 号)、《关于进一步切实做好农牧民增收工作的通知》(青政办〔2015〕178 号)等文件,明确要求全面落实各项惠农政策,进一步加大对农牧业的支持力度。第二,交易市场和产业集群建设等方面的政策,如青海省人民政府办公厅发布的《关于推进农牧区产权流转交易市场建设的指导意见》《关于加快推进牦牛产业发展的实施意见》《关于促进奶业稳定发展的指导意见》以及青海省农牧厅和财政厅发布的《关于加快推进现代农牧业产业园建设的实施意见》等。第三,生态环境保护政策,如国务院批准实施的《青海三江源自然保护区生态保护和建设总体规划》以及青海省人民政府发布的《关于保护生态环境实行禁牧的命令》《关于探索建立三江源生态补偿机制的若干意见》,青海省人民政府办公厅发布的《关于深入推进生态畜牧业建设的实施意见》《关于推进全国草地生态畜牧业试验区建设的意见》《三江源生态补偿机制试行办法》等政策文件。

5. 新疆农业政策

为支持新疆农业实现跨越式发展,原农业部发布的《支持新疆农牧业发展规划(2012 – 2020 年)》确定了不同的农业功能区和产业区布局,并提出了支持新疆农牧业发展的重点任务,以做大做强特色优势产业。2015 年 11 月中共中央和国务院发布的《关于进一步推进农垦改革发展的意见》明确提出,“新疆生产建设兵团建设成为国家大型优质棉花和特色农牧产品基地”。为充分发挥比较优势和区位优势,进一步优化农业区域布局,新疆出台了系列政策进行了总体规划和布局。新疆维吾尔自治区人民政府发布的农业(种植业)发展“十二五”规划和“十三五”规划,明确了发展目标和保障措施以及产业带布局,重点发展优势特色产业,包括粮食、棉花、油料、甜菜、设施农业以及甜瓜、加工辣椒、加工番茄、籽用瓜、亚麻、香料作物等产业。2017 年新疆畜牧厅和发改委发布的《新疆维吾尔自治区畜牧业现代化“十三五”发展规划》明确提出,要加快畜牧业现代化进程,优化畜牧业产业布局,依托资源特色发展驴、驼、牦牛、马鹿、蜜蜂等特色产业。其他政策文件还包括新疆维吾尔自治区人民政府发布的《关于加快基层农业技术推广体系改革与建设的意见》(新政发〔2010〕25号)以及新疆维吾尔自治区人民政府办公厅发布的《关于推进农村一二三产业融合发展的实施意见》(新政办发〔2017〕22号)、《关于进一步促进农产品加工业发展的实施意见》(新政办发〔2018〕147号)等。

具体而言,又包括如下政策:第一,经营主体发展的相关政策,如新疆维吾尔自治区党委办公厅和新疆维吾尔自治区人民政府办公厅发布的《关于加快构建政策体系培育新型农业经营主体的实施意见》要求,引导涉农企业、专业大户、家庭农场和小农户多元融合发展,开展多种形式的合作与联合,提升规模经营水平,完善利益联结机制。第二,番茄等产业发展的具体政策,如新疆维吾尔自治区人民政府发布的《关于进一步促进我区番茄产业健康发展的意见》(新政发〔2009〕46号)、《关于加快肉羊肉牛产业发展的意见》(新政发〔2013〕94号)。第三,品牌建设、产品质量保障和交易市场建设等方面的政策,如《关于加快推进农产品品牌建设工作的意见》(新政发〔2010〕45号)、《关于加快推进重要产品追溯体系建设的实施意见》(新政办发〔2016〕186号)、《关于开展农村产权流转交易市场建设试点工作的意见》(新政办发〔2017〕59号)以及新疆维吾尔自治区农业厅发布的《"三品一标"发展三年行动方案(2018－2020年)》等。第四,金融支持政策,如《关于稳定奶业发展的意见》(新政发〔2009〕27号)、《关于自治区构建绿色金融体系的实施意见》(新政办发〔2017〕132号)、《2018年自治区棉花"价格保险＋期货"试点方案(试行)》(新政办发〔2018〕104号)。此外还包括生态保护政策,如《关于健全生态保护补偿机制的实施意见》(新政办发〔2017〕164号)等。

第三章　西北特色农业发展的经营组织形式

第一节　经营组织形式概述

一、经营组织形式的意义

经营组织形式主要是指生产经营活动的形态,包括生产要素和经营要素的不同组合。按照财产的构成方式和所承担的责任类型,经营组织主要有独资企业、合伙企业、公司和合作社等形态。无论采用何种形式,经营组织都享有财产权和自主经营权。这是经营者从事经济活动的法律基础。组织形式反映了不同的经营结构和经营特性,规范了经营组织与出资人、职工、债权人、债务人等之间的权利义务关系。经营形态体现了不同层次的生产水平和行业特点。毋庸置疑,经营形态必须和生产水平相适应,同时充分考虑到经营组织的行业特点。经营者只有选择了行业特性的组织形式,才能通过生产要素的优化实现经营目的。由于不同产品的生产特点以及不同地区的生产条件的差异,产业经营的形式多种多样。影响经营组织形式的因素主要有如下几个方面:①税收因素。公司和合伙企业实行不同的纳税制度。公司经营所得要缴纳企业所得税,税后收益分配给投资者,并由投资者缴纳个人所得税。合伙企业的经营收入不征收企业所得税,只对合伙人的分配收益征收个人所得税。②收益和亏损的承担方式。独资企业的投资者独享经营权和投资收益,但同时也需要独自承担亏损风险。合伙企业的普通合伙人对内按照出资比例分享收益和承担亏损,对外承担无限连带责任。公司股东按持有的股份比例和股份种类分享收益。对公司债务,股东承担有限责任,即以出资额为限对外承担责任。③资本要求。独资企业的经营规模较小,法律对出资没有限制,一般适合于个体经营。合伙企业和有限公司适合多个投资者经营,规模适中,法律对出资限制较少。股份公司适合规模化经营,法律对出资有较多限制。合作社能够将分散的经营者进行联合,适合规模化、集约化经营。此外,经营组织的存续期限、控制和管理方式、投资者的权利转让、投资者的经济条件、自然环境、经营业务的资质、职工的从业资质等因素都会影响组织形式的选择。而且,经营组织形式的选择还要考虑工业、农业以及商业等经济部门的资源要素和经营特性,如土地权属、技术条件、地理位置、自然资源、环保要求、质量标准、基础设施等。

农业作为一种产业,首先是一种经营领域或经济活动。因此,农业发展需要通过一定的经营载体或经营方式来加以体现。经营含有筹划、规划、组织、治理等意思,如经营商业、经营畜牧业等。经营通常包括经营的主体、经营的客体、经营的权利、经营的监管等要素。经营的主体可以是个人,也可以是人的集合,或者是一个组织体。经营的客体可以是生产、加工、服务等具体的经济活动。经营的权利亦即经营权,是指经营主体对经营客体的占有、支配、使用和处分的权利。经营的监管是指政府和行业组织对经营主体的生产经营活动进行监督和管理。农业组织形式是指农业生产经营主体存在的形态和类型,是农业生产关系的外在表现。农业经营方式是土壤、水源、气候、环境、种源、技术、资金等农业生产诸要素的组合方式,是农业生产力水平发挥的决定性因素,具体包括个体经营、家庭经营、集体经营、合作经营、合伙经营、公司经营等多种经营方式。农业组织形式和经营方式相互作用,共同影响农业生产效益。农业产业化以一定经营形式为载体,不仅决定产业化经营效益以及农业组织化程度,而且对于促进农村稳定发展也具有重要作用。目前,随着我国农业产业化的逐步推进,农业产业化组织也呈现多样化态势。[①] 我国农业经营主体已经由改革初期相对同质性的农户家庭经营占主导的格局转变为现阶段的多类型经营主体并存的格局。[②] 近年来,我国加快了“立体式复合型现代农业经营体系”的构建。但我国农业经营体系的发育水平和表现形式因不同地域、不同环节而存在差异。小农户经营是我国农业生产经营的基础。“统分”问题始终是农业产业组织的基本矛盾。小农户分散经营模式虽然符合客观实际并具有相应的优势,但仍然需要通过一定程度的“统合”实现其组织化。[③] 家庭农场、农民合作社以及龙头企业等农业经营主体,功能定位和适用空间不同,各有其比较优势。[④] 其中,家庭农场、农民合作社主要集中于种植业和养殖业,是农业生产环节的主力军。为了推动小农户和现代农业有机衔接,需要培育发展农业产业化联合体。[⑤] 虽然近年我国农业产业化程度有所提升,经营组织形式得到一定程度的创新,但目前我国农业产业化还处于起步阶段,这主要是因为我国农业产业化组织形式面临着利益联结不深入、治理机制不健全和发展资金缺乏等问题。新型农业经营主体虽然数量众多,但发展质量和融合程度不够高。[⑥]

---

① 2017 年中共中央办公厅和国务院办公厅发布的《关于加快构建政策体系培育新型农业经营主体的意见》指出,“在坚持家庭承包经营基础上,培育从事农业生产和服务的新型农业经营主体是关系我国农业现代化的重大战略。加快培育新型农业经营主体,加快形成以农户家庭经营为基础、合作与联合为纽带、社会化服务为支撑的立体式复合型现代农业经营体系,对于推进农业供给侧结构性改革、引领农业适度规模经营发展、带动农民就业增收、增强农业农村发展新动能具有十分重要的意义”。

② 参见许恒周:《农地确权、农地流转与新型农业经营主体培育研究》,经济科学出版社 2019 年版,第 65 页。

③ 参见叶敬忠、张明皓:《小农户为主体的现代农业发展:理论转向、实践探索与路径构建》,载《农业经济问题》2020 年第 1 期,第 55 页。

④ 参见张红宇:《中国现代农业经营体系的制度特征与发展取向》,载《中国农村经济》2018 年第 1 期,第 28 页。

⑤ 国务院 2019 年 6 月发布的《关于促进乡村产业振兴的指导意见》(国发〔2019〕12 号)明确要求,“鼓励发展农业产业化龙头企业带动、农民合作社和家庭农场跟进、小农户参与的农业产业化联合体。支持发展县域范围内产业关联度高、辐射带动力强、多种主体参与的融合模式,实现优势互补、风险共担、利益共享”。

⑥ 参见姜涛:《新型农业经营主体带动农村三产融合的动因、模式和对策》,载《中州学刊》2019 年第 10 期,第 51 页。

农业经营组织形式不同于利益联结方式或利益联结机制。① 后者主要是指通过农业产业链的各个环节的合作,与农民和农业经营组织形成紧密的利益关系,使农民和农户分享由此带来的各种利益。② 目前,利益联结机制主要有“公司 + 农户”、“公司 + 基地 + 农户”以及“公司 + 合作社 + 基地 + 农户”等模式。“公司 + 农户”类型是比较普遍的方式。其他模式都是以此为基础发展而来的。这些模式的共同点是,以具有较强经营实力的公司作为龙头企业,通过协议的方式将农户生产与公司经营联结起来。公司和农户按照农产品市场的供求关系进行生产、收购、加工和销售。作为龙头企业的农业公司对农户提供生产资料、动植物良种以及相应的技术服务,按照约定收购农户的农产品,并在此基础上进行加工和销售。通过这种利益联结方式,公司获取相对稳定的初级农产品,保障了产品来源;对农户而言,基本上不承担市场风险,并能够从合作中获得相应的利益。但是从形式上看,公司与农户只是一种外在的利益联结,不是同一利益主体,本质上是一种具有期货性质的农产品买卖关系。这种利益联结模式下,由于农户生产规模小、经营实力弱,加之分散经营,缺乏代表自身利益的组织,因而导致双方缔约地位不平衡,使农户处于不利地位。正因为此,导致公司在农业生

---

① 国务院 2019 年 6 月发布的《关于促进乡村产业振兴的指导意见》(国发〔2019〕12 号)明确要求,“引导农业企业与小农户建立契约型、分红型、股权型等合作方式,把利益分配重点向产业链上游倾斜,促进农民持续增收。完善农业股份合作制企业利润分配机制,推广‘订单收购 + 分红’、‘农民入股 + 保底收益 + 按股分红’等模式。开展土地经营权入股从事农业产业化经营试点”。

② 2015 年 12 月中共中央和国务院发布的《关于落实发展新理念加快农业现代化实现全面小康目标的若干意见》指出,“完善农业产业链与农民的利益联结机制。促进农业产加销紧密衔接、农村一二三产业深度融合,推进农业产业链整合和价值链提升,让农民共享产业融合发展的增值收益,培育农民增收新模式。支持供销合作社创办领办农民合作社,引领农民参与农村产业融合发展、分享产业链收益。创新发展订单农业,支持农业产业化龙头企业建设稳定的原料生产基地、为农户提供贷款担保和资助订单农户参加农业保险。鼓励发展股份合作,引导农户自愿以土地经营权等入股龙头企业和农民合作社,采取‘保底收益 + 按股分红’等方式,让农户分享加工销售环节收益,建立健全风险防范机制。加强农民合作社示范社建设,支持合作社发展农产品加工流通和直供直销。通过政府与社会资本合作、贴息、设立基金等方式,带动社会资本投向农村新产业新业态。实施农村产业融合发展试点示范工程。财政支农资金使用要与建立农民分享产业链利益机制相联系。巩固和完善‘合同帮农’机制,为农民和涉农企业提供法律咨询、合同示范文本、纠纷调处等服务”。

产经营环节获得了更多的利益,农户通过市场交易能够实现的利益较低。而且,在农产品市场价格波动的情况下,公司与农户之间供求关系的稳定性也会受到影响。当市场价格高于约定的收购价格时,农户具有将农产品公开销售的强烈动机。而在市场价格低于约定的收购价格时,公司则倾向于毁约从市场上公开购买。可见,农户与公司之间是一个动态的博弈过程。基于利益最大化考虑,只要市场价格与合同价格不一致,双方就都存在违约的动机。[①] 在实践中,大部分农业公司和农民之间的利益缺乏统一,决定公司经营决策的是农产品的市场行情和经济效益的大小,农民自身难以对企业经营产生影响。“公司 + 农户”这种通过契约形成的利益联结方式,不同于独立的经营主体,应构建更紧密的利益联结机制,如进行股权型合作、保底分红型合作等,切实保障农户在产业链上获取增值收益。特别是通过优化特色优势资源要素的配置,形成多主体间农业生产各环节的深度协作,构建长效利益共享机制。[②] 在整个农产品供应链上,分散的小农户处于弱势地位,如果农户不能分享农产品增值所产生的收益,农户不仅缺乏实施安全生产的动力,还可能采取“机会主义”谋取短期利益。[③] 相比于其他领域或行业的经营主体,农业经营主体具有鲜明的地域性与人合性,因而利益联结机制的构建应充分考虑这些特性。

二、经营组织形式的类型

1. 个体经营

自 20 世纪 90 年代以来,随着经济的发展,农民群体在职业上开始出现了分化转型,异质性特征非常明显。[④] 一些家庭在缺乏劳动力情况下所进行的是一种“小农”式生产活动,以满足日常生活需要,或进行个

---

① 参见汪艳涛:《农户分化背景下新型农业经营主体培育机制研究》,经济管理出版社 2018 年版,第 131 页。

② 参见潘泽江、张焰翔:《民族地区新型农业经营主体:经营绩效、影响因素与培育策略》,载《中南民族大学学报(人文社会科学版)》2020 年第 5 期,第 139 页。

③ 参见国务院发展研究中心农村经济研究部:《构建竞争力导向的农业政策体系》,中国发展出版社 2017 年版,第 97 页。

④ 参见邵科:《农民专业合作社成员参与:内涵、特征与作用机理》,浙江大学出版社 2014 年版,第 36 页。

别产品的零星交易，是兼具生产和消费功能的微观经济体。特别是在一些偏远山区，经济落后，山地较多，农户分散，交通不便，青壮年外出务工较多，难以通过土地流转进行一定程度的规模化经营，从而呈现出一种小型、分散、低层次的生产经营活动。另外，职业农民逐步积累了一定的资金和技术，并通过一定的组织形式进行一定程度的农业规模化经营。个体经营主要包括个体工商户和个人独资企业，实质上是自然人从事生产经营活动的一种非法人组织形式。个体工商户主要是从事经营活动的自然人或家庭。个体工商户必须依法登记，并在登记范围内享有相应的民事权利能力和民事行为能力。我国《民法典》第56条对个体工商户的经营主体和责任范围作了规定。个体工商户可以个人经营，也可以家庭经营。个人经营的，以个人财产对外承担债务。家庭经营的，以家庭财产对外承担债务。夫妻共同经营的，以夫妻共同财产对外承担债务。独资企业，是指由一个自然人投资兴办的非法人组织，即个人出资经营，个人享有资产所有权、控制和收益权，同时个人对债务承担无限责任。我国《个人独资企业法》对个人独资企业作了明确规定。个体工商户和个人独资企业具有设立便利、经营灵活、结构简单的特征，但需要登记注册取得主体资格。二者有如下区别：第一，个人独资企业是经济组织的一种形式，是非法人组织，有企业名称，能以自身的名义进行经营活动，而个体工商户严格来说不是独立的经济组织，主要是以自然人个人或家庭名义来经营活动。个体工商户可以起字号。第二，设立条件不同。个人独资企业必须要有固定的生产经营场所，而法律对个体工商户没有严格的要求。第三，经营方式不同。个人独资企业的投资者可以委托或聘用他人经营管理，与职工形成劳动关系。个体工商户主要是自己经营或家庭经营。第四，财务制度不同。个人独资企业必须设置会计账簿，进行会计核算，而法律对个体工商户并没有明确的要求。个体工商户和个人独资企业可以是农产品销售、加工的经营形式。个体经营的特点在于自我管理，独享利益，但也独自承担经营风险。基于资金来源、经营规模、生产水平等方面的限制，个体经营发展的可持续性会受到影响。

2. 家庭经营

家庭是经济社会的基本单元。在不同的社会结构和经济体制下，农户经营衍生出不同的具体形态,“具有强烈的历史性与动态性特征”。[①] 家庭经营主要包括家庭出资经营的个体工商户、农村承包经营户以及专业大户和家庭农场。个体工商户也可以是家庭出资经营或收益归家庭所有。在法律后果上与自然人经营不同的是,家庭享有个体工商户的权利并承担相应的义务。作为农村集体经济组织的成员,农村承包经营户根据法律的规定与村集体签订承包合同,并从事农业生产经营活动。农村承包经营户是以家庭为单位的一种生产经营组织形式,不是独立的民事主体。对于农村承包经营户的债务,个人经营的,以个人财产对外承担;家庭经营的,以家庭财产对外承担。农村承包经营户根据承包合同对农村集体资源享有合法的承包经营权。我国《民法典》、《农业法》和《农村土地承包法》等对农村土地承包经营权作了明确规定。农村土地承包经营权具有如下特征:第一,农村土地承包经营权以使用收益为目的,是用益物权,是具有一定期限的权利;第二,农村土地承包经营权的承包人主要是本集体经济组织的成员,但其他组织或个人也可以依法承包;第三,承包人占用、使用承包的土地或森林、山岭、草原、荒地、滩涂、水面等生产资料,独立进行生产经营活动,同时接受集体组织对于其生产经营活动的监督;第四,承包人可以依法通过出租、入股、抵押等方式流转土地经营权。早期的农业生产主要是独立的个体生产,在农业中占有重要地位。农村实行家庭承包经营后,一些家庭成员较多并具有一定资金实力和技术能力的农户通过土地流转经营较多土地,实行规模经营,于是出现了专业大户和家庭农场。种植业和养殖业大户是介于个人经营和家庭农场之间的生产经营组织方式。家庭农场是指以家庭成员为主要劳动力,从事农业规模化、集约化、商品化生产经营,并以农业收入为家庭主要收入来源的新型农业经营主体。专业大户和家庭农场是对小农户经营模式的发展和超越,但仍然没有脱离传统的单个农户经营的范畴,也要独自承担经营风险。相比于“小农户”经营,家庭经营可以雇佣一定的雇工,具有相应的经营实力和经营规模,具备一定的经济理性。比较来看,美国绝大多数的合伙农

---

① 韩鹏云:《农业现代化治理的实践逻辑及其反思》,载《宁夏社会科学》2020 年第 4 期,第 67 页。

场和公司农场都是委托给某个家庭经营的。①

3. 合伙型经营

合伙可以从法律行为和组织形态的角度进行分析。从法律行为的角度而言，合伙是指两个以上的民事主体"共同出资、共同经营、共享收益、共担亏损"的协议；从组织形态的角度而言，合伙是指两个以上的民事主体"共同出资、共同经营、共享收益、共担亏损"而形成的非法人组织。民事合伙适用我国《民法典》关于合伙合同的规定，合伙企业适用我国《合伙企业法》的相关规定。合伙企业是指由自然人、法人等设立的非法人组织，具体又分为普通合伙企业和有限合伙企业两种类型。普通合伙企业中只有普通合伙人这一投资者，并对合伙企业债务承担无限连带责任。有限合伙企业中包括普通合伙人和有限合伙人两种投资者，前者对合伙企业债务承担无限连带责任，后者则只以其出资额为限对合伙企业债务承担责任。合伙企业的特征主要表现在：第一，合伙企业是一种非法人组织，具有团体的属性。合伙企业在法律人格、财产和民事责任等方面具有相对独立性。第二，合伙协议是合伙企业得以成立的法律基础。合伙协议是调整合伙关系、规范合伙人权利义务关系的基本依据。合伙企业必须采取书面形式。第三，合伙企业须由全体合伙人共同出资、共同经营。合伙人可以用货币、实物、知识产权、土地使用权或者其他财产权利出资，也可以用劳务出资。与合伙不同的是，公司股东不能以劳务出资。第四，合伙事务的执行具有灵活性，可以约定由一人或数人执行。第五，合伙人共负盈亏，共担风险。普通合伙人对合伙企业债务承担无限连带责任。当合伙财产不足以清偿合伙债务时，普通合伙人还需以其他个人财产来偿还合伙债务，即承担无限责任，而且全体普通合伙人有义务偿还全部合伙债务，即承担连带责任。这也是合伙企业与公司的主要区别。公司股东以其出资为限对公司债务承担责任，即有限责任。相比于个体经营和家庭经营，合伙型经营是一种不同经营主体之间通过资金、技术、劳务、土地使用权、市场信息等生产要素实现的横向联合，具有共同发展目标。合伙人形成一个利益联合体，不仅可以分散经营风险，而且可以充分发挥团体优势，从

① 参见徐更生：《美国农业政策》，经济管理出版社2007年版，第9页。

而能够产生溢出效应。

4. 合同型联营

合同型联营,又称“松散型联营”或“协作型联营”,是指各方按照合同约定进行生产经营协作,但彼此人格独立,各自承担民事责任。合同型联营是以契约为纽带而形成的一种合作关系,是经济活动的横向联合,不是独立的法律实体。合同型联营具有如下特点:第一,联营方式灵活简便。联营的纽带是合同,即联营各方通过订立协议,相互间建立相对长期的、较为稳定的协作关系,如在生产资料供应、技术服务、生产销售等方面的合作。第二,联营各方各自独立生产经营,对外各自承担法律责任。联营各方协作只是为了发挥各自的优势,取长补短,并不改变联营各方独立经营、独立核算的地位。各方不得以联营的名义对外进行民事活动,各方对外不承担共同的法律责任。第三,联营不形成新的经营实体,不统一进行生产经营。因此,松散型联营在合同规定期限内,没有统一的管理机构,既不共同投资、共同经营,也不形成共同财产,不产生新的法律实体。区别于法人型联营和合伙型联营,合同型联营各方在平等自愿原则下,通过合同明确约定各自的权利义务。联营各方不需要订立章程,也不需要登记注册。一旦各方的经济目的得以实现,即可终止联营合同,解除联营关系。如果需要继续进行协作,各方可以另行订立合同进行联营。农户与其他农业经营组织之间的订单农业等属于合同型联营。[①] 但这种通过合同形式形成的联营不是一种紧密的利益共同体,各自承担相应的风险,缺乏目标的一致性,双方都可能存在机会主义,从而影响后续性发展。合同型分工联营存在一定的不稳定性,单方违约的可能性大,存在事后交易费用高和利益分配不均衡等问题。[②]

5. 合作型经营

“合作”的原意是指成员之间的联合和协作行动。合作具有服务

---

① 2002 年原农业部发布的《关于发展和规范订单农业的意见》指出,“订单农业,是指农户在农业生产经营过程中,按照与农产品购买者签订的契约组织安排生产的一种农业产销模式”。

② 参见张国鹏、李乾、王玉斌:《联结机制、利益分配演变与农民专业合作社发展》,载《华南理工大学学报(社会科学版)》2019 年第 5 期,第 38 页。

性、互助性和民主性。合作型经营是一种利用各方合作来实现特定经济目的的组织。通过合作型经营,成员既实现了劳动的联合,又实现了生产资料、资本和信息的合作,改变原来分散、小规模的生产方式,产生了积极的互助效果和增值收益。在本质上,合作型经营是“人的联合”,而不是“资本的联合”。合作型经营的主要效用不是为了实现社员投资收益的最大化,而是为了解决社员“人人为我、我为人人”的资源供给以及使用难题。[①] 合作制的形式多种多样,可以是多种生产要素的联合体。从合作的业务看,可以分为生产合作社、供销合作社、信用合作社、消费合作社、运输合作社、劳务合作社、保险合作社等;从组织形式上看,有专业合作社、股份合作制社等。[②] 现代意义上的第一个合作社是1844 年在英国成立的“罗虚戴尔公平先锋社”,并形成了著名的“罗虚戴尔原则”,如自愿、一人一票、公平买卖、惠顾返利等。2003 年修订的《农业法》提出鼓励农民自愿组成各类专业合作经济组织。我国《农民专业合作社法》对农民专业合作社进行了规范调整。农民专业合作社是由从事生产经营的农户自愿组织起来,实行自我管理、自我服务、自我发展,以提高竞争能力、增加成员收入为目的的专业性合作经济组织。农民专业合作社的合作机制体现在生产资料的供给、运输和质检以及产品的生产、储存、加工、运输、销售等环节。通过合作社的合作,可以发挥规模化经营的效果,实现农民利益的最大化,从而保障农民收入。股份合作社是在农村原有合作制基础上,实行劳动者的资本联合,把合作制与股份制结合起来的特殊的农业生产经营组织形式,如农地股份合作社、农村股份经济合作社等。农民专业合作社、股份合作社是两种不同的组织体,但都属于合作制经营。合作经济组织的特征主要表现在:第一,合作经济以劳动联合为基础,实现劳动联合和资本联合相统一。成员既是劳动者,也是投资者,享受劳动收益和投资收益。第二,合作经济组织具有法人资格,成员对合作社的债务以出资额为限承担责任。第三,成员自愿参加、自由退出,地位平等,个别成员的退出不

---

① 参见曲承乐、任大鹏:《农民专业合作社的价值回归与功能重塑——以小农户和现代农业发展有机衔接为目标》,载《农村经济》2019 年第 2 期,第 16 页。

② 2012 年 12 月中共中央、国务院发布的《关于加快发展现代农业进一步增强农村发展活力的若干意见》提出,“鼓励农民兴办专业合作和股份合作等多元化、多类型合作社”。

会影响整个组织的内部结构和组织的继续存在。合作制经营是多个农业经营主体之间紧密型的利益联合体,是我国统分结合经营体制的客观反应和现实需要。我国的农民专业合作社和农村股份经济合作社虽然都属于合作制经营,但二者的发生机制和发展路径不同。① 比较而言,家庭农场依靠"血缘关系"进行生产经营活动,组织和监督成本低,主要承担生产职能。农民专业合作社主要依靠"地缘关系"形成,组织和监督成本高,应注重发挥其社会服务职能。② 相比于农业企业,农民专业合作社能降低劳资之间的委托代理成本,因而是农业生产的有效组织形式。③ 据统计,截至2019年,在登记机关依法登记注册的农民合作社已经超过210万家。

6. 公司型经营

公司是以营利为目的的企业法人,是适应市场经济社会化大生产的需要而形成的一种经营组织形式。公司是现代企业的典型形态。公司具有民事权利能力和行为能力,是独立的法人组织,有属于公司自己的财产,并以公司的全部财产对外承担责任。我国《公司法》规定了有限责任公司和股份有限公司两种类型的公司。有限责任公司是指不通过发行股票,而由50人以内的投资者投资设立的企业法人。其资本不划分为股份,具有封闭性特征,股东对外转让股权受到一定的限制。有限责任公司适合中小型企业。股份有限公司是全部注册资本由等额股份构成并通过发行股票筹集资本,公司以其全部资产对公司债务承担有限责任的企业法人。公司的基本特征表现在:第一,公司具有法人性,是独立的法律实体。公司是依法独立享有民事权利、承担民事义务的组织。公司具有独立的财产,以自己的名义进行经营,享有权利和承担义务。股东一旦将其财产投资于公司,就形成公司财产,而股东只对公司享有股权。公司以其全部财产对外承担民事责任,股东不对公司

---

① 参见易棉阳:《社区型股份合作社与农民专业合作社的比较研究》,载《华中农业大学学报(社会科学版)》2018年第6期,第49页。

② 参见江元、田军华:《谁是更有效率的农业生产经营组织:家庭农场还是农民专业合作社?》,载《现代财经》2018年第6期,第28页。

③ 参见高华云:《成本约束、创建模式与农民专业合作社发展——基于合作社利益主体之间的博弈分析》,载《中南民族大学学报(人文社会科学版)》2020年第2期,第103页。

的债务直接承担清偿责任，仅以其出资额或所持股份为限对公司债务承担责任。第二，公司具有营利性。它是指公司以从事经营活动、追求利润最大化为目的。公司作为以营利为目的的经济组织，有确定的经营范围，须持续地进行经营活动。公司须将其经营活动获得的收益依照法律和章程规定分配给股东。第三，公司具有社团性。它是指公司是人的集合，即由多个股东共同组成。但一人有限公司和国有独资公司除外。第四，公司实行所有权与经营权分离。从经济学的角度出发，投资者是公司的所有权人。但这并不意味着投资者参加公司的经营活动。公司可以委托专业的经营者负责经营管理，以更好地促进公司发展。为了加强对公司经营管理层的约束，法律明确了公司治理结构和治理机制。公司董事、经理必须尽职尽责履行义务，维护公司和股东利益的最大化。公司董事、经理违反忠实义务和勤勉义务造成公司损失，应承担相应的法律责任。在农业领域，公司型农业企业一般是具有一定经营实力的农业经营主体。符合条件的股份制农业公司可以到证券交易所和新三板募集资金，并挂牌交易。符合条件的农业公司也可以发行债券募集资金。有观点认为，股份制现代企业是第二产业领域最为适宜的组织制度。[①] 事实上，我国《农业法》调整的农业属于“大农业”，涉及各个环节，因而公司形式可以适用于农业的各个产业链。从融资渠道而言，符合条件的公司可以通过信贷以及发行股票、债券等形式募集资金，而农民合作社只能通过信贷方式进行融资。

第二节　家 庭 农 场

一、家庭农场的意义

家庭农场，起源于欧美，主要是指农民家庭成员通过经营自有土地或通过租赁方式经营他人土地而形成的农业经营形式。我国家庭农场兴起的时间并不长，因而是一种新的经营形式。从功能上而言，家庭农

---

① 参见周腰华、成丽娜：《新型农业经营主体组织模式与经营模式分析》，载《学术交流》2019 年第 7 期，第 113 页。

场已经超越单纯的家庭承包这一经营方式,具有农业生产单位的属性,是适应农业现代化、产业化和规模化生产经营的产物,能够运用现代经营管理方式和较为先进的农业技术进行农业生产,并在一定程度上涉足二三产业。但是,家庭农场本身并不脱离家庭成员,不是高度社会化和规模化的生产经营形式,而是引入农业现代化理念、突出现代农业经营特点,在分别经营的基础上,具有一定的"统合"经营性质。我国农业部门将家庭农场定位为新型农业经营主体,明确了家庭经营、规模经营等特征,同时也规定了家庭农场的认定标准。这种定位强调了家庭农场的经济属性,契合我国农业经营发展的客观需要,体现了农业生产经营形式的创新。家庭农场是农业家庭经营的高级阶段,是促进现代农业发展的基本生产单元,实现了劳动力和土地双重要素的集约化。[①] 家庭农场与专业大户和企业经营有着本质的区别。家庭农场与专业大户具有相似性,但也存在根本性差异。专业大户通常是指达到一定规模且具备一定专业化水平的种植户或养殖户。专业大户强调的是规模化和专业化,即在生产规模、经营能力等方面要高于一般的农户,而且主要从事某一种农产品的种植或养殖。从法律属性上看,专业大户是普通农户生产经营的扩大体,并不是多种农业生产要素的复杂组合,本质上还是家庭或个人经营,不需要进行注册登记。[②] 而且其生产经营范围主要是生产初级农产品,个别还可能涉及一定程度加工或市场流通。其土地来源除了家庭承包外,还可以通过租赁等流转方式获得。同时,专业大户因为具有一定的生产规模,也可以在农忙季节雇佣工人。专业大户是次于家庭农场的一种生产经营形式。家庭农场本质上是介于种养大户与农业企业之间的一种中间型农业经营方式。专业大户和家庭农场主要体现为单个农户。农民合作社是多个农户互助合作的经营形式,农业企业是超越单一农户家庭进行农业生产经营的高级形式。农业企业通常采取公司形式,有严格的组织结构和治理机制,可以通过

---

① 参见王春来:《发展家庭农场的三个关键问题探讨》,载《农业经济问题》2014 年第 1 期,第 43 页。

② 根据《青海省农牧业种养大户和家庭农牧场培育扶持暂行办法》的规定,种养大户是指"以户为经营单位,专门从事种植业、养殖业生产,生产经营规模明显大于传统农牧户或一般农牧户,但尚未达到家庭农牧场标准的农牧户"。

生产要素的优化组合增强经营能力,并有效降低交易费用。但是,受制于自然环境和地域空间,农业生产活动难以像工业生产那样进行社会化分工,而只能进行一定程度的分工与协作。研究表明,受农村自然条件、劳动力资源以及科层制管理模式的制约,一些地区的公司型农场难以"嵌入"乡村社会关系网络中,出现"水土不服"以及相应的经营困境,相比而言通过家庭农场进行适度规模化经营更具有适宜性。①

家庭农场具有如下特性:第一,家庭农场以家庭经营为依托。以家庭成员为主要劳动力是家庭农场区别于其他经营组织的显著特征。在家庭农场经营中,常年雇工人数不能超过家庭劳动力的人数,否则就可能演变为一般性的农业企业。与农业企业、农业专业合作社相比较,家庭农场能够通过地缘关系优势获得稳定的土地经营权,从而也更能积极主动维持土地用途以及维护农民利益。家庭成员之间存在共同的经济关系,有着血缘和感情纽带。但此时家庭成员间的关系已经超越了"血缘共同体",本质上是"事业共同体"。② 以家庭作为经营单位的家庭农场,其最大优势是产权明晰、内部治理简单、成员利益高度一致、劳动责任心强、主动性高,不产生"委托—代理"关系下的监督成本,对于种养业具有天然的适应性和生产优势。从实践来看,家庭经营在种养业始终占据主导地位。因此家庭农场的家庭经营方式与我国农业国情相吻合。第二,家庭农场以农村家庭承包经营为基础。党的十一届三中全会以后,我国开始实行农村家庭联产承包责任制,保障了农户家庭的经营主体地位和自主经营权,提高了农民的生产积极性,促进了农业农村发展。家庭农场是家庭联产承包责任制的发展,承续了以家庭为单位进行农业生产经营所具有的优势。第三,家庭农场以适度规模经营为原则。家庭农场的生产经营应具有一定的规模。家庭农场经营方式是对传统的小农生产方式的超越,但也必须保持与家庭成员经营能力的适配性,即经营规模客观上必须具有一定的限度。与个体经营相区别,家庭农场的经营目标高于个体经营,对创新农业生产模式和进行

---

① 参见吴存玉、梁栋:《农业现代化的经营主体之辨——基于公司性农场与家庭农场的比较》,载《中南民族大学学报(人文社会科学版)》2019 年第 4 期,第 158 页。

② 马华、姬超等:《中国式家庭农场的发展:理论与实践》,社会科学文献出版社 2015 年版,第 35 页。

适度规模经营具有重要意义。在小农经济下，个体农户难以承担农业适度规模发展的任务。个体农户力量单薄，缺乏应对经营风险的能力。而家庭农场具有专业化的经营管理水平，应对自然风险和市场风险的能力得到一定程度的增强。一般而言，家庭农场的经营管理者是职业化农民，有助于农业生产要素的合理配置，进一步发挥家庭经营的优势和潜力，实现一定程度的集约经营和专业经营。相比于小农户，家庭农场具有显著的社会化特征，能够与农业产业链保持一定的衔接性。由于家庭农场生产经营具有规模化、集约化、商品化特性，因而具备较强的发展潜力和竞争能力。而且，家庭农场具备鲜明的生态自觉性，更加注重农产品的生态效益。[①] 另外，基于我国农业资源分布的实际，家庭农场的适度规模不能适用统一标准，而应该根据不同的区域进行区分。[②]

二、家庭农场的产生和发展

家庭农场是以家庭承包经营为基础而发展起来的新型农业经营主体。家庭农场虽然起源于西方并成为重要的农业经营形式，但也是我国当下需要重点培育和大力发展的农业经营主体。家庭农场对于推动农业现代化、促进适度规模经营以及新农村建设和乡村振兴等具有重要的现实意义。自改革开放以来，我国逐步建立起以家庭经营为主的“统分结合”的农业基本经营制度。一方面，家庭承包符合农业生产自身的特性，是一种适合农业生产经营的管理模式。[③] 另一方面，家庭承包实现了农业生产经营的自主，保障了农民个体发展经济的权利，调动了广大农民的生产积极性，解放了农业生产力。但是随着我国经济社会的进一步发展，家庭承包制在实施中逐渐暴露出一些问题。主要表现在，家庭承包经营主要是一种分散化经营格局，普遍存在经营规模

---

① 参见王新志、杜志雄：《家庭农场更有效率吗？——基于理论与实证的比较分析》，载《东岳论丛》2020 年第 7 期，第 174 页。

② 参见王晓敏、邓春景、王雪钢：《国外家庭农场的特点及经验借鉴——基于农业资源禀赋视角》，载《世界农业》2016 年第 7 期，第 89 页。

③ 参见颜英、何爱国：《中国农民四十年小康之路的制度创新》，载《武汉科技大学学报（社会科学版）》2020 年第 2 期，第 129 页。

小、农地细碎化问题，缺乏应有的“利益联结”和“统合效用”，造成了土地资源的浪费，不便于农业规模化生产。小规模的土地经营方式已不能适应现代农业的发展。分散的农业生产经营制约了农业规模化的推进，不利于农业产业化的发展。虽然农村实行家庭承包经营后，一些农户通过流转土地进行一定规模化的生产经营，但并不具有普遍性，而且也缺乏政策的引导和法律的规制。由此，继续推进农业农村改革、创新农业生产经营体制势在必行。2008 年 10 月党的十七届三中全会通过的《中共中央关于推进农村改革发展若干重大问题的决定》明确提出，具备条件的地方可以发展家庭农场等规模经营主体。[①] 中央提出的一系列的指导意见和相关政策，加大了对家庭农场发展的支持力度。中共中央和国务院 2012 年 12 月发布的《关于加快发展现代农业进一步增强农村发展活力的若干意见》进一步提出了发展家庭农场的政策措施，主要包括：第一，增加农业补贴资金规模。新增补贴向家庭农场等新型生产经营主体倾斜，包括直接补贴、良种补贴、农机具购置补贴等。第二，引导农村土地承包经营权有序流转，鼓励和支持承包土地向家庭农场等流转，发展适度规模经营。第三，创造良好的政策和法律环境，采取奖励补助等多种办法，扶持家庭农场。加强农业职业教育和职业培训，加大家庭农场经营者培训力度。原农业部 2014 年 2 月发布的《关于促进家庭农场发展的指导意见》对家庭农场的重要意义、基本特征和工作要求等提出了指导性意见。2019 年 8 月中央农村工作领导小组办公室和农业农村部等部门发布的《关于实施家庭农场培育计划的指导意见》对家庭农场的登记和名录管理、示范创建、政策支持、保障措施等提出了具体意见。在此过程中，家庭农场成为构建新型农业经营主体的重点。

为了指导本地家庭农场的发展，各地也陆续出台了相应的政策文件，如《宁夏回族自治区关于促进家庭农场发展的指导意见》《甘肃省人民政府办公厅关于培育发展家庭农场的指导意见》《陕西省省级示范家庭农场管理办法》《青海省农牧业种养大户和家庭农牧场培育扶持暂行

---

① 2008 年中共十七届三中全会通过的《中共中央关于推进农村改革发展若干重大问题的决定》提出，“有条件的地方可以发展专业大户、家庭农场、农民专业合作社等规模经营主体”。

办法》等(见表3－1)。各地政策明确了家庭农场的内涵、发展原则、确认条件、起点规模标准，加强了对家庭农场的标准引导和规划指引，为家庭农场发展提供了政策基础。在中央政策和各地具体措施的支持和鼓励下，近年来家庭农场发展较快。家庭农场已成为各地现代农业发展的有生力量。截至2018年年底，进入到农业农村部家庭农场名录的有60万家，与2013年比增长了4倍多。家庭农场主要从事种植业和养殖业，已具备一定的生产规模，表现出了较高的专业化水平。一些家庭农场积极引进推广农业新品种、新技术和新的种养模式，发展“订单农业”和产业化经营，并注意打造品牌，走可持续发展之路，其经营规模和生产能力远远超过了一般的小农户。各地注重扶持家庭农场发展，逐步提高管理服务水平，加强示范性家庭农场建设。在家庭农场认定方面，各地因地制宜，根据当地农业生产环境，把经营规模控制在适度范围内，但是家庭农场的规范化管理尚需加强。这些政策文件本身效力层次低，缺乏规范性和强制性。家庭农场的法律地位、市场准入制度、经营管理制度、设立登记制度、退出机制和监管制度等需要进一步规范化和法制化。[①] 另外，目前大部分家庭农场都是由传统农户或专业大户转型而来，多数经营者的农业科技素质和经营管理能力十分有限。我国家庭农场多数普遍存在资金实力弱、经营能力不强、技术支持不足等问题，与其他新型农业经营主体有很大差距。与其他新型经营主体一样，近年来家庭农场在发展过程中普遍遇到了一些困难，如设施农业用地问题、融资难的问题以及农业服务的可得性问题。因此，家庭农场的培育发展还需要一个循序渐进的过程。

表3－1　西北各省(自治区)家庭农场政策文件

发布时间	文件名称	主要内容
2013年	《宁夏回族自治区关于促进家庭农场发展的指导意见》(宁党农发〔2013〕4号)	家庭农场的基本内涵、规模标准、政策措施和保障措施等

① 中央农村工作领导小组办公室和农业农村部等部门发布的《关于实施家庭农场培育计划的指导意见》提出，“鼓励各地出台规范性文件或相关法规，推进家庭农场发展制度化和法制化”。

续表

发布时间	文件名称	主要内容
2013 年	《青海省农牧业种养大户和家庭农牧场培育扶持暂行办法》(青农经〔2013〕303 号)	培育扶持目的、培育扶持对象、培育扶持原则、培育扶持的条件、培育扶持政策、日常管理等
2014 年	甘肃省人民政府办公厅《关于培育发展家庭农场的指导意见》(甘政办发〔2014〕170 号)	家庭农场发展的总体要求、工作重点、扶持政策和保障措施等
2015 年	《新疆维吾尔自治区家庭农场认定标准(试行)》	家庭农场的认定条件、申报条件和管理规定等
2020 年	《陕西省省级示范家庭农场管理办法》(陕农发〔2020〕55 号)	省级示范家庭农场的定义,省级示范家庭农场的申报条件、申报程序和监督管理

三、家庭农场的运行

1. 家庭农场的认定

家庭农场的认定主要包括认定标准、认定程序以及注册登记制度等。具体分析如下:第一,认定条件。家庭农场的发展是一个渐进过程,不能脱离当地实际片面追求超大规模经营,因此各地根据当地农业生产的相关环境出台家庭农场认定条件。主要包括如下内容:农场经营者应具有农村户籍或是农村集体经济组织成员;以家庭成员为主要劳动力,常年雇工数量不超过家庭务农人员数量;以农业收入为主,农业收入应占家庭总收入的 60% 以上,家庭成员人均收入不低于本县区城镇居民人均可支配收入;生产经营达到一定规模并相对稳定。从事粮食作物的,土地租期或承包期必须达到一定的年限或面积标准,从事经济作物、养殖业或种养结合的,应达到县级以上农业部门确定的规模标准。第二,认定程序。主要包括申报、审核、颁证和备案等程序。农户向所在乡镇人民政府(街道办事处)或加入的农民专业合作社提出申请,由其进行初审。乡镇人民政府(街道办事处)或农民专业合作社初审后报送县级农业行政主管部门审核。对拟认定的家庭农场,在县级农业信息网等公开媒体上进行公示,公示期满后,如无异议,由县级农业行政主管部门发文公布名单,并颁发证书。由农民专业合作社审核申报的家庭农场到乡镇人民政府(街道办事处)进行备案。此外,家庭农场还可以进行登记。[①] 有观点认为,家庭农场的组织形式可采取个人独资企业、合伙企业和有限公司的形式,而不宜登记为个体工商户。[②] 相关政策鼓励家庭农场根据实际需要,自愿到登记机关登记注册。[③]

2. 家庭农场的经营

经营家庭农场的主要劳动力为家庭成员。经营范围主要是通过承包的土地或流转的土地,从事种植、养殖以及与此相关的观光农业,此外还可兼营相关产品的加工、销售以及农业服务。家庭农场的经营者可以根据需要注册为个体工商户、个人独资企业、合伙企业和有限责任公司等形式,成为具有民事主体资格的法律主体。家庭农场采用何种组织形式,就必须根据法律规定采用相应的内部治理结构。但是,家庭农场的内部治理结构和经营管理具有特殊性。家庭农场最大的经营特点就是家庭成员是劳动者,共同参与经营管理。家庭农场的决策机构主要由户主和从业的家庭成员组成。在家庭农场中,家庭成员和经营者是重叠的,户主是负责人和决策者,也是具体执行人。家庭农场经营者和从业者应通过职业培训等途径掌握相应的农业生产经营技能。家庭农场的监督主要体现为是否按照章程运行,特别是遵守农业生产的相关规定。家庭农场主要是以家庭财产投资,因而作为出资主体的家庭成员都对家庭农场事务享有决策权。"家庭性"要求家庭农场的组织结构以方便农业生产为原则。根据相关政策规定,家庭农场应建立健全各项管理制度,明确利益分配方式,稳定土地流转关系。实践中,有

---

① "实践中,有的家庭农场登记为个体工商户,有的登记为个人独资企业,有的登记为有限责任公司。为此,各地对于家庭农场是否需要工商注册看法不一,很多家庭农场主也比较迷茫。"蔡永飞:《家庭农场的性质究竟是什么》,载《人民论坛》2014 年第 16 期。

② 参见马治国、李鑫:《家庭农场立法构造研究》,载《广东社会科学》2020 年第 4 期,第 230 页。

③ 根据《青海省农牧业种养大户和家庭农牧场培育扶持暂行办法》的规定,家庭农牧场是指"以农牧户家庭为基本组织单位,以种养业为主,以家庭成员为主要劳动力,从事农牧业规模化、集约化、商品化生产经营,以农牧业收入为家庭主要收入来源,并在工商部门登记注册的经营主体"。

的家庭农场还聘请专业财会人员建立生产经营台账，按照企业化的经营理念和管理方式进行成本核算和财务管理，并对收益进行合理分配。

3. 家庭农场的扶持

对家庭农场的扶持主要包括政府出台的专门的财税优惠、信贷支持、农业保险、设施用地等扶持政策。具体分析如下：第一，家庭农场的示范创建。各地农业部门建立家庭农场名录，鼓励各地开展各级示范家庭农场创建。经农业部门认定的家庭农场享受相应的优惠政策。第二，支持家庭农场建设。各级农业部门重点支持家庭农场改善生产条件、稳定经营规模、改进经营管理等，支持家庭农场开展产品质量认证、土地流转、基础设施建设、新技术利用、新产品引进和产品销售等工作。符合条件的家庭农场可以根据规定优先承担涉农建设项目。有条件的家庭农场可以建设试验示范基地，并参与实施农业技术推广项目。第三，财税扶持。各级财政部门将对家庭农场的发展扶持资金列入同级财政预算，并通过直接补助和贷款贴息以及以奖代补和奖补结合等方式进行资金支持。注册登记的家庭农场享有税收优惠政策。第四，土地扶持政策。家庭农场种植和养殖所使用的生产设施用地及其相应的附属设施用地，纳入农用地范围管理。家庭农场所需的农产品加工场地，在符合相关规划的前提下，当地政府应予以优先安排。第五，社会服务政策。引导和鼓励各类农业社会化服务组织向家庭农场开展经营性社会化服务，具体包括病虫害统防统治、代耕代种代收、肥料统配统施、灌溉排水、集中育苗育秧等。第六，金融支持政策。金融机构应根据家庭农场的特点积极开展金融创新，探索创新金融产品，制定专项信贷政策，推进土地经营权和林权的抵押贷款以及其他担保贷款。从实践来看，由于农地并不是合意抵押品，农地抵押贷款供给存在“市场失灵”问题，因而需要政府发挥能动性，通过政策机制激发金融机构的积极性。[①] 在利用政策性农业保险基础上，创新商业性农业保险品种，为家庭农场提供多元化的保险服务。

---

① 参见李国正：《农地抵押贷款的运行模式与参与主体的行动逻辑——基于宁夏回族自治区L村种养结合家庭农场》，载《农业经济问题》2020年第7期，第32页。

4. 家庭农场的退出

家庭农场的退出方式可以分为自主退出和强制退出。自主退出是指家庭农场经营者根据章程规定或经营需要自主决定解散家庭农场，不再以“家庭农场”的形式从事农业生产经营。强制退出是指在考核中被认定为不合格或者存在违法违规行为，由农业部门依法或根据政策规定取消其家庭农场的认定。强制退出的情形主要包括：不符合家庭农场准入条件，经农业行政部门两次审核仍不符合要求的；提供虚假资料或存在舞弊行为；挂名农场；违反国家产业政策；严重破坏生态环境；存在重大生产安全事故或者重大质量安全事故等。强制退出是对家庭农场监管的体现，是规范农业生产秩序的必然要求。家庭农场的退出并不影响农户家庭从事农业生产经营，农户家庭可以其他形式继续从事农业生产经营。其主要后果是，“家庭农场”这一经营主体的消灭以及所享有政策扶持的丧失。家庭农场解散应当根据有关经营组织形式的规定进行清算。家庭农场的财产清偿顺序依次是清算费用、劳动者的工资和相关费用、应纳税款、一般债权。偿还债务后的剩余财产在家庭成员之间进行分配或者作为家庭共有财产。家庭农场清算完毕后应当向农业部门报告，并到登记机关注销登记。如果没有注册登记，家庭农场在退出时应当依法了结债权债务关系，并对其流转到的土地经营权进行合理处理。家庭农场退出后，属于农户家庭原先承包的土地的相关权益仍然归属农户家庭享有。采用租赁等方式获得的土地如果没有到期，既可以终止土地流转协议，也可以在原承包方同意的情况下将其流转到其他农业经营主体。

5. 家庭农场的监管

对家庭农场进行监管的目的在于规范农业生产经营秩序，保障其可持续发展，并促进农业生产与生态环境的协调发展。县级以上农业行政部门是家庭农场的业务主管部门和资格认定机关，负责辖区内家庭农场的申报受理、条件审查、实地考察、认定监测和指导服务等工作。家庭农场的监管具有多层次性，主要表现为，作为农业生产组织受到农业行政部门的监管；作为市场主体受到市场监管部门的监管；作为行业协会成员，受到该行业协会的监管。其中，农业行政部门负责家庭农场的考核；市场监管机构对家庭农场的注册登记、市场行为等进行监管。

农业行政部门负责辖区内家庭农场业务指导、组织培训以及本级示范家庭农场的创建评定和监测管理工作;分级分类制定示范性家庭农场标准,包括经营者资格、劳动力结构、收入构成、经营规模、管理水平等;建立和发布示范性家庭农场名录,并强化跟踪监测。[①] 各省(自治区)根据本地实际开展了家庭农场示范创建和评星定级活动,认定各级示范家庭农场。农业行政部门对家庭农场实行动态考核和综合考核,考核内容包括是否符合准入标准、管理的规范化、经济效益、生态保护等情况。对于不符合要求的家庭农场限期整改;符合强制退出条件的,则强制其退出。家庭农场可以加入家庭农场协会。作为行业协会,家庭农场协会根据协会章程和其他自律规则履行监督职责,包括生产规范、产品质量等,并提供农业生产经营相关的服务。

第三节　农民专业合作社

一、农民专业合作社的意义

农民专业合作社是指由农业生产者、经营者和服务者等以自愿联合为基础而形成的合作式、互助性经济组织。[②] "农民专业合作社"作为一种规范性术语首先出现于 2004 年颁布的《浙江省农民专业合作社条例》。我国 2006 年颁布的《农民专业合作社法》是调整农民专业合作社的基本立法。农民专业合作社是以家庭经营为基础,以成员共同利益为纽带而形成的农业生产经营或服务的合作组织,属于新型农业生产经营主体,也是为农户提供社会化服务的服务主体。它对于维护农民的经济利益和民主权利以及促进农业现代化建设、农

---

① 根据《新疆维吾尔自治区家庭农场认定标准(试行)》的规定,"已登记的家庭农场,有注册商标和'三品一标'认证(适宜的农产品),对外销售的产品有完整的生产记录,可实现产品质量追溯;有满足生产需要的农机设备、库房和管理用房,实行财务核算管理,有连续两年以上的财务记录,收入超过本县(市、区)城镇人均纯收入 20% 以上的家庭农场,可认定为示范性家庭农场"。

② 《农民专业合作社法》第 2 条规定:"本法所称农民专业合作社,是指在农村家庭承包经营基础上,农产品的生产经营者或者农业生产经营服务的提供者、利用者,自愿联合、民主管理的互助性经济组织。"

村经济发展和社会稳定具有重要意义。在我国立法上,农民专业合作社只是一种狭义的合作社,调整范围有较大限制,不包括资金合作、股份合作、劳务合作、土地合作等。根据服务的内容不同,农民专业合作社可以分为生产型、加工型、销售型、服务型等类型。农民专业合作社不同于集体经济组织,也不同于合伙企业、公司等营利组织。公司是一种营利法人,是典型的现代企业形态。公司的本质是纯粹的资本联合,目的是实现经济效益的最大化。资本的多寡是决定公司盈余分配的基本依据。公司股东根据出资比例或出资份额享有股权,包括表决权、知情权、收益权等。公司股权是财产性权利,股东有权依法进行股票交易或股权转让。对于合作社而言,决定性因素不是成员的“资本”,而是与合作社形成的交易额或交易量。合作社与社员之间的交易不以营利为目的。合作社的主要功能是为社员提供合作事项所需的服务。合作社的分配是按股分红与按交易额分红的结合,并以按交易额分红为主。除将部分盈余作为公共积累外,合作社盈余的大部分要根据社员与合作社之间的交易额进行分配。合作社的成员权利是不可转让的权利。这是因为社员权利来自其成员资格。总的来说,农民专业合作社具有特殊性,是兼具公益性和经济性的合作组织。从法人分类来说,农民专业合作社是介于营利法人与非营利法人之间的互益法人。①

农民专业合作社具有以下特征:第一,农民专业合作社是从事农业生产、经营和服务的组织。它与公司等企业法人一样,具有法人资格,是独立的市场主体,具有独立的法律地位。第二,农民专业合作社以农村家庭承包经营为基础。合作社的合作经营结构具有双层次性,即以约定统一经营与分散经营相结合。合作社的成员是享有农村土地承包经营权的农民。合作社不是对家庭承包经营的否定,而是以家庭承包经营为基础而形成的深入合作,如生产、加工、储存、营销和服务等都由合作社统一经营管理。在非合作事务方面,农户家庭仍然保持其独立性。以家庭承包经营为基础而形成的农民专业合作社,不仅可以调动

---

① 参见高海:《〈农民专业合作社法〉的改进与完善建议》,载《农业经济问题》2018年第5期,第44页。

农民的生产积极性，而且可以通过合作社的统一生产经营以克服单个农户生产抵御自然风险与市场风险的局限。第三，农民专业合作社是专业化、规模化的农业生产经营组织。[①] 农民专业合作社以农业生产者、经营者和服务者为纽带，以实现社员生产、加工、销售等共同的经济目的。社员之间通过专业化的合作，有利于形成适度规模经营，提高经济效益、社会效益。相比于种养大户和家庭农场，农民专业合作社更能有助于实现农村资源的整合和共享，能够克服单个家庭经营的局限性，能够达到“报团取暖”的效果。第四，农民专业合作社是自愿、民主的组织。合作社以自愿为基础，彼此信任，自主选择，并具有共同的经济需求。合作社社员的地位一律平等，并在合作事务上实行民主管理。而且只有农民自身参与合作事务的决策与管理，才能产生凝聚力，保障合作社运行的持久性，并切实产生合作效应。第五，农民专业合作社是具有互助性质的组织。农民专业合作社是“为成员共同利益实施民主控制的经济体”。[②] 合作社的服务对象是全体成员，并为成员提供不以营利为目的的服务。成员以信任信赖以及互益互助而形成的合作关系构成农民专业合作社存在与发展的基础。

二、农民专业合作社的产生和发展

改革开放以来，我国农村经历了两次重大改革。一次是确立了以家庭承包经营为基础、统分结合的双层经营体制；另一次是推动农业生产经营社会化和农产品市场化。改革主要调整了两个层面的关系，即国家与农民的关系以及政府与市场的关系。[③] 我国农村改革确立了农民的市场经营主体地位，改善了农业生产经营条件，解放了农村生产力，促进了农业生产的发展。在农业农村改革的推进中，涌现出了一批

---

① 《农民专业合作社法》第 3 条规定：“农民专业合作社以其成员为主要服务对象，开展以下一种或者多种业务：（一）农业生产资料的购买、使用；（二）农产品的生产、销售、加工、运输、贮藏及其他相关服务；（三）农村民间工艺及制品、休闲农业和乡村旅游资源的开发经营等；（四）与农业生产经营有关的技术、信息、设施建设运营等服务。”

② 陈杉、聂婴智、吴霁：《农民专业合作社概念的历史考查与理论分析》，载《东北农业大学学报（社会科学版）》2019 年第 3 期，第 66 页。

③ 参见张慧鹏：《大国小农：结构性矛盾与治理的困境——以农业生态环境治理为例》，载《中国农业大学学报（社会科学版）》2020 年第 1 期，第 18 页。

农业专业户，从事一定程度的集约化生产，如粮食业、林果业、畜牧业等。然而，总体来说，由于农村市场相对封闭，多数农户生产规模小，经营相对较分散，而且农业信息不畅，难以应对各种自然风险与市场风险。大多农民专业户缺乏生产的专业化合作与分工，在市场交易中始终处于相对比较被动的地位，难以平等进入市场。随着我国市场经济的发展以及对外开放的扩大，农业生产以及农民利益保护面临较大的挑战与压力。要解决这些问题，就需要在家庭联产承包责任制的基础上创新农业生产经营组织，使分散的农户能够互助合作，提高农业生产的组织化、规模化程度，进一步促进农业“统合”经营。① 农民专业合作社是提高农业组织化程度、市场竞争力以及促进农村发展的有效途径。基于此，部分地区的农户在农业生产经营方面进行一定的合作，一批新型农民合作社逐步建立起来。然而，随着合作社数量的不断增加，农民合作社的法律地位、经营内容、扶持措施、监督管理等缺乏法律依据，急需出台专门的法律对其进行规范。2006 年我国正式颁布的《农民专业合作社法》既是农业生产实践和农业农村改革的产物，也是我国关于农民专业合作社的专门立法。此外，各地也出台了相应的法律文件和政策文件，如陕西和新疆发布的实施《农民专业合作社法》办法，以及陕西《关于加快发展农民专业合作社的意见》、甘肃《关于进一步加快农民合作社发展的意见》、青海《关于促进农牧民专业合作社发展的意见》等。

近年来，随着农村分工分业的深化，农民专业合作社出现了一些新情况、新问题，部分规定已难以适应实践需要。《农民专业合作社法》实施 10 年后，于 2017 年进行了修订，相关制度安排有助于合作社规模化发展。主要表现在如下方面：第一，取消“同类”限制，扩大合作类型。主要是取消生产经营农产品或者相关服务的“同类”限制，同时以列举方式将“农村民间工艺及制品、休闲农业和乡村旅游资源的开发经营”

---

① 我国《宪法》第 8 条规定：“农村集体经济组织实行家庭承包经营为基础、统分结合的双层经营体制。农村中的生产、供销、信用、消费等各种形式的合作经济，是社会主义劳动群众集体所有制经济。参加农村集体经济组织的劳动者，有权在法律规定的范围内经营自留地、自留山、家庭副业和饲养自留畜。城镇中的手工业、工业、建筑业、运输业、商业、服务业等行业的各种形式的合作经济，都是社会主义劳动群众集体所有制经济。国家保护城乡集体经济组织的合法的权利和利益，鼓励、指导和帮助集体经济的发展。”

以及如农机、植保等“与农业生产经营有关的技术、信息、设施建设运营等服务”纳入合作社调整范围。合作事务的扩大有助于合作社为其成员提供多元化服务,更好发挥合作社对小农户的辐射带动作用。第二,扩大农民出资范围。根据规定,农户的土地经营权、林权等可以作价向合作社出资。在农村土地“三权分置”背景下,该项规定有助于更多的农户分享合作社所产生的收益,同时也在一定程度上改变了集体成员对货币出资的高度依赖,并减缓了由此而产生的异质性问题。第三,增加了联合社制度。根据规定,三个以上的农民专业合作社可以成立联合社,即联合社的成员必须是合作社,其他组织不能成为联合社的成员。联合社可以更好配置资源、延伸农业的产业链,有助于克服单个合作社规模偏小、竞争力不强等问题,从而提高合作社经营效益。联合社不设成员代表大会,实行“一社一票”的表决制度,体现了合作事务的平等治理权。第四,增加了对合作社用电、用地的支持。根据规定,合作社“从事农产品初加工用电执行农业生产用电价格”,“生产性配套辅助设施用地按农用地管理”。该项规定有助于合作社降低生产经营成本,增加农产品附加值。第五,增加了成员自愿退出和除名机制。根据规定,加入合作社的成员可以自愿退出。成员有不遵守章程、决议或严重危害其他成员和合作社利益的情况,合作社可以将其除名。截至2018年年底,全国依法登记的农民合作社达到217.3万家。

尽管我国农民专业合作社得到了一定的发展,但总体水平仍然处在初级阶段,[①]存在许多问题,例如,地域分布不平衡、经营规模较小、合作范围较窄、扶持力度不够、经营管理水平不高、社会化服务能力不强、辐射带动能力不足等。具体分析如下:第一,区域发展不平衡。我国地域辽阔,受客观条件的制约,各地经济发展不平衡,西部地区农民专业合作社的发展明显滞后。合作社主要以乡村范围为主,不同村组之间差异较大。财税政策的不当执行导致合作社之间的不公平竞争问题比较突出。第二,规模普遍偏小,竞争力不强。多数农民专业合作社规模小,自身实力不强,内部关系比较松散,辐射带动能力不足。由于缺乏

---

① 参见苑鹏:《改革开放40年农民专业合作社的发展与展望》,载《中国农民合作社》2018年第10期,第19页。

相应的技术支撑，部分农民专业合作社没有实施标准化生产，服务基本停留在农业信息、技术咨询等层面上，只有少数开展产供销一体化服务，制约了合作社的发展空间。第三，法治观念淡薄，合作意识不强。一些农民创办合作社的目的是套取补贴、取得贷款等方面的支持，盲目成立，不求质量。个别合作社被乡村精英、工商资本异化成包装资本下乡的工具。① 另外，实践中还存在"冒牌社""空壳社""家族社"等不规范的农民专业合作社。② 这些合作社主要是以村组干部或家庭成员凑人数成立，没有真正开展农业生产经营活动，没有按章程规定实际运行。一些合作社的血缘性或亲缘性表现突出，且成员之间有差序等次。③ 第四，资金缺口较大，融资困难。实践中，部分合作社的办社启动资金困难，难以得到信贷机构的支持，导致专业合作社发展资金不足，难以进一步扩大生产经营规模。第五，内部治理不规范。合作社内部利益关系或利益联结机制比较松散，没有真正形成"利益共享、风险共担"的利益共同体，影响合作社的持续健康发展。成员的异质性有可能使合作社的实际控制者和管理者为了自身利益而产生机会主义行为，偏离大多数成员目标，从而产生代理问题。④ 合作社中"交易话语权"小于"资本话语权"，"普通成员的话语权"小于"出资成员的话语权"。小规模的生产者成员被边缘化的现象较为突出。一些小农户不仅没有被赋权，反而可能成为被合作社控制和盘剥的工具。⑤ 农民参与合作社事务的积极性不高。农民加入合作社的主要目的是获得农产品价格改进，社员与合作社之间已经异化成了简单的买卖关系。⑥ 这些都偏离了

---

① 参见冯小：《农民专业合作社制度异化的乡土逻辑——以"合作社包装下乡资本"为例》，载《中国农村观察》2014 年第 2 期，第 2 页。

② 参见唐丽桂：《农民专业合作社发展中的不规范现象研究》，载《重庆社会科学》2019 年第 2 期，第 96 页。

③ 参见仵希亮：《农民专业合作社所处的社会时代及其实现合作的可能性》，载《山东农业大学学报（社会科学版）》2019 年第 1 期，第 71 页。

④ 参见袁久和：《我国农民专业合作社中的委托代理关系与治理研究》，经济管理出版社 2018 年版，第 118 页。

⑤ 参见陈航英：《中国的农业转型——基于农村四十年发展历程的思考》，载《南京农业大学学报（社会科学版）》2020 年第 3 期，第 75 页。

⑥ 参见刘冬文：《农民专业合作社融资困境：理论解释与案例分析》，载《农业经济问题》2018 年第 3 期，第 82 页。

合作社的互助功能，有违公平原则。总体而言，成员在合作社股权、惠顾和治理中的参与并不均衡，少数人拥有重要的话语权，大量的普通参与者对合作社的治理影响有限。①

三、农民专业合作社的运行

1. 成员资格

合作社成员以享有农村土地承包经营权、从事农业生产经营活动且收入主要来源于农业的农户为主要主体。其他主体也可以成为农民专业合作社的成员，包括具有民事行为能力的公民以及企业、事业单位或者社会组织等。这些主体成为成员须具备相应的条件，主要包括从事与合作社业务直接有关的生产经营活动，能够利用合作社提供的农业服务，承认并遵守合作社章程，履行规定的入社手续等。但是，具有管理公共事务职能的单位不得加入农民专业合作社。根据规定，“农民至少应当占合作社成员总数的百分之八十”，“成员总数二十人以下的合作社，成员可以有一个企业、事业单位或者社会组织”；“成员总数超过二十人的合作社，其他企业、事业单位和社会组织成员不得超过成员总数的百分之五”。成员资格的限制体现了促进合作社健康发展以及保护农民利益的宗旨，同时其他主体的适当参与也有利于增强合作社的实力。研究表明，根据生产内容的差异，吸收和利用社会资源，采取形式多样的合作模式，可有效促进合作社的发展。例如，吸纳具有资金、机械等不同生产资源的农户入社，接受企业、技术推广机构、专业技术人才等非农成分成员加入，可以通过优势互补满足生产经营需要。②也有观点认为，非农主体加入合作社属于“精英捕获”，有可能攫取政策性红利以及农产品市场交易的价格红利。③

---

① 参见邵科：《农民专业合作社成员参与：内涵、特征与作用机理》，浙江大学出版社2014年版，第121页。

② 参见岳丕昌等：《新疆畜牧业农民专业合作社典型案例分析》，载《草食家畜》2018年第3期，第15页。

③ 参见张舰、岳茂锐：《农民专业合作社盈余分配研究的现状、问题与未来方向》，载《湖南农业大学学报(社会科学版)》2020年第4期，第29页。

2. 出资方式

合作社成员的出资方式可以分为货币出资和非货币出资。非货币出资的条件包括三个要素,即出资标的具有财产价值、可以用货币估价以及可以依法转让。非货币出资的方式主要是指动产和不动产等实物、专利权和商标权等知识产权、土地经营权、林权、股权、收益权和债权等。根据规定,“成员不得以对该合作社或者其他成员的债权进行出资”。法律、行政法规规定不得作为出资的财产包括个人姓名、商誉权、特许经营权、劳务等,不得向合作社出资。对作为出资的非货币财产应当通过专业机构评估作价,核实财产,不得高估或者低估作价。属于动产的,应当向合作社移交实物;属于不动产的,应当向合作社办理所有权或使用权转让的登记手续;以知识产权出资的,应当向合作社办理该项知识产权的转让手续;以土地使用权出资的,应当向合作社依法办理土地使用权转让登记。从实践来看,供销社、农产品加工企业、农产品经销商以及基层农机推广部门等非农户主体主要通过货币出资方式发起设立合作社。①

3. 内部治理

合作社成员的法律地位平等,通过业务参与、资本参与和管理参与形成利益联结机制。② 内部治理的目标是在合作社内部形成约束和制约关系,通过成员的“民主控制”,保护成员的表决权、知情权、收益权以及救济权等,保障合作社的有效运行。合作社实行民主管理,成员有权参加成员大会,并享有表决权、选举权和被选举权。成员大会的表决机制,实行“一人一票”制,成员各享有一票的基本表决权。这是合作社人合性和公平性的体现。但是出资额较大或者与合作社交易量(额)较大的成员按规定可以享有附加表决权。该项权利是对基本表决权的补充,既体现了公平优先,又兼顾了效率。③ 为了防止权利滥用,附加表决

---

① 参见岳丕昌等:《新疆农民专业合作社模式、特征与发展对策》,载《山西农业科学》2018 年第 3 期,第 484 页。

② 参见王任等:《贫困农户参与农民专业合作社减贫增收的机制》,载《中国农业大学学报》2020 年第 10 期,第 217 页。

③ 参见施春风:《农民专业合作社的权力机构》,载《中国农民合作社》2019 年第 1 期,第 47 页。

权总票数不得超过基本表决权总票数的20%，具体由合作社章程规定。但是“附加表决权”的设定和行使不能违背成员的“民主控制”原则。合作社成员享有知情权，有权查阅章程、成员名册、成员大会或者成员代表大会记录、理事会和监事会会议决议以及财务会计报告、会计账簿和财务审计报告。合作社的机构一般包括成员大会、理事会和监事会。合作社的权力机构是由全体成员组成的成员大会，对合作社的一般事项和重大事项如章程修改、人事任免、成员加入、合并分立、重大资产处置等作出决议。其中，一般事项应由半数以上成员表决通过，重大事项应由2/3以上成员表决通过。为便于会议的召开，规模较大的合作社，如成员超过150人的，可以按照自身实际由章程规定设立成员代表大会，但这不是法律的强制性规定。合作社的执行机构是理事长，可以设理事会。理事长为合作社的法定代表人。合作社的监督机构是执行监事或者监事会。为避免利益冲突，理事长、理事、经理和财务会计人员不得兼任监事。理事长、理事、执行监事或者监事会成员，由成员大会从合作社成员中选举产生，对成员大会负责。理事会和监事会议的表决，实行一人一票。另外，合作社应当按照财务会计制度进行财务管理以及会计核算。执行监事或者监事会负责对合作社的财务进行内部审计，并向成员大会报告。成员大会也可以委托社会中介机构对财务进行审计。审计结论应作为享受政府政策支持的基本依据以及健全内部监督管理机制的重要参考。① 从现实情况来看，能人、大户等核心成员掌握了事实上的话语权。研究表明，在一些地区，合作社的成员大会、理事会和监事会三个机构开会较少，权力集中于理事会，合作社事务不透明、不公开现象较为突出。②

4. 政府监管

政府监管主要是指具有监管职能的机构或部门采取一定的措施或手段对农民专业合作社进行监督和管理。监管的主体包括县级以上人民政府以及农业主管部门、登记机构、环境保护部门、食品安全监管部

① 参见张永兵：《农民专业合作社财产制度研究》，武汉大学出版社2017年版，第127页。

② 参见董红、王有强：《农民专业合作社发展的现状、困难及对策探析》，载《云南民族大学学报（哲学社会科学版）》2018年第2期，第107页。

门、财政税务部门等。具体分析如下:第一,县级以上人民政府承担合作社的综合协调工作,负责统筹指导、协调、推动合作社的建设和发展。第二,农业主管部门承担对合作社的指导、扶持和服务工作,包括落实农业发展的法律和政策的优惠措施,监督合作社对财政补助资金的使用等。第三,登记机关的监管。合作社应当依法进行登记。合作社的业务范围涉及许可事项的还需要许可机关的许可。登记机关应当将合作社的登记信息通报同级农业主管部门等有关部门。合作社应当按照规定向登记机关报送年度报告,并向社会公示。合作社连续两年未从事经营活动的,登记机关吊销其营业执照。提供虚假登记材料或者采取其他欺诈手段取得登记的,由登记机关责令其改正,并可以进行罚款处罚;情节严重的,由登记机关撤销登记或者吊销营业执照。第四,环境保护部门的监管。合作社的生产经营活动应遵守环境保护的规定,包括环境影响评价和环境许可。涉及环境许可事项的,合作社应获得环境保护部门的行政许可。第五,食品安全监管部门的监管。合作社生产经营的产品如果属于《食品安全法》的调整范围,应遵守相关规定。此外,财政税务部门也根据职责范围对合作社进行监管。

5. 扶持措施

国家对农民专业合作社的扶持措施主要包括财政扶持、税收扶持、金融扶持以及政策引导等。[①] 主要表现在:第一,财政扶持。国家对合作社发展农业和农村经济的建设项目进行资金支持。中央和地方财政对农民专业合作社开展信息、培训、农产品标准与认证、农业生产基础设施建设、市场营销和技术推广等服务分别进行资金支持。原农业部于2004年颁布了《农民专业合作组织示范项目资金管理暂行办法》(已失效),财政部向农民专业合作社的示范项目予以专项资金支持。第二,税收扶持。登记设立的农民专业合作社享受国家规定的对农业生产、加工、流通、服务和其他涉农经济活动相应的税收优惠。主要包括,对农民专业合作社销售本社成员生产的农业产品,视同农业生产者销

---

① 我国《农民专业合作社法》第10条规定:"国家通过财政支持、税收优惠和金融、科技、人才的扶持以及产业政策引导等措施,促进农民专业合作社的发展。国家鼓励和支持公民、法人和其他组织为农民专业合作社提供帮助和服务。对发展农民专业合作社事业做出突出贡献的单位和个人,按照国家有关规定予以表彰和奖励。"

售自产农业产品免征增值税；对农民专业合作社向本社成员销售的农膜、种子、种苗、化肥、农药、农机，免征增值税；对农民专业合作社与本社成员签订的农业产品和农业生产资料购销合同，免征印花税。第三，金融扶持。金融机构通过金融产品创新，满足农民专业合作社的金融服务需求。政策性金融机构应为农民专业合作社提供多渠道的资金支持。国家鼓励商业性金融机构为农民专业合作社及其成员提供金融服务。原银监会、原农业部出台的《关于做好农民专业合作社金融服务工作的意见》引入农户信用贷款和联保贷款机制，以满足农民专业合作社和成员的贷款需求。例如，对合作社成员的贷款，可采取合作社内封闭联保或由合作社提供信用担保方式。对于合作社的贷款，可由其成员提供联保。对资金需求量较大的，可运用政府风险金担保、农业产业化龙头企业担保等抵押担保方式给予资金支持。第四，政策引导。国家和各地加强农民合作社示范社建设，评定一批示范社；支持合作社发展农产品加工流通和直供直销，积极扶持农民发展休闲旅游业合作社。国家对革命老区、边疆地区和贫困地区的农民专业合作社给予优先扶助。鼓励农民专业合作社依法开展互助保险，实现成员互助共济，缓解商业保险难的问题。第五，其他措施。例如，农民专业合作社“从事农产品初加工用电执行农业生产用电价格”，“生产性配套辅助设施用地按农用地管理”等。

6. 利益分配

合作社社员之间的互助合作以互益互惠为基础。① 盈余分配制度被认为是农民专业合作社创新的关键以及制度核心。不同于营利法人按股分红的基本原则，农民专业合作社实行“资本报酬有限、惠顾返利为主”的盈余分配原则。这是农民专业合作社作为特殊法人的主要体现。农民专业合作社具有互助性和服务性，不以营利为目的。成员的参与决定了合作社的效益情况。农民专业合作社获得的盈余依赖于成员各种产品的交易以及成员对合作社的利用，本质上属于全体成员共有，因而盈余分配按照成员与合作社的交易量（额）比例返还。成员与农民专业合作社的交易包括销售农牧产品、购买生产资料以及利用合

---

① 参见张德峰：《合作社集体社员权论》，载《政法论坛》2014 年第 5 期，第 11 页。

作社提供的技术、信息、运输等服务。社员享有按照章程规定或者成员大会决议分享当年扣除弥补亏损以及提取公积金后的盈余。除惠顾返还外,社员还可按股分红,但按股分红须受比例的限制,即不得高于可分配盈余的60%。其他收益按比例分配给社员,包括未分配的盈余、政府补助以及社员个人账户中的出资额和公积金份额等。从合作社运行实践来看,按交易量返还为主的盈余分配原则并没得到有效地执行,普遍存在以"按股分红"为主的情形。其主要原因在于,合作社的核心成员和普通成员之间具有很强的异质性。少数核心成员拥有较多的货币资本和社会资本,对合作社的产生、发展起着关键作用,因而谈判能力强。而作为多数的普通成员仅拥有一定数量的土地和劳动力以及一些简单的生产资料,其他可利用资源缺乏,因而谈判能力弱。①

7. 责任机制

农民专业合作社是独立的法人组织,对外以自己的名义从事生产经营活动,具有民事权利能力、民事行为能力以及民事责任能力。对外承担责任的财产范围包括成员出资、公积金、国家财政直接补助、他人捐赠以及合法取得的其他资产。农民专业合作社成员对合作社的债务承担有限责任,具体包括成员账户内记载的出资额和公积金份额。农民专业合作社的理事长、理事和管理人员如果有侵占和挪用或者私分合作社资产、违反规定将合作社资金借贷给他人或者以合作社资产为他人提供担保、接受他人与合作社交易的佣金归为己有、篡夺合作社商业机会等损害合作社经济利益的行为的,合作社享有归入权,即所得收入应当归合作社所有。理事会或监事会负有职责要求侵权人履行归还义务,否则可以提起诉讼要求其承担侵权责任。如果理事会或监事会拒不履行职责,符合一定条件的社员可以代表合作社向法院以自己的名义提起诉讼,要求侵权人履行归还义务。社员不遵守合作社章程以及成员大会或者成员代表大会决议,或者严重危害其他成员及合作社利益的,合作社可以将其除名。但成员的除名,应当经成员大会或者成

① 参见高华云:《盈余分配、契约选择与农民专业合作社发展——基于核心成员、普通成员及政府之间的博弈分析》,载《中南民族大学学报(人文社会科学版)》2018年第5期,第148页。

员代表大会表决通过，并且成员享有异议权。

第四节　农村股份合作社

一、农村股份合作社概述

我国股份合作社源于农村改革，并经历了一个逐步向乡镇和城市发展的过程。农村股份合作社是在实行家庭承包经营后，为适应农业农村生产力的发展，整合农业农村生产要素，探索发展新型农业经济的过程中产生的。1985 年中共中央和国务院发布的《关于进一步活跃农村经济的十项政策》明确提出了“股份式合作”。[①] 我国农村“股份合作制”发源于山东周村。1987 年后，国务院批准了股份合作制试验区，如山东周村、浙江温州和安徽阜阳等。这些试验区开始了对股份合作社产权制度、管理制度、收益分配等一系列问题的探索。1990 年原农业部发布了部门规章《农民股份合作企业暂行规定》，以规范性法律文件的形式对农民股份制企业的性质、作用、地位以及操作等作出了具体规定。1992 年原农业部发布的《关于推行和完善乡镇企业股份合作制的通知》对股份合作制进行了补充和完善。1993 年的《宪法修正案》规定，农村中的生产、供销、信用、消费等各种形式的合作经济，是集体所有制经济。1994 年原农业部出台了规范性文件《乡镇企业产权制度改革意见》，引导乡镇企业实行股份合作制改革，并将股份合作制作为乡镇企业产权制度改革的主要内容。在此过程中，各地也陆续出台了股份合作制的规范性文件，股份合作制企业得到迅速发展，逐步出现了由农村向乡镇、城市延伸的趋势。1997 年党的十五大报告明确指出，“目前城乡大量出现的多种多样的股份合作制经济，是改革中的新事物，要

---

① 中共中央、国务院《关于进一步活跃农村经济的十项政策》明确指出，“有些合作经济采用了合股经营、股金分红的方法，资金可以入股，生产资料和投入基本建设的劳动也可以计价入股，经营所得利润的一部分按股分红。这种股份式合作，不改变入股者的财产所有权，避免了一讲合作就合并财产和平调劳力的弊病，却可以把分散的生产要素结合起来，较快地建立起新的经营规模，积累共有的财产。这种办法值得提倡，但必须坚持自愿互利，防止强制摊派”。

支持和引导,不断总结经验,使之逐步完善。劳动者的劳动联合和劳动者的资本联合为主的集体经济,尤其要提倡和鼓励”。我国《民法典》将“城镇农村的合作经济组织”规定为特别法人。我国的农村股份合作社目前缺乏专门的法律调整,在实践中主要有农地股份合作社、农村股份经济合作社和专业性股份合作社等类型。农地股份合作社主要是指农民以土地承包经营权为基础将农地使用权作为出资方式进行合作经营。[①] 农村股份经济合作社主要是指将农村集体资产进行量化分配给农户进行合作经营。专业性股份合作社主要是指以经营蔬菜、水果等经济作物为主的农户之间或与其他市场主体进行合作经营。

我国现行立法没有对股份合作社进行明确的界定,但一般而言,股份合作社是指在合作制的基础上吸收股份制实行劳动联合与资本联合相结合而形成的新型组织形式。农村股份合作社承袭了合作制优点,既能实现规模经济,又能融入股份制长处,有利于调动各方面积极性,促进农村经济发展。与农民专业合作社和股份制企业相比较,股份合作社具有如下特征:第一,联合方式不同。股份合作社既不完全等同于股份制,也不完全等同于合作制,而是以劳动合作为基础,吸收了股份制的运行机理,实现劳动合作与资本合作的有机结合。作为农村股份合作社成员的农民具有双重身份,既是劳动者又是股东。股份制企业是指两个或两个以上的投资者通过入股经营而形成的一种组织形式,具体表现为股份有限公司。这种企业形式适应社会化大生产和市场经济发展需要,通过所有权与经营权的相对分离提高企业的运行效率和经济效益。从形式上看,股份合作社实行全员入股、劳资合作,而农业专业合作社的社员出资并不折算成股份。第二,管理体制不同。股份合作社实行自愿原则,进行民主管理。社员既是出资者和劳动者,也是

---

① 中共中央、国务院2016年12月发布的《关于稳步推进农村集体产权制度改革的意见》明确要求,发展“多种形式发展集体经济。农村集体经济组织可以利用未承包到户的集体‘四荒’地(荒山、荒沟、荒丘、荒滩)、果园、养殖水面等资源,集中开发或者通过公开招投标等方式发展现代农业项目;可以利用生态环境和人文历史等资源发展休闲农业和乡村旅游;可以在符合规划前提下,探索利用闲置的各类房产设施、集体建设用地等,以自主开发、合资合作等方式发展相应产业。支持农村集体经济组织为农户和各类农业经营主体提供产前产中产后农业生产性服务。鼓励整合利用集体积累资金、政府帮扶资金等,通过入股或者参股农业产业化龙头企业、村与村合作、村企联手共建、扶贫开发等多种形式发展集体经济”。

管理者,体现了资本民主和劳动民主。在表决方式上,实行"一人一票"和"一股一票"相结合。股份制企业的表决方式以出资额的多少为准,不是"一人一票"。而农民专业合作社的表决方式主要是"一人一票"。第三,收益分配不同。股份合作社实行按劳分配和按股分配相结合的方式。股份制企业根据出资比例进行分配,由全体股东共同分享经营成果,共享税后收益。而农民专业合作社根据社员与合作社的交易额的多少进行分配。第四,股权转让不同。股份合作社是一种封闭式组织体,主要表现为资本的封闭性和股东的封闭性。资本的来源只有社员入股一个渠道,不允许非社员投资。而且,增资方式也只能是把合作社的非股东社员发展为股东社员。社员退出合作社时必须转让相应的股份。股份制企业可以依法募集资金,投资者可以依法转让股权。

二、农地股份合作社

(一)农地股份合作社的意义

农地股份合作社是指农户将自己的农地权利折价入股的一种合作经营形式。股份意味着农户的土地经营权已经量化为一种标准化的单位,即每一股的金额相等,并不可再分。如果农户的土地经营权只是一种出资方式,而不能量化为标准单位,则不能称为"股份"。农地是农村农业土地的简称。[①] 农民入股的对象是农地权利,即农村土地承包经营权或土地经营权。[②] 农民将土地经营权出资入股,成为合作社的投资者,同时也是合作社的劳动者。合作社对入股土地实行统一生产经营。在合作社的统一管理下,农户可以参加合作社的生产、加工、销售、管理等,并同时分享投资分红以及劳动收益。农地股份合作是保障农民土地承包权长期收益的合作方式。农地股份合作有助于优化农业合作形式,实现合作的可持续性,保障农民土地收入的稳定增长。1994 年原农业部发布的《关于稳定和完善土地承包关系的意见》(已失效)明确规

---

① 我国《农村土地承包法》第 2 条规定:"本法所称农村土地,是指农民集体所有和国家所有依法由农民集体使用的耕地、林地、草地,以及其他依法用于农业的土地。"

② 我国《农村土地承包法》第 36 条规定:"承包方可以自主决定依法采取出租(转包)、入股或者其他方式向他人流转土地经营权,并向发包方备案。"

定,农地的流转方式包括转包、转让、互换、入股。2002 年我国颁布的《农村土地承包法》明确规定了土地承包经营权可以入股合作社从事农业生产。2021 年 1 月农业农村部发布的《农村土地经营权流转管理办法》对"入股"作出了明确界定。① 在政策方面,中央高度重视通过土地入股合作社发展农业适度规模经营。中央文件明确要求引导农民以土地经营权入股合作社和龙头企业进行农业产业化经营,采取"保底收益"和"按股分红"等方式让农户分享收益。2016 年中共中央办公厅和国务院办公厅发布的《关于完善农村土地所有权承包权经营权分置办法的意见》明确提出了"土地股份合作"这一经营形式。在此过程中,我国农村土地股份合作社得到推行和发展。有观点认为,农村土地股份合作制的推行是我国继家庭联产承包责任制收获的"人口红利"之后所收获的"土地红利"。②

农地股份合作社社员的出资方式主要是非货币出资,即农村土地经营权。根据我国《民法典》的规定,农村土地承包经营权是用益物权,是一项财产性权利,具有排他性和绝对性的特征,具有较强的身份属性。承包人对农村土地依法享有占有、使用、收益和一定的处分权。农村集体是农村土地的所有权人,享有占有、使用、收益和处分的权能,并派生出承包经营权。为进一步深化农村土地制度改革,着力推进农业现代化,2016 年中共中央办公厅和国务院办公厅发布《关于完善农村土地所有权承包权经营权分置办法的意见》,明确提出了农村土地"三权分置"的改革意见。三权分置是指在坚持农村土地集体所有权的基础上,将土地承包经营权分为土地承包权和土地经营权,实行所有权、土地承包经营权和土地经营权分置并行,使土地经营权得以多种方式流转,从而实现适度规模化经营的新型土地制度。"三权"之间的关系表现为:农村土地集体所有权是土地承包经营权的前提,农户享有的土地承包经营权是土地集体所有的具体实现形式,在土地流转中,农户的

---

① 农业农村部 2021 年发布的《农村土地经营权流转管理办法》第 14 条第 3 款规定:"入股,是指承包方将部分或者全部土地经营权作价出资,成为公司、合作经济组织等股东或者成员,并用于农业生产经营。"

② 解安、吴练达:《农村土地股份合作制:释放土地红利——深化农村经济改革的下一个着力点》,载《江淮论坛》2019 年第 6 期,第 71 页。

土地承包经营权派生出土地经营权。该权利是“三权分置”改革的核心。① 土地承包权是一种资格,只有集体经济组织成员才有承包资格,属于成员权,具有身份权属性。为落实农村土地所有权、土地承包经营权和土地经营权“三权分置”,我国 2017 年的修订《农村土地承包法》以及 2020 年颁布的《民法典》,从法律上明确了“三权分置”制度。根据规定,农户承包农村土地后,享有土地承包经营权,可以自己经营,也可以保留土地承包权,流转其承包地的土地经营权,由其他主体经营。土地经营权人根据合同约定占有农村土地,并自主开展农业生产经营活动以取得收益。根据法律规定,“土地承包经营权”是一种具有身份属性的财产权,其流转受到严格限制。“土地经营权”是一种褪去身份色彩的纯粹的财产权,可以在不同主体之间流转。就其法律性质而言,流转期限为 5 年以上并经过登记机构登记的“土地经营权”,具有物权属性或排他性,可以对抗善意第三人。否则,仅属于债权性质,且不具有对抗效力。受让方通过流转取得的土地经营权,经承包方书面同意并向发包方备案,可以作为向金融机构的融资担保。需要指出的是,现行政策和立法上的“入股”,主要是指一种流转方式。此处所称的农地股份合作社是指将土地经营权量化为股份而形成的一种新型经营主体。虽然国家政策强调要加快培育新型经营主体,但对其并没有明确的界定。因此,农地股份合作社是一种不同于农民专业合作社的经营组织形式。

(二)农地股份合作社的运行

1. 形成方式

农地股份合作经营的形成方式主要有三种:第一种方式是农村集体经济组织与农户进行合作经营。农村集体经济组织以集体所有的土地和其他资产与农户的农村土地经营权进行入股,由农村集体经济组织对全部土地进行统一规划及整合经营。在这种模式下,农村集体经济组织一般具有较强的经济实力和经营水平,因而由其对农地股份合作社的事务进行管理。第二种方式是社区或集体内的农民自愿组合进行合作经营。各个农户将农村土地经营权以及其他财产如资金、技术、

---

① 孙宪忠:《推进农地三权分置经营模式的立法研究》,载《中国社会科学》2016 年第 7 期,第 147 页。

农业机械等自愿量化入股进行统一经营。在这种模式下,具有一定技术和经营管理的农民形成管理团队对合作社事务进行管理,其他农民根据自己在农地股份合作社中的股份参与日常经营管理。这种模式主要适用于集体经济组织不够发达且其他农业生产经营主体也缺乏经营实力的情况。第三种方式是经营农业的企业与农户进行合作经营。各个农户将农村土地经营权量化入股,由具有一定经营实力的农业企业统一进行经营管理。在这种模式下,农业企业能够利用自身的农业技术和专业能力进行经营,从而发挥对小农户的带动作用。农民除了成为股东享有股份收益外,还可以成为劳动者获得劳动收益。农村集体经济组织不参与农民土地的经营管理,但具有监督管理职能。

2. 入股资格

根据我国《农村土地承包法》《农业法》等法律的相关规定,拥有集体成员资格的农户享有农村土地承包经营权。根据“三权分置”原理,属于集体组织内的农户可以将土地经营权量化入股,而继续享有土地承包权。这是农户对农村土地经营权的法律处分。流入方可以为本集体经济组织内外的农户、组织或个人。流入方可以根据法律的规定以及与享有承包经营权的农户的约定,将土地经营权入股到合作社统一经营管理。农户的股权退出通常包含两种情形:第一种是普通退股,即在保留村民或社员身份的情况下,撤回入股,退出合作社,并由合作社退回其出资的土地经营权或股本金。在这种情形下,农户仍然享有土地承包经营权。第二种是特殊退股,即在退股时同时丧失村民或社员的身份。例如,农户全家的户口均迁出了本集体经济组织或者迁出本村,由该村或者集体经济组织回收其持有的股权。另外,经农村集体组织同意,农户也可以转让或转包土地承包经营权。在这几种情形下,农户丧失土地承包经营权,也就同时退出股份合作社。

3. 股权配置

农户取得股权资格,是因为对合作社完成了出资。在出资方式上,一般包括货币出资与非货币出资。土地使用权属于非货币财产。农户将农地出资,其实质是以权利的形式进行入股。与其他股份合作社入股不同,在农地股份合作社中,每位农民入股的出资财产中必须包括农地。除了农民将农地单独入股外，农民也可以通过农地加资金、技术、农业机械等其他财产的方式入股。农地股份合作社的股权配置可以分为集体股和个人股。集体股是指用于农业生产的集体资产，经评估作价入股，由村集体组织享有股权。这里的集体资产包括耕地、林地、荒地、滩涂以及集体相关固定资产和其他资产。个人股是指入股社员所享有的股权，包括土地经营权股、贡献股以及其他财产股。土地经营权股，是指农户以土地经营权或其他财产进行出资，并按照相应的股份所享有的股权。贡献股，是指根据农民的年龄或对合作社的贡献进行权益分配。由于各成员在合作社中的贡献主要表现为年龄的差异，因而在股权设置上主要考虑成员的年龄因素。一般而言，年龄较长并长时间生活于本集体的农民是取得贡献股的主要因素。另外，农地股份合作社的股权可以在内部转让、赠与和抵押等。

4. 收益分配

合作社享有经营自主权，收益分配根据法律规定或政府指导意见具体由章程加以规定。农地股份合作社的收益分配主要分为按劳分配和按股分红。享有农地所有权的村集体组织、享有收益权的企业以及享有股权的社员股东与非社员股东都是合作社的受益主体。农地股份合作社的经营收益既可以用于入股分红，也可用于提取公积金、公益金或风险准备金。提取公积金及公益金用来扩大生产，提取风险准备金用以弥补经营亏损。在收益分配上，采用固定分红与浮动利益相结合的方式。土地权益股属于优先股，应按一定比例优先分配，且保证入股农民的收益不得低于入社前的收入。这种分红是一种固定分红。浮动分红是指在对农民股东及对其他相关主体完成分配之后，合作社还有剩余收益时，农民股东享有第二次收益分配权。社员股东除享有按股分红的权利外，还通过按劳分配的方式参与收益分配。村集体组织有权收取管理费，分享农地增值收益以及作为村集体股的收益。另外，农地增值收益，是合作社所产生的附加值，即农地价值的增长，由所有主体享有。

5. 内部治理

农地股份合作社应按照章程规定设立权力机构、执行机构以及监督机构等内部机构，分别承担不同的职能，从而形成稳定的内部治理机制。主要分析如下:第一,权力机构。农地股份合作社由全体入股农户组成股东大会(社员大会)作为权力机构。在表决机制上实行"一人一票"和"一股一票"的方式,体现为劳动民主和资本民主。在表决事项上,对合作社的内部事项,如机构变更、利益分配、重大人事变动等,实行"一人一票"的表决方式。对于生产经营事项,如经营计划、经营方式等,实行"一股一票"的表决方式。第二,执行机构。农地股份合作社的执行机构一般为理事会或董事会,由股东大会(社员大会)选举产生。该机构作为农地股份合作社的管理层,其主要职责是执行股东大会(社员大会)的决议,对生产经营中的具体事项进行管理。依据理事会或董事会的提议,经过权力机构表决通过,可以聘请经理,负责合作社的日常经营及生产活动。第三,监督机构。执行监事或监事会为农地股份合作社的监督机构,承担监督职能。执行监事或监事会由股东大会(社员大会)选举产生,并向其负责。由于农户具有"股东"和"劳动者"的双重身份,因而农户代表应在监督机构中保持多数比例。在村集体入股的情况下,应有村集体组织的代表参与。这种监督机构的组成方式,体现了合作社的劳动民主性,增强了农户的主动性与积极性,有助于合作社的持续健康发展。

6. 政府监管

土地管理部门、登记机构、市场监管部门、财政税收部门等依据法定职责范围对农地股份合作社的生产经营活动进行监督和管理。例如,土地管理部门对农村土地的用途进行监管,登记机构对农地股份合作社的注册登记进行监管,财政部门对农地股份合作社的财政优惠资金使用情况进行监督,税务部门对农地股份合作社的纳税情况进行监管。为了加强对农村集体资产的监管,政府应对农地股份合作社采取具体措施,防止农村集体资产流失,维护农民利益和农地秩序。农村土地以及其他集体资产属于农村集体所有。农村土地所有权属于村集体组织,是自物权、完全物权,体现为公有属性。农村土地所有权派生出土地承包经营权,二者是基础性权利与派生性权利的产权关系。农村土地承包经营权是他物权,属于限制物权。土地承包经营权人或享有土地经营权的其他主体的权利受到相应的限制,包括土地用途、土地流转、经营期限等。根据法律规定,农村集体经济组织或村民委员会、村民小组代为行使农村集体资产所有权，对集体资产进行经营管理。因此这些组织承担了相应的监管职责。①

三、农村股份经济合作社

（一）农村股份经济合作社的意义

农村股份经济合作社是区别于一般农民合作社的农村集体经济组织。它是由行政主导推动的农村合作经济组织，以促进集体经济发展、保障社员利益为主要职能。农村集体经济组织经股改后形成农村股份经济合作社，农村集体资产量化到社员个人，由社员"共同共有"转变为社员"按份共有"。农村股份经济合作社与农民专业合作社都具有共同的产生背景，即农业农村改革。改革推动了农村集体资产的股份化。20 世纪 80 年代，农村股份经济合作社率先出现于广州天河区，因而也被称为"广东创造"。② 但是，我国农村集体资产股份制改革主要是通过中央文件和部门文件以政策形式推动的。1998 年原农业部发布的《农村集体资产清产核资资产所有权界定暂行办法》（已失效）对集体资产所有权的范围进行了界定，包括经营性资产和非经营性资产、资源性资产。2014 年 1 月中共中央和国务院发布的《关于全面深化农村改革加快推进农业现代化的若干意见》对农村集体产权股份合作制改革作了总体部署，并明确提出了农民对集体资产股份的六项权能，即"占有、收益、有偿退出以及抵押、担保、继承权"。2014 年 11 月原农业部等部门发布的《积极发展农民股份合作赋予农民对集体资产股份权能试点改革方案》（农经发〔2014〕13 号）对农村集体产权股份合作制改革和农民对集体资产的股份权能作了具体规定。2015 年 11 月中共中央办公厅和国务院办公厅发布的《深化农村改革综合性实施方案》明确要求"分类推进农村集体资产确权到户和股份合作制改革"，对非经营性资产探索建立集体统一运营管理有效机制，对经营性资产将资产折股量

---

① 我国《土地管理法》第 11 条规定："农民集体所有的土地依法属于村农民集体所有的，由村集体经济组织或者村民委员会经营、管理；已经分别属于村内两个以上农村集体经济组织的农民集体所有的，由村内各该农村集体经济组织或者村民小组经营、管理……"

② 易棉阳：《社区型股份合作社与农民专业合作社的比较研究》，载《华中农业大学学报（社会科学版）》2018 年第 6 期，第 49 页。

化到集体经济组织成员,发展多种形式的股份合作。2016 年 10 月国务院发布的《全国农业现代化规划(2016—2020 年)》、2016 年 12 月中共中央和国务院发布的《关于稳步推进农村集体产权制度改革的意见》、2018 年 1 月中共中央和国务院发布的《关于实施乡村振兴战略的意见》等中央文件作了进一步要求。这些中央文件要求在清产核资和集体成员身份确认的基础上,有序推进集体经营性资产股份合作制改革,实现资源变资产、资金变股金、农民变股东,保障集体资产所有权主体的权利和集体成员的股份权。另外,一些地方也分别出台规范性文件对农村集体产权股份制改革进行相应的规范。

股份制改革是农村经济的发展方向。农村股份经济合作社是农村集体经济组织的一种实现形式。农村集体组织对集体所有的生产资料进行经营、使用、管理以及收益分配的具体过程就是农村集体经济运行的动态表现,因此,农民对农村集体所有的生产资料的不同组合就形成了农村集体经济不同的实现形式。农村股份经济合作社承担经济发展、资产管理和社会保障等功能。2016 年 12 月中共中央和国务院发布的《关于稳步推进农村集体产权制度改革的意见》指出,“农村集体经济组织是集体资产管理的主体,是特殊的经济组织,可以称为经济合作社,也可以称为股份经济合作社”。“农村集体经济组织”是一个法律术语,我国《宪法》以及《土地管理法》、《农业法》、《民法典》等均作了规定。我国《宪法》第 8 条规定了村集体经济组织的宪法性地位。我国《民法典》明确规定农村集体经济组织法人为特别法人,明确了农村集体经济组织的民事主体地位。根据我国法律规定,农村集体经济组织代表行使集体所有权。我国《民法典》第 261 条规定,“农民集体所有的不动产和动产,属于本集体成员集体所有”。因此,农村集体经济组织不是所有权主体,而只是行使主体。也就是说,农村集体经济组织对集体所有的资产进行经营管理,并负有监督职责。我国《民法典》所规定的集体资产限于动产和不动产,但集体所有的资产还包括其他形式的财产。2016 年 12 月中共中央和国务院发布的《关于稳步推进农村集体产权制度改革的意见》进一步明确了资源性资产、经营性资产和非经营性资产等集体资产的范围。[①] 2017 年 6 月,财政部发布《开展农村综合性改革试点试验实施方案》,选择一定数量的乡村进行试点。为支持农村集体产权制度改革,2017 年 6 月,财政部和税务总局发布的《关于支持农村集体产权制度改革有关税收政策的通知》(财税〔2017〕55 号)对改革中涉及的契税和印花税优惠作了明确规定。农村集体经营性资产股份化,是指通过股份或者份额的方式进行量化,将农村集体经济组织的集体经营性资产变为"股权"分配到本村农民,将"农民"变为"股民",从而实现集体成员从"共同共有"到"按份共有"的转变。也就是说,将依法属于集体经济组织的经营性资产通过清产核资、分配股权,量化到具体的集体成员。在此基础上,按照现代企业制度的要求,建立有效的股份经济合作组织。农村集体资产的股份制改革,有助于实现传统资产管理到现代资本运营的转变,健全集体资产运行机制,保障农民共享经营性资产的收益权。[②] 农村股份经济合作社通过赋予农民股权,调动农民参与集体资产的经营管理和监督的积极性。如此,农村各个生产要素得到有效利用,农村集体经济得到发展,农业生产水平得以提高。

(二)农村股份经济合作社的运行

1. 股权主体

将集体资产量化到农村集体成员,不可避免地涉及股份经济合作社股东资格认定的问题。一般而言,股权主体只能是本集体成员,即在股权取得的时间点具有成员资格且对村集体具有法律上的利益关系的自然人。但集体成员资格的取得与户籍变动或人口流动等因素相关。主要有以下两种方式:其一,自始取得。它是指农村土地改革即第一轮承包时户籍在本集体且未发生过变动的农民具有本集体成员的资格。

---

① 2016 年 12 月中共中央和国务院发布的《关于稳步推进农村集体产权制度改革的意见》指出,"农村集体资产包括农民集体所有的土地、森林、山岭、草原、荒地、滩涂等资源性资产,用于经营的房屋、建筑物、机器设备、工具器具、农业基础设施、集体投资兴办的企业及其所持有的其他经济组织的资产份额、无形资产等经营性资产,用于公共服务的教育、科技、文化、卫生、体育等方面的非经营性资产。这三类资产是农村集体经济组织成员的主要财产,是农业农村发展的重要物质基础"。

② 参见段浩:《农村集体经营性资产股权设置的理论突破与实践探索》,载《理论导刊》2020 年第 1 期,第 63 页。

其二，嗣后取得。主要通过两种方式取得成员资格，一是通过婚姻、收养等原因，二是基于公共利益如移民、安置等方式。① 从各地的实践来看，股权主体资格的认定以“户籍”为基础，即以户籍关系为判断依据。丧失本集体户口的，也就失去股权主体资格。户籍作为一种行政管理制度，其迁入、迁出都有明确登记，因此可操作性强，且不易产生矛盾。关于成员的确认标准，除了户籍因素外，还应结合土地承包经营情况、农业生产情况、对农村集体的贡献等因素，协调各方诉求、平衡各方利益，防止侵害少数人权益。主要表现在：其一，与村集体有紧密的生产关系。对一些特殊人员，如外嫁女、入赘婿等，如果与本集体没有形成长期的生产关系，长期未在本村生产生活，即使户籍在本村，也不能取得股权资格。其二，除了是本村成员外还需要达到一定的年龄，这两个要素必须齐备。因此，作为本村集体成员的子女只有达到一定的年龄，才能为其配股，并非一出生就获得股份。其三，由村集体自主确定的一些特殊情形。特殊主体的股权资格由成员（代表）大会决定，获得成员（代表）大会的同意，可取得股权资格。农村股份经济合作社的社员根据其持有的集体资产股份，享有参与决策、收益分配等权利。

2. 股权设置

在股权类型设置中，各地存在较大差异。虽然一些地方出台了指导性文件，但主要属于村集体自治的范畴。目前在实践中，对于集体资产的股权配置主要包括“集体股”“户籍股”“人口股”“贡献股”等类型。具体分析如下：第一，集体股。它是指农村股份经济合作社保留的股份。是否设置集体股由本集体成员民主讨论决定。其原因主要在于，一方面，部分地区在实践中对集体资产并未分类，股份化改革也并限于经营性资产，而是涵盖了资源性、非经营性资产以及政府的拨款和减免的税费等，这些资产都属于集体所有，而且很难量化到农民个人；另一方面，将村集体的一部分收益作为公共财产，用于公共设施建设以及公益事业，从而保障公共事务支出，提高公共服务能力。集体股的分红所得，可以保障村民的基本福利水平。集体股不进行股权流转，但是关于

---

① 参见赵新龙等：《农村集体经济组织成员权的体系构建及其实现机制研究》，知识产权出版社 2019 年版，第 68 页。

集体股的设置在学术界存在争议。有观点主张，将集体股改设为公益金，既明晰了集体产权，又能发挥公共服务作用。① 第二，户籍股。它是指将集体资产量化到各个家庭，即“一户一股”，而不是“一人一股”。这种股权配置不符合改革政策，容易产生矛盾，而且还可能导致后续纠纷。这是因为，有一部分户籍是后迁的，显然不能折股量化。第三，人口股。它是指对集体经营性资产按照一定份额比例进行分配，即“一人一股”而不是“一户一股”，强调将股份量化分配到成员个人，以保障集体成员对集体财产权的真正落实。股权流转范围仅限于集体成员之间，不得将股权流转给合作社以外的组织和个人。换言之，农民持有的集体资产股份可以在本集体内部转让或者由本集体赎回，不得突破本集体范围。第四，贡献股。它是指根据农民对集体的贡献分别设置农龄股与工龄股。对于农龄股，根据农民在本村劳动年限计算股份。对于工龄股，根据村干部的职务时间计算股份。在合作社的收益中，首先根据规定提取公积金、公益金等，剩余部分按社员股份进行分红。对于股权的管理方式来说，一般有静态管理和动态调整相结合的方式。中央政策强调静态管理，即“增人不增股、减人不减股”。

3. 内部治理

农村股份经济合作社是特殊法人，需要根据现代企业法人治理机制，建立健全内部治理结构，包括社员（代表）大会、理事会（董事会）和监事会。“三会”治理结构使普通成员能够真正享有对村集体经济组织重大事务的决策权、知情权、参与权和监督权等，从而形成对掌控集体经济组织的村干部的有效制衡机制，防止集体经济再次蜕变为“干部经济”。② 农村股份经济合作社因兼容股份制与合作制，管理决策上实行“一人一票”与“一股一票”相结合的表决机制，体现为一定的“人合性”。首先，社员（代表）大会是权力机构，是社员表达真实意愿的机构，决定合作社重大事项，实行“一股一票”制。社员（代表）大会决定合作社的内部章程、人事安排、发展规划、利益分配方案等重大事项，并选举

① 参见张洪波：《论农村集体资产股份合作中的折股量化》，载《苏州大学学报（哲学社会科学版）》2019 年第 2 期，第 50 页。

② 张晓山等：《农村集体产权制度改革论纲》，中国社会科学出版社 2019 年版，第 35 页。

产生理事会（董事会）和监事会成员。其次，理事会（董事会）是合作社的执行机构和管理机构。理事会（董事会）负责合作社的经营管理工作，按规定公布集体资产管理、财务收支等情况，接受监事会的监督。理事会（董事会）应保障合作社经营信息公示的落实，社员享有相应的查阅权和质询权。最后，监事会是合作社的内部监督机构，负责监督理事会（董事会）。社员（代表）大会选举具有相关专业知识的人员组成监事会，代表村集体和全体社员对理事会（董事会）进行监督，从而发挥内部制衡功能。在农村集体经济组织股份合作改革中，合作社常出现被“少数管理层”控制的情形，有些地区的农村股份经济合作社存在“政社不分”的情况。这些状况严重影响股份合作社的正常运行，侵害了集体成员的权利。对此，应正确区分农村集体经济组织管理机制与村委会职能的不同，避免合作社出现“政社一体”的经营管理模式。此外，对于侵犯集体利益以及成员权益的行为，监事会、集体成员等可以通过行使撤销权以及代表诉讼等方式进行救济。①

4. 政府监管

由于农村股份经济合作社是农村集体经济组织股份化改革的产物，因而对其监管实质是对农村集体经济组织的监管。监管依据主要是有关农村集体经济组织管理的各级规范性法律文件以及政策性文件等。在监管主体方面，一般而言，县级人民政府履行对农村集体经济组织的指导、服务和监督。乡镇人民政府负责指导和监督农村集体经济组织运行、选举、改制、终止等事项及农村集体资金、资产、资源经营管理。在监管内容方面，主要包括对制度建设、组织机构建设、民主管理情况、财务运行等方面的监管。乡镇人民政府负责本辖区农村集体经济组织成员的登记备案工作，指导农村集体经济组织建立完善投资责任、固定资产登记和保管使用、资产占用责任、资产收益管理及考核、民主理财和审计监督、资产报告等资产管理制度，指导农村集体经济组织对依据本组织章程确认的成员发放成员资格证书，完成股份制改革的股权证发放。农村集体经济组织按规定公开财务计划、各项收入、各项

---

①　参见赵新龙等：《农村集体经济组织成员权的体系构建及其实现机制研究》，知识产权出版社 2019 年版，第 194 ~ 196 页。

支出、各项资产、各类资源、债权债务、收益分配等事项。财务决算和收益分配方案接受乡镇以上农业部门的审计监督。中共中央办公厅和国务院办公厅 2019 年 6 月发布的《关于加强和改进乡村治理的指导意见》明确要求“加强农村集体经济组织审计监督”。通过常规审计和专项审计相结合的方式,重点对资产情况、收益分配、股权流转、管理人员的报酬等进行审计。原农业部和原监察部 2011 年发布的《农村集体经济组织财务公开规定》对农村集体经济组织财务活动的管理和监督作了具体规定。根据该规定,农村集体经济组织成员以及民主理财小组享有监督权。同时,民主理财小组接受村党支部和村务监督机构的工作指导,履行监督职能。另外,农村集体资产监管应实行村民委员会与农村集体经济组织两个账户分离,以落实“政经分离”的改革要求。①

---

① 参见房绍坤:《深化农村集体产权制度改革的法治保障进路》,载《求索》2020 年第 5 期,第 23 页。

第四章　西北特色农业发展的金融支持保障

第一节　金融支持概述

一、金融支持的意义

1. 金融支持的含义

现代金融发展理论认为,金融发展与经济增长之间存在正相关关系。在金融没有得到良好发展的情况下,经济也无法获得有效增长。[①] 金融,简言之,就是资金融通。金融作为促进实体经济发展的工具,能够为经济发展输送血液。金融的构成要素包括金融机构、金融市场、金融业务、金融监管等。金融产品的种类有很多,其中主要包括银行、证券、保险、基金、期货、期权等产品。金融机构通常区分为银行类和非银行类金融机构。前者如商业银行、储蓄银行、信用合作社、村镇银行、合作银行、贷款公司、小额贷款公司、资金互助社等,后者如投资银行、投资基金公司、保险公司、期货公司等。新金融是指区别于传统金融机构的创新型金融机构或金融方式,如风险投资、私募股权基金、种子基金以及天使基金等。金融市场是指资金的提供者与资金的需求者通过金融产品或信用工具进行资金融通或资金配置的市

---

① 参见沈道权等:《民族地区特色农业发展论》,民族出版社 2007 年版,第 86 页。

场,包括资本市场、货币市场、外汇市场、保险市场、衍生性金融工具市场等。金融业务是指金融机构提供的针对市场的具体业务,包括银行业务、保险业务、信托业务、证券业务、期货业务等。各种不同类型的金融机构、金融工具、金融业务和金融市场分别在经济发展中发挥不同的金融功能,并通过不同要素的组合产生溢出效应,以满足市场的多元化需求。金融监管是指金融监管机构对金融机构和金融市场进行的监督和管理。这些要素既相对独立,又紧密关联,从而构成一个有机体。金融体系是金融要素构成的综合体,为经济发展提供资源配置、风险管理等功能。现代经济的竞争,主要表现为金融的竞争,其实质是金融制度的竞争。“制度变迁成本与收益之比会促进或推迟金融支持制度的变迁,决定了金融支持的深度和广度。”①金融要素必须在法治和政策之中运行,法治环境、信用环境、市场环境等构成金融生态。稳健的金融体系关系到金融秩序和经济安全。有效运行的金融体系能够惠及市场的每一个主体。市场主体能够从健康的金融生态中平等获得高质量、差异化的金融服务,从而进一步激发市场活力和竞争力。例如,农户通常都是小规模经营,信用能力低于农业企业,因而应通过设计差别化的信贷类型和担保方式以满足其融资需要。而且,不同的金融工具通过组合,形成金融联动,从而产生复合效应,以分散经营风险。例如,农业领域“信贷+保险”或“保险+期货”模式可以分散信贷风险和农业生产风险等。

金融体系必须与发展需求和经济环境相适应,而经济需求和发展状况又处于不断变化之中。随着经济的发展和竞争的需要,传统金融体制逐步暴露出不足,金融创新不断得到各国的重视。金融创新的根本是经济力量的竞争。金融创新是金融要素的重新组合和创造性变革。从宏观上而言,金融创新涉及的范围较为广泛,通常包括金融市场创新、金融业务创新、金融服务创新、金融产品创新、金融科技创新、金融制度创新等。从中观上而言,金融创新是监管机构和金融机构为适应经济环境的变化,为更好地实现安全性、流动性和盈利性目标,创造

---

① 郭士华:《我国绿色金融体系运行机制构建与制度安排研究》,江西高校出版社2019年版,第21页。

一个高效的资金运行体系的过程。政府通过出台差异化的市场准入制度,避免金融机构的同质化,如设立小额贷款公司和信用合作社等。从微观上而言,金融创新主要是指金融机构提供的金融产品和金融服务的创新。金融创新通过多元化的金融机构和差异化的金融产品,增加金融要素供给,扩大金融资源的可利用程度,使金融市场能够提供更多的投资和融资安排,从而满足不同的投资者和融资者的需求,并提升金融资源效用和配置效果。金融机构的多元化是指金融机构从传统的基本主体向新型主体的发展,既可以有国有性质的,也可以是民营性质;既可以是信贷类的,也可以是非信贷类的。在信贷体系内,还可以设置差异化的机构。例如,美国有比较健全的农业金融体系,主要包括非营利性金融体系,如商品信贷公司、农民家计局等;合作性农业金融体系,如联邦土地银行、联邦中间信贷银行等;商业性农业金融体系,如商业银行以及其他私人信贷支持等。① 金融机构的多元化就是要让多种主体参与进来,不仅可以为市场主体提供不同的交易对象,也会对金融垄断的抑制具有积极意义。金融产品的多元化是指金融机构超越传统的产品类型和服务方式的局限,能够给市场提供较多类型的、针对性强的金融产品和金融服务,最大限度地满足不同层次市场主体的金融需求。

金融支持,不是一个规范性的术语,主要是理论性的,因而也没有一个权威的定义。金融支持是一个比较宽泛的概念,其主要功能是通过金融资源配置发挥对经济发展的支撑和促进作用。从宏观上而言,金融支持表现为金融对经济增长以及经济结构转型的支持。从中观上而言,金融支持表现为金融对某一产业领域或地区经济发展的支撑。从微观上而言,金融支持主要表现金融机构为各类社会主体特别是市场主体提供资金支持,如债权融资和股权融资。债权融资包括担保贷款、信用贷款、债券发行、民间借贷等;股权融资主要指通过发行股票获得资金。金融支持是各个金融要素的综合运用,既包括出台一些专门的、针对性的金融制度和金融政策,如贷款品种、差异化的利率、贷款贴息、担保方式等,也包括金融机构为市场主体提供的不同性质和种类的

① 参见卫志民、李忠昶、关园:《美国农业金融体系的基本架构、特征及启示》,载《经济纵横》2014 年第 9 期,第 106 页。

金融服务，如信贷服务、投资基金服务、保险服务、资本市场融资服务等。从比较法来看，一些发达国家颁布了农业保险法，如美国的《1994年联邦农作物保险改革法》、日本的《农业灾害补偿法》等。[①] 在农业产业领域，农业企业在符合法定条件的情况下，可以通过发行股票或债券的方式融资。风险投资的主要投资方向是高新技术产业，高新技术农业企业也可以获得风险投资的支持。这就是通过资本市场对农业的支持。此外，还可以通过远期、期货、期权、互换等衍生金融工具管理农业生产经营中的风险。通常而言，金融服务是指金融机构为各种社会主体提供的金融业务，主要是指平等的市场主体之间形成的民商事交易关系。[②] 而金融支持的主体既包括金融机构，也包括政府和金融监管机构。作为市场主体的金融机构，是理性的"经济人"，具有逐利的天然本性。然而，不是每一个主体都能够通过市场机制获得所需的金融服务。这就需要政府通过相应的政策机制为贫弱群体、弱势产业和弱势区域等提供差异化的金融产品，以保障机会平等以及实现可持续性发展。本质上而言，普惠金融的兴起正是对传统金融领域分配的非正义性所进行的调整和矫正。[③]

2. 金融支持的类型

(1) 政策性金融支持、商业性金融支持和合作性金融支持

政策性金融是相对于商业性金融而言的一种金融类型，它主要是指按照国家限定的业务范围和经营对象，以优惠性金融措施促进特定领域或行业发展的一种特殊金融行为。政策性金融是指一切带有特定政策性意向的贷款、投资、保险、担保、贴现等特殊性资金融通或资金配

---

① 参见冯涛：《农业政策国际比较研究》，经济科学出版社 2007 年版，第 176～184 页。

② 我国《乡村振兴促进法》第 65 条规定："国家建立健全多层次、广覆盖、可持续的农村金融服务体系，完善金融支持乡村振兴考核评估机制，促进农村普惠金融发展，鼓励金融机构依法将更多资源配置到乡村发展的重点领域和薄弱环节。政策性金融机构应当在业务范围内为乡村振兴提供信贷支持和其他金融服务，加大对乡村振兴的支持力度。商业银行应当结合自身职能定位和业务优势，创新金融产品和服务模式，扩大基础金融服务覆盖面，增加对农民和农业经营主体的信贷规模，为乡村振兴提供金融服务。农村商业银行、农村合作银行、农村信用社等农村中小金融机构应当主要为本地农业农村农民服务，当年新增可贷资金主要用于当地农业农村发展。"

③ 参见宗民：《普惠金融的伦理基础及其实践原则》，载《浙江社会科学》2020 年第 5 期，第 104 页。

置的总称。政策性金融的特征表现在:其一,政策性。它是政府为了实现特定的产业发展或经济目标而实施的金融措施,对产业保护和经济发展具有促进作用。例如,政策性贷款具有期限长、利率低的特点,其放款对象体现了政府的经济发展意图。其二,优惠性,即在利率、贷款期限、担保条件等方面比商业银行贷款更加优惠。针对农业领域担保难的问题,可以实行多种形式的担保方式,既可抵押担保、保证担保,在一定风险控制内,也可以实行经营者联保,另外还可以通过政府专业担保公司参与对经营者的融资担保,或引入农业政策性保险提供担保。农业政策性金融落实普惠金融要求,直接惠及农业经营者,从而引导和扶持农村经济发展。其三,金融性,即一种在一定期限内以资金融通为目的的行为。政策性金融虽然具有一定的特殊性,但应按金融的一般规则运行,即要遵循金融规律,以保障金融秩序的稳定。政策性金融的资金是有偿的,需要支付利息,因而不同于财政资金的无偿拨款。[①] 其四,补充性。政策性金融可以弥补商业性金融活动的不足。在市场机制条件下,对于一些商业性金融机构不愿或无力选择的产业或项目,政策性金融引导资金流向,进行融资补充。农业生产受自然条件和市场因素的影响,产业风险大,资金回流速度慢,普遍存在融资难、融资贵的问题,因而就需要政策性金融对商业性金融的资金导向进行校正与补充。因而,政策性金融具有商业性金融不可替代的金融功能。从金融主体而言,政策性金融可以分为信贷类政策性金融机构、保险类政策性金融机构、担保类政策性金融机构、投资类政策性金融机构等。从金融方式而言,包括贷款、投资、担保、保理、保险等金融行为。

商业性金融是指依据市场机制进行资金流动和资源配置的金融活动的总称。商业性金融的主要特点表现为市场化,按市场规则自主经营,追求利润的最大化,同时自负盈亏,承担市场风险。为了确保经营的安全性,需要充分考虑自身的成本和效益。与政策性金融相区别,这类金融不以特定经济目标和产业政策的实现为目的,完全依据法律规定的条件按照市场规律运行。在市场机制下,一些期限长和回报率较低的产业,或者一些投入大、风险大的科技项目,或者贫困落后地区的

① 参见王学人:《政策性金融论》,中国金融出版社2014年版,第40页。

建设项目,商业性金融机构不愿意投入资金。商业银行在信贷业务中,完全按照市场利率进行,不会降低条件甚至不会给予利率优惠,而且注重借款人的偿债能力和信用风险。为了确保贷款债权的实现,商业银行还通常要求借款人提供相应的担保,包括抵押和质押等。抵押物和质押物的经济价值和变现能力是商业银行考虑的重要因素。这种信贷机制对大型企业包括有实力的农业生产经营者影响不大。但是在农村,一些农业经营者特别是普通农户,可用于贷款抵押的资产少,而且抵押品变现难度大,直接导致他们融资困难。在保险行业,保险公司为了降低经营风险,通常经营对其有利的保险业务。另外,在农业保险中,由于农业生产具有很强的季节性和时限性,并且很容易受自然灾害的影响,因而商业性保险公司如果承保会面临极大的赔付风险,这直接影响了保险公司经营农业保险业务的积极性。然而,农业既是基础性产业,也是弱质性产业。如果信贷机构和保险机构等金融主体完全按照市场化运作,则农业生产得不到保障。因此,政府通过政策性利率优惠信贷、扩大农户担保方式、实施保险补贴以及设立政策性银行和政策性农业保险机构,并通过鼓励商业银行和商业性保险公司开展农业信贷和农业保险,为农业和农村发展提供保障。由此可知,政策性金融可以弥补市场机制的不足。在金融支持体系中,既要发挥市场化金融的主导作用,也要采取差别化金融政策,对弱势产业、落后地区和中小企业等提供政策性支持。政策性金融对商业性金融不愿介入的收益低、风险大或者期限长但关系到国计民生的一些重要产业具有重要的扶助作用。

合作性金融是指某些经济主体或个人为了改善自身的经济条件和获取便利的融资服务,按照合作经济原则而成立的金融机构。它通常产生于特定地域或领域,成员之间互相提供经济保障,实质是互益互助、共帮共济。这是合作经济的一种具体形式,即由一些有共性或共同需求的成员自愿组成,实行入股联合、解决资金需求的经济组织形式。在日本的农业金融体系中,合作性金融占主导地位。[①] 区别于其他金融

---

① 参见李文阔:《日本农业金融体系及对我国农业金融改革的启示》,载《西南金融》2020 年第 8 期,第 94 页。

机构,合作性金融机构的特征主要表现在互助性和封闭性以及业务的限定性。合作性金融机构的资金不源于外部,不能通过资本市场来融资,也不以盈利分配为唯一目的,主要为社员或入股者提供资金融通或风险保障等服务,即服务对象仅限于内部成员,不包括本组织以外的单位和个人。从业务范围来看,合作性金融机构不从事综合性、风险大的金融活动,只从事稳健的基本金融业务,包括储蓄、信贷、结算和保险等业务。其经营所得收益在扣除运营成本之后由所有成员分享,包括提高存款利息、降低贷款利率以及现金分红等。合作性金融机构主要包括农村信用合作社、信贷联盟、资金互助组、合作保险等。中共中央和国务院2015年3月发布的《关于深化供销合作社综合改革的决定》(中发〔2015〕11号)明确要求"稳步开展农村合作金融服务",包括发展农村资金互助合作和设立农村互助合作保险组织。[①] 农村资金互助社是由公民自愿入股组成的社区互助性银行业金融机构。农村资金互助社实行社员民主管理,以服务社员为根本宗旨,从而谋求社员共同利益。实践中,农民专业合作社内部也可以开展资金互助业务,但这种金融互助主要由政策调整,其性质、准入、地位、运行等都并不明确,而且试点运行也不规范。[②] 不同于商业保险机构,合作保险组织为内部成员提供保险服务,其实质是成员之间相互提供风险保障。其成员通常是具有同质风险保障需求的组织或个人,通过缴纳保费形成互助基金,并按照约定承担损失保障。合作保险的优势在于,保险组织没有经营压力,投保人和保险人不存在利益冲突,没有商业保险可能存在的道德风险,有助于保障被保险人的利益。合作保险起源于英国海上贸易的互助保险或相互保险。2015年1月,原保监会发布的《相互保险组织监管试行办法》对相互保险组织进行明确的界定。涉农相互保险组织由全体会员持有并以互助合作方式为农民或农村专业组织服务。2005年成立的阳

---

① 中共中央、国务院发布的《关于深化供销合作社综合改革的决定》(中发〔2015〕11号)明确要求,"有条件的供销合作社要按照社员制、封闭性原则,在不对外吸储放贷、不支付固定回报的前提下,发展农村资金互助合作。有条件的供销合作社可依法设立农村互助合作保险组织,开展互助保险业务"。

② 参见章红、马义玲:《新型农村合作金融发展的障碍及路径选择——基于农民专业合作社资金互助的视角》,载《西部金融》2018年第3期,第84页。

光农业相互保险公司,是我国较为成熟的一家互助保险组织,主要经营种植业和养殖业保险、财产损失保险、责任保险等。然而,受我国市场需求和政策环境等因素的影响,我国合作保险组织与国外发展情况还有很大差距。

(2)直接金融支持和间接金融支持

直接金融是指不需要通过中介机构而直接在资金供给者与资金需求者之间进行的资金融通行为,如发行股票、债券和投资基金等。直接金融具有如下特点:其一,直接性。资金的需求者和供给者之间的资金融通没有中介机构的介入,需求者直接从供给者获得资金。其二,分散性。融资者的资金可以源于公众投资者。资金的需求者在发行股票或债券的过程中,可以通过招股说明书和募集资金说明书等方式向不特定的社会公众发布筹资广告。社会公众都可以成为潜在的投资者。其三,长期性。需求者通过发行股票获得的资金成为自身资产,可以长期使用,没有期限限制。债券虽然有期限限制,但资金的需求者可以发行期限较长的债券,从而延长资金使用期限。其四,不可逆性。资金的需求者通过发行股票所取得的资金,无需返还。也就是说,除法律另有规定外,投资者不能要求退股,只能够通过股票市场进行投资转让。其五,公开性。股票、债券、投资基金发行以及上市或挂牌交易必须依法按要求进行信息披露,且所披露的信息必须真实、准确、完整。发行者违反信息披露的强制性要求将承担相应的法律责任。其六,流通性。股票、债券、投资基金等属于权益证券,可以通过公开市场在投资者之间进行转让。其七,风险性。在股票市场,投资者面临着各种不同的风险。上市公司或挂牌公司的经营情况、财务状况、重大诉讼、重大投资等因素的变化都会对股价产生影响。基于股市行情或发行人业绩下滑等因素的影响,股票价格下跌,从而给投资者带来损失的可能性,包括投资者不能获得预期收入,甚至发生损失。股票、债券、投资基金等发行和交易所构成的证券市场是资本市场的主要组成部分。证券市场可以分为发行市场和交易市场。在发行市场,符合法律规定的发行条件的农业企业可以通过公开发行股票、债券等金融工具获取资金,从而支持农业企业的生产经营。[①]获得公开发行的农业企业可以在证券市场挂牌交易,股票可以公开流通。在交易市场,基于资本的趋利性特点,资金供给者会将资金投入经营效益好的资金需求者,使不同的市场主体或产业领域得到差异化的资金支持,从而优化金融资源配置,以此推动产业结构的调整。当然,发行市场的高准入门槛也将一些不符合发行条件但资金又严重缺乏的农业生产经营者排除在外。

间接金融是指资金融通需要通过金融机构作为中介或媒介的一种金融活动。在间接金融中,资金供应者与资金需求者之间的资金转移需要借助金融机构来进行。间接金融具有如下特点:其一,间接性。银行等金融机构为资金融通发挥桥梁作用。其运作过程是,由资金供给者将资金转移给银行等金融机构,二者之间形成存款关系或债券关系,再由银行等金融机构将资金提供给需求者,二者形成借贷关系或贴息关系。如此,通过金融中介的传递,资金初始供给者的资金间接地转到需求者手中。资金初始供给者和需求者之间不存在直接联系,只是各自与金融中介机构产生融资关系。其二,短期性。间接金融一般只获得短期性的资金供给,主要用于解决需求者的临时性、周转性的资金不足。其三,可逆性。资金需求者到期必须返还本金,并支付利息。而在直接融资中,股票投资者一般不可以退股,只可以在证券市场转让股票。其四,银行等金融机构的主导性。在间接融资中,资金源于金融机构,贷款的多少以及贷款的对象等,并非由资金的初始供应者决定,而是由金融中介机构决定。因此,间接融资的主动权主要受金融中介机构的支配。其五,信贷业务的审慎性。由于信贷机构受到严格监管,加上信贷机构受到审慎经营原则的约束,金融借贷的限制条件相对较多,如贷款额度、期限、用途、担保、账户管理等限制性条件。银行对外贷款应该遵循安全性、流动性和效益性的经营原则。在金融借贷中,银行等金融机构面临信用风险,即因多种原因,借款人不愿或无力履行偿还贷款义务而构成违约,致使银行等信贷机构遭受损失的可能性。不能回收的贷款构成银行的不良贷款,加大了银行的经

---

① 我国《乡村振兴促进法》第64条规定:“国家健全多层次资本市场,多渠道推动涉农企业股权融资,发展并规范债券市场,促进涉农企业利用多种方式融资;丰富农产品期货品种,发挥期货市场价格发现和风险分散功能。”

营风险。间接金融中的资金供给者主要以商业银行和政策性银行为代表。政策性银行主要有开发银行、农业政策性银行、进出口政策性银行等。在间接金融支持中，银行等金融机构可以根据产业政策，调节和引导信贷资金的流向，实现金融资源在产业间的配置，从而促进产业结构的合理化。银行等金融机构也可以开发出不同的信贷产品，以满足不同产业和经营者的需要。农村信用合作社、资金互助合作社、小额贷款公司等金融机构通过差异化的信贷产品对缓解中小型农业生产经营者的资金困难发挥了积极作用。

3. 金融支持与产业发展

金融和实体经济是相互促进、互利共赢的关系。一方面，金融业为实体经济提供所需要的资金，是现代经济的核心；另一方面，金融业通过实体经济实现自身的经营目标。离开了实体经济，金融业将会失去依托，从而成为无源之水。同时，实体经济在其发展过程中又会对金融业产生新的要求，反过来又不断促进金融业的创新，以更好地服务于实体经济。这是金融运行的基本宗旨。任何国家和地区的经济发展都需要有健全的金融体系予以支持。金融市场通过其金融资源的配置机制对微观经济部门产生影响，并进而作用于宏观经济活动。通过金融支持政策推动产业结构调整并进而促进经济发展，是许多国家和地区走向发达的重要途径。金融已经成为推动一个国家或地区产业结构调整升级以及经济快速发展的直接动力。因此在现代经济中，金融必须服务于产业发展需要。金融与产业是一种协同互动关系。任何产业的成长和发展都需要金融的支持。产业发展的核心要素是资金或资本。金融市场为产业发展注入资金，发挥“输血”和“造血”功能。通过金融市场的交易活动，沟通资金供求双方的关系，把资金从供给者提供给需求者，促进资金在不同主体之间的流动，从而推动经济的发展。农业的弱质和低收益等特性决定了农业自身积累的不足以及政府支援的有限性。这就要求发挥金融的融资和杠杆功能。[①] 产业发展具有复杂性，呈现出阶段性、区域性和结构性等特点。产业发展中的不同阶段、不同地域以及不同部门等有着不同程度和类型的资金需求。这就决定了金融

① 参见冯涛：《农业政策国际比较研究》，经济科学出版社 2007 年版，第 169 页。

机制必须与之保持一定的协调性，否则就可能导致金融抑制或金融泡沫，并阻碍产业结构的调整和升级。这就要求金融市场不断增加金融供给，提供多元化的支持措施和金融工具。而政府和金融监管机构为了产业结构的调整和产业升级的需要也要出台具有针对性的金融政策。例如，国务院办公厅 2013 年 7 月出台的《关于金融支持经济结构调整和转型升级的指导意见》、原农业部和中国人民银行 2013 年 12 月发布的《关于推进金融支持农业绿色发展工作的通知》、宁夏农牧业厅等发布的《金融支持宁夏新型农业经营主体加快发展的意见》等。《关于推进金融支持农业绿色发展工作的通知》明确提出的重点领域是农业基础设施建设、农业科技创新、农业结构调整、农业面源污染治理等，具体支持措施是创新绿色金融产品、完善信贷支持政策、优化和完善服务渠道和探索多方合作的金融服务模式。

金融支持措施可以调节资金在各经济领域的配置。由于产业在不同部门、不同地域的发展具有不平衡性，存在结构性矛盾，因而在金融措施的支持下，可以实现资金要素的合理配置和优化配置，以促进产业发展，如助推特色优势农业产业健康发展。相比于其他产业，农业资金运动具有季节性、周转慢、不稳定、不平衡、自给性等特征。[①] 商业性金融、政策性金融和合作性金融分别在金融资源配置中具有不同的功能，在产业发展中必须发挥三者的协同作用。商业性金融按照市场规则，通过各产业部门之间的竞争，依据竞争力进行市场优化选择，从而实现资金的合理配置。政策性金融按照政策性原则，通过颁布差异化的金融措施对弱势产业或落后地区进行政策性扶持，实现对市场调节机制的校正和补充。合作性金融充分发挥互助合作的功能满足资金需求者的需要。在货币市场中，政府以及相应的监管部门分别出台产业政策以及金融政策，对商业性信贷的投向进行宏观干预，如税收优惠和财政补贴政策等，引导资金投向弱势产业或落后区域。村镇银行、小额贷款公司等专门服务于农业农村的中小企业。政府也可以通过成立一些政策性金融机构，专门扶持经济发展中的一些重点行业或薄弱环节，如农业发展银行、国家开发银行以及进出口银行等政策性银行。在证券市

---

① 参见邹朝阳编著：《农村金融学》，科学出版社 2017 年版，第 11 ~ 13 页。

场中，多层次资本市场以及差异化的融资政策可以为不同企业提供资金支持。主板市场可以为经营实力强并达到上市标准的大型企业提供直接融资支持，但不适合科技创新企业和中小型企业。创业板或科创板市场可以为处于发展中的科技创新企业提供资金支持。在三板市场，处于初创阶段的中小企业可以申请挂牌从而满足相应的金融需求。如此，通过政策性金融支持，重点产业、新兴产业、弱势产业等也可以获得相应的资金，从而发挥对商业性金融的补充作用。① 我国现代农业总体水平不高，发展中面临着许多问题，如农业自身存在的问题和金融服务体系的缺失。农业生产面临自然灾害、产品质量、价格波动等诸多风险，不利于资本进入农业领域。受制于多种因素，目前农业金融供给与需求之间仍然不畅，农业经济发展的金融需求尚未得到有效满足，金融支持农业在总体上进展缓慢。当前，我国正处于农业现代化以及产业化的关键时期，农业对金融资源的需求不断增长，需要创新金融体系以满足农业发展的需要。

此外，金融支持措施也可以促进风险分散或转移。风险是指收益的不确定性或损失的可能性。在经济活动中，风险无时不在、无处不在。而不同的经济主体对风险的厌恶程度是不同的。利用不同类型的金融工具，可以把经济风险在不同的主体之间进行转移，以此实现风险的再分担。当前，各国或地区的产业发展越来越依赖于科技的创新和进步。金融的风险管理功能可以促进资金流动和资本积累，降低企业的经营风险以及推动企业的技术创新。风险投资是资本投向蕴藏着失败风险的高新技术及其产品的产业或企业以取得高资本收益的一种特殊投资活动。风险投资是权益资本和风险资本。相比于注重安全性的银行贷款，风险投资着眼于未来收益和高成长性，偏好高风险项目，意在管理风险和驾驭风险。风险投资弥补了常规融资途径的不足。这是因为，高科技产业本身具有高风险性，资金的筹集存在较大困难。在技术未产生效益之前，既难以从信贷机构获得贷款，也不具备发行股票或债券的条件。而风险投资

---

① 中国人民银行、银保监会、证监会、财政部、农业农村部 2019 年 1 月发布的《关于金融服务乡村振兴的指导意见》提出，“在门槛不降低的前提下，继续对国家级贫困地区的企业首次公开募股（IPO）、新三板挂牌、公司债发行、并购重组开辟绿色通道”。

正好解决了这一融资难题。虽然风险投资者以获取高额回报为目的,但客观上促进了高新技术企业的成长以及产业结构的转型升级。风险资本的目的不是获取所投资企业的所有权和控制权。风险投资者一旦获取高额回报,就会退出所投资项目,并寻找新的投资目标,以此实现风险资本的良性循环。此外,期货、保险、补偿基金等也具有风险分担和转移机制。期货是一种衍生金融产品,具有管理与原生工具相关的风险的功能。具体而言,期货具有风险回避和套期保值等功能。在现货市场上,交易方在买进或卖出一定数量的现货商品时,有可能因为市场价格的波动导致成本上升或利润下降,这时就可以在期货市场上卖出或买进与现货产品相同和数量相当但方向相反的期货产品,以一个市场的收益来抵偿其他市场所产生的亏损,从而达到规避因市场波动所带来的价格风险的目的。美国有发达的期货市场和成熟的农业期货产品。美国期货农业运行模式主要是,农产品生产者根据生产情况以及对市场行情的判断,与农业合作社签订具有不同收益结构和风险特征的远期销售合同,农业合作社在获得农产品的所有权或通过订单确立的潜在所有权之后,再进入期货市场通过购买期货产品对冲在收购和销售中所面临的价格风险。① 在农业生产领域,可以通过多种保险产品为农业生产经营者提供风险保障,如农业巨灾保险、农产品质量保证保险、农业信贷保证保险等。农业巨灾保险是对农业生产者因巨大自然灾害或意外事故所造成的经济损失而提供经济补偿的一种保障制度。保险人可以为农产品的生产者和加工者提供保证保险,以此为被保险人分散风险和消化损失。在农业信贷保证保险中,通过由保险人承保借款人的信用风险,为信贷机构的贷款增加了一个风险承担者,相对降低了信贷机构的贷款风险和管理成本,保障了农业生产经营者的融资机会。

二、金融支持与普惠金融

1. 普惠金融的意义

普惠金融(inclusive financial system),亦称“普惠金融体系”或“包

---

① 参见赵婷、安毅:《中美期货农业的发展模式比较研究》,载《南方金融》2014 年第 11 期,第 66 页。

容性金融体系”，由联合国在2005年“国际小额信贷年”会议上首次提出。世界银行扶贫协商小组（CGAP）目前是推行全球普惠金融最为核心的机构。该小组2007年发布的《人人享有机会——构建普惠金融体系》成为主要国际组织和各国推行普惠金融体系的基准文件。[①] 金融领域使用“普惠”这个概念，其核心要义就是要让所有群体都有机会平等地享受金融服务，特别是小微企业、弱势经营者以及贫困人口等弱势群体。与此不同的是，传统的金融体系的目标是做大做强，并偏好大中型城市、大中型企业以及富有群体。普惠金融增加了金融服务的可获得性和可选择性，并具有相应的持续性。普惠金融的功能是，突破传统的金融管制“瓶颈”，既为所有的金融供给者提供公平竞争的服务机会，又为所有的资金需求者提供公平的金融资源。普惠金融是金融理念的升华，其核心价值是机会平等和金融公平。公平是法律价值之一，包括形式公平和实质公平。公平的基本含义是指任何人或任何一方都不应该被歧视和偏袒，不应该受到不公正的对待，而是应该享受到应有的公正对待。形式公平是指任何人不因性别、身份、财富等方面的差异而在法律上都是平等的，平等地享有权利和负担义务。然而，将形式平等绝对化，则是僵化的和机械的。这是因为，社会个体或群体在客观上存在各种各样的差异，如财富的差异、地域的差异、行业的差异等。实质公平是指区分具体对象而采取差别化的政策或措施加以区别对待，如对弱势群体、贫困地区和弱势产业等的支持和扶助。金融公平是指在金融活动中，各类主体不因经济实力、经济性质、地域和行业等因素而受到差别对待，能够平等地进行金融交易、接受金融服务和分享金融资源。金融公平包括金融机构的公平竞争和对弱势群体的公平保护。对金融机构而言，尽管存在资产规模、经济性质以及地域范围和行业属性的不同，但都享有法律所赋予的公平竞争权。对金融消费者而言，都能平等地获得金融机构提供的金融服务和金融产品。普惠金融的重心是指后者。普惠金融是一种追求实质公平的金融机制，即将金融服务拓展到社会的各阶层和群体，包括低收入人群、中小企业、微型企业以及个体经营者等。普惠金融体系的核心功能主要表现在金融资源配置、便利

---

① 参见冯兴元等：《农村普惠金融研究》，中国社会科学出版社2019年版，第35页。

化的清算和支付以及风险的转移分散等。[①]

普惠金融具有如下特征:第一,金融供给的多元性。多元性是指普惠金融体系能够根据经济发展和社会需求提供足够的金融服务和金融产品。普惠金融要求所有的金融机构广泛参与普惠金融建设。除了传统的金融机构外,应将新型的金融机构纳入普惠金融体系,合理引入民间资本,充实金融资源,丰富金融市场,促进金融体系的整合升级。另外,各类金融机构应根据自身具体情况提供多样的金融服务,并针对金融消费者的不同要求实现服务创新,提供差异化的金融产品。在农业领域,需要充分发挥政策性金融与合作性金融的功能。在我国农村信贷体系中,不仅包括传统的金融机构如农业银行、农村信用合作社、农村商业银行等,也包括新型农村金融机构,如村镇银行以及资金互助社和小额贷款公司等。信贷主体为资金需求者提供不同的信贷产品,如信用贷款、小额贷款、担保贷款等。保险机构为农业生产经营者提供巨灾保险、农产品质量保证保险、农业信贷保险等。期货市场为农业发展提供农业期货和期权产品。在普惠金融的价值目标下,传统金融机构和新型农村金融机构共同为农民、农业和农村发展发挥积极作用。第二,服务对象的广泛性。普惠金融强调任何人不因职业、行业、阶层、贫富和地域等因素的差异,都可以平等地享有金融服务的权利。普惠金融致力于破除金融排斥,面向所有社会群体提供金融服务,并兼顾特殊群体的合理金融需求。这里所指的特殊群体是指弱势群体,即经济实力上的弱势群体,如小微企业、低收入人群、贫困户等。传统的金融体系通常"嫌贫爱富",所提供的金融服务往往排斥这些弱势群体。许多小微企业、农业生产经营组织以及农户只能通过非正规渠道进行融资,不仅提高了融资成本,也容易危害金融秩序。普惠金融体系惠及的对象具有广泛性,不仅包括低收入人群、创业者,也包括弱势产业和弱势企业以及贫困地区等。第三,准公共产品性。普惠金融具有非排他性和非竞争性。普惠金融惠及的社会群体,具有公共消费的性质,因而普惠金融体系的建设和推动主要依靠政府。监管机构、财政部门、税务部

① 参见谢琳:《乡村振兴战略下农村普惠金融对农村经济的功能性分析》,载《湖北社会科学》2020年第8期,第87页。

门等政府机构为普惠金融的发展发挥宏观引导作用，如构建金融法规体系、出台相关金融政策、改善金融生态环境等。另外，对金融机构而言，应完善内部管理体制，提升风险控制能力，合理配置金融资源，降低经营风险。在政府和金融机构的共同作用下，实现普惠金融的可持续发展。

2. 普惠金融与金融排斥

在传统的金融体系中，金融资源配置完全依赖于市场规则，金融市场普遍存在歧视现象，一些弱势群体难以获得其所需要的金融服务或金融产品。这种现象被称为金融排斥或金融抑制。金融排斥实质上是社会排斥的衍生物和一个测量维度，与社会排斥互为因果又互相强化，其结果是社会发展的不平衡。为确保公民公平的发展权，政府有责任对金融排斥进行适度干预。① 普惠金融体系的推进无疑会解决金融排斥，合理配置金融资源，提高金融包容性和可得性。“金融排斥”源于金融地理学的研究，最早出现于 20 世纪 90 年代初的英美，它是指某些特殊群体没有能力获得必要的金融服务的一种状态或现象。这些群体缺少足够的途径或方式获得相应的金融产品或金融服务。例如，遭受失业、缺乏技能、收入低、家庭贫穷等问题的某些群体在利用金融产品或金融服务方面存在诸多困难和障碍，以至于被排斥在金融服务体系之外。在生产经营活动中，小微企业、农户等生产经营融资难的问题比较突出。小型企业、微型企业、家庭式企业、个体工商户等具有经营规模小、资产实力不强等特点而处于弱势地位，但金融机构往往依据经济实力和市场规则选择金融服务对象。由于金融服务成本较高，且存在较大金融风险，弱势群体通常被排除在传统金融支持之外。虽然我国新型农业经营主体的金融扶持措施不断完善，但仍然存在融资渠道不畅通、融资主体信息不对称、内部控制和外部监管不健全等问题。②

在金融抑制体制下出现了金融市场分割现象，即从城乡二元结构

---

① 参见程惠霞：《新型农村金融机构发展调查与农村金融市场改革》，中国经济出版社 2017 年版，第 157 页。

② 参见曾雄旺、张子涵、胡鹏：《新型农业经营主体融资约束及其破解》，载《湖南社会科学》2020 年第 1 期，第 98 页。

出发将金融体系划分为“农村金融体系”以及“城市金融体系”。[①] 在农业领域,金融排斥主要表现为银行排斥、信贷排斥、保险排斥和期货排斥等。一般而言,基层金融供需的结构性矛盾较为突出,农业农村处在金融服务或金融产品较为薄弱的环节。农业农村金融市场存在资金需求分散、系统性风险大、比较效益低等特点,这直接影响金融机构在农村地区的持续经营。信贷服务是最主要也是最普遍的一种金融服务类型。与大中型企业相比,小微企业和农民的融资需求大多用于临时经营周转,期限要求不长,多为短期借贷,这就增加了信贷金融服务的交易成本。一方面,农村地区银行业金融机构网点覆盖率普遍偏低;另一方面,随着一些商业银行的脱农或“非农化”,大量的农业农村金融需求难以得到满足,尤其增加了农户和小微企业等弱势群体和小型生产经营者获得信贷机构金融支持的难度。研究表明,虽然近年来西北地区普惠金融整体水平呈逐年上升趋势,但普惠金融的需求大,有限的金融资源无法满足其需求,导致普惠金融发展相对滞后。[②] 而且,信贷机构对金融借贷有严格的风险控制,农业生产经营者难以获得来自银行机构的贷款支持,不得不依赖民间借贷或从非正式渠道获得资金支持。在接受这些非正式金融服务时,不得不接受附加的苛刻条件,这样就增加了融资成本和经营风险。在农业保险方面,由于政策性保险的缺失以及农业保险产品的不足导致难以满足农业生产经营者积极应对农业生产经营风险。在农业期货方面,由于缺乏相应的农业期货产品,农业生产经营者也就难以通过相反的交易购买期货产品以抵消农产品因价格波动和市场行情带来的损失。

在农业领域,金融排斥现象的产生原因主要包括如下几个方面:第一,农业生产的特殊风险。与工业生产不同,农业属于典型的弱质产业,生产周期长,产量不稳定,农业生产面临地理环境和自然条件的制约,产量受自然灾害影响很大。一旦遭受自然灾害,农业生产经营主体就有可能难以实现农业收益而无法按时偿还贷款。如此,农业风险就

---

① 倪瑛等:《西部地区金融排斥、包容性金融与普惠金融政策体系的构建》,科学出版社 2016 年版,第 22 页。

② 参见鲁丹、李季刚:《西北少数民族地区普惠金融发展评价及影响因素的实证分析》,载《金融发展评论》2019 年第 12 期,第 102 页。

传递给了农村金融机构，农业贷款成为不良贷款。第二，农业金融供给不足。金融排斥主要表现为金融机构和金融产品的供给不足。现有的金融供给不能满足农业生产经营者的需求。农村金融产品供给大部分仅限于存款、取款、贷款和一般的汇兑，保险、期货等产品发展不足。第三，农业经营者的资信状况。农村地区以自给自足的小农经济为主，农民收入总体水平低且波动性大。总体而言，农村征信体系尚未建立，农村信用环境较差。农民的资信条件和有限的资产直接影响其偿债能力。第四，金融机构的逐利性。农业领域金融供给不足，是因为金融机构基于经济理性人的选择。农民资金需求小而分散，信贷机构为农户贷款难以实现规模经济和范围经济。正是由于信息的不对称、担保物的缺乏以及风险缓释手段的有限限制了金融供给。另外，农村地区距离城镇中心较远，农户散居于广大的农村，增加了金融机构的经营成本。在农村金融大环境的影响和自身逐利动机的驱使下，金融机构不断向城市地区倾斜资源配置，而将交易成本高、比较效益低的农业生产经营者排斥在外。因此，应切实保障涉农金融机构立足县域，功能回归本源，提高小农户融资的可达性，发挥支农主力军作用。

3. 我国普惠金融的发展

我国的普惠金融萌芽于扶贫领域的专项贷款。20 世纪 80 年代，银行开展的扶贫项目配套贷款，可以被认为是我国普惠金融的雏形。2006 年 3 月，在北京召开的亚洲小额信贷论坛上，官方正式使用了这个术语。此后，普惠金融不断得到重视，有关农业和农村金融制度的安排出现了金融管制放松的趋势，普惠金融理念逐步融入农村普惠金融中，不断推进相关政策与立法的出台。2013 年 11 月党的第十八届三中全会通过《中共中央关于全面深化改革若干重大问题的决定》，并正式提出“发展普惠金融”。2015 年 1 月原银监会成立普惠金融部，负责银行机构的普惠金融试点促进工作。2016 年 1 月，国务院发布的《推进普惠金融发展规划（2016—2020 年）》进一步明确了普惠金融发展的总体目标。[①] 在宏观

① 《推进普惠金融发展规划（2016—2020 年）》确定的总体目标是：“到 2020 年，建立与全面建成小康社会相适应的普惠金融服务和保障体系……满足人民群众日益增长的金融服务需求，特别是要让小微企业、农民、城镇低收入人群、贫困人群和残疾人、老年人等及时获取价格合理、便捷安全的金融服务，使我国普惠金融发展水平居于国际中上游水平。”

政策层面,中央明确提出要建立现代农村金融制度,通过创新农村金融体制,不断放宽农村金融准入政策,支持和鼓励金融机构创新农村金融产品和金融服务,加大政策性金融对农村改革所涉及的重点领域以及薄弱环节的金融支持力度。2018 年中共中央和国务院发布的《关于实施乡村振兴战略的意见》明确提出"普惠金融重点要放在乡村"。一些省区也出台了相应的政策措施,如《青海省落实普惠金融发展规划(2016－2020 年)的实施意见》等。农业领域普惠金融的发展在于解决农村金融发展不平衡和供需矛盾突出的问题,主要表现在三个方面:第一,小额信贷的推进。我国最初的小额信贷以扶贫为主,致力于改善农村地区的贫困状况,具有公益性质。随着农村经济的发展,小额信贷的目的不再只是以扶贫为主,而是要解决生产经营问题。随着农户和小微企业的资金需求不断增加,银行的金融服务体系逐渐将其纳入服务范围。第二,农村新型金融机构的成立。多元化的普惠金融体系不仅有利于实现农村金融资本最优配置,而且有助于丰富金融市场层次和产品。2006 年原银监会发布的《关于调整放宽农村地区银行业金融机构准入政策　更好支持社会主义新农村建设的若干意见》明确提出要推动培育发展村镇银行、小额贷款公司和农村资金互助社三类新型农村金融机构。由此,新型农村金融体系开始逐步得到发展。原银监会办公厅 2013 年发布的《关于中小商业银行设立社区支行、小微支行有关事项的通知》明确提出,支持中小商业银行设立社区支行、小微支行,走特色化、差异化发展道路,为小微企业、社区等领域提供便捷的金融服务。第三,农业金融产品逐步开始拓展。例如,农业保险、农业期货等金融产品不断推出,有助于农业生产经营者利用金融工具降低或减少损失。

经过十多年的发展,我国的普惠金融目前已经初具规模。但是我国金融资源的配置仍然存在不均衡性,金融创新的广度和深度还存在不足,金融产品也难以满足社会需求。我国的金融机构在城市地区覆盖广,在农村地区覆盖面小,微型的金融机构少以及民营的金融机构不足,可提供的金融产品较少,可以概括为"金融架构缺位,信贷投入不足"。[1] 除了

---

① 中国农业发展银行青海省分行课题组:《政策性银行服务青海农牧业发展探析》,载《青海金融》2013 年第 4 期,第 16 页。

金融体制的制约因素之外，影响我国金融发展的一个重要因素是我国的城乡二元经济结构。改革开放以来，我国经济发展的重心主要体现为推动城市以及工业化建设。这就造成了城市与农村发展的不平衡性，城乡差距进一步拉大。农业农村领域的金融排斥直接影响区域经济发展水平，并相互作用。一方面，当区域经济发展处于一个较低的水平时，金融排斥现象就越发突出，反过来又会进一步抑制金融支持，并制约经济发展。另一方面，当区域经济发展处于一个较高的水平时，金融的包容性程度就会越高，反过来又会强化金融支持的力度，并促进经济发展。如此，金融排斥与区域发展事实上形成了一个不断循环的困境。20 世纪末，我国进行商业银行改革，大型银行机构逐步退出农村市场，再加上农村信用社经营能力有限，导致农业经营主体以及农村地区难以获得必要的金融资源。另外，由于金融机构的风险偏好以及经营理念，金融机构基于自身经营和收益角度出发，农民和小微企业等逐渐边缘化。这一系列因素导致我国农业农村的金融供给相对匮乏，直接影响农业农村的发展。而且，农村普遍存在的金融排斥现象，又加重了城乡二元化发展结构程度。[①] "农村金融市场的复杂性与独特性意味着其金融供给离不开政策引导和支持。"[②]目前我国正处于农业转型时期，农村经济得到一定程度的发展，农民的经济水平和生产经营能力显著提高，农业农村对于金融服务或金融产品的需求快速增长。但是，与城市的经济发展以及金融供给相比较仍有一定差距。城乡之间较大的差异决定了农村地区的金融服务或金融供给具有特殊性。普惠金融是一个循序渐进的过程。金融体制的改革要符合经济运行的趋势和要求。我国普惠金融的推进和发展涉及如下因素：

第一，政策法律环境。法律体系和政策措施是农村普惠金融健康发展的必要保障。[③] 普惠金融可持续发展有赖于相对应的法治体系的

① 参见倪瑛等：《西部地区金融排斥、包容性金融与普惠金融政策体系的构建》，科学出版社 2016 年版，第 40 页。

② 程惠霞：《新型农村金融机构发展调查与农村金融市场改革》，中国经济出版社 2017 年版，第 171 页。

③ 国务院 2016 年发布的《推进普惠金融发展规划（2016—2020 年）》明确提出"完善普惠金融法律法规体系"。

建立。健全有关农业农村领域的金融法体系,有针对性地加强包容性金融的法治建设力度,从而为提高农业农村金融水平营造一个良好的法律环境。这就需要进一步改善农业农村金融生态环境,如信息环境、信用环境、制度环境等。为了解决市场经济下金融机构利润最大化经营目标与金融普惠性之间存在的矛盾,必须发挥政府的支持和引导作用。在市场经济条件下,政府应发挥调节作用,通过财政和税收手段,以资金支持、税费优惠、风险补偿等多种激励方式适当调整金融资源流向,减少金融服务中的歧视现象,为社会公众提供公平的金融服务。在税收政策方面,对金融机构为农户和小微企业提供的金融服务,给予相应的税收优惠。例如,财政部、国家税务总局先后发布《关于农村金融有关税收政策的通知》(已失效)、《关于延续支持农村金融发展有关税收政策的通知》等,对金融机构农户小额贷款的利息收入,分别实行增值税以及所得税优惠。对保险公司为种植业、养殖业提供保险业务取得的保费收入,实行所得税优惠。但是一些小额贷款公司却不能享受到相应的税收优惠政策。在财政补贴政策方面,对处于集中连片特困地区的农户和小微型企业贷款,给予一定比例的补贴。对设立在集中连片特困地区服务当地的地方金融机构,实施差别存款准备金率政策,给予相应的再贷款支持。另外,还需要结合农业农村实际构建相应的教育机制,开展有关农业农村金融方面的教育,提高农业经营者以及农村居民的法律意识和金融素养。

第二,金融组织体系。适应当前农业现代化过程中出现的新情况,必须推进农村金融体制机制创新,以解决农村金融机构的发展问题。金融机构的可持续性发展是扩大农村金融供给以及提升服务能力的基本前提。长期以来,我国农村金融机构数量较少,金融资源主要集中在大型商业银行,小规模农业经营者以及小微企业等难以获得有效的金融服务。因此,健全金融机制,构建种类多样、投资多元的农村金融机构就非常必要。我国新型农村金融机构发展对建立可持续的普惠金融体系意义重大。在农业农村领域,合理形成商业性金融、政策性金融以及合作金融等多层次的金融组织形式,三者相互促进、互为补充,从而为农业农村金融发展奠定组织制度基础。除了农业银行、信用合作社、邮政储蓄等商业性金融机构以外,需要积极培育并进一步规范村镇银行、农村资金互助社以及小额贷款公司等新型农村金融机构，以此扩大农村金融供给的覆盖面，填补地域间的金融服务空白。新型农村金融机构自身具有经营规模小、服务方式灵活性等特点，可以有针对性地为农业农村提供差异化的金融服务，能够切实解决农业生产经营主体所特有的期限短、频率高、季节性强的微型融资需求，对于扩大农业农村金融服务的覆盖面发挥重要作用。然而，新型农村金融机构兴起较晚，社会认知度低，而且受现行制度的制约，产品和服务渠道单一，创新动力不足，缺乏核心竞争力，内生支农能力较弱。[①] 这就要求构建差别化的监管机制，放宽新型农村金融机构的准入门槛，主要是在发起人资格、注册资本以及股东人数等方面予以一定放宽，并在资本充足率、信息披露、产品创新等方面施行差异化政策，为新型农村金融机构的发展创造良好的条件，如鼓励和支持中小商业银行发起设立新型农村金融机构，鼓励更多合法资金进入该行业，形成多元化的产权结构，特别是引导各类金融资本和社会资本到涉农金融机构数量少、金融供给不足以及金融服务不充分的地区设立金融机构，以提高农村金融机构的覆盖率和服务能力，增强农村金融市场的活力。

第三，金融服务产品。金融创新包括金融产品以及金融服务的多元化。我国农村地区的经济发展水平以及生产经营能力具有明显的差异性和层次性，农业经营主体对金融资源需求也呈现出多样性特征。由此必须因地因时制宜，针对不同地区、不同发展阶段金融需求的差异性，积极开发推出适合农村经济和农民需求的新型金融产品和服务。农民和小微企业主要依靠银行进行间接融资。传统的银行贷款模式为了经营安全，一般都要求客户提供担保，但是农户和小微企业因为规模偏小、实力较弱，往往没有适宜的财产担保，且农村信用体系不健全，因此难以从银行获得信贷。解决农业生产经营者的资金需求需要创新贷款模式，积极发展小额信贷或信用贷款。小额贷款是一种面向传统银行机构难以满足融资需求的普惠性金融，主要解决一些具有短期、小额、分散且无担保的贷款需求，服务于低收入人群或小规模生产经营

---

① 参见牛晓东、罗剑朝：《新型农村金融机构支农：信贷可得性、满意度与福利效应》，社会科学文献出版社 2018 年版，第 87 页。

者,如个体工商户、农户等。小额信贷可由银行业金融机构及专门的小额信贷机构等提供。小额贷款公司作为金融业的补充主体,虽然受到政策的扶持,但仍普遍规模较小,缺乏抗风险能力和发展后劲。针对农村金融的风险特征,我国应探索信用贷款模式,建立健全农村信用体系。[①] 互联网与普惠金融具有天然的契合性,能降低金融供给的门槛,节省小微型金融服务的成本支出,从而使更多的小微型金融需求者可以获得便捷的金融服务。因此,在风险可控的情况下应鼓励互联网金融的发展,通过互联网大数据等技术提供新型金融服务,发挥互联网金融对线下金融的补充作用,提升金融服务的便利性和可得性。除了信贷产品的创新之外,还需要针对农业生产经营的特殊风险开发农业期货、农业期权、农业保险等金融产品。相比于传统的订单农业,"期货农业"具有价格发现、回避风险等功能。由于农产品存在价格波动的市场风险,农业生产经营者可以利用农业期货产品回避农产品的价格风险,从而降低农业生产经营风险。我国需要加快推进期货市场的改革,主动贴近"三农"的现实需求,研究和开发相关期货期权品种。

第四,融资担保机制。农业信贷的偿还一般通过农业生产、农副产品的流通等途径得以实现。涉农信贷具有较高的风险,其原因表现在农业生产经营所具有的特殊风险:其一,市场型风险。农业生产经营者对市场信息判断的把握直接关系到农产品销售价值的实现。由于农业信息闭塞,许多农产品的生产难以跟上市场需求变化。一旦出现判断失误,就对农民产生不利影响。其二,规模型风险。农业生产以家庭为主,规模较小,抗风险能力较弱。其三,灾害型风险。自然灾害具有不可抗力因素,对农业生产造成的损失大。种植业和养殖业受自然条件的影响大,一旦发生自然灾害,贷款可能无法按期回收,将面临损失的风险。为了确保贷款的安全性,金融机构通常要求农户提供一定的担保,才会为其提供贷款。而受农村经济条件和现存法律制度的限制,农户难以提供有效的担保物,从而导致农户的融资需求得不到有效满足。这个问题的焦点是有效担保物的不足,主要表现在以下两个方面:其

① 国务院出台的《社会信用体系建设规划纲要(2014—2020年)》指出,"覆盖全社会的征信系统尚未形成……守信激励和失信惩戒机制尚不健全……信用服务市场不发达"。

一,农村不动产担保物缺乏。虽然《民法典》对有效担保物的范围作了较大拓展,但是作为农民主要财产的房屋、宅基地使用权一般不能成为担保物。其二,农村动产担保物较少。农户的动产较少,主要是农机具、农产品等。这些动产要么受农业偶发因素影响较大,要么难以妥善进行风险评估和价值衡量,大多农村金融机构并不接受此类担保物。这些因素的存在难以满足农业生产经营者的融资需求。因此,应健全信贷担保机制,创新农业贷款担保模式,以缓释或分散农村金融机构因借款人违约而产生的信用风险。例如,扩大抵押担保范围,开展集体建设用地使用权、农村土地经营权、农民住房财产权等抵押贷款业务试点,推动涉农贷款政策性担保、贷款补贴、贷款补偿基金、农户联保贷款、信贷保险等普惠金融产品和服务等。政府出资设立信用担保机构,建立政府扶持、多方参与的农村信用担保机制,形成以政策性担保为主体、互助性担保为辅以及商业性担保参与的多元担保体系,解决农业经营主体因不能提供有效担保物而无法获得金融支持的难题。[①] 例如,原银监会、国家发改委等多个部门 2010 年 3 月联合发布《融资性担保公司管理暂行办法》,形成了相对统一的担保行业监管规范。另外,政府设立贷款风险补偿基金。农业生产经营者贷款逾期后,对于经办银行按照法定程序清偿后所形成的贷款损失,由财政按照比例给予相应的补偿。2009 年 9 月国务院颁布的《关于进一步促进中小企业发展的若干意见》规定了缓解中小企业融资难问题的具体举措,即对于正规金融机构从事的小企业贷款按照增量给予补助,建立针对中小企业不良贷款的风险补偿基金制度。

三、金融支持与绿色金融

1. 绿色金融的含义

绿色金融也称为生态金融或者可持续金融,是在绿色发展理念下对现行金融发展模式的重要变革。与绿色发展是一个逐步认识的过程一样,在一个较长的时间里,人们没有能够认识到金融体系可以对生态

---

① 我国《中小企业促进法》第 21 条规定,“县级以上人民政府应当建立中小企业政策性信用担保体系,鼓励各类担保机构为中小企业融资提供信用担保”。

环境产生直接影响，也没有将金融体系与生态环境保护直接关联，从而对资金流通环节进行评估。1992 年联合国发布《里约环境与发展宣言》和《21 世纪议程》后，环境因素开始逐步被纳入金融体系的考量范围。随着经济快速发展以及能源消耗量的大幅增加，全球生态环境受到严重挑战，实现绿色增长已成为当前世界经济的发展趋势，绿色金融也成为各个国家和地区金融发展的重点。在金融体系中融入绿色元素，可以引导资金投向能耗低、污染少、环境效益好的绿色产业，从而调整优化产业结构和布局，转变经济增长方式，发展绿色产业和生态型经济。绿色金融是促进绿色产业发展的“经济杠杆”。① 绿色金融是对传统金融的变革与发展，是对环境价值和风险进行评价的工具。② 与传统金融相比，绿色金融突出金融行为与环境保护、生态平衡的关联性和协调性。绿色金融强调人类的环境利益，将对生态环境保护和资源有效利用作为金融行为的重要评价因素，引导市场主体和社会公众关注生态平衡，实现人类与自然环境的和谐共生，促进人类社会的可持续发展。绿色金融可以从不同的角度进行理解：其一，绿色金融通过金融机制来实现生态保护的目的，是绿色发展理念的体现，是人文精神和自然规律的协调；其二，绿色金融是一种经济活动，即通过金融资源的合理利用，引导金融活动中的经济主体去关注生态平衡，进而促进生态型经济发展；其三，绿色金融是一种金融服务，即金融机构在融资决策中要考虑潜在的环境影响，并将资金配置到绿色产业部门和区域。③ 绿色金融与普惠金融在功能上存在“同一性”，不能割裂二者的关系。普惠金融水平的提升，“可以促进生态农业、循环农业等绿色经济的健康发展”。④

---

① 2015 年 9 月中共中央、国务院发布的《生态文明体制改革总体方案》明确提出，“构建更多运用经济杠杆进行环境治理和生态保护的市场体系，着力解决市场主体和市场体系发育滞后、社会参与度不高等问题”。

② 参见王树强、庞晶：《中外绿色金融制度对比及其启示》，载《天津商业大学学报》2019 年第 3 期，第 29 页。

③ 中国人民银行、财政部等七部委联合发布的《关于构建绿色金融体系的指导意见》提供了一个较为权威且全面系统的界定，即“绿色金融是指为支持环境改善、应对气候变化和资源节约高效利用的经济活动，即对环保、节能、清洁能源、绿色交通、绿色建筑等领域的项目投融资、项目运营、风险管理等所提供的金融服务”。

④ 吴志远：《我国绿色金融研究现状评析与展望》，载《湖南社会学科》2020 年第 5 期，第 60 ~ 61 页。

绿色金融体系涉及的领域较为宽泛，包括信贷、股票、债券、基金、保险等领域。绿色金融主要包括“绿色保险”“绿色证券”“绿色信贷”以及相关的绿色产业资产证券化等结构化投资产品。根据我国《证券法》的规定，结构化投资产品属于证券范畴。主要分析如下：①绿色保险。广义的绿色保险主要是指保险资金的绿色投向。狭义的绿色保险主要是指环境责任保险，即以被保险人因环境污染依法应承担的赔偿责任作为保险对象的保险。企业购买环境责任保险，可以为企业分散经营风险，并在解决环境侵权纠纷、加强环境治理等方面发挥积极作用。②绿色证券，即对通过基金、股票、债券等方式融资的企业设置相应的环保门槛。企业要从资本市场上实现融资，无论是发行股票还是发行债券，在发行资格、融资规模和环境信息披露等方面，都要受到环保部门环保审核的严格约束。绿色基金是专门针对节能减排、低碳经济以及环境优化改造项目而建立的专项投资基金。③绿色信贷，即银行业机构在提供贷款时要考虑生态因素并向符合环保要求的企业或产业提供信贷服务。[①] 2013 年原银监会发布《关于绿色信贷工作的意见》，明确要求金融机构应支持绿色产业和绿色产品的发展。绿色信贷为绿色企业和项目持续提供便捷、低成本的融资。2002 年，国际金融公司等提出了一项企业贷款准则，即“赤道原则”。这项准则要求金融机构在确定、评估和管理项目融资过程中，要充分考虑该项目的环境风险和社会影响，从而利用金融杠杆在环境保护以及社会发展方面发挥积极作用。赤道原则是非官方规定的自愿性准则，属于行业惯例，是一种严格的行业自律规则，对银行业机构具有较强的约束力。“赤道原则”现在已经成为国际项目融资的一个信贷标准，采纳了“赤道原则”的银行也称为“赤道银行”。2008 年，兴业银行在国内率先采纳“赤道原则”，是我国较早探索并介入绿色信贷领域的商业银行，与江苏银行、湖州银行成为我国仅有的三家赤道银行。兴业银行早在 2006 年就推出了节能减排贷款，目前已推出多个绿色信贷产品。另外，2019 年 9 月联

---

① 原银监会 2012 年发布的《绿色信贷指引》第 3 条规定：“银行业金融机构应当从战略高度推进绿色信贷，加大对绿色经济、低碳经济、循环经济的支持，防范环境和社会风险，提升自身的环境和社会表现，并以此优化信贷结构，提高服务水平，促进发展方式转变。”

合国发布《负责任银行原则》，旨在推动银行业在绿色金融领域的实践。我国的工商银行、兴业银行和华夏银行签署了该原则。[①]

2. 绿色金融的意义

绿色金融作为一项金融政策措施，在促进经济发展方式的转变、加强生态环境保护、合理配置金融资源以及规范市场主体的行为等方面发挥积极作用。具体分析如下：

第一，促进发展方式转变。绿色金融具有扭转经济发展与生态效应相割裂的功能。传统金融模式形成于传统的经济发展模式，即依靠高投入、高能耗、高污染来发展经济的增长方式，是一种粗放型、数量型经济增长方式。在传统经济运行模式下，人们高强度地获取有限的自然资源，在生产经营过程中污染土壤、水体和大气，损害生态功能，以牺牲生态环境为代价实现经济的增长。以此相对应地形成了传统金融体制。金融资本的逐利性被片面放大，公益性被压制和削弱。金融机构片面追求投融资收益而忽视生态环境保护。例如，商业银行经营目的以经济利益为导向，追求利润的最大化，由此导致银行资金流向高能耗、高污染企业。农村信用合作社的合作性质逐渐淡化，商业化经营理念也日渐凸显。而绿色金融将生态环境因素评价纳入金融体制，旨在服务于新的经济增长动力与生态环境的平衡协调。绿色金融为促进绿色产业发展以及为传统产业转型提供稳定、可靠、持续的资金支持和金融保障，以此淘汰落后产能企业，推动产业结构的优化升级，从而实现金融、经济和生态的可持续发展。

第二，加强生态环境保护。生态保护涉及多个领域和行业，是一项系统工程。绿色金融政策引导金融资本流向绿色产业或绿色经济部门，通过金融资源引流实现绿色经济的结构性调整，从而落实绿色发展。[②] 绿色金融对生态环境的保护可以从两个方面来体现。一方面，由于经济的粗放式增长导致了生态环境的不断恶化，政府对污染治理、生态修复存在大量资金缺口，而绿色金融可以通过调动市场资源弥补这

---

① 参见钱立华、方琦、鲁政委：《中国绿色金融：从银行到资管——中国绿色金融发展趋势展望（上篇）》，载《金融发展评论》2019 年第 11 期，第 39 页。

② 参见李朋林、叶静童：《绿色金融：发展逻辑、演进路径与中国实践》，载《西南金融》2019 年第 10 期，第 83 页。

些缺口。另一方面，传统产业的转型以及环保行业、生态产业的发展都需要资金支持，绿色金融为其提供了便捷的融资通道。金融机构根据环保法律法规、产业政策、行业准入政策等规定，确定资金的支持方向和重点领域。金融机构对市场主体的生产经营和社会风险进行动态评估与分类，相关结果作为其信用评级、信贷准入、信贷管理的重要依据。对出现重大风险或隐患的建设项目，可以根据情况中止直至终止信贷资金的拨付。对生态环境和社会表现不合规的项目或企业，应当不予授信。在绿色金融实施过程中，环保部门的审核发挥着重要作用。一个项目或企业要想获得优惠贷款，必须得到环保部门的审核才能申请。高能耗、高污染项目或企业由于不符合环保支持和金融政策，被排除于资金支持范围，这样就可以减少环境污染。

第三，合理配置金融资源。金融是产业发展的血液。产业发展的金融资源既要按照市场化机制进行运行，也要通过产业政策向绿色产业进行倾斜。总体而言，我国的绿色产业尚处于发展初期，企业实力不强，技术力量不够，资金较为欠缺。政府通过法律、税收、财政等方面的产业措施扶植绿色产业，为绿色产业发展提供金融保障。绿色金融政策具有明确的指向和引导功能，是指引资金和资本投入绿色产业的基本保障。在绿色发展理念的支持下，金融市场可以通过信贷、股票、债券、基金、保险及其他衍生金融工具为主要手段引导资金的流向。例如，在间接融资市场，通过信贷政策的激励和约束，银行业金融机构应向科技含量高、附加值高、低污染、低耗能的产业提供信贷产品。绿色信贷可以促进企业加快淘汰落后产能，加强绿色技术创新和产业转型。在直接融资市场，符合绿色政策的农业公司可以通过发行债券和股票进行融资。绿色金融也会直接或间接地影响公众的投资行为。社会公众将其资金投向绿色产业或投资产品，使社会资本流向环境风险低、环保措施严格的产业领域和绿色企业，社会资金就能够对产业发展和生态保护发挥积极作用。如此，通过直接金融和间接金融，金融资源得到优化，金融效率得以提升。

第四，规范市场主体的行为。在传统的经济发展模式下，企业投入资本赚取利润是其首要目标，通常不考虑或者较少考虑资源保护和环境状况。这种投资行为使企业忽视对社会和环境所产生的消极影响。

企业的环境问题有很强的外部性。其直接后果是,企业污染了环境、破坏了生态,受害的是社会公众,环境成本转嫁给全社会。虽然政府通过行政方式对污染企业进行经济处罚,但效果并不显著。这种污染企业的成长模式在绿色金融体制的调控下将不复存在。绿色金融通过金融杠杆影响企业的融资渠道,对节能环保类的企业提供优惠贷款,排除对污染产业的融资机会,或增加落后产业的融资成本。一些违法或污染严重的企业不能获得贷款,这样就切断了资金来源,避免了损害的扩大。绿色金融理念的深入以及绿色政策的实施,能够对市场主体提供生产经营的合理预测,使其秉持绿色理念,遵循绿色规则。绿色金融以节能减排和环境保护作为融资条件,客观上可强化企业的生态意识,更加注重生产经营的环境成本,促使企业自觉地趋向保护生态环境。同时,应出台相关政策鼓励更多的企业投资于可持续发展产业,减少资源的浪费,维护生态的平衡,实现经济利益与生态效应的多赢。

3. 我国绿色金融的发展

随着我国生态文明建设的不断推进,绿色发展得到高度重视,并取得了一定的成效。而作为生态文明建设的重要内容,绿色金融也得到一定程度的发展。我国绿色金融始于信贷市场,主要体现为金融监管机构与相关部门出台的一系列指引性政策。1995 年中国人民银行出台了《关于贯彻信贷政策与加强环境保护工作有关问题的通知》,要求各级金融机构在提供贷款时要重视自然资源以及生态环境的保护,把支持生态资源的保护以及污染的防治作为银行贷款的考虑因素之一。2004 年中国人民银行等部门出台的《关于进一步加强产业政策和信贷政策协调配合控制信贷风险有关问题的通知》明确要求,逐步完善产业政策与信贷政策间良好、能动的协调配合机制。2007 年原银监会颁布《节能减排授信工作指导意见》,明确要求信贷机构根据国家产业政策实施差别化的信贷工作。此后出台的相关政策包括 2009 年中国人民银行和原银监会《关于进一步加强信贷结构调整促进国民经济平衡较快发展的指导意见》、2009 年原环境保护部《关于全面落实绿色信贷政策进一步完善信息共享工作的通知》等。2011 年国务院发布的《"十二五"节能减排综合性工作方案》《国家环境保护"十二五"规划》《关于加强环境保护重点工作的意见》等成为绿色金融向其他金融领域进一步发展的政策依据。2013 年国家发改委等部门出台的《国家适应气候变化战略》,明确提出要推动气候金融市场建设,并鼓励开发气候相关服务产品,探索发行巨灾债券等创新性融资手段。2015 年国务院发布的《生态文明体制改革总体方案》提出要"建立绿色金融体系",主要包括绿色信贷、绿色股票指数和相关投资产品、绿色债券、绿色信贷资产证券化、绿色发展基金、上市公司环保信息强制性披露机制、生态环保项目的担保机制、环境污染强制责任保险、绿色评级体系等。中国人民银行等部门 2016 年发布的《关于构建绿色金融体系的指导意见》对绿色金融和绿色金融体系进行了明确的界定,并提出了发展绿色金融的 35 项具体措施。①

绿色金融是金融业发展的新方向和新趋势。与传统"命令控制型"行政管制手段不同,绿色金融主要是利用经济利益手段对"三高一低"行业或企业进行规制,是一种"经济诱导型"制度手段。② 对于我国金融业来说,更意味着将迎来金融理念和制度的深刻变革。面临农业现代化新阶段的历史任务,我国农业农村金融应进一步深化改革,而绿色金融显然将成为我国农业农村金融发展的重要方向。农业绿色金融赋予了"绿色金融"明确的"三农"元素,同时赋予了"农业金融"明确的绿色元素。农业绿色金融既是对传统农业金融体系的改造与提升,更是基于农业绿色发展的必要性和紧迫性而作出的回应。③ 但我国现有的政策法律体系较为滞后,绿色金融体系与绿色产业发展的耦合度存在差异,各地发展呈现不平衡状态。例如,从区域来看,西北地区绿色金融体系与产业结构优化的整体耦合度水平不高,仅有新疆和甘肃的耦合协调度相对较好。④ 绿色金融体系与经济转型发展和产业结构之间

① 2016 年中国人民银行等部门发布的《关于构建绿色金融体系的指导意见》提出,"绿色金融体系是指通过绿色信贷、绿色债券、绿色股票指数和相关产品、绿色发展基金、绿色保险、碳金融等金融工具和相关政策支持经济向绿色化转型的制度安排"。

② 参见李传轩:《生态文明视野下绿色金融法律制度研究》,知识产权出版社 2019 年版,第 22 页。

③ 2014 年 4 月国务院办公厅发布的《关于金融服务"三农"发展的若干意见》明确指出,"大力发展绿色金融,促进节水农业、循环农业和生态友好型农业发展"。

④ 参见魏丽莉、杨颖:《西北地区绿色金融与产业结构耦合协调发展的历史演进——基于新结构经济学的视角》,载《兰州大学学报(社会科学版)》2019 年第 5 期,第 33 页。

需要通过相互促进和作用,实现二者的协调,并达到良性互动状态。绿色金融体系为绿色经济发展提供金融支持保障。推动我国绿色金融体系建设的对策建议主要表现在如下方面:

第一,健全绿色金融法规体系。目前,我国绿色金融的表现形式主要是宏观政策和具体措施,相关立法明显滞后,配套支持制度缺失。立法层次低也在相当程度上影响了法律和监管制度的效力。[①] 从宏观方面而言,国务院出台的生态文明建设和产业发展政策对绿色建设作了原则性规定。从微观方面而言,金融监管机构与行业主管部门出台了相应的实施措施,具有较强的针对性。但是金融监管机构与行业主管部门出台的相关文件主要是指导性和引导性要求,体现为鼓励和激励措施,并不属于规范性文件,不具有法律上的强制力,缺乏法律责任机制,直接影响绿色金融的深入推进。例如,中国人民银行等部门2016年发布的《关于构建绿色金融体系的指导意见》的相关措施主要表现为支持、推动、完善、研究探索等,缺乏强制性要求,也没有相应的惩戒机制。基于此,绿色金融制度应提高相应的层级,上升为规范性法律文件,并建立健全绿色信用、绿色产业、绿色项目、绿色标准、绿色监管、绿色技术、法律责任等制度体系。由于绿色金融能够实现生态效应,具有鲜明的正外部性和公益性,因而还需要建立健全相应的正向激励机制,引导社会资本的积极参与。

第二,推动绿色金融体系的协同发展。绿色金融体系是一项系统工程。绿色金融的发展以及生态的优化,需要多个相关部门协同推进,包括金融监管机构、行业主管部门等机构的合作。例如,《关于构建绿色金融体系的指导意见》是由中国人民银行等七部委联合发布的,强调加强金融信息基础设施建设,推动各部门信息和统计数据共享。《关于防范和控制高耗能高污染行业贷款风险的通知》《关于落实环保政策法规防范信贷风险的意见》等是由中国人民银行与原国家环保总局和原银监会联合发布的。环保部门向金融机构提供排放总量、环保"三同时"审批、环保认证、环境信用评价、清洁生产、环境

---

① 参见郭士华:《我国绿色金融体系运行机制构建与制度安排研究》,江西高校出版社2019年版,第39页。

违法、环境处罚等环境信息，从而建立绿色金融风险防范机制。这些政策文件充分反映了部门合作的必要性和可行性，但是这些部门之间的协作具有较强的政策性，缺乏法律上的约束力。另外，绿色金融的发展离不开相应的中介机构，包括绿色金融认证机构、绿色金融征信机构等。① 通过绿色金融产品的强制性认证，使其符合“赤道原则”，为我国绿色金融产品的国际化提供认证支持。通过征信机构对绿色金融项目的信用评价，既能够保障利益相关方的合法权益，使其了解所投资项目是否为绿色以及收益的多少，也能够通过“增信”缓解其融资难、融资贵的问题。

第三，提升绿色金融的参与度。我国目前绿色金融的发展主要是依靠政府的有形之手“自上而下”推动，绿色投资普遍的方式是政府主导的财政补贴和税收减免，但依靠政府推动绿色投资并不具有可持续性。由于绿色产业的投资期限较长，而且面临的风险较大，因而金融机构以及社会资本的参与度较低，绿色金融发展较为缓慢。我国绿色金融领域的主体也以政策性银行和规模较大的国内商业银行为主。研究表明，由于地方政府的资金约束、金融的所有制抑制以及市场内生驱动的不足，一些地方的绿色发展所需资金缺口较大，绿色金融明显滞后于绿色经济发展的客观需要。② 在西北地区的一些区域，除了银行业机构的绿色信贷产品外，其他金融机构参与的绿色金融产品严重缺失。③ 为此，一方面要通过政策将金融机构的绿色信贷纳入经营业绩评价范围，引导金融机构加大对绿色金融投入的力度，另一方面要提高社会资本参与绿色产业的积极性，建立由公共财政与私人资本共同合作而形成的 PPP 模式绿色发展基金，以此推动绿色基金发展。中国人民银行等部门 2016 年发布的《关于构建绿色金融体系的指导意见》明确提出“支持设立各类绿色发展基金”，在绿色产业中引入 PPP 模式。根据该意见

① 参见曹倩：《我国绿色金融体系创新路径探析》，载《金融发展研究》2019 年第 3 期，第 50 页。

② 参见张栋、张怡、梁艳：《绿色金融改革的实践研究——以新疆为例》，载《金融发展评论》2019 年第 6 期，第 69 页。

③ 参见王波、刘颖：《陕西省绿色金融发展困境及其突破》，载《西部金融》2020 年第 2 期，第 79 页。

规定,中央财政整合现有节能环保等专项资金设立“国家绿色发展基金”,将相关资金投资于绿色产业。具有相应条件的地方政府与社会资本共同发起设立“区域性绿色发展基金”,以支持地方绿色产业发展。同时,支持社会资本以及国际资本等发起或参与设立各类民间绿色投资基金。

第四,创新绿色金融相关的金融产品。① 绿色金融产品是绿色金融体系的重要组成部分。绿色金融产品的规模和种类、市场的规范化程度等都是衡量绿色金融体系是否健全和有序的重要指标。就目前的发展状况而言,我国主要的绿色金融产品大致可分为绿色信贷产品、绿色投资产品、环境风险管理产品以及环境信息类产品等。但我国绿色金融产品主要集中在银行业,具体表现为银行机构的绿色信贷产品。也就是说,绿色信贷在绿色金融中占据主导地位,是绿色金融产品的主力军。另外,绿色债券发行也有一定规模的发展。总体而言,我国绿色金融产品的供给明显不充分,难以满足绿色经济发展需要。增加绿色金融产品供给是推动绿色金融发展的有效手段,应加大绿色金融产品创新力度,提升绿色产品的市场认知度和市场占有率,从而拓宽绿色产业融资渠道。具体而言,除了传统的绿色产品外,应探索和发展绿色保险产品、绿色信托产品、绿色理财产品、绿色资产证券化产品、绿色股票指数等相关金融产品,探索特许经营权、项目收益权、排污权等环境权益质押融资等,形成多元化的绿色金融产品。

第二节　信贷服务

一、信贷服务的含义

信贷是推动经济发展的有效形式,也是最为普遍的方式。农业发

---

①　中国人民银行、银保监会、证监会、财政部、农业农村部2019年1月发布的《关于金融服务乡村振兴的指导意见》提出,“完善‘三农’绿色金融产品和服务体系。完善绿色信贷体系,鼓励银行业金融机构加快创新‘三农’绿色金融产品和服务,通过发行绿色金融债券等方式,筹集资金用于支持污染防治、清洁能源、节水、生态保护、绿色农业等绿色领域,助力打好污染防治攻坚战。加强绿色债券后续监督管理,确保资金专款专用”。

展需要更多信贷机构资金的支持。农业信贷主要是指银行业金融机构向农业生产经营者发放贷款的金融活动或金融服务。农业信贷是一种间接金融。我国农业金融是一个以间接金融为主的金融体系。银行业金融机构起到媒介资金的作用,将来自公众的存款投向农业部门,是金融中介机构。银行业金融机构与农业生产经营者构成金融借贷关系。银行业金融机构按照约定的数额和期限发放贷款,农业生产经营者负有保障资金用途的义务,并按期偿还本金并支付一定利息。农业信贷产品主要涉及绿色信贷产品和小额信贷产品等。金融机构秉承服务"三农"的理念,将资金投向绿色农业、生态农业、有机农业领域,扶持农业项目和农业主体,助力种植、养殖、沼气、沼肥等产业链的发展,降低农业生产污染,支持建设生态循环农业,实现生态农业良性循环。绿色信贷产品具有双重意义,既满足了农业项目的融资需求,又达到了生态保护的目的。需要指出的是,早在 1988 年德国就出现了绿色银行,该银行以保护生态为目的,主要经营自然和环境保护信贷业务。与此相联系的是近年来兴起的生态银行,它是以促进生态事业发展为目的而经营信贷业务的金融机构。

小额信贷,或称小额贷款、微型贷款,是指对低收入群体和小微企业等提供有限金额的信贷服务。小额信贷起源于孟加拉国乡村银行的"联合贷款模式",其设立初衷是助推贫困人口增收,满足贫困人群的融资需求,是普惠金融的具体表现。比较来看,为保障新职业农民从事农业生产活动,美国《2014 年农业法案》放宽了借款农场条件,并规定了永久性小额贷款计划以及定金贷款援助计划等。[①] 我国小额信贷的提供者具有多元化趋势,既包括大中型商业银行,也包括信用合作社、资金互助社等合作型金融机构,甚至还包括非银行类金融机构,如小额贷款公司等。其目标不是追求利益的最大化,而是满足特定群体的融资需要。小额信贷的服务对象包括自然人、低收入家庭、小微企业和农户家庭。就贷款方式而言,主要提供基于信用基础的无担保贷款,或者联

---

① 参见夏益国等:《美国新农业支持政策及其对中国的启示——基于〈2014 年农业法案〉视角》,载林志雄主编:《开放条件下的全球农业政策》,中国社会科学出版社 2016 年版,第 139 页。

保形式的贷款。对于农户和小微企业而言，其申请小额信贷的主要目的不是用于消费而是基于生产经营以及维持可持续性发展的需要，具有周期短、额度低等特点，其运行模式多表现为随用随贷、周转使用，担保方式灵活。近年来，政府部门、金融机构等积极推进农业金融创新，探索形成了一批符合农业农村发展特点的信贷服务模式，对促进解决农业贷款难、贷款贵等问题发挥了重要作用。[①] 农业部门不断总结农业信贷的实践模式，并向全国加以推广。[②] 这些信贷模式紧贴农民的资金需求，既增加了资金投放量，又能够确保贷款风险可控。

农业信贷是整个信贷的重要组成部分，具有金融借贷的共性。但农业信贷与农业生产经营密切相关，客观上使农业信贷有区别于其他产业或行业信贷的一些特性。主要体现在如下方面：

第一，农业信贷政策性强。金融机构在"经济人"思维的指引下，其经营主要以经济效益为目标，不可能主动考虑借款方的实际需求。然而农业是受保护的基础产业，政府对服务农业的金融机构应实行相应的支持和鼓励政策，以增加对农业信贷的投入量。农业信贷政策既包括国家的宏观政策，也包括政府部门的具体措施，如 2014 年国务院办公厅发布的《关于金融服务"三农"发展的若干意见》、2007 年原银监会发布的《关于银行业金融机构大力发展农村小额贷款业务指导意见》、2008 年中国人民银行和原银监会发布的《关于村镇银行、贷款公司、农村资金互助社、小额贷款公司有关政策的通知》、2013 年原银监会发布《关于绿色信贷工作的意见》以及财政部和国家税务总局关于农村金融有关的税收政策等。根据相关规定，贷款对象包括传统耕作农户、养殖户、种养大户、订单农业户、进城务工经商户、小型加工户、运输户、农产

---

① 2014 年 4 月国务院办公厅发布的《关于金融服务"三农"发展的若干意见》明确指出，"鼓励大中型银行根据农村市场需求变化，优化发展战略，加强对'三农'发展的金融支持。深化农业银行'三农金融事业部'改革试点，探索商业金融服务'三农'的可持续模式。鼓励邮政储蓄银行拓展农村金融业务，逐步扩大涉农业务范围。稳步培育发展村镇银行，提高民营资本持股比例，开展面向'三农'的差异化、特色化服务。各涉农金融机构要进一步下沉服务重心，切实做到不脱农、多惠农"。

② 主要包括"政银担""政银保""银行贷款 + 风险保障补偿金""两权抵押贷款""农村信用社小额信贷""农产品价格指数保险""农机金融（融资）租赁""双基联动合作贷款""互联网 + 农村金融""农业领域 PPP"等 10 个模式。

品流通户和其他与“三农”有关的城乡个体经营户。小额贷款额度因地制宜,发达地区可提高到10万~30万元,欠发达地区可提高到1万~5万元。同时,金融机构简化小额贷款手续,改进小额贷款服务方式,对金融机构农户小额贷款的利息收入,实行所得税、增值税优惠。相比大中型银行,社区性银行抗风险能力较弱,可持续能力有待增强,更需要得到更多的政策支持。2012年5月原银监会出台《关于鼓励和引导民间资本进入银行业的实施意见》,将主发起行的最低持股比例降低到15%,进一步促进了银行产权结构的多元化。此外,一些地方金融监管机构也出台相关的政策,如青海监管机构出台的《关于发展普惠金融的指导意见》《青海银行业“双基联动”合作贷款试点方案》等,实现基层党组织与基层银行业金融机构的联动,着力解决农村基础信贷服务的可得性,扩大信贷覆盖面。

第二,农业信贷风险大。农业经营主体面临信用风险、生产风险、经营风险、自然灾害风险和市场风险等。① 一方面,除了大中型农业企业外,大部分农业生产经营主体的资产规模较小,治理体制松散,资产质量较差,存在较大的信用风险;②另一方面,农业生产受到诸如地理、气候、土壤等因素的影响,又易受自然灾害特别是突发性自然灾害的打击,抗风险能力较弱。自然灾害具有不可抗因素,对农业生产造成损害的可能性较大。一旦发生自然灾害,将直接影响农业资金的安全经营。投放的农业贷款无法按期回收,信贷机构将面临本金和利息损失的风险。另外,农业较长的生产周期和流通时间决定了农业信贷资金的周期性和季节性。农业生产因自然再生产特性的制约,生产周期比较长,农业生产中每一环节投入的资金并不能马上产出产品,直到农产品销售出去才能获得收益。农业信贷资金随一个农业生产周期的结束而回流。而且,对农业产品市场信息判断的把握,直接关系到农产品销售价值的实现。农村市场信息闭塞,许多农产品的生产难以跟上市场需求变化。我国农村土地辽阔,地形复杂,交通不便,信息不灵,流通渠道不

① 参见倪旭、张峭、倪博:《新型农业经营主体信用的现状、问题及对策探析》,载《征信》2018年第1期,第42页。

② 参见卜振兴、白艳娟:《农业经营主体融资困境与金融创新破解路径分析》,载《西南金融》2019年第9期,第58页。

畅,影响着农产品价值的顺利实现。农业生产的弱质性和分散性,加大了农业贷款的经营成本和经营风险,遏制了发放金融机构的积极性。因此,农业信贷需要相应的政策支持,如出台税收优惠措施和专项风险补偿措施等。为了贯彻落实 2010 年中共中央、国务院《关于加大统筹城乡发展力度　进一步夯实农业农村发展基础的若干意见》(中发〔2010〕1 号)精神,财政部 2010 年发布《关于印发财政县域金融机构涉农贷款增量奖励资金管理办法的通知》(已失效),对县域金融机构涉农贷款实行增量奖励。另外,各地不断探索和创新农业贷款担保增信模式,如联保互保、政银合作、银保合作、信用基金、政策性担保等。农民专业合作社成员贷款可以采取农户联保、互助金担保以及农民专业合作社担保等多种担保方式。政府、银行、保险合作的融资担保模式将融资风险分摊到多个主体,既能够缓解农业融资压力,又能降低资金借贷风险。有观点认为,按照农业保险保障对象的不同,当前常见的银保合作模式主要是“政策性农业保险 + 农村信贷 + 财政补贴”“商业性农业信贷 + 保险利率优惠”“贷款损失信贷 + 保险模式”等,但也存在银保合作广度不足、深度不够、协同程度不高、管理难度大等问题。[①]

第三,信贷主体具有多元性。发展农业普惠金融,需要发挥各类金融机构的支农作用。农业信贷主体可以分为政策性银行、商业性银行以及合作性金融机构和非银行类金融机构,主要包括中国农业发展银行、中国农业银行、农村商业银行、村镇银行、农村信用社、农村资金互助社、贷款公司等。中国农业发展银行于 1994 年成立,是以国家信用为基础筹资而设立的我国唯一一家农业政策性银行,其主要职责是承担农业政策性金融业务,为农业和农村经济发展服务,具体业务包括为农业小企业、产业化龙头企业以及为农业综合开发、生产资料和农业科技提供贷款。长期以来,我国农业信贷的主体是农业银行、农村信用社、邮政储蓄银行等。随着我国农业结构的调整以及农业现代化发展的需要,农业信贷供给的结构性矛盾日趋突出。我国银行业监管机构陆续颁布了系列规章,加快了新型农村金融机构的建设,如原银监会

---

①　参见林凯旋:《农业信贷与保险联动支持农业发展:内在逻辑与改进路径》,载《保险研究》2020 年第 4 期,第 73 页。

2003 年发布的《农村商业银行管理暂行规定》《农村合作银行管理暂行规定》、2007 年发布的《村镇银行管理暂行规定》《农村资金互助社管理暂行规定》《贷款公司管理暂行规定》等。此外,一些地方还出台了小额贷款公司管理规定,如 2008 年《陕西省小额贷款公司试点管理办法(试行)》、2011 年《宁夏回族自治区小额贷款公司管理暂行办法》、2012 年《青海省小额贷款公司管理暂行办法》、2015 年《甘肃省小额贷款公司管理办法》、2017 年《新疆维吾尔自治区小额贷款公司管理暂行办法》等。新型农村金融机构是以构建普惠金融体系为主要目标、为农业农村提供金融产品的金融机构,具体包括村镇银行、贷款公司、农村资金互助社、小额贷款公司等。与传统的农村金融机构相比,新型农村金融机构具有如下特征:其一,在经营宗旨方面,其在设立的时候就被赋予了服务"三农"的任务,主要为农村地区提供金融服务;其二,在资本来源方面,所需注册资本低,可以由金融机构以及其他机构和个人等出资组建,资本可以多元化;其三,在治理结构方面,产权结构明晰,经营决策灵活,管理成本较低;其四,在信贷业务方面,手续简便,贷款额度灵活,一般无需担保物。但贷款公司只能从事贷款业务,不能吸收存款。

第四,贷款对象较为分散。在农业生产经营中,在不同的区域和不同的季节,不同的农业经营主体都有着差异化的融资需求,并且涉及农业产前、产中和产后等各个环节。总体而言,农业信贷的对象主要包括大中型农业企业、农民专业合作社、家庭农场、种养大户、小微农业企业、个体经营者以及农业社会化服务组织等。对于大型农业企业如龙头企业而言,其融资方式可以多元化。例如,这类企业具有较强的经营实力,经营规模大,经营业绩较好,在符合公开发行的条件下,可以通过发行股票和债券的方式融资,或者在新三板以及地方股权交易市场挂牌融资。如果要解决临时性资金周转,可以通过担保方式向大中型商业银行融资。而对于小农户、种养大户、家庭农场、农业小微企业和农民专业合作社而言,由于不能直接融资,因而其融资途径主要是向大型商业银行、股份制商业银行以及各级农村信用社申请贷款。① 农民专业

---

①　按照我国大中小微企业划分标准,农、林、牧、渔行业,营业收入处于 50 万元至 500 万元的为小型企业,营业收入低于 50 万元的为微型企业。

合作社及其成员的贷款额度分别根据信用状况、资产负债情况、生产经营效益等情况综合确定。但是,我国农村地域辽阔,在农业生产中,小规模经营占主要地位。因此,我国农业信贷资金的发放,面对的是众多从事农业生产经营的家庭和个体,农业信贷具有明显的分散性。农业信贷的主要类型是小额信贷,这类贷款的受益者是量大面广的普通农户,包括家庭农场、种养大户、个体经营者等。根据信贷政策,农户是指具有农业户籍的农民或个体户,并主要从事农业生产活动或与农村经济发展相关的活动。农业小额信贷的借款人需符合相应的条件:其一,居住于服务范围内,由农户的一名成员申请,具有完全民事行为能力;其二,从事种植、养殖或其他农业生产经营活动,具有相应的劳动能力或经营能力;其三,信用状况良好,有合法、可靠的收入来源。[①] 由于农业信贷需求具有差异性和层次性,因而金融机构应针对不同的需求特点,开发符合农业农村发展需要的金融产品和服务,满足差异化的金融需求。

二、信贷服务的主体

1. 大中型商业银行

大中型商业银行主要是指农业银行、工商银行、建设银行以及其他全国性股份制商业银行等银行业金融机构。其对农业农村的信贷支持主要表现在如下方面:其一,通过设立社区支行和小微支行,下沉金融服务。其二,设立普惠金融事业部。2017 年,原银监会等发布《大中型商业银行设立普惠金融事业部实施方案》,要求大中型商业银行满足多层次、多样化普惠金融需求,加大对小微企业、"三农"、创业创新群体和脱贫攻坚等领域的支持力度。其三,开发具有针对性的支农信贷产品。例如,邮政储蓄银行推出的信贷产品有传统农户小额贷款、农机购置补贴贷款、农民专业合作社贷款、家庭农场(专业大户)贷款、土地经营承包权贷款等。中国农业银行推出的信贷产品有农户小额贷款、农村个

① 根据中国农业银行的规定,农户小额贷款是指中国农业银行按照普惠制、广覆盖、商业化的要求,对农户家庭内单个成员发放的小额自然人贷款。每户农户只能由一名家庭成员申请农户小额贷款。

人生产经营贷款、惠农e贷、季节性收购贷款等。2013年中国农业银行出台了《中国农业银行专业大户(家庭农场)贷款管理办法(试行)》,对专业大户、家庭农场的贷款作了具体规定,加大了对新型农业经营主体的支持力度。根据该办法规定,单户贷款额度最高可到1000万元,贷款可以用于农田基本设施建设和支付土地流转费用,贷款期限最长可达5年。

2. 农村信用合作社

我国农村信用合作社是社区性地方金融机构,是农村合作金融机构,发挥农村普惠金融的主力军作用。农村信用合作社的监管主体是中国人民银行和银保监会,同时地方政府享有相应的监管权。目前,涉及农村信用合作社的规范性文件主要是由中国人民银行和原银监会等颁布的部门规章。1997年9月,中国人民银行颁布了《农村信用合作社管理规定》(已失效)和《农村信用合作社县级联合社管理规定》。上述规章构建了农村信用合作社的基本架构。根据上述规定,农村信用合作社是独立的企业法人,其社员包括入股的农户以及农村各类具有法人资格的经济组织。农村信用合作社县级联合社是独立的企业法人,是农村信用社服务的联合经济组织,由农村信用合作社入股组成。针对农户贷款难的问题,1997年10月,中国人民银行、中国农业发展银行和中国农业银行发布《农村信用社改进和加强支农服务的十条意见》(已失效),要求农村信用合作社切实发挥支农作用,并规定对农户发放小额农业贷款可放宽条件,特别是对信用状况良好的农户可发放信用贷款,无需提供担保。1999年和2001年中国人民银行先后出台了《农村信用社农户小额信用贷款管理暂行办法》(已失效)和《农村信用合作社农户小额信用贷款管理指导意见》,对农户小额贷款发放作了具体规定。此后,针对农村信用合作社发展中出现的问题,国务院2003年出台了《深化农村信用社改革试点方案》,明确要求加快农村信用社管理体制和产权制度改革,更好地为农民、农业和农村经济发展服务。

3. 农村商业银行和农村合作银行

农村商业银行是农村信用合作社经过改制的产物,属于地方性金融机构,其服务宗旨是为本区域的农民、农业生产以及农村经济发展提供相应的金融服务。根据相关政策精神,鼓励符合条件的农村信用合作社改制组建农村商业银行,农村合作银行应全部改制为农村商业银行。2003 年 9 月,原银监会颁布《农村商业银行管理暂行规定》和《农村合作银行管理暂行规定》(已失效)。农村商业银行实行股份制,其成员包括原农村信用社的社员,以及辖内农民、农村工商户、企业法人和其他经济组织等。农村合作银行实行股份合作制,是在合作制的基础上吸收股份制运行的一种组织形式,是合作制与股份制的有机结合。农村合作银行设置两种股,即资格股和投资股。资格股实行“一人一票”,投资股实行“一股一票”。2019 年 1 月,银保监会办公厅发布《关于推进农村商业银行坚守定位　强化治理　提升金融服务能力的意见》,要求农村商业银行“专注服务本地、服务县域、服务社区”,“坚守支农支小金融服务主业”,增加对“三农”和小微企业的金融供给。农村商业银行是县域地区重要的银行机构,应专注服务本地,要将业务重心回归信贷主业,满足“三农”和小微企业个性化、差异化、定制化需求。

4. 村镇银行

村镇银行是在农村地区设立的社区性银行机构,其服务宗旨是为本区域的农民、农业生产以及农村经济发展提供相应的金融服务。村镇银行作为银行业金融机构,属于商业银行,具有存款、贷款、结算和办理信用卡等业务。未特别规定的事项适用我国《商业银行法》的规定。2007 年,原银监会颁布《村镇银行管理暂行规定》(已失效),规范村镇银行的设立和运行。根据该规定,村镇银行设置在县(市)及县(市)以下地区,面向农村。① 村镇银行的发起人或出资人中应至少有 1 家银行业金融机构,最大股东或唯一股东必须是银行业金融机构,以确保村镇银行的稳定持续发展,切实发挥服务“三农”的作用。村镇银行的可用资金应全部用于当地农村经济建设。发放贷款首先要满足县域经济区域内“三农”需要,不得跨区经营,不得发放异地贷款。而且,发放贷款应坚持小额、分散的原则,以提高贷款覆盖面。这些规定都有利于在县域范围内开展金融服务。2014 年 12 月,原银监会发布的《关于进一步促进村镇银行

① 《村镇银行管理暂行规定》第 59 条规定:“本规定所称农村地区,是指中西部、东北和海南省县(市)及县(市)以下地区,以及其他省(区、市)的国定贫困县和省定贫困县及县以下地区。”

健康发展的指导意见》(银监发〔2014〕46 号)明确要求,村镇银行原则上应在注册地所在的县(市、旗、区)域内依法经营,应坚持"立足县域、服务社区、支农支小"的市场定位,将资金主要用于发放"三农"和小微企业贷款。为进一步解决中西部金融服务薄弱地区银行业金融机构供给不足的问题,原银监会 2018 年 1 月发布的《关于开展投资管理型村镇银行和"多县一行"制村镇银行试点工作的通知》(银监发〔2018〕3 号)提出了相应的政策措施。

5. 贷款公司和小额贷款公司

原银监会 2009 年颁布的《贷款公司管理规定》对贷款公司作了具体规定。根据该规定,贷款公司具有如下特征:第一,由银行业金融监管机构许可设立;第二,属于非银行类金融机构,只经营贷款业务,不从事吸收存款业务;第三,由境内商业银行或农村合作银行全额出资设立,组织形式是有限责任公司,不实行股份制;第四,设立于农村地区,其宗旨是为县域农民、农业和农村经济发展提供贷款服务。2008 年 5 月,原银监会、中国人民银行颁布《关于小额贷款公司试点的指导意见》。根据该意见规定,小额贷款公司具有如下特征:第一,由省级政府主管部门许可设立;第二,由自然人、企业法人与其他社会组织投资设立,组织形式可以是有限责任公司或股份有限公司;第三,经营业务是小额贷款,不吸收公众存款;第四,贷款利率有限放开,浮动幅度按照市场原则自主确定;第五,其宗旨是为农民、农业和农村经济发展提供金融服务,坚持"小额、分散"的原则,鼓励面向农户和微型企业提供信贷服务。贷款公司和小额贷款公司在业务方面共同的特征是"只贷不存"。2008 年 12 月,国务院办公厅发布《关于当前金融促进经济发展的若干意见》,明确提出扩大小额贷款公司试点。由于不能吸收公众存款,限制了其经营的可持续性。根据原银监会 2009 年发布的《小额贷款公司改制设立村镇银行暂行规定》,符合该规范性文件规定的条件的小额贷款公司经银行业金融监管机构批准可改制为村镇银行。

6. 农村资金互助社

农村资金互助社具有合作性、互助性、地域性、封闭性,是社区互助性银行业金融机构。2005 年国务院发布的《关于 2005 年深化经济体制改革的意见》(国发〔2005〕9 号,已失效)明确提出,"探索发展新的农村合作金融组织"。中共中央和国务院2005年12月发布的《关于推进社会主义新农村建设的若干意见》(中发〔2006〕1号)明确提出,要"引导农户发展资金互助组织"。2007年,原银监会发布《农村资金互助社管理暂行规定》。根据该规范性文件的规定,农村资金互助社具有如下特征:第一,由银行业金融监管机构许可设立;第二,设立于县(市)及县(市)以下地区,面向农村;①第三,社员来自乡(镇)以及相关行政村的农民和农村小规模企业;第四,经营的基本业务主要包括提供存款、贷款、结算等业务;第五,发放贷款的对象是加入互助社的社员,不得向非社员吸收存款、发放贷款及办理其他金融业务。由于社员大多来自同一个乡镇或者村庄,彼此之间比较熟悉,因而能够在社员之间建立起熟人之间的信任关系,从而降低贷款违约率。研究表明,农村资金互助社比较适宜地理位置比较偏远、现有金融服务不太充分的乡镇,特别是种植户和养殖户等相对比较集中的村镇。② 农村资金互助社为涉农小微主体提供了必要的信贷支持,但也存在规模小、融资难、规范化程度不高、被边缘化、公信力低等问题。相对于外生性的新型农村金融机构,内生性的农村资金互助社发展相对较为缓慢。从现实情况来看,由于农村经济较为落后,且存款只能来源于社员,农村资金互助社的资金来源十分有限,以至于出现无钱可贷的情况。由于资金来源有限,业务规模难以扩大。③ 为了保障农村资金互助社经营的持续性,可以出台相关政策扩大资本来源,包括吸引其他金融机构以及社会资本入股。

三、信贷担保机制

1. 保证担保

在农业生产经营中,保证担保是指作为第三人的保证人与信贷机构书面约定,当作为农业经营主体的借款人不能到期偿还到期贷款时,

---

① 《农村资金互助社管理暂行规定》第66条规定:"本规定所称农村地区,是指中西部、东北和海南省的县(市)及县(市)以下地区,以及其他省(自治区、直辖市)的国定贫困县和省定贫困县及县以下地区。"

② 参见程惠霞:《新型农村金融机构发展调查与农村金融市场改革》,中国经济出版社2017年版,第56~57页。

③ 参见冯兴元等:《农村普惠金融研究》,中国社会科学出版社2019年版,第133页。

由保证人按约定承担相应责任的担保方式。在保证合同中，金融机构是被保证人，具有代为清偿债务能力的自然人、法人及非法人组织都可以成为保证人。保证可以分为一般保证和连带责任保证。在一般保证中，保证人享有检索抗辩权或先诉抗辩权，而连带责任保证中保证人不享有先诉抗辩权，即不能以债权人是否向主债务人主张履行还款义务作为抗辩理由。保证人既可以是一人，也可以是多人，即共同保证。在共同保证中，保证人按照与金融机构约定的份额承担保证责任。保证担保的范围包括借款人的贷款本金和利息以及约定的违约金、损害赔偿金和因实现债权而产生的相关费用。在农业信贷中，保证人主要是公司、农民专业合作社、互助担保组织等。农业信贷可以采取"公司＋农户"的模式，由与农户合作的公司为农户贷款提供保证担保；农民专业合作社可以作为保证人为其社员的贷款提供担保；互助担保组织可以为其成员提供保证担保。此外，农民可以联保贷款。一定数额的农户组成联保小组，相互为彼此贷款进行保证。这种保证通常是一种连带担保方式。原银监会和中国人民银行 2000 年 1 月出台的《农村信用社农户联保贷款管理指导意见》对农户联保贷款作了具体规定。

2. 抵押担保

在农业生产经营中，抵押担保是指抵押人与信贷机构书面约定将特定财产或财产权利作为借款债权的担保。① 在抵押担保中，抵押人既可以是借款人自己，也可以是第三人，而且抵押财产不转移给债权人占有。当作为农业经营主体的借款人到期不能偿还金融机构的贷款时，信贷机构有权依法以设定抵押的财产折价或者以拍卖、变卖抵押财产的价款予以优先受偿。抵押的种类包括动产抵押、不动产抵押、权利抵押、浮动抵押和集合抵押等。在农业信贷中，抵押人可以是农业生产经营者或者第三人，债权人是金融机构。根据法律和相关政策规定，农业

---

① 2014 年 4 月国务院办公厅发布的《关于金融服务"三农"发展的若干意见》明确指出，"制定农村土地承包经营权抵押贷款试点管理办法，在经批准的地区开展试点。慎重稳妥地开展农民住房财产权抵押试点。健全完善林权抵押登记系统，扩大林权抵押贷款规模。推广以农业机械设备、运输工具、水域滩涂养殖权、承包土地收益权等为标的的新型抵押担保方式。加强涉农信贷与涉农保险合作，将涉农保险投保情况作为授信要素，探索拓宽涉农保险保单质押范围"。

信贷的抵押担保方式主要包括:第一,动产抵押。抵押的客体可以是农业机械设备、运输工具、农副产品等。第二,权利抵押。抵押的客体包括农村土地经营权、农民住房财产权、林权以及农村新型产权抵押。就土地经营权抵押而言,抵押人可以是农村土地承包经营权人,也可以是通过流转获得土地经营权的其他主体。"土地经营权"是农地"三权分置"改革的产物,是一种纯粹的财产权,不再具有身份属性。需要指出的是,我国《民法典》与《农村土地承包法》对"土地经营权"分别形成了不同的制度构造。[①] 通过招标、拍卖、公开协商等方式获得的土地经营权(经依法登记并取得权属证书)以及农村的建设用地使用权也可以成为抵押客体。2016 年 3 月中国人民银行等部门发布的《农村承包土地的经营权抵押贷款试点暂行办法》《农民住房财产权抵押贷款试点暂行办法》分别对土地经营权抵押和农民住房财产权抵押作出了具体规定。但是,农村宅基地使用权不得单独设定抵押。2013 年 7 月原银监会发布的《关于林权抵押贷款的实施意见》对林权抵押作了具体规定。第三,浮动抵押。抵押人可以将其现在和将来所有的生产设备、原材料、半成品以及产品等全部财产或者部分财产作为向信贷机构贷款的担保。在信贷机构行使抵押权之前,抵押人对抵押财产有正常经营过程中的处分权。第四,集合抵押。农业企业可以将其所有的动产和不动产作为一个集合物向信贷机构设定信贷担保。第五,不动产抵押。农民还可以将建设用地上的建筑物进行抵押。在实践中,金融机构创新推出了"两权"抵押、农村多产权组合抵押、"抵押 + 保证"等多种信贷产品。

3. 质押担保

在农业生产经营中,作为借款人的农业经营主体或第三人可以将其所有的动产或者财产权利作为向金融机构借款的担保。质押分为动产质押和权利质押。在动产质押中,农业经营主体或者第三人将其动产移交作为债权人的信贷机构占有,将该动产作为借款债权的担保。当农业经营主体不履行还款义务时,信贷机构有权依法就该动产进行

---

① 参见李国强:《〈民法典〉中两种"土地经营权"的体系构造》,载《浙江工商大学学报》2020 年第 5 期,第 27 页。

处分,并对所得价金享有优先受偿权。在权利质押中,农业经营主体或者第三人将其享有的财产权利作为借款债权的担保。当农业经营主体不履行还款义务时,信贷机构将有权处分该财产权利,并就所得价款享有优先受偿权。抵押与质押最大的区别就是,在抵押担保中不转移抵押财产的占有,而质押担保中必须转移质押财产的占有。在农业信贷质押中,质押权人是金融机构,质押人可以是借款人或第三人。在法律上,农业生产中的机械设备、运输工具、农副产品等动产也可以作为质押的标的。但是,质押需要转移标的物的占用,即将上述动产转为金融机构占有。如此,农业生产经营者将丧失上述动产的占有,也就不能产生经济效用。因此,农业机械设备、运输工具、农副产品等动产可以成为抵押的客体,而难以成为质押的客体。由此可知,农业信贷质押方式主要是权利质押。根据法律和相关政策规定,权利质押的客体主要是票据、存款单、债券、仓单、基金份额、股权、应收账款以及知识产权中的财产权等权利。在实践探索中,质押的客体还包括林权、农(副)产品订单、保险单等权利或凭证。

4. 政策性担保

在一个较长的时期,我国农业信贷担保主要是一种商业性担保模式,按照市场化机制运行。借款人需要向金融机构提供保证担保、抵押担保和质押担保。担保人可以是借款人,也可以是具有经济能力的第三人,如公司、农民专业合作社、中小企业信用担保机构等。虽然小额信用贷款无需提供担保,但贷款金额较少,一般只适用于小微企业和农户临时性的资金周转。随着农业现代化的发展,农业生产方式发生了转变。新型农业经营主体逐步兴起,农业生产经营资金需求大幅上升,传统的担保机制难以满足金融机构风险管理要求,不能适应农业规模发展的资金需求。因而需要创新农业信贷担保方式,以化解农业发展"融资难""融资贵"问题。2015 年国务院决定在全国建立财政支持的政策性农业信贷担保体系。2015 年 7 月,财政部、原农业部、原银监会联合发布《关于财政支持建立农业信贷担保体系的指导意见》,对建立健全我国农业信贷担保体系作了全面部署。目前,已经形成一个包括国家农业信贷担保联盟有限责任公司和各省级农业信贷担保公司的多层次、广覆盖的全国农业信贷担保体系。其服务宗旨主要是为农业特别是从事粮食适度规模经营的新型农业经营主体提供信贷担保服务。农业信贷担保体系具有“财政 + 金融”和“政府 + 市场”的属性。农业信贷担保体系通过财政资金的支撑作用,实现商业性、政策性金融的协调配合,既尊重市场在农村金融服务中的决定性作用,又发挥政策性金融工具的撬动作用,为农业规模化经营增加金融服务供给。对于新型农业经营主体而言,政府的财政保障机制发生了变化,即由原来获得的财政直接补贴方式调整为农业信贷担保体系提供持续性代偿风险补助。财政部、农业农村部、银保监会、中国人民银行 2020 年联合发布《关于进一步做好全国农业信贷担保工作的通知》(财农〔2020〕15 号),明确要求农担公司稳步做大业务规模,充分发挥政策性农担职能作用。

第三节　产 业 基 金

一、产业基金的意义

产业基金,即产业投资基金,是指一种对处于成长期、成熟期的未上市企业直接提供资本支持,通过参与经营管理实现企业增值后退出投资并获取投资收益的投资基金。① 产业基金的本质是产业与资本的结合,通过要素聚集,实现产业升级和转型。产业基金起源于英国。基金,即资金池,是通过向社会募集或通过债权融资而形成的资本。这些资本投向具有发展潜力而又缺乏资金的未上市实体企业,并由专业化的管理机构为其提供经营管理服务。产业基金的资金流动性差,资金占用时间长,具有封闭性特征。因而,产业投资基金与证券投资基金相区别。证券投资基金用于购买股票、债券等,投资于证券领域,并通过证券买卖获得差价收入。证券投资基金有着较强的流动性,可以公开转让。我国《证券法》只调整证券投资基金,未将产业投资基金纳入调

---

① 国家发改委 2001 年发布的《产业投资基金管理暂行办法》规定,产业投资基金(或简称产业基金),“是指一种对未上市企业进行股权投资和提供经营管理服务的利益共享、风险共担的集合投资制度,即通过向多数投资者发行基金份额设立基金公司,由基金公司自任基金管理人或另行委托基金管理人管理基金资产,委托基金托管人托管基金资产,从事创业投资、企业重组投资和基础设施投资等实业投资”。

整范围。产业投资基金是一个较为宽泛的概念，按照组织形式的不同，可以分为公司型投资基金、合伙型投资基金、契约型投资基金，分别适用公司法、合伙企业法、信托法以及民法的相关规定。2005 年国家发改委等部门联合发布《创业投资企业管理暂行办法》，以规章形式对产业投资基金作了具体规定。根据该办法，创业投资企业向处于创建或重建过程中的成长性未上市企业投资，所投资创业企业发育成熟或相对成熟后通过股权上市转让、股权协议转让、被投资企业回购等途径获得资本增值收益。其组织形态可以是有限责任公司、股份有限公司或其他企业组织形式。

上述产业投资基金是一种商业性的市场化运作的投资基金，不同于政府通过财政支持的政策性产业基金，如农业发展基金。为了增加农业的资金投入，确保农业资金的稳定来源，1988 年国务院发布《关于建立农业发展基金增加农业资金投入的通知》，要求通过财政支持方式建立农业发展基金。1989 年国务院发布《农业发展基金管理办法》，对基金的来源、分配、使用和管理作了具体规定。中共中央和国务院 2015 年 11 月发布的《关于进一步推进农垦改革发展的意见》明确提出，"以政府性资金为引导，鼓励符合条件的金融机构和农垦企业集团等投入，设立农垦产业发展股权投资基金"。2016 年国家发改委发布《政府出资产业投资基金管理暂行办法》，对政府出资设立产业投资基金进行了规范。根据该办法，政府通过财政支持方式向产业投资基金出资，其形式可以包括全部由政府出资、与社会资本共同出资或向符合条件的已有产业投资基金投资等。农业发展基金由政府直接出资，是财政支持农业发展的一种方式，具有准公共产品性质。另外，2021 年 4 月颁布的《乡村振兴促进法》明确提出以市场化方式设立农村产业发展基金。① 农业农村部办公厅等发布的《社会资本投资农业农村指引（2021 年）》

① 我国《乡村振兴促进法》第 62 条规定："县级以上人民政府设立的相关专项资金、基金应当按照规定加强对乡村振兴的支持。国家支持以市场化方式设立乡村振兴基金，重点支持乡村产业发展和公共基础设施建设。县级以上地方人民政府应当优化乡村营商环境，鼓励创新投融资方式，引导社会资本投向乡村。"

明确提出,鼓励社会资本设立农业产业投资基金。①

产业基金具有资本经营和增值服务的功能。以产业基金的形式支持产业发展是发达国家和地区的通行做法。产业基金一般以实体企业投资为主,特别是高新技术产业、新兴产业和基础产业,从而促进产业升级与结构调整。作为一种创新型金融制度安排,农业产业投资基金专门用于农业领域的投资,对处于不同阶段的农业企业进行专业培育,从而达到促进农业产业化发展的目的。② 从实践来看,农业产业投资基金投资于新型农业经营主体、农业服务主体、现代化种植和养殖、现代农业产业项目、农业科技新业态等。投资于符合节能减排和新技术要求的农业企业的资金也被称为绿色基金。产业基金为农业产业化经营提供了一种新模式。农业产业投资基金既是一种投资方式,也是一种融资方式。一方面,产业基金为市场主体拓宽了投融资渠道,可以满足多元化的投融资需求,特别是可以极大地促进社会资本的参与,从而优化了资本市场结构。③ 另一方面,产业基金拓宽了农业企业的融资渠道,优化了农业资金投入方式,为满足农业发展的资金需求发挥互补作用。通过产业基金进行融资可以弥补依靠银行贷款进行融资的局限性。

产业基金融资和银行贷款融资是两种不同的融资方式,主要表现在:第一,法律性质不同。产业基金属于权益性投资,主要是一种股权关系,最后通过股权转让退出投资而获得资本利得回报。而银行贷款是债权性融资,借款人到期要偿还本金和支付利息。第二,投资对象不同。产业基金主要投资于有增长潜力的新兴企业和高科技产业。农业产业投资基金主要投资于具有市场潜力的未上市农业龙头企业。而银行贷款的对象主要是具有偿还能力的企业,既可以是大型企业,也可以

---

① 2021 年 4 月农业农村部办公厅、国家乡村振兴局综合司发布的《社会资本投资农业农村指引(2021 年)》提出,"鼓励有实力的社会资本结合地方农业产业发展和投资情况规范有序设立产业投资基金"。

② 2014 年 4 月国务院办公厅发布的《关于金融服务"三农"发展的若干意见》明确指出,"鼓励建立农业产业投资基金、农业私募股权投资基金和农业科技创业投资基金"。

③ 2017 年,财政部和原农业部联合发布《关于深入推进农业领域政府和社会资本合作的实施意见》(财金〔2017〕50 号),重点引导和鼓励社会资本参与农业绿色发展、高标准农田建设、现代农业产业园、田园综合体、农产品物流与交易平台、"互联网 +"现代农业六大领域。

中小微企业和农户。第三，审查重点不同。产业投资基金审查的重点是企业的发展潜力，创新能力和市场前景是关键性因素。而银行贷款审查的重点是企业的偿还能力，财务指标和担保方式是关键性因素。第四，管理方式不同。产业基金对目标企业进行投资后，直接介入企业的重大决策，并提供经营管理服务。而银行业金融机构不介入借贷企业的决策，也不参与经营管理，但可以对贷款使用情况进行监督，并可就贷款相关事项提出建议。第五，融资风险不同。产业基金投资于未来潜在的市场，是一种风险共担、利益共享的投资模式，属于高风险高收益型投资。如果所投资企业成功，则可以获得高额回报，否则就可能面临亏损。而银行业金融机构到期按照贷款合同收回本息，所承担的风险和回报率均要远远低于产业基金。

二、产业基金的形式

1. 公司型产业基金

公司型产业基金是由投资者依据公司法的规定成立的以营利为目的的有限责任公司或股份有限公司，其主要法律依据是我国《公司法》等。这类公司亦可称为基金公司，是独立的法人组织，具有独立的法律人格。具体而言，公司具有独立的意思和独立的财产，并以其全部财产对公司债务对外独立承担责任。其治理结构包括股东大会、董事会和监事会。股东大会是权力机关，董事会是执行机关，监事会是监督机关，三者形成制衡关系，以保护公司和股东的合法权益。公司董事和高级管理人员负责公司的经营决策和经营管理工作，并对公司和股东负有勤勉义务和忠实义务。基金投资者是基金公司的股东，享有股东权，包括表决权、收益权、知情权以及剩余财产分配权等。股东对基金公司的债务承担有限责任，即以出资额为限承担责任。

2. 契约型产业基金

契约型产业基金亦称信托型产业基金，是通过基金管理人发行基金份额募集资金而形成的一种基金类型，其主要法律依据是我国《信托法》等。信托起源于英国，是一种特殊的财产管理制度，以实现财产的保值增值为目的。信托以信任为基础，一般涉及三方当事人，即委托人、受托人和受益人。委托人依照合同约定，为自己或第三人的利益，将财产转给受托人,由受托人按约定管理财产,实现财产的增值,并将收益分配给受益人。在信托型产业基金中,委托人是基金持有人,即投资者;受托人是基金管理组织和基金托管人,二者属于共同受托人;受益人享有基金的受益权,可以是投资者自己,也可以是第三人。基金管理组织依据法律规定和基金合同的约定负责基金的经营管理,即负责资本运作和资金投向。基金托管人由具有相应资质的商业银行担任,负责保管基金资产,具有监督职能。与公司型产业基金不同,契约型产业基金不是一个组织体,而是一种契约关系或信托关系。

3. 合伙型产业基金

合伙型产业基金亦称有限合伙型产业基金,是指由一名以上普通合伙人与一名以上有限合伙人所组成的基金形式,其主要法律依据是我国《合伙企业法》。在有限合伙型产业基金中,投资者可以分为有限合伙人和普通合伙人两种。普通合伙人参与合伙事务的经营管理,对合伙企业的债务承担无限连带责任。有限合伙人不参与合伙事务的经营管理,但对合伙事务享有知情权和监督权,对于提供担保、处分合伙财产等重大问题,有限合伙人有权参与表决。从法律责任来说,有限合伙人以出资额为限对合伙债务承担责任,即有限责任。如果有限合伙人介入合伙企业的经营管理,或者干涉合伙事务,其对合伙企业的债务转化为无限连带责任。与公司型产业基金不同,合伙型产业基金是非法人组织,不具有独立的法律人格,其财产由合伙人共同所有,是一种财产共有关系。

三、产业基金的运行

1. 基金设立

根据《创业投资企业管理暂行办法》的规定,在国家登记机构注册登记的创业投资企业,向国务院管理部门申请备案。在省级及以下登记机构注册登记的创业投资企业,向所在地省级(包括副省级城市)管理部门申请备案,且投资方向须符合国家产业政策。产业投资基金的设立方式主要是发起设立和私募设立。发起设立是指所有的出资由发起人自行认购而设立的方式。有限责任公司和股份有限公司都可以采取发起设立方式。根据我国《公司法》的规定,有限责任公司发起人不得超过 50 人，股份有限公司发起人不得超过 200 人。私募设立是指发起人认购投资的一部分，其余资金向特定对象募集而设立的方式，但不得超过 200 人。根据我国《证券法》的规定，如果向特定对象发行累计超过 200 人，则构成公开发行。如果没有履行法律规定的注册程序，则构成非法集资，应承担相应的法律责任。从实践来看，农业产业基金的发起人主要包括政府机构、商业银行、投资公司以及实体企业和外国资本等。有观点认为，目前我国的农业产业基金主要由政府和国有企业推动设立，规模还相对较小，应充分发挥社会资本力量助推其发展。①

2. 基金管理

产业基金主要投资于高科技产业和新型产业，因而必须实行专业化管理。由专业的机构或团队进行管理，有助于所投资企业的成长和发展。这是产业基金的重要特征和运行优势。在公司型产业基金中，对基金的管理既可以是基金公司董事会自主经营管理，也可以是专业化的基金管理公司对基金进行管理。通常而言，他营式管理占主导地位。即便是基金公司董事会自主管理，也是专业化的管理团队进行业务管理。在合伙型产业基金中，普通合伙人通常是基金管理公司，由其进行资产管理和运作，而不需要委托管理组织进行管理，且有限合伙人也不参与经营。在契约型产业基金中，基金管理人和基金托管人是共同受托人。基金管理组织或投资顾问组织负责基金的运行和管理。基金托管人负责基金的保管和对基金运行的监督。基金托管人须将所托管的基金资产与其自有资产分开，并对不同基金分别设置账户，实行分账管理。无论是自营式管理还是他营式管理，基金管理组织或管理团队均负有勤勉义务和忠实义务，需尽职尽责履行职务，并不得利用职权谋求私利，否则要承担相应的法律责任。由于农业产业基金存在多重委托代理关系，可能会产生逆向选择和道德风险，因而需要通过信息披露提高运行的透明度。②

---

① 参见吴畅灏：《农业产业基金推动农村经济转型升级研究》，载《农业经济》2017 年第 12 期，第 45 页。

② 参见程百川：《农业产业基金：发展背景与构建方案》，载《金融市场研究》2019 年第 1 期，第 67 页。

3. 基金退出

产业基金的目的不是获取所投资企业的经营控制权，而是通过对有市场潜力的企业进行专业化的管理，推动企业的成长，实现企业的增值，从而获取增值收益。因此，产业基金在所投资企业发展到一定程度后，需要通过相应的交易市场并通过一定的交易方式退出所投资企业。产业基金的退出方式主要包括：其一，通过所投资公司的公开发行和上市交易，将所持股份转让给他人；其二，通过协议方式将股权或投资权益转让给其他投资者；其三，由所投资企业回购股份等。退出的场所包括证券交易所、全国股转系统（新三板）和产权交易市场。随着我国多层次资本市场建设的不断推进，产权交易市场体系日趋完善，不仅为农业企业提供了多元化的直接融资平台，而且也为农业领域中的产业基金增加了退出渠道。当然，如果所投资企业达不到公开发行的标准，基金退出的场所主要就是新三板和产权交易市场以及其他场外交易市场。为保障农业产业基金服务于农业发展，除了健全的内部治理机制外，产业基金的设立、运行以及退出等必须严格加以监管，具体包括国有资产管理部门、金融监管机构以及交易市场等。

第四节　绿色债券

一、绿色债券的发展

严格来说，“绿色债券”不是一个严谨的术语，其外延较为宽泛，可理解为通过筹集资金应用在绿色产业或绿色项目的债券。狭义的绿色债券是指通过中介机构或第三方机构对投资项目的绿色特性进行评估，并对债券的绿色资质进行认证的一种固定收益凭证。作为一种融资方式，债券发行人承担为债券持有人支付本金和利息的义务。与信贷融资相同，二者都是一种债权债务关系。绿色债券是绿色金融体系的一个重要组成部分，是随生态保护和环境治理需要而发展起来的一种金融工具。2015 年 3 月，国际资本市场协会（ICMA）联合 130 多家金融机构共同出台绿色债券原则（The Green Bond Principles，GBP），明确绿色债券是用于绿色项目的融资和再融资工具。为防止“漂绿”，绿色债券原则推荐使用外部审查，以确认债券发行是否符合要求，具体包括咨询机构审查（第二意见）、鉴证（审计机构）、认证和评级四种不同类型和水平的审查方式。[①] 在资本市场上的绿色债券主要包括绿色项目债券和绿色结构融资类工具，前者是指绿色金融债、绿色企业债、绿色公司债、绿色政府债、非金融企业绿色债务融资工具等，后者是指绿色项目中收益性资产支持计划、绿色产业信贷资产证券化等。我国的银行间债券市场非金融企业债务融资工具主要包括短期融资券、中期票据、中小企业集合票据和资产支持票据等。绿色债券具有如下特征：第一，具有政策上的优惠，包括投资补助、担保补贴、债券贴息等。绿色债券融资用于应对诸如自然资源枯竭、生物多样性保护、污染防治和气候变化等问题，对于环境改善和经济发展等有着积极作用，因而能够得到政府在金融、财政、环保等方面的政策支持。第二，债券期限较长。绿色债券是关于生态环境保护方面的融资，决定了其回报周期相对较长，多表现为中长期性质的债券，以 3 年期和 5 年期为主。第三，资金用途的特定性。直接或间接为绿色项目融资是绿色债券的突出特征。相比于传统债券，绿色债券只能够围绕绿色产业和绿色项目投资，并要求落实专款专用。第四，严格的信息披露。绿色债券通常规定有严格的信息披露制度。在资金的募集和应用中，发行人需按照规定向社会公众和投资者披露相关信息，并确保信息的真实性、准确性和完整性。

绿色债券是我国环境治理和生态保护的一种经济杠杆，近年来也逐步得到相关政策的推动。2015 年 12 月，中国金融学会绿色金融专业委员会发布的《绿色债券支持项目目录》是我国学界第一份关于绿色债券界定与分类的文件资料。中国人民银行〔2015〕第 39 号公告将《绿色债券支持项目目录》列入绿色产业项目的参考范围，并对绿色金融债券的发行和监管作了明确规定。国家发改委办公厅 2015 年 12 月发布的《绿色债券发行指引》对绿色债券进行了界定，并明确了重点支持的领域，如循环经济发展项目、污染防治项目、生态农林业项目等，包括农业循环经济，大气、水、土壤等突出环境问题治理，发展“有机农业”和“生

---

① 参见曹媛媛、刘松涛、刘煜珅：《中国绿色债券评估认证制度》，载《中国金融》2017 年第 14 期，第 69 ~ 70 页。

态农业”,以及“特色经济林”“林下经济”“森林旅游”等林产业。[①] 2016年中国人民银行等部门发布的《关于构建绿色金融体系的指导意见》明确提出,“完善绿色债券的相关规章制度,统一绿色债券界定标准”。同时提出,积极支持符合发行条件的绿色公司通过发行上市融资以及再融资,支持有关机构开发“绿色债券指数”“绿色股票指数”以及相关投资产品,引导各类机构投资者投资绿色金融产品。2017年6月,国务院决定在浙江、江西、广东、贵州、新疆等五省(自治区)选择部分地区设立绿色金融改革创新试验区,推动绿色金融体系发展。2019年中国人民银行发布《关于支持绿色金融改革创新试验区发行绿色债务融资工具的通知》,支持试验区内具有法人资格的非金融企业在银行间市场发行绿色债务融资工具,募集资金的用途包括用于节能环保项目、污染防治项目、资源节约与循环利用项目等绿色项目。总体而言,我国绿色债券所涵盖的领域在地区和产业之间具有不均衡性。绿色债券的相关规定仍然不够完善,目前主要限于多个政府部门的政策性规定,缺乏专门的规范性法律文件,基本制度建设仍处在初级阶段。

二、绿色债券的发行

1. 发行主体

随着我国“生态文明建设”的推进,绿色债券发行主体和债券品种呈现多样化的态势。目前绿色债券发行主要集中于经济较为发达的地区。绿色债券的发行主体既包括政府、金融机构,也包括公司和其他企业等。地方政府发行的绿色债券是一种专项债券,主要投向公益性基础设施建设,包括清洁能源项目、清洁交通项目、节能项目、水利工程项目等。开发银行、政策性银行、股份制商业银行以及企业集团财务机构等金融机构也可以为发行绿色债券进行特定的绿色项目融资。这种融资具有间接性,金融机构发挥金融中介作用,为融资方和投资者提供融资桥梁,因而绿色政府债和绿色金融债都具有基金的性质。上市公司、

① 2015年国家发改委办公厅发布的《绿色债券发行指引》规定,“绿色债券是指,募集资金主要用于支持节能减排技术改造、绿色城镇化、能源清洁高效利用、新能源开发利用、循环经济发展、水资源节约和非常规水资源开发利用、污染防治、生态农林业、节能环保产业、低碳产业、生态文明先行示范实验、低碳试点示范等绿色循环低碳发展项目的企业债券”。

非上市公司和其他企业为了某一特定绿色项目建设的需要也可以发行公司债和企业债。这种绿色债券是一种直接融资工具。

2. 发行方式

根据发行对象的不同,绿色债券的发行方式可分为公开发行与非公开发行。前者亦称公募,向社会公众即不特定对象进行募集,或者向累计投资者超过200人募集资金。后者也被称为定向募集或私募,即仅对特定对象进行债券发售,而不采取公开方式募集资金。政府部门或地方政府以及金融机构可以根据规定向社会公众公开募集资金,而公司和其他企业主要是一种私募行为,即向特定的机构投资者及其他专业投资者进行募集,且不得采用广告、公开劝诱和变相公开方式。如果公司公开发行债券,不仅要符合相应的条件,而且要向证券监管部门注册,否则不得公开发行。机构投资者具有较强的自我保护能力,能够作出独立判断和投资决策,因而绿色债券可以向其进行非公开发行。① 另外,绿色债券通常由具有承销资质的金融机构向投资者进行销售。

三、绿色债券的监管

绿色债券的监管主要包括主管机构的审核监管、自律机构的自律监管、第三方认证机构的认证监管以及对发行人的披露监管等。审核监管是指准入监管,即对融资项目进行筛选,以确定其是否属于绿色项目。在准入审核方面,目前我国并没有统一的监管机构,而是按照发行类型实行分类监管。例如,地方政府发行绿色债券的审批机构是财政部,绿色金融债券的发行和监管由中国人民银行负责,绿色企业债券由国家发改委核准发行和监管,非金融企业绿色债务融资工具由银行间交易商协会负责注册管理等。绿色公司债由中国证监会实行注册发行并进行监管。根据我国《公司法》《证券法》以及中国证监会《公司债券发行与交易管理办法》的规定,中国证监会对公司债券的公开发行、非公开发行及其在证券交易所、新三板等交易市场的交易活动进行监督

① 2015年国家发改委办公厅发布的《绿色债券发行指引》规定,"允许绿色债券面向机构投资者非公开发行。非公开发行时认购的机构投资者不超过二百人,单笔认购不少于500万元人民币,且不得采用广告、公开劝诱和变相公开方式"。

管理。公司债上市挂牌交易，证券交易所也具有监管职能，进行自律监管。

在国际规则中，根据绿色债券原则的规定，绿色债券发行是否要求第三方认证主要是引导或推荐式的，即不作强制要求。相比较而言，气候债券组织对第三方认证的要求相对严格，对第三方认证是一种强制性规则，具体包括发行前的强制认证以及发行后持续性的强制认证。根据绿色债券的种类，我国各主管部门对所辖绿色债券发行中的第三方认证分别进行了规范，如中国证监会《关于支持绿色债券发展的指导意见》、中国人民银行发布的《银行间债券市场非金融企业债务融资工具管理办法》以及中国人民银行和中国证监会发布的《绿色债券评估认证行为指引（暂行）》等。总体而言，我国相关规定对于第三方认证的要求较为宽松，其中发行绿色金融债、绿色公司债对第三方认证的均持鼓励的态度，不作强制性要求。① 国家发改委主管的绿色企业债未要求进行第三方认证。目前，我国绿色债券第三方认证缺乏统一的规范标准，各类认证机构所采取的认证规则和认证标准有所差异。主管机构出台统一的规范性法律文件，明确第三方认证机构的准入和认证标准，能够提升第三方认证的专业性、可信性以及规范性，从而有利于促进我国绿色债券的推广和发展。

为了保障资金用于绿色产业领域或特定的绿色项目，绿色债券在透明度的要求上比普通债券更高。如果不能保障所发行的绿色债券是否具有生态环境效益，不仅将给各类投资者带来潜在风险，也会损害市场秩序和绿色金融的发展。这就意味着绿色债券发行人需要承担比普通债券更加严格的信息披露义务，面临更加严格的信息披露监管。信息披露的监管主要表现在两个方面：其一，发行前的信息披露。一般而言，在募集说明书或注册文件中披露的信息主要包括绿色产业项目认

---

① 中国证监会 2017 年发布的《关于支持绿色债券发展的指导意见》规定，“绿色公司债券申报前及存续期内，鼓励发行人提交由独立专业评估或认证机构就募集资金拟投资项目属于绿色产业项目所出具的评估意见或认证报告。开展绿色公司债券评估认证业务的评估认证机构，应当建立评估认证的相关制度、流程和标准，本着独立、客观、公正、规范的原则，出具绿色公司债券评估认证报告。鼓励评估认证机构之间加强沟通协调和行业自律，建立完善统一的评估认证标准和流程”。

定的依据或标准、绿色产业项目类别、绿色产业项目所实现的生态效益目标、项目资金的使用计划以及相应的监督管理制度等内容。其二，存续期的信息披露。存续期内，发行人按照相关规则的规定和承诺的披露事项等，披露募集资金使用情况、绿色项目进展情况和所产生的环境效益等信息。但目前各部门对发行人的强制性环境信息披露义务不协调，信息披露内容要求不相同，而且披露监管和执法机制也还不健全。[①]发行人应按照有关规定或约定的用途对募集资金进行管理，不得用于不动产投资、证券交易和期货交易等与绿色项目无关的风险性投资。为了改善发行主体的债务结构，国家发改委发布的《绿色债券发行指引》明确指出，绿色债券的发行人可以根据相关规定将所募集资金用来偿还信贷机构的借款、置换因绿色项目而产生的成本债务等。[②] 同时，鼓励绿色债券发行人向市场披露由独立的专业评估或认证机构出具的评估意见或认证报告。

第五节　股票发行

一、股票发行的含义

农业生产经营者可以选择的公司形式包括有限责任公司和股份有限公司。有限责任公司适合中小规模经营，不能发行股票。股份有限公司适合规模化经营，可以通过募集资金的方式发行股票。股票发行是指符合条件的发行人按照法定的程序，向投资者出售股份以募集资金的投融资制度。股票是股份有限公司为筹集资金而发行给投资者作为持股凭证并借以取得股息和红利的一种有价证券，是股份的表现形式。股票发行是符合条件的股份有限公司向社会进行

---

① 参见黄韬、乐清月：《中国绿色债券市场规则体系的生成特点及其问题》，载《证券市场导报》2018 年第 11 期，第 47 页。

② 国家发改委办公厅发布的《绿色债券发行指引》规定，“在偿债保障措施完善的情况下，允许企业使用不超过 50% 的债券募集资金用于偿还银行贷款和补充营运资金。主体信用评级 AA + 且运营情况较好的发行主体，可使用募集资金置换由在建绿色项目产生的高成本债务”。

融资的一种方式。相比于信贷和债券等债权性融资的有期性，股票融资是一种权益性融资，具有长期性。股票市场分为发行市场以及流通市场两种市场。其中，股票发行是一级市场。作为发行人的股份有限公司可以通过股票的公开发行，实现资本的集中，满足其融资需求。股票交易是二级市场。投资者通过股票买卖实现了股票的流通，并可以提升公司的市值。股票是一种无偿还期限的有价证券，只要股份有限公司存在，它所发行的股票就存在。一般而言，投资者购买了股票后，就不能要求退股，只能在二级市场转让给其他投资者。例外的是，在特定情况下公司可以向股东回购股份。我国《公司法》第 142 条对公司回购股份的具体情形作了明确规定。目前，我国已经形成了证券交易所、全国股转公司（新三板）、区域性股权市场以及地方产权交易市场等多层次资本市场。而且，资本市场内部也形成了多元化的分层，如主板、创业板和科创板等。我国多层次资本市场的形成为股份有限公司融资提供了多元化的市场平台，为不同发展阶段的企业提供差异化的融资服务。同时，国家不断出台相应的政策支持西部企业的融资。2020 年 5 月，中共中央、国务院发布的《关于新时代推进西部大开发形成新格局的指导意见》明确提出，西部贫困地区企业首次公开发行上市、新三板挂牌、并购重组等适用绿色通道政策。

股票和债券相互联系。二者都是有价证券，都可以在交易市场流通，都是投资、融资手段，既能为发行人筹集所需资金，又能为投资者带来收益。但二者又有很大区别：第一，法律关系不同。债券是一种债权债务凭证。债券发行人与持有人之间是一种债权债务关系。债券发行人是债务人，负有到期偿还本金利息的义务，债券持有人是债权人，享有到期获得本金利息的权利。股票所表示的是股权关系。股票持有者是公司股东，对公司享有股权，包括表决权、收益权、知情权和剩余财产分配权等。股东有权参与公司的经营决策。第二，发行主体不同。债券的发行主体包括政府、金融机构、有限责任公司、股份有限公司和其他企业。相关规定来自不同的部门，较为分散，而且发行条件也有很大差异。股票的发行人只能是股份有限公司。相关规定主要是《公司法》《证券法》以及国务院行政法规和中国证监会的规章等。第三，融资性质不同。债券融资的性质比较复杂。政府债券、金融债券通常是一种间接性融资,具有基金的属性。公司债券、企业债券融资是一种直接性融资,其目的是满足公司和企业自身发展需要。股票发行也是一种直接性融资。第四,风险性不同。股票收益是不确定的,债券的收益是确定的。一般而言,股票的风险大于债券的风险。一方面,股东享有的获取股息或红利的权利,只是一种潜在的权利。股东收益权的实现主要取决于公司的经营情况和盈利分配政策。即使公司实现了盈利,如果公司不决定分红,那么股东的收益权则无法实现。另一方面,受到市场行情、证券欺诈等多种因素的影响,股市价格变动幅度大,可以暴涨暴跌。如果投资者决策失误,就有可能遭受巨大损失。另外,如果公司一旦破产,股东甚至要遭受本金损失,更遑论收益权的实现。债券是一种具有期限性的固定收益类证券,持有人可以到期获得本金和利息。相比于公司债和企业债,政府债券、金融债券持有人的收益权更具有确定性。

二、股票发行的方式

1. 公开发行与非公开发行

根据股票发行对象的不同,可以将股票发行方式分为公开发行与非公开发行。[①] 公开发行,即公募发行,是指向不特定的社会公众发行股票,或者向累计超过 200 人的特定对象发行股票,或者法律、行政法规规定的其他发行行为。在公开发行情况下,发行范围不受限制,所有不特定的合格投资者都可以参加认购。公开发行人可以采取广告、公开劝诱等方式进行。非公开发行,即私募发行,其范围受到限制,其发行对象是特定的,即其发售的对象主要是符合条件的合格投资者,包括各类机构投资者以及个人。这些特定的投资者具有较强的资金实力以及相应的自我保护能力。非公开发行的发售方式受到相应的限制,即一般不能公开地向不特定的一般投资者进行劝募。无论是公募发行还是私募发行,投资者必须符合投资条件,即符合合格投资者的相关

① 我国《证券法》第 9 条第 2 款和第 3 款规定:“有下列情形之一的,为公开发行:(一)向不特定对象发行证券;(二)向特定对象发行证券累计超过二百人,但依法实施员工持股计划的员工人数不计算在内;(三)法律、行政法规规定的其他发行行为。非公开发行证券,不得采用广告、公开劝诱和变相公开方式。”

规定。

2. 直接发行和间接发行

根据是否有中介机构参与,可以分为直接发行和间接发行。直接发行是指没有中介机构参与的发行方式。作为发行人的股份有限公司自己承担销售股票的风险。如果销售达不到一定比例,有可能造成发行失败。间接发行是指发行人委托中介机构销售股票的方式。间接发行的中介机构包括证券公司以及其他具有中介资质的金融机构。这些中介机构作为股票销售的受托人,按照约定办理发行事务,承担一定的发行风险并从中获取收益。间接发行的特点是,通过中介机构的业务优势可以迅速募集到大量资金,确保发行任务的完成。间接发行又可以分为代销和包销。① 在代销中,中介机构在规定的销售期结束时将没有能够售出的股票全部退还给公开发行的股份有限公司。在包销中,中介机构将作为发行人的股份有限公司股票按照协议全部购入,或者在销售期结束时将没有能够售出的剩余股票全部自行购入。包销的特点是可以保证股票发行的顺利实现,不会导致发行失败。

三、股票发行的监管

由于股票公开发行直接影响资本市场秩序以及社会公众利益,因而股票公开发行受到国家的严格监管,包括准入监管、信息披露监管以及交易市场的监管等。较长一段时期,我国证券发行实行核准制。在核准制下,发行人不仅要符合发行条件,而且证券监管机构要对其进行实质性审查。我国现行《证券法》对证券发行的注册制进行了规定。② 在注册制下,证券监管机构主要对证券发行进行形式审查,不对发行人和证券本身作实质性的评价。但发行人应具备相应的条件,包括治理

---

① 我国《证券法》第 26 条规定:“发行人向不特定对象发行的证券,法律、行政法规规定应当由证券公司承销的,发行人应当同证券公司签订承销协议。证券承销业务采取代销或者包销方式。证券代销是指证券公司代发行人发售证券,在承销期结束时,将未售出的证券全部退还给发行人的承销方式。证券包销是指证券公司将发行人的证券按照协议全部购入或者在承销期结束时将售后剩余证券全部自行购入的承销方式。”

② 我国《证券法》第 9 条第 1 款规定:“公开发行证券,必须符合法律、行政法规规定的条件,并依法报经国务院证券监督管理机构或者国务院授权的部门注册。未经依法注册,任何单位和个人不得公开发行证券。证券发行注册制的具体范围、实施步骤,由国务院规定。”

机构健全且运行良好，公司具有持续经营能力，符合国家的产业政策等。监管机构自受理股票发行申请文件之日起 3 个月内，根据法律规定作出予以“注册”或者“不予注册”的决定。公开发行的股票可以在证券交易所、全国股转公司等公开挂牌交易。这些交易市场制定了相应的自律规则。发行人需接受其自律监管。在非公开发行的情况，不需要监管机构的准入审查。如果在区域性股权交易市场和产权交易市场等挂牌转让，则需要接受这些交易市场的自律监管。另外，2020 年 6 月，中国证监会发布的《关于全国中小企业股份转让系统挂牌公司转板上市的指导意见》对新三板挂牌公司转板上市进行了规定。根据该意见规定，新三板精选层挂牌公司连续挂牌一年以上，并符合转板上市条件的，可以申请转板到创业板或科创板上市。

在公开发行下，发行人要按照规定进行信息披露。一方面，发行人披露的信息是投资者和社会公众投资决策的主要依据。另一方面，这是证券市场监管的重要内容。通过信息披露加强市场监管，维护市场秩序，保护投资合法权益。而且，发行人进行信息披露也是发行注册制的核心。公开发行人必须按照监管机构的要求报送申请文件。披露的内容主要包括公司治理、财务会计信息、募集资金运用以及公司经营情况等。根据我国《证券法》的规定，公开发行人在向监管机构提交申请文件后，应当按照相关规定预先披露有关申请文件。发行申请人报送的发行申请文件，应当按照法律规定充分披露投资者“作出价值判断和投资决策”所必需的信息，所披露的信息内容应当符合真实、准确和完整的要求。为发行人的股票发行出具有关文件的证券公司、会计师事务所、法律事务所、资产评估机构等机构和人员，应保证其所出具的文件的真实性、准确性和完整性，否则应承担相应的法律责任。股票的发行人在发行文件中如果有隐瞒重要事实或者编造重大虚假内容等情形，已经公开发行并上市交易的，监管机构可以责令发行人回购股票，或者责令对股票欺诈发行负有责任的控股股东以及实际控制人买回股票。在私募发行下，发行人要接受交易市场的信息披露监管。

第六节　农业保险

一、农业保险概述

1. 农业保险的含义

农业保险,是指专为农业生产经营者在种植、养殖等生产过程中,对遭受自然灾害、意外事故和病患等所造成的经济损失提供保障的一种保险。[①] 我国调整农业保险的基本依据是《保险法》和《农业法》。国务院2012年颁布并于2016年修订的《农业保险条例》对农业保险的范围、农业保险合同、经营规则、法律责任等作了具体规定。根据该条例的规定,农业保险是一种狭义的保险,即财产保险中的财产损失保险。广义上的财产保险是指以财产及其有关的经济利益和损害赔偿责任为保险标的的保险,包括财产损失保险、责任保险、信用保险和保证保险等;狭义上的财产保险则是指以物质财产为保险标的的保险。而狭义上的财产保险一般称为财产损失保险,不包括责任保险、信用保险和保证保险等。在农业生产经营过程中的环境责任保险、出口信用保险、信贷保证保险等都属于涉农保险。比较来看,发达国家的农业保险承保的范围包括农作物和畜牧产品,保险品质既包括农作物产量,也包括农民收入,而发展中国家的保险以农作物为主,保险品种主要是产量保险,只有为数不多的发展中国家如印度,推行收入险。[②] 近年来,优势特色农业保险逐步得到重视。[③] 从风险原因来看,在农业保险中,保险人仅对农业生产中的粮食作物、经济作物、家畜、家禽、经济动物等因自然因素造成的物质损失承担赔偿责任,而不包括因市场行情造成的损失

---

① 《农业保险条例》第2条规定,本条例所称农业保险,是指保险公司根据农业保险合同,对被保险人在农业生产过程中因保险标的遭受约定的自然灾害、意外事故、疫病或者疾病等事故所造成的财产损失承担赔偿保险金责任的保险活动。本条例所称农业,是指种植业、林业、畜牧业和渔业等产业。

② 参见冯涛:《农业政策国际比较研究》,经济科学出版社2007年版,第209页。

③ 财政部、农业农村部、银保监会、林草局2019年发布的《关于加快农业保险高质量发展的指导意见》明确提出,“鼓励各地因地制宜开展优势特色农产品保险,逐步提高其占农业保险的比重”。

赔偿。农业保险适用损失补偿原则。它是指当保险标的发生保险事故时,通过保险人的补偿使被保险人的财产恢复到原来水平,被保险人不能因此而额外获利的原则。通过保险人的经济补偿,农业生产者的物质损失得到弥补,从而保障农业生产的稳定性和持续性。发生保险事故时,保险人对保险标的按照约定的金额范围进行赔偿。如果约定的保险金额超过保险标的的实际价值,则构成超额保险。超过部分不具有法律效力,由保险人退还相应的保险费。如果约定的保险价值低于保险标的的实际价值,则构成不足额保险,由保险人按照保险金额与保险价值的比例承担赔偿责任。农业保险的提供者包括保险公司和农业互助保险组织等。前者属于商业性保险,按市场化运作,主要采取自愿原则。后者属于合作性保险,是农业生产者之间的互助、合作、共济,本身不以营利为目的。其特点是,农业生产者既是投保人,也是保险组织的成员。相比于商业性保险,这种保险模式可以降低道德风险和逆向选择所带来的监督成本和信息不对称。[①] 这是因为,组织成员都是本地生产者,相互之间比较熟悉和了解,具有经济利益上的一致性,通过民主管理有助于实现自我约束、共同管理和相互监督。

相比于其他领域的保险,农业保险具体如下特征:第一,承保条件的地域性。动物的养殖和植物的种植需要与之相适应的地形、气候、土壤等自然条件,同时还受到经济水平、技术水平等因素的影响。由于各地的自然环境各不相同,再加上经济发展的差异,从而决定了农业保险只能根据各地的实际情况确定承保条件。第二,保险标的价值的不确定性。在保险期间,农业保险标的价值受到自然因素和技术水平等多方面的影响。一方面,作为农业保险标的动物和植物,一般都处于生长期,按照自然规律生长,自然条件的不同直接影响动植物未来的质量和产量。另一方面,每个农业生产者在技术水平和管理方式以及经营规模等方面有很大差异,从而对种植、养殖效益产生直接影响。这些因素的存在给保险金额的合理确定带来了难度。第三,承保风险的复杂性。根据《农业保险条例》的规定,保险人可承保的农业风险包括自然灾害、

---

① 参见陈清:《农业合作保险——我国农业保险改革发展的优先选择模式》,载《保险研究》2011 年第 12 期,第 79 页。

意外事故、疫病和疾病等。农业生产离不开自然条件。自然环境是一个由多元素构成的有机体。地震、洪水、冰雹、雪灾暴雨以及病虫害等自然灾害的形成过程和破坏程度本身具有复杂性。地质条件、气候因素以及人类活动等都可以成为自然灾害产生的原因。有些自然灾害是多因素共同作用的结果。一般而言,自然灾害具有不确定性,这样就增加了人们抵御灾害的难度。虽然一些自然灾害可以预报,但由于人类治理能力的有限性,自然灾害造成的损害不可避免。一些动植物的疫病、疾病极具传播性,往往涉及一个较大的区域,容易造成大规模的危机和损害后果,具有极大的破坏性。另外,我国农业生产经营多以家庭和个体为单位,不仅地域分布广,较为分散,而且多是小规模经营,抵御农业风险的能力较弱。第四,农业保险经营成本较高。一方面,农业生产具有很强的地域性、季节性,农业保险业务较为分散,不易管理;另一方面,农业风险具有多元性和复杂性,农业保险赔付率高,盈利性较差。这些因素的存在造成农业保险的经营成本明显高于其他保险业务。基于此,农业保险需要保障措施的支持,具有较强的政策性。

2. 农业保险的功能

保险具有风险转移和风险管理功能。农业保险是保障农业生产经营的经济杠杆和金融手段。农业保险是各国和地区发展农业经济的重要支撑措施。农业生产涉及产前、产中和产后多个环节,所面临的风险具有复杂性,包括自然风险、技术风险和市场风险等。作为一种制度安排,农业保险对于增强农业风险抵御能力、保障农业生产者的收入和促进农业经济持续发展等都具有积极作用。主要分析如下:

第一,增强农业风险抵御能力。农业是弱质性产业,依赖于自然环境,客观上受各种自然因素的制约,人类自身力量无法克服或改变这种制约。我国农业主要是分散性的小规模化生产,专业化和组织化程度较低,受技术水平不高的制约,极易遭受各类自然风险带来的损失。特别是西部地区自然条件较差,农业基础设施不足,抗灾害的能力较弱。通过农业保险的风险管理机制,农业生产经营中的风险得到分散和转移,从而减轻农业生产经营的不确定性,降低灾害发生带来的经济损失,提升农业产业抵御自然风险的能力。农业生产经营者还可以通过价格保险等保险品种转移市场风险造成的损失。

第二,保障农业生产者的收入。农业保险对农户和农业组织的生产经营活动能够产生积极效果。农业风险的存在具有客观性,具有不可控因素,容易导致农业生产者遭受经济损失,不仅影响农业生产的积极性,而且有可能造成生活上的困境。农业保险是对农业生产者的有力支撑和保障,有助于改变传统的农业生产观念。农业生产者将自己所面临的无力承担的由自然风险所造成的损失,通过农业保险转移给保险人,由保险人进行经济补偿,可以降低农业生产损失,确保自己收入的稳定性和生活的安定性。就补偿的范围而言,根据保险品种的不同,可以是投入的成本,也可以是根据产量和市场行情所产生的经营收入。研究表明,就灾后效应而言,农业保险对农民收入具有显著的正向促进作用。①

第三,促进农业持续发展。农业在国民经济中具有基础性地位。自然灾害对农业生产所产生的影响既可以是微观的,也可以是宏观的。从微观上而言,自然灾害可以直接影响农户和农业组织农业活动的正常进行,并可能使其遭受经济损失。从宏观上而言,自然灾害波及的范围具有广泛性。它可能造成生态环境破坏,农业设施损坏,农业生产萎缩和中断,农产品价格大起大落,从而影响农业生产和再生产秩序,并有可能对国民经济的健康发展产生消极影响。农业保险具有风险转移和损失补偿功能,对恢复和发展农业生产具有积极作用,从而保障农业生产的持续性与稳定性,确保我国粮食稳定生产和农产品的有效供给。② 研究表明,经过十多年的发展,农业保险对农业产业的保障水平不断提升,在保障我国粮食安全和助推农业现代化等方面发挥了越来越重要的“安全网”以及“防火墙”作用。③

二、农业保险合同

一般而言,农业保险合同是农户、农业组织等农业生产经营者与保

---

① 参见张玉环:《中国农业保险的功能和作用》,载《社会科学家》2018 年第 11 期,第 43 页。

② 2014 年 4 月国务院办公厅发布的《关于金融服务“三农”发展的若干意见》明确指出,“重点发展关系国计民生和国家粮食安全的农作物保险、主要畜产品保险、重要‘菜篮子’品种保险和森林保险。推广农房、农机具、设施农业、渔业、制种保险等业务”。

③ 参见张峭等:《我国农业保险风险保障:现状、问题和建议》,载《保险研究》2019 年第 10 期,第 7 页。

险人关于保险权利义务关系的协议。农业保险合同具有如下特征:第一,农业保险合同是双务合同。农民和农业组织作为投保人与保险人相互之间都享有权利和承担义务。第二,农业保险合同是附和合同。农业保险合同内容一般不是由当事人双方协商拟定,而是由农业保险人预先拟订,农户和农业组织要么接受,要么拒绝,不能协商合同内容。在较长时期内,家庭经营和个体经营仍将是我国农业的主要经营形式,其保险需求具有特殊性和差异性。基于此,保险机构应大力发展与小规模生产经营密切相关的保险品种,更好地满足多样化的农业保险需求。第三,农业保险合同是有偿合同。农业经营主体要取得保险人所提供的损失风险保障,必须向保险人支付相对应的代价,即保险费。第四,农业保险合同是诺成合同。只要农业经营主体与保险人在平等自愿的基础上意思表示一致,则保险合同成立,双方当事人之间就产生保险法律关系。第五,农业保险合同是射幸合同。农业保险承保的风险包括自然灾害、意外事故、市场风险等。这些风险因素具有偶然性、可能性和纯粹性等特征。被保险人是否得到赔偿金,取决于保险事故是否发生。如果发生保险事故并造成相应的财产损失,保险人应按照双方的约定向被保险人赔偿保险金。如果约定的保险事故没有发生,则保险人不承担支付保险金的责任。

农业保险合同的缔结包括要约和承诺两个阶段。农业生产经营者向保险人提出投保的意思表示,即为要约。实践中,主要表现为农业生产经营主体填写保险单。保险人同意承保,即为承诺。保险人对农业生产经营者所填写的投保单进行审查和核实,认为符合保险条件,作出同意的意思表示。实践中主要表现为保险人在保险单上签字盖章。保险人同意承保,双方当事人形成合意,保险合同成立。一般而言,除非当事人约定生效时间和生效条件,保险合同自成立时生效。在当事人另有约定时,保险合同到期生效或者生效条件成就时生效。如果没有约定以缴纳保险费为生效条件,那么保险费的缴纳只是履行合同的一种义务。在发生保险事故时,保险人不得以此为抗辩理由拒赔。根据保险利益原则,发生保险事故时,被保险人应对农产品等保险标的具有法律上的利益关系,否则保险无效,保险人可以拒绝赔偿。除了我国《保险法》对保险合同作了一般规定外,我国《农业保险条例》还对农业保险合同作了特别规定。其中主要包括：第一，农民、农业生产经营组织可以自行向保险人投保，也可以是农业生产经营组织以及村民委员会等单位可以组织农民向保险人投保，由保险人列明被保险人的投保信息，并由被保险人签字确认；第二，在保险合同的有效期内，如果保险标的危险程度发生变化，那么保险人也不得因此而增加保险费或者解除保险合同；第三，保险人与被保险人达成赔偿协议后 10 日内，应将赔偿的保险金支付给被保险人；第四，除非另有约定，保险人不得对受损的保险标的残余价值主张权利。

三、政策性农业保险

2004 年的中央一号文件提出"加快建立政策性农业保险制度"，但关于政策性农业保险并没有一个明确的界定。狭义的政策性农业保险是指专业化的政策性农业保险机构。我国《保险法》对此没有明确作出规定。广义的政策性农业保险是指政府的财政支持。根据我国《农业保险条例》的规定，政策性农业保险主要是一种财政支持制度。[①] 除了农业经营主体的风险管理的内在需要外，外在的制度诱导是增加农业保险需求的主要驱动力。相比于其他经济部门的保险，农业领域的保险具有较强的政策性。这是由农业保险所承保的特殊风险以及农业生产经营特点决定的。农业保险所保障的标的通常具有高风险性，发生自然灾害的可能性较大，面临较高的损失率，保险人因此会承担较高的赔付率，不仅利润率低，而且常常出现亏损。由于农业经营分布广泛，保险标的较为分散，因而保险人投入大，增加了评估和勘查定损成本。另外，由于农业保险服务的对象地域广阔，信息不对称的情况较为突出，容易诱发逆向选择和道德风险，也增加了经营成本和监督成本。在这些因素的共同作用下，保险人面临较大的经营风险，经营成本较高。保险公司是农业保险的主要供给主体，追求经济利益是其提供农业保险产品的原始动力。农业保险的高风险性和高赔付率造成保险公司预期收益减少，抑制了农业保险的有效供给。保险公司为了减少损失，就

① 我国《农业保险条例》第 3 条第 1 款规定："国家支持发展多种形式的农业保险，健全政策性农业保险制度。"

有可能增加保险费率,如此,农业生产经营者难以承担,农业保险市场可能会逐步萎缩。如果保险公司不调高保险费率,则有可能面临亏损。这就是农业保险中的两难困局。破解这一困境的办法就是政府增加对农业保险的政策支持。政府通过发布一系列具有针对性的有效措施,提高保险机构参与农业保险的积极性,从而增加农业保险产品的供给,保障农业生产的正常进行。由此可知,农业保险不能完全按照市场机制运行。农业保险具有明显的公益性以及一定程度的排他性或竞争性,是介于"公共产品"和"私人产品"之间的一种特殊产品,具有"准公共产品"属性。农业保险是兼具商业性和政策性的制度安排,是普惠金融的重要体现。当然,这两种不同属性的保险并不存在互相取代或排斥的关系。由于政策性保险的赔付率较低、保障程度有限,不能充分发挥分散风险的功能,因此对于具有一定经营规模和市场发展潜力的经济作物,应通过商业性保险来提高赔付比率,以充分保障农业生产经营者的利益。

政策性农业保险的主要依据包括部门规章、地方政府规章以及相关文件,如财政部2022年发布的《中央财政农业保险保险费补贴管理办法》、财政部和农业农村部等2019年发布的《关于加快农业保险高质量发展的指导意见》、财政部2019年发布的《关于开展中央财政对地方优势特色农产品保险奖补试点的通知》(已失效)以及新疆财政厅2017年发布的《新疆维吾尔自治区农业保险保费补贴管理实施办法》、陕西省农业农村厅等部门2019年发布的《陕西省政策性农业保险管理办法》、宁夏财政厅2020年发布的《宁夏农业保险保费补贴管理办法》等规范性文件。一般而言,农业保险的主要支持措施体现在如下方面:第一,保费补贴。这是最主要的财政支持方式。通过对农户、农业企业、家庭农场、农民专业合作社等提供一定的费用补贴,可以减轻其负担,提高投保的积极性。我国自2007年开始农业保险保费补贴试点以来,补贴险种逐步增加,补贴比例不断提高,补贴区域覆盖逐渐扩大。与此同时,还结合农业生产经营者所在区域和参保险种的不同,实施差异化的补贴政策。根据规定,保费财政补贴由中央、省级、市级、县级财政分险种、按比例承担,补贴范围为特定种植业产品和养殖业产品等。另外,为支持地方优势特色农产品保险发展,2019年财政部还出台相关政策,由中央财政对各省(自治区)“引导小农户、新型农业经营主体等开展的符合条件的地方优势特色农产品保险,按照保费的一定比例给予奖补”,即“以奖代补”,并从2020年开始逐步扩大试点范围。但是,我国的现行补贴机制不完善,存在保险补贴方式单一、保费补贴缺乏弹性、补贴政策导向性不强、区域补贴不合理、保障程度低、实际效率不高、地方特色产品补贴极少等问题。① 第二,税收优惠。我国《农业保险条例》对农业保险的税收优惠作了原则性规定。农业保险的税收优惠主要包括所得税、增值税和印花税等税种的减免措施。② 减免的对象是保险公司,而不包括农业互助保险组织。③ 另外,现行政策《关于全面推开营业税改征增值税试点的通知》只明确农牧保险业务免征增值税,没有涉及农业保险企业经营的附加税,造成了税收制度的不协调,增加了农业保险企业的经营成本。④ 第三,农业巨灾保险基金。它是指政府出资发起并吸纳社会资金参与以应对农业巨灾损害的专项基金。农业巨灾一旦发生就会造成巨大的经济损失,具有较强的破坏性,导致农业巨灾风险可保性弱,保险人承保能力较低。该项基金可以弥补商业保险对巨灾损失承受能力的不足,但我国目前没有相关规定。需要指出的是,我国现行的大灾保险金制度不属于农业巨灾保险基金。根据财政部2013年发布的《农业保险大灾风险准备金管理办法》的规定,大灾准备金是经营农业保险的保险机构为应对农业大灾风险专门计提的准备金。另外,相关政策还明确要求推进农业保险与期货、期权等其他金融

---

① 参见张峭:《农业保险财政补贴政策优化研究》,载《农村金融研究》2020年第3期,第12页。

② 我国《农业保险条例》第9条第1款规定,“保险机构经营农业保险业务依法享受税收优惠”。

③ 财政部、税务总局2017年发布的《关于延续支持农村金融发展有关税收政策的通知财税》(〔2017〕44号)规定,“自2017年1月1日至2019年12月31日,对保险公司为种植业、养殖业提供保险业务取得的保费收入,在计算应纳税所得额时,按90%计入收入总额”。

④ 参见郑军、杨玉洁:《支持农业保险发展的税收政策探析》,载《山西大同大学学报(社会科学版)》2020年第5期,第109页。

工具的联动。①

四、农业保险与涉农保险

涉农保险是一种与农业生产经营有关的保险制度。② 我国立法上关于农业保险的界定是一种狭义上的农业保险，覆盖面有限，难以充分发挥对农业生产经营的保障作用。事实上，农业生产经营涵盖产前、产中、产后各个环节，而且风险具有多元性和复杂性。因此，凡是与农业生产经营有关的风险都应纳入保险保障范围。广义上的农业保险非常宽泛，既包括农业财产损失保险，也包括涉农保证保险、涉农信用保险、涉农责任保险，甚至还包括价格指数保险、气象指数保险等。③

根据保险原理和保险类型，涉农保险主要体现在如下几个方面：

第一，涉农保证保险。此类保险主要包括农业信贷保证保险和农产品质量保证保险等。农业信贷保证保险是指由借款人作为投保人与保险人约定，当投保人不能按时偿还贷款时，由保险人向被保险人赔偿不能偿还的本金和利息等损失。银行业金融机构是被保险人，也是权利人。该种保险将信贷风险从信贷机构转移到了保险人，分散了农业信贷风险，调动了信贷机构为农业生产经营提供信贷产品的积极性。从比较法的角度来看，日本创建的以政府为主导地位以及地方团体参

---

① 财政部、农业农村部、银保监会、林草局2019年发布的《关于加快农业保险高质量发展的指导意见》明确提出，“鼓励探索开展‘农业保险+’。建立健全保险机构与灾害预报、农业农村、林业草原等部门的合作机制，加强农业保险赔付资金与政府救灾资金的协同运用。推进农业保险与信贷、担保、期货(权)等金融工具联动，扩大‘保险+期货’试点，探索‘订单农业+保险+期货(权)’试点。建立健全农村信用体系，通过农业保险的增信功能，提高农户信用等级，缓解农户‘贷款难、贷款贵’问题”。

② 《农业保险条例》第32条第2款规定，“涉农保险是指农业保险以外、为农民在农业生产生活中提供保险保障的保险，包括农房、农机具、渔船等财产保险，涉及农民的生命和身体等方面的短期意外伤害保险”。

③ 财政部、农业农村部、银保监会、林草局2019年发布的《关于加快农业保险高质量发展的指导意见》明确提出，“稳步推广指数保险、区域产量保险、涉农保险，探索开展一揽子综合险，将农机大棚、农房仓库等农业生产设施设备纳入保障范围。开发满足新型农业经营主体需求的保险产品。创新开展环境污染责任险、农产品质量险。支持开展农民短期意外伤害险”。

与的信用担保制度,有效地降低了农业信贷风险。[①] 原保监会、原银监会等机构 2015 年发布的《关于大力发展信用保证保险服务和支持小微企业的指导意见》明确提出,创新探索信用保险、贷款保证保险等保险产品。我国信贷保证保险的运作模式主要有两种:其一,“银行 + 保险”模式,由信贷机构进行市场化运作,其二,“银行 + 保险 + 政府”模式,在信贷机构进行市场化运作的同时,地方政府提供保费补贴或分担损失。农产品质量保证保险是指由农业生产经营者作为投保人与保险人约定,当投保人的产品出现质量问题时,由保险人向农产品的买受人等承担赔偿责任的保险方式。该种保险由保险人承担了因为产品质量引发的责任,分散了农业生产者、销售者的生产经营风险,同时有助于保障农产品的有序流通。

第二,涉农信用保险。它是指当债务人拒绝履行合同或不能清偿债务时,所受到的经济损失由保险人承担赔偿责任的保险方式。该种保险的主要功能是保障农业生产经营者应收账款的实现。其基本原理是把农业生产经营者的债务人的信用风险转移给保险人,当债务人不能履行支付款项的义务时,由保险人承担赔偿责任。在农产品进出口中,出口商可能因为进口商的商业原因以及进口国的政治原因等不能确保收回账款。商业原因主要包括进口商因破产而无力支付债务,或者因产品质量纠纷拒绝收货及付款等。政治原因主要包括汇兑限制、进口管制、政府征收以及发生战争和暴乱等。这些因素无法预见,也难以控制,因而需要通过投保信用保险来转移风险。在实践中,中国出口信用保险公司作为专业化的政策性保险机构,可以为农产品出口企业提供因信用风险产生的损失保障。

第三,涉农责任保险。此种保险主要包括农产品质量责任保险和涉农环境责任保险等。农产品质量责任保险是指作为农业生产经营者的投保人与保险人约定,当投保人出现农产品质量安全的责任问题时,由保险人向被保险人承担损害赔偿责任。由于我国农产品主要属于初级农产品,不能归入“食品”范围,因而这是一种不同于食品安全责任险

---

① 参见李文阔:《日本农业金融体系及对我国农业金融改革的启示》,载《西南金融》2020 年第 8 期,第 92 页。

的保险。实践中,投保主体主要是新型农业主体或专业大户,投保的目的是保障食用农产品质量安全,投保费用大多可以得到政府补贴。[①] 涉农环境责任保险属于绿色保险。[②] 它是以被保险人因污染水体、土地或空气等,依法应承担的赔偿责任作为保险标的的保险。我国的环境责任保险主要是自愿性的。原环境保护部等部门2013年发布的《关于开展环境污染强制责任保险试点工作的指导意见》对强制性责任保险的试点企业范围作了明确规定。在农业生产经营者发生环境污染事故时,由保险人对受害者的人身损害、财产损失在责任限额内进行赔偿。该种保险对加强环境风险监督管理、分散排污企业环境风险以及保护受害者权益等方面都有重要作用。环境污染具有范围广、损失大等特点,任何单一的企业都难以承受损害赔偿责任。排污企业可以通过向保险人投保环境污染责任保险的方式将赔偿责任转嫁给保险人,由保险人承担对生态环境的赔偿责任和修复责任以及对第三人的赔偿责任。

第四,涉农财产损失险。此类保险主要包括农业设施损失保险和农机具损失保险等。近年来,我国的设施养殖、设施种植等设施农业有了较大发展。设施农业是通过人为方式改变农业环境的一种经营方式。设施农业既依赖种养技术,也依赖相应的硬件设施,包括温室大棚、滴灌系统、养殖圈舍、育苗场所等。这些生产设施很容易因洪水、泥石流、冰雹、暴雨暴雪等自然灾害造成损害。农业生产者可以通过保险的方式将相关损失转嫁给保险人,由保险人承担赔偿责任,从而有助于恢复农业生产。另外,在农业生产过程中,种植机械、养殖机械以及加工机械等因意外事故和自然灾害造成较大损失的,需要通过保险分担损失。意外事故主要是因操作不慎导致损害,包括部分损害和全部损害。如果是部分损害,由保险人承担修理费用。如果是全部损失,保险人按照保险金额进行赔偿。此外,广义的涉农保险还包括农民的短期健康保险,这是一种人身保险。

---

① 参见刘慧萍、聂明珠:《农产品质量安全责任保险的地方实践与法治进路——质量兴农战略下农业保险的创新探索》,载《学术交流》2019年第5期,第67页。

② 我国《环境保护法》第52条规定:“国家鼓励投保环境污染责任保险。”

第五章 西北特色农业发展的财税与服务保障

第一节 财政税收保障

一、财政保障

1. 财政保障的意义

财政在国家分配体系中具有十分重要的地位。财政是国家通过实物或货币等形式,获取一部分国民收入,以实现国家职能的需要而实施的分配行为。其就财政的本质而言,是国家通过公权力对国民收入进行分配和再分配而形成的一种集中性分配关系。作为一种经济行为或经济现象,财政为国家职能的运行以及经济社会发展提供物质保障。财政也是国家治理的组成部分。“在新时代,财政的作用是推进并实现国家治理体系和国家治理能力现代化。”[①]财政具有如下特性:其一,公共性。财政着眼于满足社会公共需要,财政支出要用于向全社会提供公共产品和公共服务。财政资金是一种公共支出,对收入分配、经济调控以及资源的配置起着重要作用。在农业领域,农业财政资金应增加纯农业公共产品供给,优化农业资源配置,加强农业生态环境保护,着力于促进农业现代化建设,提升农业竞争力。为

① 肖卫东:《财政支持乡村振兴:理论阐释与重要作用》,载《理论学刊》2020 年第 4 期,第 61 页。

兼顾不同地域农业经济的发展，政府应在农业财政资金的投向和数量上做到统筹兼顾，协调好东部和中西部地区的利益，以避免公共产品供给和分配的不公平。其二，强制性。财政是国家或政府的经济行为。国家凭借公权力，强行占有和支配部分社会产品，并通过强制力保障其实施。从政府的角度而言，为经济社会发展提供财政资金支出也是其法定义务，并须确保资金支出的有效管理，同时必须接受社会公众的监督。其三，无偿性。作为政府的一项经济活动，财政资金投入具有无偿性，并不向投入对象获取对价。由于财政资金是一种无偿的公共支出，因而政府应对财政资金支出进行有效配置，使既定的资金产生最大的产出或效益。为防止财政资金使用上的低效率甚至无效率，应健全监督管理制度。其四，持续性。财政资金的使用既要考虑到通过提供公共产品促进经济社会发展，也要通过培养税源保障财政收入的稳定增长，进而实现财政支出的可持续性。

农业是关系国计民生的基础性产业，经济地位十分重要，因而需要政府的积极干预和大力扶持。财政支持作为政府调控和保护农业的重要手段，对于促进农业结构调整和农业发展方式转变具有重大意义。财政对农业的重点支持主要是因为：其一，农业的准公共性。在农业领域，除了私人产品和社会投资外，还存在大量的农业公共产品，如农业部门的纯事业费开支、农业公共设施建设支出、农业技术推广支出等。对于这些公共支出，单靠市场机制无法实现社会资源的有效配置。政府是公共利益的代表，也是公共产品的供给者。政府通过财政收入投资，为农业发展提供所需的公共产品，是一种有效的保障措施。其二，农业的外部性。农业虽然在国民经济中具有基础性地位并发挥决定性作用，但农业产业却呈现出明显的收益“外部化”或收益的“外溢”现象。由于农业生产周期长，资金周转慢，基础设施建设投入大，且易受自然因素的影响，使农业的一般收益水平低于其他产业，从而降低了社会力量对农业投入的愿望。这就需要政府通过公共支出来克服农业生产所产生的外部性。一方面，通过财政直接投资来增加基础设施投资以及公共事业支出；另一方面，通过财政补贴来激励社会投资于农业，以提高农业投资者的收益。其三，农业的可持续性。农业生产的高风险与低收益并存。农业财政资金投入要保障农业的可持续发展。在工业化的过程中，农业资本大量外流，必须通过财政向农业投资，为农业的长期发展提供稳定的资金支持。区别于农户和其他社会资本投入，农业财政资金的支出和投入在注重经济效率和近期目标的同时，能够兼顾公益性和中长期目标。

我国不断加大财政强农惠农富农政策支持建设，逐步建立起适合我国国情的财政支持农业发展的法律制度和政策措施体系。我国《农业法》对农业投入增长幅度、财政支农重点以及财政资金投入监管等作了明确规定，从立法上保障财政资金对农业的投入力度。[①] 农业农村部和财政部发布的《农业生产发展资金管理办法》《农业资源及生态保护补助资金管理办法》《动物防疫等补助经费管理办法》等规范性文件，对于相关资金的用途、监管等作出了明确规定。2017 年，国务院发布《关于探索建立涉农资金统筹整合长效机制的意见》（国发〔2017〕54 号），提出要优化财政支农投入供给，理顺涉农资金管理体系，创新涉农资金使用管理机制，推进行业内涉农资金整合和统筹，切实提高财政支农效果和资金使用效益。总体而言，我国财政支农呈现出如下特征：其一，财政投入力度不断加大（见图 5－1）。财政支农投入比重显著提高，逐步建立起财政支农投入的良性增长机制，资金管理水平和使用效益不断提高。其二，财政支农成效显著。在财政支农资金的大力支持下，我国农业综合生产能力稳步提升，农业供给体系质量明显提高，促进了农村经济社会快速发展。其三，财政支农重点突出。近年来，围绕西部大开发、精准扶贫以及乡村振兴战略，中央财政设立专项资金重点支持农业基础设施建设、生态环境保护、优势特色农业发展等。由于财政农业农村资金涉及多个地区、多个层级、多个行业，利益主体诉求多元，财政农业资金支农力度以及管理使用还存在一些困难和挑战，如中央和地方财政的投入力度急需提升、投入地域需要平衡和优化、社会参与的多

① 《农业法》第 38 条第 1 款规定："国家逐步提高农业投入的总体水平。中央和县级以上地方财政每年对农业总投入的增长幅度应当高于其财政经常性收入的增长幅度。"第 39 条规定："县级以上人民政府每年财政预算内安排的各项用于农业的资金应当及时足额拨付。各级人民政府应当加强对国家各项农业资金分配、使用过程的监督管理，保证资金安全，提高资金的使用效率。任何单位和个人不得截留、挪用用于农业的财政资金和信贷资金。审计机关应当依法加强对用于农业的财政和信贷等资金的审计监督。"

元投入格局需进一步健全等。另外，“目前的财政政策主要还是侧重农业生产过程和具体行为的扶持，对于技术研发、服务体系建设，以及农业发展新模式等方面的财政政策总量还不多”。[①]

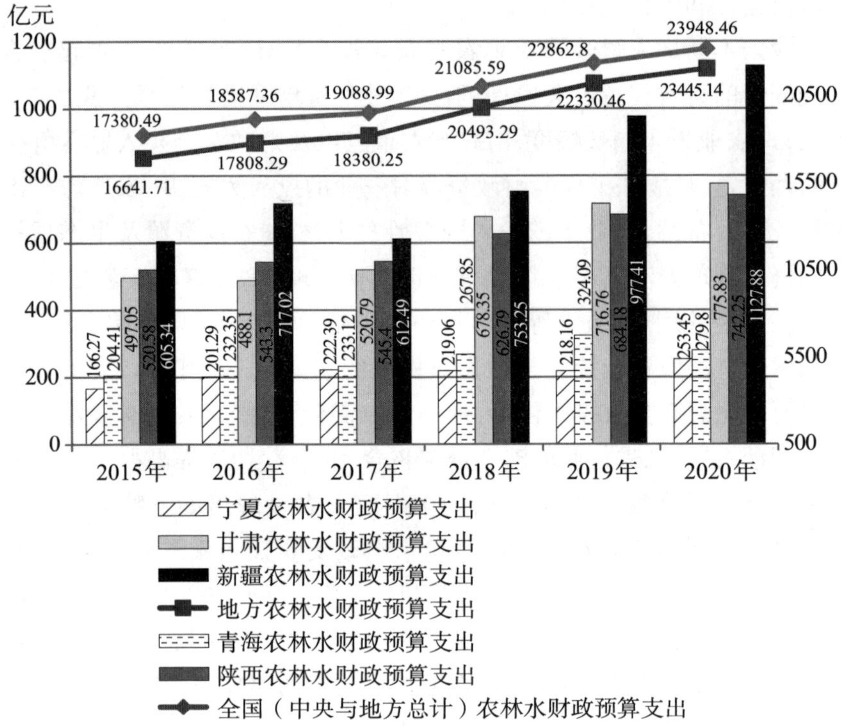

图 5－1　2015～2020 年全国、地方与西北五省(自治区)农林水财政预算支出

资料来源:《中国统计年鉴》,载国家统计局,www. stats. gov. cn/tjsj. /ndsj/。

2. 财政保障措施

(1)财政直接投资

财政直接投资是财政政策的重要方式。农业是弱质性产业，农业投资的收益率低于社会平均投资收益率，农业人均收入处于较低水平，导致农民和社会资本难以形成较大规模的农业投入，而且农业也是基

① 张兆同、王小雨、唐学玉:《支持农业高质量发展的财政政策有效性研究》,载《农业经济》2021 年第 1 期,第 91 页。

础性产业,因而必须由作为宏观调控主体的政府解决农业投入不足问题以及重大领域和关键领域投入问题(如重大项目建设、薄弱环节建设等),从而提高经济社会发展的整体效益。财政直接投资的方式主要包括设立农业信贷担保机构、产业基金和发行政府债券等。2015 年,财政部与原农业部和原银监会联合发布《关于财政支持建立农业信贷担保体系的指导意见》(财农〔2015〕121 号),提出建立健全农业信贷担保体系,为农业经营主体提供信贷担保服务,支持新型经营主体做大做强,促进粮食稳定发展和农业现代化建设。2016 年,国家发改委发布《政府出资产业投资基金管理暂行办法》,对政府出资设立产业投资基金进行了规范。根据该办法规定,政府通过财政支持方式向产业投资基金出资,其形式可以包括全部由政府出资、与社会资本共同出资或向符合条件的已有产业投资基金投资等。农业发展基金由政府直接出资,是财政支持农业发展的一种方式,具有准公共产品性质。用于农业发展的债券主要有专项债券和一般债券。2017 年财政部发布的《关于试点发展项目收益与融资自求平衡的地方政府专项债券品种的通知》要求专项债选择一些重点领域先行试点。2019 年 6 月国务院办公厅发布的《关于做好地方政府专项债券发行及项目配套融资工作的通知》要求重点支持生态环境保护以及农业农村基础设施等领域的重大项目建设。2018 年国务院发布的《国家乡村振兴战略规划(2018 - 2022 年)》明确提出,支持地方政府发行一般债券用于支持乡村振兴领域公益性项目,加大对可持续发展、农业绿色生产、农村人居环境等方面的支持力度。在政府财政总量受到经济发展水平制约的情形下,目前存在吸纳金融资本、民间资本参与农业投资有效性不足的问题。因而应“充分发挥财政支农资金作为社会资本和金融资本的媒介桥梁作用,通过财政政策引导资金供给端和需求端实现有效匹配”。①

(2)财政补贴支农

财政补贴支农是指一个国家或政府对“三农”进行支持与保护的一种常用政策工具。农业补贴作为政府的无偿支出,是一种有效的经济

① 刘天琦、宋俊杰:《财政支农政策助推乡村振兴的路径、问题与对策》,载《经济纵横》2020 年第 6 期,第 60 页。

调节手段,涉及补贴的资金总量、补贴的结构、补贴的范围、补贴的效果等方面的内容。我国逐步优化农业补贴政策措施,改进补贴方式,提高补贴实效,促进了农民增收致富以及农业农村发展。自 2004 年起,国家先后实施了“农作物良种补贴”“种粮农民直接补贴”和“农资综合补贴”三项补贴政策。2015 年,财政部、原农业部发布《关于调整完善农业三项补贴政策的指导意见》(已失效),将上述三种农业补贴合并为“农业支持保护补贴”。该项补贴重点用于种粮大户、家庭农场、农民专业合作社、农业社会化服务组织等新型经营主体。根据农业农村部和财政部发布的补贴补助的方案,中央财政农业生产发展资金主要用于对农民直接补贴,以及支持农业绿色发展与技术服务、农业经营方式创新、农业产业发展等方面工作。中央财政农业资源及生态保护补助资金主要用于耕地质量提升、渔业资源保护、草原保护利用补助奖励、农业废弃物资源化利用等方面的支出。动物防疫补助方面,中央财政动物防疫等补助经费主要用于动物疫病强制免疫、强制扑杀、养殖环节无害化处理等三方面支出。另外,一些地方特色农产品没有纳入保险补贴范围,不利于农业保险机构的积极参与。因而有观点认为,“需考虑将各省级财政补贴的地方优势特色农产品逐步纳入中央财政补贴范围,设立特色农产品保费补贴项目”。①

二、税收保障

1. 税收保障的意义

税收是一个国家实现财政收入的主要来源,也是最普遍和最可靠的一种形式。国家只有取得财政收入,才能满足社会公共需要,从而为经济社会发展提供公共产品。国家作为征税方与纳税人所形成的征纳关系是一种重要的法律关系,对社会的稳定和可持续发展有着直接影响。由此可知,税收具有合法性和正当性。税收是一种特殊分配关系。与其他分配方式相比,税收具有强制性、无偿性和固定性等特征。具体分析如下:其一,强制性。税收的强制性是指国家以管理者的身份,凭

① 刘汉成、陶建平:《中国政策性农业保险:发展趋势、国际比较与路径优化》,载《华中农业大学学报(社会科学版)》2020 年第 6 期,第 74 页。

借公共权力,通过颁布法律强制征税。或者说,税收是国家对社会产品进行的一种强制性分配,而非源于纳税人主动自愿交纳。税收法律一旦颁布实施,就具有普遍适用性和权威性。税收关系是一种不平等关系。负有纳税义务的单位和个人必须根据规定纳税,否则就会受到法律的制裁。当然,这种强制性并不意味着税收可以脱离经济社会发展的基本状况。其二,无偿性。税收的无偿性是指通过征税,社会成员的一部分收入转归国家所有,国家不向纳税人支付任何对价,也不存在直接偿还的问题。税收无偿性反映的是社会产品的单方面转移关系,而不是双向交换关系,但税收的无偿性也具有相对性。从整个财政活动来看,税收是对政府公共支出和资金投入的一种补偿,即直接或间接地为社会成员谋福利,从而具有有偿性的一面。当然,对于某个具体的纳税人而言,并不能一定从公共支出中获得对称的利益。其三,固定性。税收的固定性是指国家对纳税人、课税对象、税目、税率等通过法律预先加以明确规定,从而保障国家稳定的税收来源。单位和个人发生了应纳税的行为或者取得了应纳税的收入必须按照预先规定的比例或数额缴纳税款。当然,随着经济社会的发展,国家可以修订税法或者颁布政策,对税率、税收优惠等进行调整,但这并不改变税收的固定性。

税收对经济社会发展影响广泛。在农业领域,税收对农业生产、加工、流通等产生直接影响。农业税收体现了国家与纳税人在农业领域各环节的一种利益分配关系。农业税收是国家财政收入的来源之一。但随着工商业的发展,农业税收在财政收入中的地位下降。此外,农业税收也是调节农业发展的经济杠杆,如国家对急需的农产品可以实行低税或免税的法律规定加以鼓励和扶持。企业从事的农、林、牧、渔业项目,如果属于国家规定的限制和淘汰类项目,则不得享受相关的优惠政策。而且,农业自身的产业特殊性决定了农业税收具有自身特点,如课税对象、纳税主体、纳税环节以及减免税等规定。涉及农业产业领域的税目主要包括个人所得税、企业所得税、增值税等。在农业领域,个人所得税是以农民个人取得的各项应税所得为对象征收的一种所得税,企业所得税是对农业生产经营组织的农业生产经营所得征收的一种所得税,增值税是对农产品生产、流通、服务中多个环节的新增价值或附加值所征收的一种流转税,印花税是对农业经济活动中书立和受领法律凭证的行为所征收的一种税。纳税人包括农民、农业生产经营组织等。我国调整农业税收的基本依据包括农业税收法律和农业税收政策。从立法上而言,调整农业税收的法律并没有专门的立法,而主要是散见于一般法律和相关法律,如《企业所得税法》和《企业所得税法实施条例》、《个人所得税法》和《个人所得税法实施条例》、《增值税暂行条例》和《增值税暂行条例实施细则》。相关税收政策较为分散,如财政部和国家税务总局发布的《关于若干农业生产资料征免增值税政策的通知》(财税〔2001〕113 号)、《关于农民专业合作社有关税收政策的通知》(财税〔2008〕81 号)、《关于全面推开营业税改征增值税试点的通知》、《关于支持农村集体产权制度改革有关税收政策的通知》(财税〔2017〕55 号)等。

2. 税收保障措施

税收对农业发展的保障主要体现为税收优惠政策。税收优惠是指根据法律规定和相关政策对某些纳税人和征税对象给予鼓励和照顾的一种特殊措施,包括减免税收、比例退税、特别扣除及投资减税等方式的优惠。税收优惠政策是国家利用税收调节经济的具体手段,以此扶持某些特殊地区、特定产业、某类企业和特殊产品,促进产业结构调整和经济协调发展。例如,对于农业生产经营者或者涉农企业免除其应缴的全部或部分税款,或者按照其缴纳税款的一定比例给予退还等,从而减轻其经济负担。农业税收优惠可以分为直接优惠和间接优惠。直接优惠主要是指对农业生产经营主体的所得税直接进行减免。例如,以“公司+农户”经营模式从事农、林、牧、渔业项目生产的企业,可以享受减免企业所得税优惠政策。间接优惠主要是指通过特别扣除、投资抵免等方式进行优惠。此外,间接优惠还包括涉农领域的相关优惠。例如,根据财政部和国家税务总局《关于支持小微企业融资有关税收政策的通知》(财税〔2017〕77 号)、《关于延续实施普惠金融有关税收优惠政策的公告》(财政部、税务总局公告 2020 年第 22 号)的规定,在规定的期间内,对金融机构向农户、小型企业、微型企业及个体工商户发放小额贷款取得的利息收入,免征增值税。根据财政部和国家税务总局《关于小额贷款公司有关税收政策的通知》(财税〔2017〕48 号)等的规定,在规定的期间内,对经省级金融管理部门批准成立的小额贷款公司取得的农户小额贷款利息收入,免征增值税。根据财政部和国家税务总局《关于继续实行农产品批发市场 农贸市场房产税 城镇土地使用税优惠政策的通知》(财税〔2019〕12 号)的规定,在规定的期间内,对专门经营农产品的农产品批发市场、农贸市场使用(包括自有和承租)的土地,暂免征收城镇土地使用税。

从农业产业的环节而言,农业税收优惠可以区分为农业生产环节税收优惠和农业流通环节税收优惠。具体分述如下:①农业生产环节税收优惠。根据《增值税暂行条例实施细则》的规定,农业生产者从事种植业、养殖业、林业、牧业、水产业的单位和个人生产的初级农产品免征增值税。但是,对上述单位和个人销售的外购的农业产品,以及单位和个人外购农业产品生产、加工后销售的仍然属于《农业产品征税范围注释》(财税字〔1995〕52 号)所列的农业产品,不属于免税的范围,应当按照规定税率征收增值税。另外,纳税人购进农业生产者销售自产的免税农业产品可以抵扣进项税额;批发零售种子、种苗、农机、农药免征增值税。从事蔬菜、谷物、薯类、油料、豆类、棉花、麻花、糖料、水果、坚果的种植,农作物新品种的选育,牲畜、家禽的饲养,中药材的种植,灌溉、农产品初加工、兽医、农技推广、农机作业和维修等农、林、牧、渔服务业项目等,免征企业所得税。从事花卉、茶以及其他饮料作物和香料作物的种植,海洋养殖、内陆养殖,减半征收企业所得税。对个人、个体户从事种植业、养殖业、饲养业和捕捞业,取得规定范围内的所得,暂不征收个人所得税。②农业流通环节税收优惠。根据前述财政部和国家税务总局的有关规定,对从事蔬菜批发、零售的纳税人销售的蔬菜免征增值税,但各种蔬菜罐头除外。对从事农产品批发、零售的纳税人销售的部分鲜活肉蛋产品免征增值税。农民专业合作社向本社成员销售的农膜、种子、种苗、农药、农机免征增值税。另外,国家指定的收购部门与村民委员会、农民个人书立的农副产品收购合同,免纳印花税。但我国现行的农业税收优惠还不能适应乡村振兴以及全产业链发展的需要,存在一些不足,主要限于种植、养殖和初步加工,范围较狭窄,对农业加工业以及精加工产品、农民对农业的投资收入等方面没有纳入优惠范围。因而需要构建以农业产业化发展为导向的农业税收优惠制度。

第二节　农业服务体系

一、农业公共服务

1.农业公共服务的意义

一般而言,公共服务是指政府通过发展公共事业,为社会公众参与经济、政治、文化活动等提供保障的一种机制。这是一种狭义上的定义,不包括政府对社会的管理、对经济的调控以及对市场的监管等。这些政府行为的共同特点是,都是政府的基本职能,具有公共产品属性,其目的是满足社会主体的间接公共需求,如公民对治安秩序和交易秩序等方面的基本要求。公共服务是适应经济社会发展需要而产生的,是政府职能和行政理念的一种转变。不同于管制型政府,"服务型政府"通过深化简政放权,全面提高行政效能,回应社会公众的服务诉求,更好地满足社会公共需要。"服务型政府"是我国行政改革实践的产物,"意味着一种新的政府治理模式"。① 在法律和政策框架内,政府应健全公共服务供给体制机制,提供与经济社会发展水平相适应的公共服务体系。② 公共服务具有如下特点:第一,服务性。公共服务是政府利用公共权力和公共资源向社会主体提供的各项服务活动,而不是政府利用行政权力对经济社会进行强制性的干预。第二,公共性。公共服务的目的是满足公民、法人和非法人组织等不特定主体参与经济社会活动的直接公共需求,如满足公民的生活需要以及生存与发展等方面的直接需求,以使公民能够因此而直接受益。第三,选择性。政府提供的公共服务充分考虑了社会公众的愿望和需求,可以由社会主体根据需要进行一定程度的选择,而不是要求社会主体必须接受,一般不具有强制性。与此不

---

① 杨艳:《服务型政府的概念、模式与构建路径》,载《学习论坛》2014年第7期,第45页。

② 中共中央《关于坚持和完善中国特色社会主义制度推进国家治理体系和治理能力现代化若干重大问题的决定》明确提出,"完善政府经济调节、市场监管、社会管理、公共服务、生态环境保护等职能,实行政府权责清单制度,厘清政府和市场、政府和社会关系。深入推进简政放权、放管结合、优化服务,深化行政审批制度改革,改善营商环境,激发各类市场主体活力"。"完善公共服务体系,推进基本公共服务均等化、可及性。"

同的是,在公共行政中,政府与行政相对方是一种不平等的单向关系,是服从与被服从、管理与被管理的关系,行政相对方没有选择权,如行政强制、行政处罚等。政府提供的公共服务主要包括:其一,基础性公共服务,如电气设施、水利设施、交通设施、通信设施等。其二,社会性公共服务,如政务服务网站、社会保险、生态保护、技能培训、气象服务等。其三,经济性公共服务,如产品展销会、产权交易平台、企业融资服务等。

农业公共服务是政府和其他行政职能机构为促进农业发展而提供的一系列服务的总称。从服务的环节而言,农业公共服务涵盖农业产前、产中、产后等各产业链的全方位服务,如产前的基础设施建设以及种子、农药、化肥和薄膜等方面的服务,产中的养殖技术、种植技术以及病虫害防治技术等方面的服务,以及产后的加工、销售和运输等方面的服务。当然,一些服务内容难以区分为某个具体的环节,如政策法律宣传、农业技术推广、农机服务、市场服务、农业信息服务、农业防灾减灾服务以及金融服务等。农业公共服务具有公共产品和准公共产品性质。公共产品,亦称“公共物品”,是西方经济学用语,其对称是私人产品,是指能为绝大多数人共同消费或享用的产品或服务。公共产品具有非竞争性和非排他性特征。[①] 非竞争性是指一部分人对某种产品的消费不会影响其他人对该产品的消费。或者说,一部分人从某种产品的消费中受益不会影响其他人从该产品的消费中受益,即受益对象之间不会产生利益冲突。非排他性是指某种产品在消费过程中所产生的利益不能为某个人或某一部分人所独占或垄断,即不能排斥他人对该种产品的消费或使用以及享受由此产生的利益。在农业领域,政府的公共服务涵盖农业生产的各个环节,能够惠及所有的农业生产经营者,因而具有公共产品属性。例如,所有农业领域的生产经营者都能够享受相关政策和法律对农业的支持和优惠。同时,政府农业公共服务具有“准公共产品”属性。“准公共产品”是介于私人产品和公共产品之间的产品类型,具有一定的竞争性和排他性。或者说,准公共产品的使用和消费局限在一定的行业和地域中,其受益范围受到限制。例如,政

① 参见白永秀、惠宁主编:《产业经济学基本问题研究》,中国经济出版社 2008 年版,第 216 页。

府对农业的支持措施通常具有较强的针对性。政府对优势特色农业和特色农产品的支持措施以及对西部地区农业的支持措施就排斥他人享受相应的政策红利。研究表明,“发达国家增强农业竞争力的普遍做法,是加强对农业一般服务的支持”。①

在发展现代农业方面,政府的职责是保护合法产权、维护公平竞争和提供公共物品,为各类市场主体提供良好的营商环境。② 政府需要为农业社会化服务提供相应的保障。例如,农业农村部 2021 年发布的《农作物病虫害专业化防治服务管理办法》对如何管理和保障农作物病虫害专业化防治服务作了具体规定。公共产品理论为政府公共服务提供了理论基础,其实质是正确认识政府与市场之间在调整经济关系方面存在的优势与弊端,从而妥善处理政府与市场之间的关系。政府与市场关系的核心是政府职能的转变。传统上,政府直接负责公共物品的提供和生产,包括对经济活动的规制和干预。随着政府对经济社会的深度介入和广泛介入,政府规模越来越庞大,财政负担越来越重。政府职能的过度扩张不仅减损了公共产品的有效性,也难以及时回应社会需求,无法满足公众的多元化诉求。这种“政府失灵”现象意味着,政府需要选择更为有效的制度安排,以增加公共产品供给。根据“公共产品”原理,政府应根据公共产品所具有的不同属性和特征,兼顾公平和效率,提供多元化的产品供给制度,实现各种产品需求与供给的平衡。具体而言,涉及国家安全、国计民生和公民基本权利等领域的事项属于纯公共产品,政府必须提供。对于准公共产品,政府应通过多种形式来提供不同的产品或服务,如出台产业政策或区域发展政策对产业发展或区域发展提供支持措施,以此进行引导和扶持。③ 公共产品主要提供者是政府,这也是市场机制自身的缺陷与不足所决定的。市场在资源配置中起决定性作用,其实质就是资源配置要符合价值规律、竞争规律

① 国务院发展研究中心农村经济研究部:《构建竞争力导向的农业政策体系》,中国发展出版社 2017 年版,第 27 页。

② 参见李周:《乡村振兴战略下的现代农业发展》,载《东岳论丛》2020 年第 3 期,第 34 页。

③ 我国《乡村振兴促进法》第 26 条规定:“各级人民政府应当采取措施,加强职业教育和继续教育,组织开展农业技能培训、返乡创业就业培训和职业技能培训,培养有文化、懂技术、善经营、会管理的高素质农民和农村实用人才、创新创业带头人。”

和供求规律等经济规律，从而使经济更有活力和效率。但同时也要看到，市场调节具有事后性、自发性、盲目性等局限性。这就是“市场失灵”。根据西方经济理论，由于“市场失灵”的存在，市场机制难以适用于所有经济社会领域。在公共产品领域，市场机制存在不能有效供给或供给不足的状况。如果由私人部门通过市场提供，则不可避免地导致“公共地悲剧”，难以满足社会成员的产品需求。例如，在小农户与经营性的农业服务主体的博弈中通常处于不利地位，缺乏讨价还价的能力，有可能受到不同程度的排斥。这是市场机制本身难以解决的难题。这就需要政府提供相关的公共产品，以弥补市场机制调节范围和调节手段的不足。

2. 农业公共服务的内容

(1)政策法律宣传

政策和法律都是调整农业生产经营的重要机制。通过政策和法律的宣传教育提升农民的整体素质和认知水平，有助于农业经营中形成稳定的利益联结机制，并促进农业与其他产业融合发展。[①] 涉农政策内容非常丰富，既包括宏观上的政策，如西部开发、扶贫开发、乡村振兴等，也包括具体的措施，如信贷优惠、农业补贴和税收优惠等。另外，我国对家庭农场的规定主要源于政策文件，具有较强的政策性。总体而言，我国已经形成了不同层次和不同领域的政策体系，对农业生产经营具有重要的引导和调节作用。如果农业生产经营者不了解相关政策措施，再好的惠农政策也不能产生实际效果。由于农业扶持政策种类繁多，阶段性措施层出不穷，普通的农业生产经营者受到了解渠道以及知识能力的限制，想要充分把握可以享受的政策优惠存在一些困难。例如，农民对于特色农业可能缺乏相应的知识，也不了解国家关于特色农业发展的相关措施。另外，我国农业生产经营主要是小规模经营，较为分散。而且，由于自然条件的影响，农业生产本身具有较强的风险性。因此，农业主体在生产经营中实际上存在畏难和顾虑。为了消除政策实施的盲区，农业部门和基层组织需要积极宣传各种惠农政策，并将政

---

① 参见李明贤、刘宸璠：《农村一二三产业融合利益联结机制带动农民增收研究——以农民专业合作社带动型产业融合为例》，载《湖南社会科学》2019 年第 3 期，第 112 页。

策措施落到实处，切实发挥政策的引导和鼓励作用，使农业生产经营者真正享受政策红利。研究表明，在陕西苹果产业发展中，“政策补贴仅对农户参与苹果保险的意愿有显著的正向影响，基层宣传对农户参与苹果保险的意愿、行为和次数均有显著的正向影响”。[①] 同时，不断总结惠农政策落实的经验和成效，宣传和推介具有地域特征和产业特色的典型案例，引导和推动本地优势农业和特色农业的发展。政府可以通过购买服务的方式扩大宣传的范围，增强宣传的效果。宣传的平台可以是农业教学基地、农民田间学校、农业试验示范户等，宣传的工作机制可以是管理人员、农业专家、农技人员、示范户等共同参与的宣传模式。

涉农法律也较为广泛，包括农业生产组织形式、生态环境保障、农产品质量保障、知识产权保护等。与涉农政策的原则性和灵活性不同，法律具有规范性和稳定性，并由国家强制力保障实施。农业主体不仅要了解政策和熟悉政策，也要学法、知法、守法。遵守法律是每个社会主体的义务，这是依法治国的根本要求。然而，在我国广大的农村，作为农业生产主体的农民存在不知法、不懂法和不重视法律的现象。农民对法律体系、法律术语、法律功能、具体法律内容等缺乏认识。实践中，农民也存在机会主义行为，缺乏契约精神，借口农忙和其他个人因素不履行与农业企业签订的劳务协议，影响农业生产活动的正常进行。法律知识贫乏的根本原因是法治意识的淡薄，而法治思维意识的淡薄导致农民的主体意识不足并影响其主体作用的发挥。[②] 因而，需要通过法治宣传教育，营造良好的法治环境，引导农民积极学法、自觉守法、主动用法，切实提高农民的法律观念和法治意识。学习法律的方式多种多样，但应具有针对性和实效性。由于农民的文化水平不高，而且农业生产具有较强的季节性和地域性，因而法律宣传教育应当采取生动活泼、通俗易懂的方式，通过送法下乡、广播电视等形式，进一步加大普及力度。通过法律宣传教育，使广大农民了解法律的基本内容和精神实

---

① 张珩等：《地方政府支持对农户特色农产品保险决策行为的影响研究——以陕西省苹果保险为例》，载《保险研究》2019 年第 11 期，第 69 页。

② 参见王东：《法治乡村建设推进乡村振兴的价值耦合、行动构设与路径选择》，载《西北农林科技大学学报（社会科学版）》2020 年第 5 期，第 96 页。

质，做到遵守法律规定，正确运用法律维护自己的合法权益，认真履行法律义务。例如，农民专业合作社、土地股份合作社等属于农业生产经营的新型组织形式，对于许多农业而言欠缺相应的法律知识，不了解权利义务关系。通过宣传教育不仅可以使农民了解加入合作社的意义，而且能够让加入合作社的农民清楚自己的权利和义务。另外，农民在农业生产经营中也要遵守农产品质量、农地用途等法律的规定，不得生产销售不合格的农产品，不得改变农地用途，不得污染环境和破坏生态等。

(2)基础设施建设

农业基础设施既是从事农业生产所必备的物质条件，也是农业现代化和高质量发展的重要支撑。农业基础设施是一个庞大的系统工程，涉及产前、产中和产后的各个环节，主要包括水利工程、交通设施、电力设施、通信设施、仓储设施、物流设施、产权市场等基本设施。加强农业基础设施，不仅可以增强抵御自然风险的能力，而且可以减少农业生产的总成本。农业生产面临各种各样自然灾害的威胁，如水土流失、干旱少雨、洪涝灾害、病虫害等，因而通过农田水利工程、节水灌溉设施、病虫害防治设施等可以减少自然灾害带来的损失。我国西北地区自然条件恶劣，干旱少雨，沙化严重，农业用水来源有限，因而蓄水灌溉和节水灌溉尤为重要。西北地区冬季时间长，气候严寒，需要防寒防冻，应采用相应的技术健全有关设施。通过电子信息技术的应用，积极发展“智慧农业”，不仅能够有效改善农业生态环境，而且可以提高农业生产经营效率以及优化农业生产的组织体系结构。[①] 乡村道路、产权市场体系以及物流系统等可以降低农产品的流通成本和市场风险，并加速农业资金的周转，保障农业主体收益的实现。另外，农业基础设施对改良土壤、保持水土、增加地力、美化环境等也具有积极作用。与城市基础设施相比，农业基础设施较为分散，地域分布广，在建设和维护等方面具有难度大、周期长、投资大等问题，因而主要属于政府公共服务的范畴。然而，农业基础设施巨大的投入单靠政府财力是难以支撑的。

---

① 参见蒋和平、辛玲、王晓君：《我国农业现代化评价及案例实证研究》，中国农业出版社2018年版，第222页。

比较来看,美国政府从一开始就同私人一起,共同担负起建设农业基础设施的任务。[①] 因而,政府需要出台相关政策引导和鼓励社会主体参与农业基础设施建设。

多年以来,我国农业基础设施建设逐步推进,设施建设能力以及建设水平有较大提升,农业生产条件显著改善。随着一系列强农惠农政策的颁布实施,农业基础设施建设成效显著。例如,遍布农村的乡村公路、县一级的高速公路以及农产品交易市场体系,大大便利了农业生产资料和农产品的流通。不同时期修建的大大小小的农田水利建设,在防洪、排涝和灌溉等方面保障了农业生产。政府通过奖励和补助等方式支持农田水利设施建设和水土保持工程的建设,如财政部、水利部2022年发布的《中央财政小型农田水利设施建设和国家水土保持重点建设工程补助专项资金管理办法》等。自然资源部和农业农村部2019年发布的《关于设施农用地管理有关问题的通知》将设施农用地具体分为生产设施用地和附属设施用地,保障了农业生产用地和农产品加工用地。中共中央、国务院发布的《乡村振兴战略规划(2018—2022年)》进一步明确了新时代在农村基础设施建设方面的目标任务,提出“支持特色农产品优势区建设标准化生产基地、加工基地、仓储物流基地”。一些地区加强了交易市场的建设,依托农业展会等进行产销对接,农产品的线下流通更加便利。但就总体而言,我国农业基础设施建设滞后、城乡互联互通不强仍是较为突出的问题。农业基础设施供给不平衡、不充分,尚未有效支撑起农业现代化的发展需求。针对农业基础设施投入大、周期长的特点,政府应增加制度供给,出台针对性的具体措施,在确保财政资金优先投入的情况下,引导和鼓励更多社会资本参与农业基础设施建设,充分发挥财政资金和社会资本的合力作用,形成多元化的投融资机制。社会资本参与者不仅可以享受投资补助、以奖代补、财政贴息等政策红利,而且享有投资所产生的资本收益。社会资本的投入有助于提升农业基础设施的经营管理效率。

(3)农业技术推广

农业技术推广是指通过试验、培训和指导等方式将农业技术应用

---

① 参见徐更生:《美国农业政策》,经济管理出版社2007年版,第9页。

于种植业、养殖业等农业生产的活动。农业技术是指应用于农业生产过程中的相关科技成果和实用技术,包括栽培和养殖技术,农副产品加工和贮运技术,农业机械技术,农田水利和水土保持技术,农村能源利用和农业环境保护技术等。[①] 科学技术是农业发展最活跃和最具有决定性的因素,是提高农业生产力的重要途径。从发达国家经验来看,美国的农业教育、科研和推广政策及其逐步建立和完善起来的“三结合”体系,对于提高美国农业生产经营者的文化素质以及技术素质等具有极其重要的意义。[②] 推进农业现代化以及产业化的关键在于农业技术。例如,智慧农业是以智能设备、物联网、云计算与大数据等先进技术为主要手段的智慧经济。只有把科技推广到农业生产的产前、产中和产后的各个环节,才能发挥农业技术对农产品增效、农业生产者增收和农业竞争力增强的推动作用。传统农业是一种小农经济,主要依赖人力和畜力,生产加工能力低,属于经验式被动作业,农业技术对传统农业的支撑不足。现代农业是一种规模经济,主要依赖先进的科学技术,属于技术性、主动性的生产作业,需要将相关的科技成果和实用技术应用于农业生产过程。良种培育、设施工程、环境控制、无土栽培等都是设施农业、绿色农业的重要技术支撑。设施农业通过农业技术改变自然的光色、水分条件,使植物的生长不受季节变化和天气状况等自然因素的影响,并将绿色种植技术融入生产中,保证农业产品向健康的方向发展。设施农业技术不仅包括育种、栽培、病虫害防治技术,也包括温室材料、数据采集、智能化控制、灌溉类机械装置等技术。在设施养殖方面,不仅需要灭菌、除臭等防疫系统,也涉及喂料机、喷淋设备、冷藏以及自动孵化设备等。在我国西部地区,冬季较长,气温较低,水资源缺乏,因而可以通过发展设施农业来克服自然条件的限制,从而增加当地农产品供给。这就需要高度重视和推广现代农业技术。

农业技术推广是我国农业发展体系的重要组成部分。我国1993年颁布的《农业技术推广法》对农业技术推广体系、农业技术的推广与

---

① 我国《农业技术推广法》规定,农业技术推广是指通过试验、示范、培训、指导以及咨询服务等,把应用于种植业、林业、畜牧业、渔业的科技成果和实用技术普及应用于农业生产的产前、产中、产后全过程的活动。

② 参见徐更生:《美国农业政策》,经济管理出版社2007年版,第173页。

应用以及农业技术推广的保障措施等作了明确规定,为我国农业技术推广提供了法律保障。我国农业技术推广形成了公益性推广与经营性推广分类管理的推广体制,形成了国家农业技术推广机构与农业科研单位、有关学校、科技组织、农民技术人员以及农业生产经营者和涉农企业等相结合的推广体系。根据《农业技术推广法》规定,各级农业、林业、水利等部门是农业技术推广机构,属于公共服务机构,履行公益性职责,负责本行政区域内有关的农业技术推广工作。主要保障措施包括:第一,各级政府通过财政拨款以及从农业发展基金中提取一定比例的资金设立农业技术推广专项资金。中央财政对重大农业技术推广给予补助。第二,协助开展公益性农业技术推广活动的农民技术人员,享有相应的补助。第三,从事农业技术推广服务的组织,可以享受税收、信贷等方面的优惠。随着农业现代化的推进,我国加强了农业技术的研究与开发,各种科技成果在农业生产的各个环节得到广泛应用,科技对农业发展的推动作用日趋凸显,农业生产的科技化水平不断提升,农业生产条件得到较大改善。经过多年来的不断建设,农业科技人才队伍不断壮大,受过农业专业技术培训的农业生产经营人员逐步增加。虽然我国农业技术有了大幅提升,但整体水平、关键技术和核心技术还存在不足。而且,我国农业技术推广应用存在着地域上的不平衡等问题。我国西北地区农业生产比较分散,低水平生产和小规模化经营较为普遍,更加需要农业技术的推广和应用。科技兴农是我国农业发展的方向。农业科技成果转化是我国农业转型升级的关键。舒尔茨认为,人力资源是农业经济增长的主要源泉。① 在新形势下,需要创新农业技术推广的体制、内容和方式,切实把农业发展纳入依靠科技进步和提高农业从业者素质的轨道上来,这是促进西部特色农业"内生发展"以及增强"获得性禀赋"的关键所在。一些地方出台了职业农民培训的规定,把提升农民科技素质和经营能力作为发展现代农业的重要举措,如陕西省出台的《关于加快新型职业农民培育工作意见的通知》《新型职业农民培育认定管理暂行办法》等。有观点认为,在体制上,应加快农技推广去

---

① 参见[美]西奥多·W. 舒尔茨:《改造传统农业》,梁小民译,商务印书馆 2006 年版,第 150 页。

行政化,改革农技推广人员管理机制,建设专业的农技推广服务队伍。[①]

(4)农业信息服务

农业信息是一切有关农业生产经营活动的资讯,是促进农业发展的重要资源。现代信息技术正在向农业领域渗透,形成信息农业,包括农业信息化和农业信息产业化。[②] 农业生产过程的产前、产中、产后三个环节联结为一个有机的系统,而信息是这三个环节的联结通道。农业信息服务的含义较宽,泛指农业及农业相关领域信息的采集、整理、监测、预警、传播、运用等活动,包括信息技术的利用和农业市场信息的运用。智慧农业虽然也与农业信息服务有关,但主要是应用现代信息技术成果对农业生产进行智能管理。我国《农业技术推广法》规定农业技术推广机构的职责包括农业公共信息和农业技术宣传教育、培训服务。此处所指的农业信息服务也是广义的规定。狭义的农业信息服务主要是指有关农业生产经营的商业信息或市场信息。农业信息的作用在于引导生产和消费,在农业生产经营者和市场之间架起沟通的桥梁,从而保障农业生产的顺利进行。对于农业生产经营者而言,最重要的就是及时掌握农业信息,以便根据市场行情进行农业活动。只有充分了解市场的实时动态,对市场走向做出合理预期,农业从业者才能对生产和经营作出相应的调整。但是,信息是动态的、非均衡的,表现出非对称性。[③] 单靠农业生产经营者自身的能力难以获取相关信息。即使农业生产经营者自发地对市场信息进行分析,也可能是零散的、滞后的、主观的,容易产生逆向选择。农业的市场风险在很大程度上是由农业信息传递速度缓慢、信息准确性差等多种因素造成的。缺乏农业信息的引导,农业生产经营就具有盲目性,会导致供给和需求的失衡。而且,如果农业信息的传导机制不畅,容易导致信息失真。因此,农业信息服务属于政府的公共服务职责,具有准公共产品属性。农业信息服

① 参见胡瑞法、孙艺夺:《农业技术推广体系的困境摆脱与策应》,载《改革》2018 年第 2 期,第 99 页。

② 参见蒋和平、辛玲、王晓君:《我国农业现代化评价及案例实证研究》,中国农业出版社 2018 年版,第 223 页。

③ 参见白永秀、惠宁主编:《产业经济学基本问题研究》,中国经济出版社 2008 年版,第 229 页。

务的对象主要是农民专业合作社、家庭农场、种养大户等农业生产经营者。农业信息的传导具有及时性、准确性、权威性、公共性等特征。政府利用公共资源收集、整理市场信息,分析和预测未来农产品的供需情况,并及时将相关信息传递给农业生产经营者,有助于降低或改善农业生产经营中存在的市场信息不对称状况。总体而言,农业生产经营者在获取农业信息方面对政府具有较强的依赖性,市场缺位较为突出。这就说明,我国当前的农业信息供给模式主要是一种以自上而下的政府主导模式,该种模式的农业信息供给与农业生产经营者的市场信息需求可能存在脱节。

随着我国农业市场化和互联网技术的发展,农业信息服务的作用日益凸显。信息市场建设是现代农业生产和市场体系建设的重要组成部分。长期以来,我国农业生产以及农业发展中一个较为突出的问题是与现代科技的相关性联系不高,农业信息化程度较低,农产品流通市场发育滞后,产销对接不畅通。很多特色农产品基本局限于生产地,无法进入外地市场流通,消费引导农业生产的功能难以实现,特色农业的发展受到影响。从现实来看,许多农业生产者掌握了先进的农业生产技术,可以保障特色农产品的生产质量,但由于对市场行情缺乏信心而不敢进行规模化生产。在市场需求的推动和政府政策的引导下,我国"互联网+"现代农业得到快速发展,农业信息传递得到改善,电子交易量逐步增多,农业生产经营者从中得到实惠。传统的农业产销活动存在农业信息传递与交流的时间和空间障碍,而农业电子商务能够克服这些缺陷。一方面,农业电子商务是一种快速的农业信息传递途径。政府部门和其他主体可以通过线上站点及时发布农业信息,为农业生产经营者提供相关信息,有利于农业生产经营者准确把握市场需求,依据市场情况合理生产,从而减少农业市场的信息不对称现象,降低了农业生产的市场风险。另一方面,农业电子商务还是一种全新的农产品销售方式。互联网进入农业打破了传统的农产品流通格局,实现了去中间化、去层级化发展,为小农户参与大市场创造了一种新的组织方式。① 通过

① 参见国务院发展研究中心农村经济研究部:《构建竞争力导向的农业政策体系》,中国发展出版社2017年版,第110页。

农业生产经营者与电商平台的对接，健全了农产品流通体系，拓宽了农产品销售渠道，降低了交易成本，提高了经济效益。例如，宁夏农业农村厅与阿里巴巴、苏宁易购、京东等网络平台合作打造“宁夏农村电商综合服务平台”，宣传和营销枸杞、滩羊、马铃薯等地方特色优势农产品，助推宁夏特色优质农牧产品出村进城并走向全国各地。近年来，我国加大了对农业农村电子商务的政策支持力度，如中共中央和国务院2015年发布的《关于打赢脱贫攻坚战的决定》、国务院办公厅2015年发布的《关于促进农村电子商务加快发展的指导意见》(国办发〔2015〕78号)、中共中央和国务院2018年发布的《乡村振兴战略规划(2018－2022年)》以及原农业部等部委2015年和2016年发布的《推进农业电子商务发展行动计划》《关于加快发展农村电子商务的意见》《“互联网＋”现代农业三年行动实施方案》《“十三五”全国农业农村信息化发展规划》等都对农业农村电子商务发展提出了明确要求和具体措施。在2020年新冠肺炎疫情背景下，线上交易的优势得以显现，农产品电子销售得到进一步拓展。

二、农业社会化服务

1. 农业社会化服务的意义

农业社会化服务，是指为满足农业生产和农业发展的需要，充分运用社会资源和社会力量，为从事农业生产经营活动的主体提供各种农业服务而构成的一个体系。① 农业社会化服务是农业领域内分工深化的产物，农业经济发展诱使了农业分工的深化，促进了农业社会化服务的产生。② 它改变了传统农业的发展模式，有利于促进适度规模经营。③ 农业社会化服务体系是否健全，是衡量农业市场化以及农业现代

---

① 2008年十七届三中全会通过的中共中央《关于推进农村改革发展若干重大问题决定》提出，“建立新型农业社会化服务体系”。“加快构建以公共服务机构为依托、合作经济组织为基础、龙头企业为骨干、其他社会力量为补充，公益性服务和经营性服务相结合、专项服务和综合服务相协调的新型农业社会化服务体系”。

② 参见杨丹、刘自敏：《农民合作经济组织在农业社会化服务体系中的作用研究》，科学出版社2019年版，第258页。

③ 参见张红宇：《中国现代农业经营体系的制度特征与发展取向》，载《中国农村经济》2018年第1期，第27页。

化程度的一个重要指标。从发达国家的农业发展来看,农业现代化是一个社会化大生产过程,离不开农业社会化服务的有力支撑。农业社会化服务是传统农业向现代农业转化的助推器。传统农业主要是一种孤立的、封闭的个体生产方式,而现代农业是一种分工协作、开放型的规模化生产方式。推进农业社会化服务,其实质就是提高农业生产经营的专业化、规模化和组织化程度,有效解决农业生产经营中的服务需求问题。传统的农业个体兼具生产、加工、运输、销售等功能。这样一种小而全的生产经营方式,不仅难以抵御自然灾害和提高生产效率,而且面临较大的市场风险。农业社会化服务就是利用社会主体的专业优势,将土地、资本、科技、信息、人才等现代生产要素集聚起来,为家庭农场、农民合作社和农户等农业生产经营主体提供生产、销售、加工、信息等专业化服务,从而提升农业综合效益和市场竞争力,促进农业可持续发展。农业社会化服务所产生的价值和收益是互惠的、双向的,而非独占的、单向的。这就是“价值共创”的效果,即“可以通过降低服务成本和交易成本而获得价值增长,还可以因成员间关系优化而产生关系价值”。[①] 就我国农业实情而言,小农户生产经营仍然占据主导地位。因此,农业发展模式不是片面追求规模化,而是通过社会化服务促进小农户与现代农业的有机衔接。无疑,将小农户融入农业产业化和现代化发展轨道,最有效的方式是“发展具有整合功能的服务组织载体”。[②] 农业社会化服务涵盖产前、产中、产后三个阶段,主要包括农业生产资料服务,“育苗育秧服务”“机播机种机收”等机械化服务,以及“肥料统配统施服务”“灌溉排水服务”“疫病防疫服务”“农产品加工服务”“农产品运输及储藏服务”“产品质量检测检验服务”等服务。农业社会化服务的提供者主要包括集体经济组织、龙头企业、农民专业合作社、大中专院校和科研单位等。这些组织在服务的能力、内容和方式等方面

---

① 彭建仿:《农业社会化服务供应链的形成与演进》,载《华南农业大学学报(社会科学版)》2017 年第 4 期,第 50 页。

② 郭庆海:《小农户:属性、类型、经营状态及其与现代农业衔接》,载《农业经济问题》2018 年第 6 期,第 32 页。

都具有专业优势。①

农业社会化服务是一种区别于政府公共服务的农业服务体系。二者关系的实质是政府与社会的关系。在计划经济体制下，政府利用公共资源包揽各种社会事务，运用行政手段对社会进行全面管理。这种体制不仅加重了政府的负担，而且导致管理的低效率。政府所提供的资源具有有限性，因此"利用社会组织的力量提供公共服务成为不二的选择"。② 改革开放以来，我国的行政管理体制改革不断深化，在社会事务中弱化政府的职能，充分发挥市场主体和社会组织的自我调节能力。1983 年的中央一号文件提出了农业"社会化服务"，1991 年国务院明确提出"加强农业社会化服务体系建设"。2004 年以来，几乎每年的中央一号文件都强调"农业社会化服务体系"建设，主要包括培育经营性的农业服务组织，大力发展"主体多元、形式多样、竞争充分"的农业社会化服务，促进小农户融于现代农业发展过程。为贯彻落实中央要求，相关部门还出台了具体的实施措施，如原农业部发布的《关于大力推进农机社会化服务的意见》、原农业部办公厅发布的《关于创新农业社会化服务加快农垦现代农业建设的指导意见》(农办垦〔2016〕16 号)、原农业部办公厅和财政部办公厅发布的《关于支持农业生产社会化服务工作的通知》(农办财〔2017〕41 号)、原农业部办公厅发布的《关于大力推进农业生产托管的指导意见》(农办经〔2017〕19 号)等。我国农业社会化服务体系建设的客观基础主要在于，一方面是农业产业化经营、现代化发展的需要，另一方面是我国农业生产经营的特殊国情所决定的。我国农业经济主要是一种小农经济，以农户为单位的家庭经营是我国传统农业的基本单元。受自然条件的限制，在当前及未来一段时期内，小农户仍然是我国农业生产经营的主要方式。但是随着农业农村现代化的推进，这种以家庭为单元的小规模生产经营存在与农业现代化不

① 《农业法》第 44 条规定："国家鼓励供销合作社、农村集体经济组织、农民专业合作经济组织、其他组织和个人发展多种形式的农业生产产前、产中、产后的社会化服务事业。县级以上人民政府及其各有关部门应当采取措施对农业社会化服务事业给予支持。对跨地区从事农业社会化服务的，农业、工商管理、交通运输、公安等有关部门应当采取措施给予支持。"

② 竺乾威：《服务型政府：从职能回归本质》，载《行政论坛》2019 年第 5 期，第 97 ~ 98 页。

能有效衔接甚至是脱节的问题。小农户与新型农业经营主体的异质性以及服务主体的“规模化”偏好事实上消解了社会化服务的效果。探索具有我国特色的农业现代化模式,不仅要立足小农户的经营格局,“还应着力优化政府的农业治理体系,发展多种组织形式的农业社会化服务体系”。① 在不改变农村土地承包关系的前提下,由各类社会服务组织对农户的农业生产经营提供多元化的服务,使小农户能够融入农业现代化过程,促进农业“统合”经营形式的多元化,提升小农户生产经营水平和特色产品发展优势,②夯实现代农业经营体系的根基。

2. 农业社会化服务的机制

随着我国农业现代化的推进,家庭农场、专业大户以及小农户等农业生产经营主体对农业社会服务的需求显著增强。在系列政策措施的引导和支持下,我国农业社会化服务体系建设取得了一定的成效。③ 我国在强化农业公益性服务的基础上,加大了农业经营性服务组织的培育力度,农业社会化服务供给逐步增加,初步形成了专项服务与综合性服务相协调的多元化、多形式、多层次的服务体系。主要表现在如下方面:第一,供给主体多元。提供农业专业化服务的市场主体主要包括龙头企业、集体经济组织以及农民专业合作社等。这些服务组织具有一

---

① 张建雷:《农业现代化进程中的合约风险及治理机制研究——基于“政府—市场”互构的视角》,载《经济学家》2020 年第 4 期,第 126 页。

② 2019 年 2 月中共中央办公厅、国务院办公厅发布的《关于促进小农户和现代农业发展有机衔接的意见》提出,“支持小农户发展特色优质农产品。引导小农户拓宽经营思路,依靠产品品质和特色提高自身竞争力。各地要结合特色优势农产品区域布局,紧盯市场需求,深挖当地特色优势资源潜力,引导小农户发展地方优势特色产业,形成一村一品、一乡一特、一县一业。探索建立农业产业到户机制,制订‘菜单式’产业项目清单,指导小农户自主选择。支持小农户发挥精耕细作优势,引入现代经营管理理念和先进适用技术装备,发展劳动密集化程度高、技术集约化程度高、生产设施化程度高的园艺、养殖等产业,实现小规模基础上的高产出高效益。引导小农户发展高品质农业、绿色生态农业,开展标准化生产、专业化经营,推进种养循环、农牧结合,生产高附加值农产品。实施小农户发展有机农业计划”。

③ 中共中央和国务院 2014 年 1 月发布的《关于全面深化农村改革加快推进农业现代化的若干意见》提出,“健全农业社会化服务体系。稳定农业公共服务机构,健全经费保障、绩效考核激励机制。采取财政扶持、税费优惠、信贷支持等措施,大力发展主体多元、形式多样、竞争充分的社会化服务,推行合作式、订单式、托管式等服务模式,扩大农业生产全程社会化服务试点范围。通过政府购买服务等方式,支持具有资质的经营性服务组织从事农业公益性服务。扶持发展农民用水合作组织、防汛抗旱专业队、专业技术协会、农民经纪人队伍。完善农村基层气象防灾减灾组织体系,开展面向新型农业经营主体的直通式气象服务”。

定的服务实力,可以为小农户以及其他小规模的农业生产经营者提供专业化服务。此外,一些规模较大、具有较强实力的家庭农场、种养大户,还可以利用自己的技术和机械等为其他农户提供服务。同时,还涌现出了一批农民经纪人,除了自己进行生产外,还通过走村串户进行营销。这些都成为社会化服务的有益补充。第二,服务领域扩大。农业生产涉及产前、产中和产后多个环节以及多种生产要素,因而农业生产经营者的需求范围也十分广泛。除了农资供应、疫病防治等以外,服务范围不断向产品储藏、产品检测、技术培训、产品营销、电子商务、基地建设和休闲农业等方面延伸。服务范围既可能是信息、技术、资金等方面某一专业的专项服务,也可以是综合性的一体化服务。第三,服务模式多样。经过不断探索,各地出现了一些典型的服务模式,如土地托管、土地股份合作、代耕代种、订单服务等。土地托管是指在不流转土地经营权的条件下,农户通过委托协议将农业生产中的耕种、养护、收割等全部或部分作业环节委托给农业服务组织完成,收益归农户所有,而农户承担相应的费用。这是实现规模经营的重要形式。土地股份合作是指农户将自己承包或经营的土地入股农业企业、农民合作社等主体,由其统一从事农业生产经营,农户等根据经营状况获取收益,或获取保底收益并适当分红。代耕代种是指部分缺少劳动力或其他原因不能从事农业生产的农户,将承包的土地委托给农业企业、农民合作社、家庭农场等经营主体,按照约定支付生产费用或获取农产品的服务方式。订单服务是指龙头企业、农民专业合作社、集体经济组织等依托自身优势,与农户签订生产合同,由农户按相关标准生产,收获后按协议价或保底价统一收购的服务方式。

总体而言,目前我国农业社会化服务的有效供给能力还处于一个较低的水平,难以完全满足农业生产经营者对农业服务的多元化需求。① 针对我国农业社会化服务中的薄弱环节,需要进一步发展有效的农业服务体系:第一,培育多元化的市场主体。在一个较长的阶段,我国农业服务主要是政府主导的供给模式。这种模式的缺陷是显而易见

① 我国《乡村振兴促进法》第46条第2款规定:“县级以上地方人民政府应当支持发展农民专业合作社、家庭农场、农业企业等多种经营主体,健全农业农村社会化服务体系。”

的，那就是没有充分调动社会力量和社会资源参与的积极性，难以充分发挥市场主体对农业生产的服务作用，导致对农业生产经营服务的有效供给不足。随着农业现代化的推进，我国农业服务的供给模式逐步转变为公益性服务和经营性服务相结合的供给模式。公益性农业服务的提供者主要是农机推广机构以及大中专院校和科研机构等社会力量。经营性农业服务的提供者主要是农业生产经营组织，这是一种有偿服务，是市场化的服务供给方式。近年来，我国加强了对农业经营性服务组织和新型农业经营主体的培育。这些组织作为农业社会化服务的主要提供者，可以进一步激发农业农村经济发展的内在活力。但就目前而言，政府或者公共服务组织提供的农业服务还占据主导地位。而且，众多的小农户游离于政府和社会化服务体系之外。[①] 一些地方的龙头企业、农业专业合作社、集体经济组织自身实力不强，对小农户的带动作用明显不足，效益不突出，如提升农产品附加值以及提升农业产业链价值的服务还较为欠缺，服务的同质化现象较为严重。这就需要通过财政扶持、税收优惠等措施进一步加大对龙头企业、农业专业合作社、集体经济组织等的支持力度，提高这些经营性服务组织在经济、技术和管理等方面的实力，增强其服务农业生产的能力。另外，鼓励农业技术人员、专业服务人员与返乡农民工等成立专业化的农业生产经营组织，以增加社会化服务的供给。相关政策应引导这些服务组织提供高附加值的农业服务。第二，加强综合服务平台建设。综合服务平台是指不同生产经营环节的农业企业、农民专业合作社等经营主体进行不同形式的联合，利用各自的业务优势和技术优势，为农业生产经营者提供产前、产中、产后等环节的全方位、一体化、立体式农业服务，以提升农业生产经营的产业化、规模化和组织化程度。第三，增加社会化服务的覆盖面，满足不同主体对服务的差异化、层次化需求。目前，农业社会化服务存在普及度较低、覆盖面不足的问题，主要原因是存在农业生产中利益关系不密切的现象。为此，要鼓励经营性服务组织与农户形成更为紧密的联结机制，构建利益共享、风险共担的共同体。由于特

---

① 参见崔红志、刘亚辉：《我国小农户与现代农业发展有机衔接的相关政策、存在问题及对策》，载《中国社会科学院研究生院学报》2018 年第 5 期，第 38 页。

色农业具有市场优势,因而经营性服务组织可以通过“保底 + 分红”的利益分配机制充分调动本地种养大户、家庭农场和小农户的积极性,在特色农产品方面形成规模优势。

第六章　西北特色农业发展与保障的思考建议

第一节　农业执法监管

一、农业执法监管概述

良法善治是法治的标准和目标。法治需要将良法与善治有机结合。良法与善治相辅相成,相互促进。法律的生命力和权威在于实施,而法律的实施又能促进科学立法。农业领域的执法和监管是提升农业法治水平和实现农业法治目标的重要环节。执法是指行政主体依照法定职权和程序对具体事务进行处理的具体行政行为。行政执法是实现国家行政管理职能的重要方式。行政主体通过具体措施和强制手段来保障国家行政职能的实现。行政执法的方式包括检查调查、行政强制、行政处理、行政指导以及行政处罚等。例如,农业行政主管部门对农业主体的生产经营情况进行检查,对生产资料实行许可管理,对违法行为进行调查和作出罚款决定等。根据 2021 年 1 月农业农村部发布的《农村土地经营权流转管理办法》的规定,农业主管部门对土地经营权流转负有行政指导职能和职责。执法与监管并不是同义语。监管即监督、管理。行政主体的执法是一种监管方式,但监管外延更为宽泛。除了行政主体的执法监管外,还包括行业组织的自律、经营主体的自律等。政府、龙头企业、农业行业协会和农户等都对农业生产经营发挥监管作用。农业行业协会作为一种自治性民间组织，通过行业规则对农业生产实行自律管理。对于违反自律规则和协会章程的农业生产经营者，农业行业组织可以对其进行纪律处分。同时，农业行业组织还是政府与农业主体的桥梁和纽带，起到服务、咨询、沟通、协调等作用。农业经营主体在生产经营过程中进行自我监督管理实质上是法的遵守。从上述分析可知，农业行业协会和农业生产经营者的监管与行政主体的执法监管具有权源和性质上的差异。尽管如此，不同主体的监管共同构成农业生产经营监管不可分割的有机整体，在保障农业生产经营秩序和促进农业健康稳定发展等方面共同发挥积极作用。

农业执法监管是农业法律法规的具体落实，是我国农业法治的重要组成部分。目前，我国已经形成了较为健全的农业执法监管法律体系和农业执法监管机构体系。农业执法监管法律体系包括法律、行政法规、地方性法规、部门规章和政府规章以及其他规范性法律文件，如《农业技术推广法》《农业机械化促进法》《畜牧法》《植物检疫条例》《农药管理条例》等。农业执法监管机构体系包括中央、省、市、县四级的多个部门，如农业行政主管部门、市场监督管理部门、农产品质量管理部门、土地管理部门、环境保护部门等。农业执法监管的范围非常宽泛，主要包括农业生产资料、农产品质量、农业生态环境等方面的执法监管，如畜禽、种子、农药、肥料、饲料、农机、耕地、生物安全等领域。农业执法监管具有主动性、强制性和综合性等特点，对于保障农业生产、农产品质量、农产品流通和农业生态环境等方面具有重要作用，具有鲜明的经济效益、社会效益和生态效益。同时，农业执法监管具有公共物品、外部性、信息不对称等特性，易导致市场失灵，因而政府应强化市场监管，确保公共服务职能的实现。随着我国农业现代化的推进，农业执法监管的队伍建设不断强化，执法装备设施逐步改善，执法监管的能力和水平显著提高。但是，我国农业执法监管建设仍然存在不足，不能适应现代农业和依法治农的需要。为此，原农业部发布的《全国农业执法监管能力建设规划(2016—2020年)》对加强农业综合执法能力建设和农产品质量安全监管能力建设等方面提出了明确要求。

总体而言,我国农业执法监管的完善建议可以概括为如下几个方面:第一,健全联合执法。① 虽然行政职能具有法定性,每个行政主体的具体职能不同,但是农业执法监管具有较强的综合性,涉及面较广。为了降低执法成本、提高监管效率,需要对执法部门的职能进行整合。另外,多个执法部门的协调配合,有助于加强执法资源的充分利用,避免出现监管上的漏洞。第二,强化队伍建设。提升农业执法监管能力的关键是加强执法队伍建设,提升执法人员的素养。农业执法监管不仅需要运用法律和政策,而且需要农业领域的技术知识等。建设一支高素质的专业化执法队伍,有助于保障法律的正确实施,从而达到保护合法、制裁违法的积极效果。第三,加强过程监管。目前,发达国家的质量安全管控理念已经由原来注重“检查为主”逐步转变为“预防为主”。② 我国行政执法监管机制上一个较为突出的问题是,只重视事前监管和“事后处理”,而不重视事中事后监管。例如,在农业领域,只重视农业事项的事前许可和备案,对于农业生产和农产品流通过程中的监管明显缺失。针对这些不足,农业执法监管部门应加强过程性监管,对于农业生产和农产品流通中的各个环节加强日常监管,对于出现的违反问题及时检查、调查和处理。研究表明,政府监管对农户生产的质量安全控制无显著改善,因而政府应加强对农户生产投入行为的引导,积极推广标准化生产技术,帮助农户降低投入成本,从而为保障农产品质量奠定基础。③ 第四,重视信用监管。一方面,执法监管部门建立健全执法信息公示制度;另一方面,对于农业生产和农产品流通中的失信行为进行惩戒,对失信主体的生产经营进行限制。④ 通过信用监管可

① 2021 年 4 月农业农村部发布的《关于全面推进农业农村法治建设的意见》提出,“建立健全跨区域农业执法协作联动机制、跨部门联合执法机制,强化农业综合行政执法机构与行业管理等机构的协作配合,形成执法监管合力”。

② 田新霞、赵建欣:《国内外农产品质量安全管控比较:理念、体系与制度》,载《河北学刊》2016 年第 1 期,第 216 页。

③ 参见程杰贤、郑少锋:《政府规制对农户生产行为的影响——基于区域品牌农产品质量安全视角》,载《西北农林科技大学学报(社会科学版)》2018 年第 2 期,第 121 页。

④ 参见国务院《关于加强和规范事中事后监管的指导意见》(国发〔2019〕18 号)“(八)提升信用监管效能”。

以进一步提高农业生产经营者的诚信意识以及保障农产品的质量水平。

二、农业生产资料执法监管

农业生产资料是指农业生产过程中各种生产资料的总称，主要包括种子、农药、肥料，机械化和非机械化农具等。农业生产资料是农业生产中的投入品，是进行农业生产的物质要素。随着科技的发展和生产力水平的提高，农业生产资料的投入比重逐渐增加，成为提高种植和养殖产出的重要手段。例如，农业机械的大量使用极大地解放了劳动力，提高了农业生产效率。良种、农药、肥料等的投入，提高了农业产量。加大农业科技投入，改进农业生产方式，是推动现代农业发展的重要保障。但是，农业生产资料的不当生产和使用也会危及农业生产安全，因而需要通过法律手段进行规制。根据我国《农业法》的规定，农业生产资料实行登记或许可制度，由相关法律和行政法规具体规定。另外，为规范监管主体的监管行为，提高对农业生产资料的监管能力和水平，原农业部 2005 年发布的《农业生产资料监督管理工作暂行规定》提出了具体的监管要求。总体而言，我国农业生产资料的监管体制日趋完善，日常监管逐步加强，但也需要进一步提高监管效果，严厉打击农资生产经营违法违规行为，切实保障农业生产安全。具体分析如下：

第一，农药和肥料执法监管。农药和肥料是重要的农业投入品，直接关系到农产品的质量安全和生态环境，因而应加强准入、生产、经营和使用等环节的管理。针对农药监管中存在的问题，《农药管理条例》进行了制度完善，主要包括：其一，在准入方面，取消临时登记，实行申请登记制，经登记试验、登记评审并符合条件的，由农业农村部核发农药登记证并公告。其二，在生产方面，实行农药生产许可制度，符合生产条件的由省级农业部门核发农药生产许可证。其三，在经营方面，取消主体的限制，实行经营许可制度和限制使用农药定点经营制度，农药经营者建立采购台账和销售台账。其四，在使用方面，各级农业部门应加强农药使用指导、服务工作，同时强调通过推广生物防治和物理防治等措施，以逐步减少农药使用量。其五，在处罚方面，提高了违法行为的罚款额度,增加"黑名单"等信用惩戒措施。其六,在监管体制方面,将多部门监管改为农业部门统一监管,解决了重复监管、监管盲区等问题。另外,农业农村部 2022 年修订的《肥料登记管理办法》也对肥料生产、经营、使用和宣传等环节的监管作了具体规定。但是在现实中,我国小农生产占主导地位的情况决定了监管的难度。随着绿色农业、生态农业、有机农业等概念的提出,农业生产方式已经进入了一个新的发展阶段,应出台具体的鼓励措施和限制措施,推动有机肥的使用以及生物防护措施,以减少农业生产对农药和化肥等投入品的依赖。

第二,种子执法监管。根据我国《种子法》的规定,种子"是指农作物和林木的种植材料或者繁殖材料,包括籽粒、果实、根、茎、苗、芽、叶、花等"。种子是农业发展的根本以及农业科技进步的重要载体。种业是国家战略性、基础性核心产业。加强种子的立法和监管,对于促进种子行业健康发展,保障农业生产者的合法权益,维护国家粮食安全和生态安全具有重要意义。我国的《种子法》2015 年和 2021 年先后进行了修订。2015 年修订的《种子法》进一步完善了相关制度,主要包括:其一,在准入方面,对主要农作物品种继续实行审定制度,但审定范围降至 5 种。对非主要农作物实行登记制度,且仅对申请材料进行形式审查,不作实质性审查。该项规定有利于品种尽快上市推广,从而满足市场的需要。应当登记的品种如果没有经过主管部门的登记,则不得发布广告以及向市场推广,而且也不得以登记品种的名义向市场销售。其二,在生产经营方面,减少了行政许可事项,将种子生产许可证和经营许可证两项许可合并为种子生产经营许可证。只从事非主要农作物种子以及非主要林木种子生产的主体,不需要向主管机构申请办理生产经营许可证。其三,在执法方面,农业主管部门是执法机关,但农业主管部门所属的综合执法机构或者委托的种子管理机构可以从事相关工作。在执法过程中,执法机构可以进行现场检查,并可以采取查封、扣押等强制措施。其四,在植物新品种方面,健全了相关规定,加大了对违法行为的行政处罚力度,提高了对侵权行为的民事赔偿标准。另外,《种子法》还对转基因植物品种的安全性评价、跟踪监管以及信息公开作了原则性规定。

2021 年修订的《种子法》进一步完善了相关制度,主要包括如下内容:其一,扩大植物新品种权的保护范围及保护环节。在植物新品种保护方面,扩大了植物新品种权的保护范围及保护环节,将保护范围由授权品种的繁殖材料延伸到收获材料,将保护环节由生产、繁殖、销售扩展到生产、繁殖和为繁殖而进行处理、许诺销售、销售、进口、出口、储存等。其二,建立实质性派生品种制度,实施延伸保护。为激励育种原始创新,解决种子同质化严重问题,建立了实质性派生品种制度,明确实质性派生品种可以申请植物新品种权并获得授权,但在以商业为目的利用授权品种时应当征得原始品种权人同意。其三,健全法律责任制度。加大了侵犯植物新品种权行为处罚力度,将惩罚性赔偿上限由3倍提高到5倍,将法定赔偿数额上限由300万元提高到500万元。赔偿数额应当包括权利人为制止侵权行为所支付的合理开支。另外,提高了生产经营假、劣种子的处罚金额,对于货值金额不足2万元的,分别处2万~20万元、1万~10万元罚款;对于货值金额2万元以上的,分别处货值金额10~20倍、5~10倍罚款。同时,增加了未按检验、检疫规定生产种子的法律责任等。

第三,农业机械执法监管。农业机械是用于种植业、畜牧业等生产过程中以及农牧产品加工和处理过程中所有机械的总称。农业机械是推动农业现代化发展的重要物质基础。机械化工具用于农业生产极大地改变了农业生产方式,提高了农业生产效率。目前,我国农业机械装备结构不断优化,装备质量显著提升,主要农作物机械化水平有较大提高。据统计,“十三五”期间,我国的农业科技进步贡献率达到60%,农作物耕种收综合机械化率达到71%。2004年颁布的《农业机械化促进法》为我国农业机械的推广和应用提供了法律保障。国务院2018年出台的《关于加快推进农业机械化和农机装备产业转型升级的指导意见》(国发〔2018〕42号)就农业机械化高质量发展提出具体的目标和要求。农业机械的执法监管主要包括三个方面:其一,农业机械质量监管。农业机械的生产者应取得相应的资质,并对产品质量承担保证责任。农业机械的销售者应当销售合格产品。生产者和销售者发现农业机械存在缺陷的,应立即停止生产和销售,并及时召回存有缺陷的产品。生产者、销售者不履行该项义务的,监管机构可以责令生产者召回,责令销售者停止销售。其二,安全作业监管。农业机械的操作和使用应遵循安全规范。监管的措施主要包括资质管理、安全教育、检验检查等。其三,购置补贴监管。为支持农业机械的推广和使用,购置者享有政策补贴,但现实中存在多种形式的骗套补贴行为。2017 年原农业部办公厅和财政部办公厅发布的《农业机械购置补贴产品违规经营行为处理办法(试行)》明确了对不同性质的违规行为的处理措施,加大了对违规行为的打击力度。

三、农产品质量执法监管

农产品是人类的食物之源。随着经济社会的发展以及生活条件的改善,人们对农产品的消费观念以及需求状况发生了重大转变,社会对农产品质量安全的重视程度也越来越高,国家对农业生产的监管措施也开始向质量与安全标准方面倾斜。农产品质量安全是指农产品的生产经营必须满足相应的级别、规格、品质、卫生等要求,具有可靠性、使用性和营养性。农产品质量安全不仅与人们的身体健康和生命安全息息相关,而且与农业发展和食物安全密切关联。农产品需求量大,潜在的风险大,一旦出现质量安全问题,涉及范围十分广泛,不仅危及不特定人群的生命健康,而且影响社会公众的消费信心。2006 年颁布、2018 年修正的《农产品质量安全法》对农产品质量安全管理体制、管理措施和责任追究等作了具体规定,为我国保障农产品质量安全提供了法律依据。近年来,随着农业现代化程度的大幅提升,农产品的供给日趋丰富,但也带来了一系列农产品质量安全问题。农产品市场的信用环境受到影响。这些问题的产生原因是多方面的,既有客观上的因素,如动植物的虫害、疾病和疫病等,也有主观上的原因,如生产者和销售者违规使用化肥、农药等投入品。农产品和食品消费具有明显的竞争性和排他性,是典型的私人产品,信息不对称问题在该领域显得尤为突出。[①] 当然,更为重要的是立法和制度上的原因。目前相关立法已经滞后,不

---

① 参见卞靖:《乡村振兴:农业现代化发展——市场机制与政策体系研究》,中国社会科学出版社 2019 年版,第 130 页。

能适应新形势下农业发展的需要。[①] 农产品具有典型的信任品属性，应由政府向社会公众提供质量信息，为此需“进一步完善农产品认证制度、农产品分级制度、农产品生产者信用管理制度等”。[②] 2022 年 9 月修订的《农产品质量安全法》完善了相关制度。具体分析如下：

第一，监管依据的协调。我国《食品安全法》和《农产品质量安全法》在调整范围上有交叉，主要是关于“食品”与“农产品”以及“食品安全”与“农产品质量安全”的范围界定存在交叉。农产品质量安全监管与食品安全监管本身就存在规范上的差异性。根据规定，食用农产品的市场销售、有关质量安全标准的制定、有关安全信息的公布以及农业投入品的使用，由《食品安全法》调整。供食用的源于农业的初级产品（食用农产品）的生产经营和质量安全管理，由《农产品质量安全法》调整。食品的外延较为宽泛，既包括食用的初级农产品，也包括加工的食用物。而《农产品质量安全法》所规定的“农产品”是指来源于种植业、林业、畜牧业和渔业等的初级产品，即在农业活动中获得的植物、动物、微生物及其产品。虽然二者的调整范围存在差异，但又要保持一定的衔接性和协调性。针对农产品监管上的不足以及制度上的漏洞，2022 年修订的《农产品质量安全法》加强了对农产品的监管，主要体现在：其一，健全监管体制。根据规定，县级以上地方人民政府对本行政区域的农产品质量安全工作负责，涉及的相关部门包括农业农村主管部门、市场监督管理部门等。同时还首次明确了乡镇人民政府的监管职责。根据规定，乡镇人民政府应当落实农产品质量安全监督管理责任，协助上

---

① 2017 年 9 月中共中央办公厅、国务院办公厅发布的《关于创新体制机制推进农业绿色发展的意见》明确提出，“（二十二）建立绿色农业标准体系。清理、废止与农业绿色发展不适应的标准和行业规范。制定修订农兽药残留、畜禽屠宰、饲料卫生安全、冷链物流、畜禽粪污资源化利用、水产养殖尾水排放等国家标准和行业标准。强化农产品质量安全认证机构监管和认证过程管控。改革无公害农产品认证制度，加快建立统一的绿色农产品市场准入标准，提升绿色食品、有机农产品和地理标志农产品等认证的公信力和权威性。实施农业绿色品牌战略，培育具有区域优势特色和国际竞争力的农产品区域公用品牌、企业品牌和产品品牌。加强农产品质量安全全程监管，健全与市场准入相衔接的食用农产品合格证制度，依托现有资源建立国家农产品质量安全追溯管理平台，加快农产品质量安全追溯体系建设。积极参与国际标准的制定修订，推进农产品认证结果互认”。

② 刘刚：《农业绿色发展的制度逻辑与实践路径》，载《当代经济管理》2020 年第 5 期，第 40 页。

级人民政府及其有关部门做好农产品质量安全监督管理工作。其二,扩大监管对象。该法第7条规定,“农产品生产经营者应当对其生产经营的农产品质量安全负责”。由此可知,所有从事农产品的生产者或经营者都属于农产品质量的责任主体,即包括农产品生产企业、农民专业合作社以及个体农户等。而原有立法的监管对象具有明显的缺漏,即将大量的农户排除在外。另外,从事网络平台销售农产品的生产经营者以及从事农产品冷链物流的生产经营者也是农产品质量安全的责任主体。其三,强化监管措施。与《食品安全法》相协调,提高了对违法行为的处罚力度,并对行刑衔接作了相应的规定。此外,对农户规定了较轻的处罚,既起到了震慑和教育作用,又兼顾了我国的国情和农情。

第二,质量安全标准体系。在标准体系构建方面,发达国家在制定和实施农产品标准时,“都将农产品质量标准与农产品安全紧密结合”。① 事实上,质量安全标准不仅是农产品质量评价的重要依据,也是农产品质量管理的重要手段。一段时间以来,由于我国农产品质量管理机制不健全,监管力度不够,很多农产品达不到相应的质量标准。一方面,大量分散经营的农户质量安全意识较为淡薄,为追求经济利益不遵守国家关于化肥、农药等投入品的规定;另一方面,农民的生产技能和管理水平较低,主要是一种粗放型生产经营。合作社内部的农户也存在“搭便车”的行为,造成合作社“集体行动的困境”。农产品质量安全标准体系的建设主要包括如下方面:其一,健全食用农产品合格证制度。食用农产品合格证是指食用农产品生产者、产品销售者等对所生产销售的食用农产品自行开具的质量安全合格标识。这是一种承诺性合格,主要侧重于非法添加剂以及残留投入品等。虽然2016年7月原农业部发布《关于开展食用农产品合格证管理试点工作的通知》,通过先行先试和典型示范进行了探索,但应通过立法明确食用农产品合格证的法律地位。② 2019年12月农业农村部发布的《全国试行食用农产品合格证制度实施方案》明确提出,在全国范围试行食用农产品合格证

① 任大鹏:《农产品质量安全法律制度研究》,社会科学文献出版社2009年版,第62页。

② 参见陈松、刘海华、邓玉:《食用农产品合格证制度研究与试点》,中国农业科学技术出版社2019年版,第9页。

制度。2022 年修订的《农产品质量安全法》明确了农产品质量安全承诺达标合格证制度。根据规定,农产品生产企业、农民专业合作社应在自控自检的基础上开具承诺达标合格证。鼓励和支持农户销售农产品时开具承诺达标合格证。其二,在国家强制性标准外,建立地方标准和行业标准,对农产品分等分级。通过相关措施鼓励行业协会、农业企业以及地方农业主管部门制定农产品优质标准。① 其三,健全农产品认证制度。产品认证是保障产品质量和提升品牌效应的重要途径。我国目前已基本形成了无公害产品、绿色食品和有机食品的认证管理体系。但是,对于分散经营的农户而言,难以承受产品认证所付出的时间成本和经济成本。政府应出台优惠政策,支持和鼓励农业生产经营者和行业协会进行农产品认证。其四,加强对农产品质量标准落实的行政指导。监管机构借助其优势地位以及相应的专业知识和农业信息等资源,通过协商、说服、鼓励等非强制性措施主动对农业生产经营者的农业活动施加积极影响。

第三,农产品追溯和预警机制。"信息不对称"既是农产品质量市场的基本特性和客观体现,也是导致农产品质量以及安全水平难以持续提升的根本原因。② 信息不对称加剧了生产者的"道德风险"和消费者"逆向选择"。产品追溯既是现代信息技术在农业中的应用,也是一种保障质量安全的控制机制,即通过电子追溯码标识以实现对产品的追踪和回溯。监管机构和交易市场可以密切跟踪农产品从生产到加工再到流通最终销售的每一个环节,准确掌握和把控产品数据以及质量信息,并根据情况及时做出反应。消费者也可以通过一定手段对产品信息进行回溯,了解所需农产品的源头和流向,以作为消费的参考依据。比较而言,产品认证是静态的产品质量控制手段,产品追溯是动态的质量监管手段,涵盖产品生产、加工、流通、销售等产业链的全过程,能够实现一体化的实时管理。我国农产品追溯和风险预警目前还处于

---

① 《农产品质量安全法》第 32 条规定:"国家鼓励和支持农产品生产经营者选用优质特色农产品品种,采用绿色生产技术和全程质量控制技术,生产绿色优质农产品,实施分等分级,提高农产品品质,打造农产品品牌。"

② 参见郑少锋:《农产品质量安全:成因、治理途径和研究趋势》,载《社会科学家》2016 年第 5 期,第 9 页。

起步阶段，规范体系还不完备，农产品质量安全信息不对称较为突出。2006年原农业部发布的《畜禽标识和养殖档案管理办法》对畜禽及畜禽产品的追溯作出了具体规定。《食品安全法》以法律的形式明确建立食品安全全程追溯制度。2022年修订的《农产品质量安全法》第41条规定，“国家对列入农产品质量安全追溯目录的农产品实施追溯管理”。由于农产品的产销链条长、品种丰富多样，很难实现追溯的全覆盖，应建立区别性的产品追溯制度，即对高风险农产品实施强制性追溯，对其他产品鼓励进行自愿性溯源。逐步改变政府检测的主导地位，通过出台激励性的政策措施，鼓励农业生产经营者、行业协会等对当地农产品建立溯源体系，以打造本地品牌，提升农产品附加值。同时，合理推进第三方检测机构建设，“积极推广农产品环境污染监控计划，积极开展农产品源头产地环境监测”。① 我国农产品追溯的监管和风险预警应主要把握三个环节，即落实农产品产地监管的相关规定、健全农产品投入品追溯制度以及保障农产品的实时监测。由于追溯系统具有复杂性，因而需要通过大力发展“互联网＋农业”提升数字监管水平，促进各部门之间的信息共享和协同能力。②

四、农业生态环境执法监管

农业生产依赖自然资源和生态系统，受生态环境变化的制约和影响。农业生态状态决定农业经济质量，影响农业发展水平。人类科技能力和工业水平的提升，在带动经济快速发展的同时，也对生态环境造成严重威胁。在大部分地区，传统的粗放型农业生产模式没有得到根本转变，存在污染严重、资源流失、生态退化、沙化和荒漠化等诸多环境资源问题，制约着农业的可持续发展。污染土壤和水体、滥用农药化肥等行为对农业生产具有明显的负外部性。负外部性问题扭曲了成本和

---

① 高鸣、迟亮、宋洪远：《发达国家保障农产品质量安全的经验与启示》，载《农业现代化研究》2018年第5期，第731页。

② 参见黄海龙等：《关于农产品质量安全追溯系统建设的问题及对策》，载《浙江农业科学》2020年第9期，第1868页。

效益的关系,直接导致市场低效甚至失灵。[①] 鉴于此,各国和地区都加强了农业生态环境保护的力度。农业生态环境保护不仅在于合理利用土地、水体、生物以及大气等自然资源,而且在于防治农业生态环境污染,对农业生态环境进行治理和修复。从经济学的角度来看,农业环境的公共产品属性以及外部性决定了政府干预的必要性。目前,我国已经形成了农业生态环境保护的法律体系和政策体系,管理机制逐步健全,执法手段不断强化,监管能力显著提升,对于保障农产品质量安全和促进农业绿色发展发挥了重要作用。例如,中共中央办公厅和国务院办公厅 2017 年发布的《关于创新体制机制推进农业绿色发展的意见》明确将绿色发展作为我国农业的发展方向。原农业部 2006 年发布的《农产品产地安全管理办法》加强了农业生产的源头管理。农业农村部 2018 年出台的《关于深入推进生态环境保护工作的意见》对推进农业绿色发展提出了具体的要求。针对我国农业绿色发展制度的不足,应在进一步完善涉农绿色技术创新、绿色补贴、资源有效利用等方面的规则和措施,加快我国农业绿色发展转型。[②] 农业生态环境保护是一项长期的系统工程,不仅需要全社会的持续共同努力,而且也需要执法部门加强对重要环节的监管,保障法律制度的严格实施。主要表现在:

第一,保障环境影响评价。环境影响主要是指项目建设对生态环境所造成的不良后果。为防止工程建设对生态环境造成危害,需要通过制度设计和技术手段对规划和建设的项目可能会造成的环境影响进行相应的分析、预测以及评估,并针对性地提出预防或者减轻不良环境影响的具体对策和措施。通过强制性环境影响评价,从而保障相关项目规划和建设的合理性,避免因项目实施后对环境造成不良影响。因而环境影响评价是保护农业生态环境的积极预防措施和有效监管手段。我国《环境影响评价法》对环境评价作了一般性规定,但仍然需要完善相关规定:其一,明确对农业项目的环境影响评价。现行立法的调整范围主要是规划项目和建设项目的环境影响评价,缺乏对农业项目环

① 参见卞靖:《乡村振兴:农业现代化发展——市场机制与政策体系研究》,中国社会科学出版社 2019 年版,第 131 页。

② 参见许标文、王海平、林国华:《欧美农业绿色发展政策工具的应用及其启示》,载《福建农林大学学报(哲学社会科学版)》2019 年第 1 期,第 17 页。

境影响评价的明确规定。虽然一部分农业项目可归入建设项目，但随着现代农业的发展，一些农业项目并不能纳入建设项目。例如，一些家庭农场、农民专业合作社、养殖大户进行一定规模的养殖，可能达不到建设项目的标准，但也会对生态环境造成影响，造成监管上的漏洞。生态环境部办公厅2018年发布的《关于做好畜禽规模养殖项目环境影响评价管理工作的通知》的规定的不足在于，没有对规模养殖进行界定，而且仅是指导性政策文件，不属于规范性法律文件。因而需要通过立法加以明确，建立差异化的环境影响评价机制。其二，落实社会公众的知情权、参与权和监督权。现行立法关于公众参与的相关规定可操作性不足。立法应将公众反馈信息纳入评价的参考依据，并确保环境利益相关者的意见能够得到落实。监管机构应加强对涉农环境影响评价的指导。农业生态环境的特点以及我国农业生态环境的现实状况决定了我国农业生态环境领域建立健全公众参与机制以及行政指导机制的必要性。①

第二，推进农业清洁生产。农产品产地是影响或造成农产品安全质量的主要源头。② 保障农产品质量安全，既要明确相应的规范和标准，也要限制和约束生产经营者的行为，使其达到生产行为标准，即“行为合规”。③ 清洁生产既是一种实用技术的应用，也是一种生产方式的变革。推进农业清洁生产，不仅是保障农产品质量安全和防治农业环境污染的现实需要，也是转变农业增长方式和践行绿色发展理念的根本要求。长期以来，我国农业技术水平较低，农业组织化程度不高，农业生产方式相对粗放，过度依赖农药、化肥等投入品，畜禽养殖垃圾得不到有效处理，因农业自身造成的面源污染日趋严重。④ 另外，工业“三废”向农村蔓延，农村生活垃圾管理不到位，这些因素也加剧了农产品

---

① 参见王有强、董红：《我国农业生态环境保护立法探析》，载《云南民族大学学报（哲学社会科学版）》2013年第6期，第142页。

② 参见艾文喜、姜河、梁卫东主编：《农业标准化与农产品质量安全》，中国农业科学技术出版社2019年版，第168页。

③ 房建恩：《完善农产品质量安全法律责任制度的若干思考——以法律实施机制转型为视角》，载《农村经济》2016年第7期，第111页。

④ 2015年国务院办公厅发布的《关于加快转变农业发展方式的意见》明确提出，“坚持化肥减量提效、农药减量控害，建立健全激励机制，力争到2020年，化肥、农药使用量实现零增长，利用率提高到40%以上”。

产地环境的污染。[①] 推进农业清洁生产,需要加强对工业“三废”的治理,但更重要的是转变农业农村生产方式以及居民的生活方式,积极发展生态循环农牧业,着力推广适宜的生态农业技术模式,包括畜禽养殖污染防治、病虫害的生物防治和有机肥的技术推广应用、农作物秸秆和畜禽粪便等废弃物资源化和循环化利用等。我国《清洁生产促进法》第22条对农业生产者实施农业清洁生产作了原则性要求。原农业部2006年发布的《农产品产地安全管理办法》和2011年出台的《关于加快推进农业清洁生产的意见》等对农业清洁生产作出了具体规定。这些规范性文件和政策文件构成了我国农业清洁生产的主要依据。在新形势下,我国需要进一步完善法律体系,健全管理机制和激励措施,提升农业科技支撑能力,促进产业与科技的有机结合,健全以绿色生态为导向的污染防治补偿制度,激励农民采用环境友好型的农业技术和生产资料。[②]

第三,农业生态环境修复。农业发展依赖自然环境和生态系统。在人类生产活动的影响下,农业生态环境具有脆弱性,易受到人为因素的污染和破坏。修复制度是保障农业生态环境的重要手段。一般而言,生态环境修复是指通过相应的技术手段和物理方式使受到污染的自然环境或受到破坏的生态系统恢复到原来的状态或功能。严格来说,生态修复和环境修复是两种不同的制度。生态修复着眼于生态系统的破坏,修复的手段具有系统性和复杂性,修复的目的是恢复原来的功能。环境修复着眼于环境污染,修复的手段主要是环境要素的治理,修复的目的是恢复到原来的状态,如恢复植被面积和水体质量以及对土壤功能的恢复等。我国关于生态环境修复的理论研究和制度建设起步较晚,而且相关规定散见于各种法律和政策。例如,我国《环境保护

---

① 我国《乡村振兴促进法》第40条第2款规定,“禁止违法将污染环境、破坏生态的产业、企业向农村转移。禁止违法将城镇垃圾、工业固体废物、未经达标处理的城镇污水等向农业农村转移。禁止向农用地排放重金属或者其他有毒有害物质含量超标的污水、污泥,以及可能造成土壤污染的清淤底泥、尾矿、矿渣等;禁止将有毒有害废物用作肥料或者用于造田和土地复垦”。

② 我国《乡村振兴促进法》第39条规定:“国家对农业投入品实行严格管理,对剧毒、高毒、高残留的农药、兽药采取禁用限用措施。农产品生产经营者不得使用国家禁用的农药、兽药或者其他有毒有害物质,不得违反农产品质量安全标准和国家有关规定超剂量、超范围使用农药、兽药、肥料、饲料添加剂等农业投入品。”

法》第32条提出了“修复”一词。我国《水土保持法》第30条提出了“生态修复”一词。我国《水污染防治法》第29条规定了江河、湖泊、湿地的保护与修复。中共中央办公厅和国务院办公厅2015年发布的《生态环境损害赔偿制度改革试点方案》明确提出“探索建立生态环境损害的修复和赔偿制度”。2020年颁布的《民法典》具体规定了生态环境损害修复责任。根据《民法典》的规定,修复责任的请求权人是国家机关或有关组织,如政府机关、检察机关或环保公益组织。请求权人有权请求侵权人在合理期限内承担修复责任。侵权人未按规定履行修复责任的,请求权人可以自行或委托他人进行修复,所需费用由侵权人承担。国务院办公厅2021年发布的《关于鼓励和支持社会资本参与生态保护修复的意见》(国办发〔2021〕40号)明确了社会资本参与生态保护修复的具体方式,包括自主投资模式、与政府合作模式、公益参与模式。虽然我国目前已经构建了生态环境修复的基本制度,但应进一步健全具体实施规则,并出台修复基金、修复资金管理以及修复保证金等配套制度,保障生态环境修复制度得以有效落实。

第二节　农业经营主体

一、家庭农场

家庭农场是以农民家庭成员为主要劳动力进行适度规模经营的一种新型农业经营主体。家庭农场是在小农户经营的基础上发展起来的一种分散性经营模式,是现代农业的发展方向。相比于小农户,家庭农场提高了经营规模、经营能力和经营水平。家庭农场经营者能够主动适应市场需求,并具有一定的法律意识,更容易受到政府的监管。一些家庭农场突破了传统的种养业,逐步发展为种养一体化模式,提升了产品附加值和经营层次。目前,调整家庭农场的依据主要是中央政策、农业农村部的政策文件以及各省区的政策文件等。在我国立法供给不足的情况下,通过制定各种政策措施来推动对家庭农场的发展,具有非常重要的指导意义。由于政策更具有灵活性和阶段性,因而各地可以针对家庭农场探索中出现的问题及时进行调整。近年来,在各级各类政策措施的推动下,我国家庭农场得到较快发展。但由此也暴露出政策调整的不足,如相关规定较为原则和概括,欠缺法律文件的稳定性和可操作性,不具有规范性作用。而且,由于这些政策主要发挥指导性作用,没有法律责任的相关规定,因而约束力不强。如此,家庭农场发展中的具体措施难以落实,监督管理出现了不到位的情况。从惠农政策覆盖面而言,政府的惠农资源和农业社会化服务主要向家庭农场、农民合作社等新型农业经营主体倾斜,导致普通小农户被忽略和边缘化。[①]事实上,我国98%以上农业生产经营主体仍然是小农户。这就需要建立健全针对小农户的扶持政策和激励措施,从而将小农户纳入现代农业发展的轨道。

另外,由于各地政策所涉及的相关规定具有较大的差异性,因而各地家庭农场的发展良莠不齐,逐渐暴露出一些问题。主要表现在:第一,准入门槛过高。家庭农场是适应农业适度规模经营而产生的,本身就是一个需要通过政策支持而不断发展的过程。然而,根据各地政策,家庭农场必须满足一定的经营规模,否则不能予以认定。对于一些中小农户和返乡创业的农民而言,虽然有志于发展家庭农场,但过高的条件使其不能享受相应的政策优惠。而且,受土地资源、地形条件和生产方式等方面的客观限制,一些地方的农户根本达不到相应的经营规模。第二,自生能力不足。家庭农场虽然需具备一定的经营规模,但应具备相应的经营条件,不能盲目扩张。一些家庭农场进行大规模的土地流转导致经营规模超出家庭实际经营能力,经营管理粗放,经济效益低下,不仅造成土地资源的浪费,而且也造成财政资金的严重浪费。第三,存在骗补的情况。一些农业企业、农业合作社等为了享受家庭农场的扶持政策,将自己包装成“家庭农场”,以套取财政补贴。一些较大规模的家庭农场不仅享受政策上补贴,还将转来的土地通过转租方式分包给其他经营者,从中获取地租差价。

针对家庭农场发展的问题提出如下建议:第一,健全立法形式。现行关于家庭农场的规定主要属于政策性文件的“指导意见”,如农业农

---

① 参见莫秀蓉、梁娜:《培育新型农业服务主体提升小农户与现代农业有机衔接》,载《山东农业大学学报(社会科学版)》2020年第1期,第70页。

村部等发布的《关于实施家庭农场培育计划的指导意见》以及各地的“指导意见”，如宁夏发布的《关于促进家庭农场发展的指导意见》等。而属于规范性文件的较少，且内容单一，如《陕西省省级示范家庭农场管理办法》等。总结实践经验，农业农村部可以将成熟的规定上升为部门规章。另外，各省区农业部门可以根据本地实际出台相应的实施办法。第二，完善组织形态的规定。严格来说，家庭农场只是一种农业生产经营主体，但不是法律意义上的组织形态。家庭农场可以采取的法律形态包括个体工商户、合伙企业、独资企业、公司和农民专业合作社，但需要通过规范性文件加以明确，由家庭农场自主选择相应的形式到登记机关进行注册登记。第三，设定合理的经营规模。小农户在我国农业生产经营中占有重要地位。处于初创阶段的农业家庭实力较弱，面临较多的困难，迫切需要更多的政策支持。为了将更多的中小家庭和创业农民纳入政策扶持范围，各地应因地制宜，根据本地实际设定一个合理的经营规模标准，以实现包容式发展。

二、农民合作社

1. 规范体系

合作社经济是农业农村产业发展的一个重要方向。农户分散经营的特征决定了发展合作经济的必要性。通过农业生产各种要素的协作与联合，合作社能够显著提高农业生产的规模化与组织化程度，因而是克服小规模分散经营不足的有效途径。农民参与农业产业化经营组织源于农民对自身利益的追求，因而产业化经营组织的优化路径应强调农民的参与及实现利益。[①] 随着农业现代化的推进，农民对联合与协作的意愿更加强烈，出现合作的多样化和综合化趋势。广义而言，农民合作社包括专业合作、股份合作、社区合作、劳务合作、信用合作、供销合作等多种类型。总体来看，我国对于农民合作社进行调整的依据包括法律、部门规章以及大量的政策文件。作为农业领域具有一般法属性的《农业法》对农业合作社仅限定为“农民专业合作经济组织”，具有较

---

① 参见宋瑛：《农业产业化经营组织——基于农户参与视角》，科学出版社 2017 年版，第 132 页。

大的局限性。而作为专门立法的《农民专业合作社法》调整的合作内容受到限制，主要是农业生产资料的购买和使用、农产品的产供销、农村资源的开发经营以及与农业生产有关的服务等方面的合作，不包括土地股份合作、劳务合作等。社区合作、信用合作和供销合作等与农民专业合作具有较大的差异，不属于农民专业合作的调整范围。但就目前而言，对这些合作经济的调整方式主要是中央政策和政府部门政策文件。随着农村集体产权制度改革的推进，一些地方的农村集体经济组织改制成立股份经济合作社，迫切需要出台相应的规范性法律文件。由此可知，我国关于农民合作经济的立法具有较大的局限性，存在相关法律规定缺失、法律体系不健全等问题。

将土地股份合作社纳入《农民专业合作社法》调整范围既具有可行性，也具有必要性和现实性。首先，土地是农业生产最基本的也是最重要的一种生产要素和物质基础。我国农业生产的主要方式是小农户分散经营。农民可以将土地集中起来由合作社协作生产，共同管理，属于合作经济的一种方式。因此，土地股份合作社本质上仍属于农民专业合作社的范畴。其次，我国《民法典》《农村土地承包法》《土地管理法》等对农村土地的流转作了规定，包括出租、入股等方式，但这些法律主要是对流转方式作出规定，缺乏对土地合作主体的规定。从实践来看，一些地方的农民专业合作社实质上就是土地股份的合作。将土地股份合作社纳入《农民专业合作社法》调整范围可以解决其无法可依的现状，也有利于加强对土地股份合作社的监督管理。最后，现实中的“土地托管”“代耕代种”等是较为广泛的土地流转方式，但这些土地流转并不能在农户与管理方和耕作方之间形成紧密的利益关系，不是一种密切的利益联结机制。土地股份合作社是各个成员之间的密切协作，不仅有助于强化成员之间的合作关系，而且丰富了农业合作形式。

除了土地股份合作外，其他农业资源要素如劳务、技术、信息等都可以成为合作资源。合作社强调社员之间的劳动合作，因而劳务要素的资本化体现了合作社制度的本质。[①] 从现实来看，一些地方成立了劳

---

① 参见曲承乐、任大鹏：《农民专业合作社利益分配困境及对策分析——惠顾返还与资本报酬有限原则本土化的思考》，载《农业经济问题》2019 年第 3 期，第 104 页。

务专业合作社，但存在无法可依的情形，导致无法登记注册。将劳务专业合作社纳入《农民专业合作社法》的调整范围，具有较强的现实性和必要性。首先，随着农业适度规模经营的发展，一些农业企业、种养大户等存在季节性用工荒问题，通过劳务专业合作社可以统一为其提供劳动力。其次，劳务合作社可以将农村的富余劳动力以及贫困人员组织起来统一管理，通过对外承接业务，与农业生产经营者直接对接，从而解决劳动力闲置和家庭收入来源有限的难题。劳务合作社为贫困人口提供了更多的就业机会，是产业扶贫的重要途径。最后，单个农民因为人数少或缺乏技术而无法满足用工单位的需求。劳务合作社可以组织农民开展劳动知识、农业知识、生产技术等方面的技能培训，提升农民的劳动素质和组织化程度，为农业生产经营者提供耕作、种植、养殖、收获、加工、运输等方面的全程服务。总体而言，劳务专业合作社是一个多赢的选择。劳务合作社将农民集中培训和统一管理不仅提高了农民业务能力和思想素质，为农民就业和产业扶贫提供了有力的保障，而且适应了农业农村经济发展的需要，满足了农业生产经营者的用工需求。

2. 治理结构

治理结构通常是指各个利益主体之间的组织安排和约束机制。农民合作社得以发展的根源在于内生动力得到有效激发，而内生力量的凝聚和激发必须建立健全内部治理机制。从形式上而言，我国《农民专业合作社法》对农民专业合作社的治理结构作了明确规定，形成了各个机构之间的约束和制衡关系。社员大会或社员代表大会、理事长或理事会、执行监事或监事会是农民专业合作社的权力机构、执行机构和监督机构，分别行使不同的职能，确保农民专业合作社的正常运行。然而，我国农民专业合作社的内部治理结构仍然存在一些不足。主要表现在：第一，社员大会或社员代表大会存在制度缺陷。我国《农民专业合作社法》虽然对社员大会或社员代表大会的职权和表决机制作了规定，但缺乏社员的提案权以及大会瑕疵决议等方面的规定，可能会导致部分社员的利益受到侵害，而社员的积极参与是合作社稳定发展的重要保障。第二，对理事长和理事会有关规定的缺失。一方面，我国《农民专业合作社法》没有对理事长、理事的任职资格进行明确规定。另一方面，虽然我国《农民专业合作社法》规定可以设立理事会，但并没有对理事会的人员构成以及会议召开和表决机制作出相应的规定。第三,监督机制存在缺陷。我国《农民专业合作社法》对有关执行监事和监事会的规定过于简单,可操作性不强。较为突出的问题就是对监事的任职资格和职权以及监事会的人员构成、召开和表决等事项没有明确规定。从现实来看,农民专业合作社的权力机构、执行机构和监督机构也存在运行不规范的现象。主要表现为,民主管理意识较为淡薄,监督部门缺乏等。[①] 这是因为,资源禀赋差异以及成员异质性直接影响合作社的治理机制。[②] 例如,"能人""大户"等通过所掌握的稀缺资源直接实现对合作社的控制。

科学合理的内部治理机制容易使各利益主体进行成本、收益和监督预测。[③] 农民专业合作社是社员、董事、理事、经理等多个主体之间形成的利益关系。这些利益关系决定合作社的有效运行和未来发展。合作社治理的核心是通过一定的制度安排保障这些主体的利益。农民专业合作社的治理结构应从如下方面加以完善:第一,健全表决权制度。为防止合作社表决机制的异化,作为个体的社员的"附加表决权"不得超过一定的比例,如3～5票,且表决事项不得涉及社员"民主管理"的事项。[④] 第二,明确社员的提案权和质询权。达到一定比例的社员可以向社员大会或社员代表大会提出议案,由大会进行表决。社员的提案权不仅有助于保护社员的合法权益,而且加强了合作社的内部制约。现行立法没有关于社员质询权的规定,不利于合作社的民主管理,因而立法可以借鉴《公司法》关于股东质询权的规定,明确社员对管理人员的质询权。[⑤] 第三,明确决议瑕疵制度。如果社员大会(社员代表大

① 参见何燕:《乡村振兴背景下西北地区农民专业合作组织的治理创新实践》,载《甘肃社会科学》2020年第1期,第79页。

② 参见于会娟、韩立民:《要素禀赋差异、成员异质性与农民专业合作社治理》,载《山东大学学报(哲学社会科学版)》2013年第2期,第151页。

③ 参见蒋辉:《农民专业合作社内部治理机制与运营风险防范》,载《江西社会科学》2016年第6期,第231页。

④ 参见张德峰:《论我国合作社社员附加表决权的法律规制》,载《现代法学》2016年第2期,第103～104页。

⑤ 参见张强:《农民专业合作社成员权属性、内容及其完善》,载《林业调查规划》2019年第1期,第182页。

会)或理事会作出的决议违反章程或表决方法和程序等违反法律规定,可以由社员行使撤销权,使其失去法律效力。如果社员大会(社员代表大会)或理事会作出的决议内容违反法律法规的规定,应属于无效决议,自始没有法律效力。第四,对董事和监事的任职资格作出规定。主要包括积极任职资格和消极任职资格,前者如具有管理能力和技术专长等,后者如不具有完全民事行为能力、被判处刑罚未达到一定期限、个人所负数额较大的债务到期未清偿等。第五,健全理事会和监事会的会议制度。立法上应明确理事会和监事会的成员构成和表决机制。例如,理事会可以由 3 ~7 名理事构成,决议应由 2/3 以上的理事表决通过。表决事项如果与理事有利害关系,应不得参与表决。监事应列席理事会会议。监事会可以由 3 ~5 名监事组成,决议应由 2/3 以上的监事表决通过。第六,明确理事和经理的法律责任。理事和经理违反忠实义务和勤勉义务,应对合作社和社员承担赔偿责任。在实践中,理事和经理等一般都是掌握稀缺资源的"核心人物",并通过一系列非正式制度实现对合作社的掌控。这种非正式的关系治理与正式的契约治理共同构成合作社的治理机制。① 有观点认为,应将核心社员转为职业经理人,并建立相应的激励和约束机制。② 另外,立法需要明确农民专业合作社的社会责任,以彰显和保障平等、公平、民主之价值追求。③ 总体而言,立法需要积极回应合作社运行实践,强化合作社"内部控制人"的规制机制。

3. 监管机制

农民专业合作社是适应农业现代化需要而产生的一种新型农业生产经营主体。为了保障农民专业合作社的健康发展,不仅需要健全的内部治理结构,而且需要完善的外部监管机制。从法律上而言,农民专业合作社的监管主体较为宽泛,包括农业、市场、食品、环保、财政、税务

---

① 参见崔宝玉、程春燕:《农民专业合作社的关系治理与契约治理》,载《西北农林科技大学学报(社会科学版)》2017 年第 6 期,第 46 页。

② 参见江元、田军华:《谁是更有效率的农业生产经营组织:家庭农场还是农民专业合作社?》,载《现代财经》2018 年第 6 期,第 29 页。

③ 参见朱晓娟:《农民专业合作社社会责任的立法表达》,载《湖北社会科学》2020 年第 4 期,第 138 页。

等部门。我国《农民专业合作社法》也对监管主体和职责作了相应的规定。虽然近年来农民专业合作社在提高农业生产的组织化程度方面发挥了积极作用,但也存在一些监管方面的问题。主要表现在:第一,准入监管不严。根据我国《农业专业合作社法》及其登记制度的规定,农民专业合作社在设立登记时,登记机关仅对设立申请的相关材料进行形式上的审查,由此导致登记内容与实际情况出入很大。例如,现行立法只要求出具全体出资成员签名盖章的出资清单。由于没有出资的验资要求,一些农民专业合作社成员出资只停留在成员自行约定层面。第二,日常监管不到位。一些农民专业合作社登记成立之后运行不规范,监管部门在日常监管方面缺位,事中事后监管力度明显不足。在实践中,尽管各类合作社数量众多,政策支持力度大,但管理效果、社会效益和经济效益存在较大差异。一些合作社实际处于非正常经营状态,"挂名""空壳"现象较为突出。第三,退出机制不完善。现行立法只规定了两种退出情况:一是提供虚假登记材料或者采取其他欺诈手段取得登记且情节严重的,予以撤销登记或者吊销营业执照;二是连续两年未从事经营活动的,予以吊销其营业执照。立法没有对其他严重违法情形作出规定。

针对立法上的不足和现实中存在的问题,农民专业合作社的监管建议主要包括:第一,加强准入监管。农业专业合作社的准入制度应实行形式审查为主、实质审查为辅的登记审查制度。登记机关对设立申请的相关材料进行审查。如果登记机关发现相关材料不真实或者认为需要核实的,应通过实地调查予以核实,以确保登记事项的真实性。第二,明确社员的出资方式和出资责任。社员既可以实缴出资,也可以认缴出资。实缴出资的,货币必须转让至合作社账户。非货币出资的,必须将财产权转移至合作社。社员承诺出资的,必须在章程规定的期限内实际完成出资。社员不履行出资义务的,应向合作社和其他社员承担民事责任。第三,加强监管协作。农业主管部门、登记机关、财政税收、金融部门等部门应出台针对性的监管措施,加强监管机构的协调,形成信息共享、相互配合的联动机制。[①] 实践中,一些社员对经营管理

---

① 参见唐丽桂:《农民专业合作社发展中的不规范现象研究》,载《重庆社会科学》2019年第2期,第99页。

不关注,农民专业合作社的管理被控制在一个人或少数人手中,组织机构难以发挥作用,内部管理得不到落实,社员的权益难以得到保护。基于此,监管部门应及时加以指导、教育,以保障农民专业合作社的规范运行。对于经营管理中的严重违法情形,应及时纠正并加以妥善处理。基于合作社利益分配的异化,应将利益分配政策的实施纳入合作社考核评价体系之中。① 此外,还要充分发挥党支部和村委会对农民专业合作社经营情况和财务状况的指导和监督作用。第四,加强信用监管。监管部门应健全信用监管机制,对有严重失信行为的农民专业合作社,将其纳入信用信息平台。第五,健全退出机制。对"空壳社""冒牌社"以及无法正常经营的农民专业合作社,监管部门应指导其退出市场。通过对现有合作社的普查和清理,以提高农民合作社的整体水准。②

4. 司法救济

农民专业合作社是多个利益主体组成的农业经营主体。在经营管理过程中,各个利益主体可能产生各种各样的冲突和纠纷,这就需要一个适当的纠纷解决途径。一般而言,各个利益主体可以通过协商、调解等方式解决彼此的纠纷。但如果不能通过协商、调解来解决,这时候就需要通过民事诉讼途径来加以解决。不同于协商和调解等纠纷解决方式,民事诉讼是法院行使司法权解决纠纷的方式,具有严格的程序性,其裁决具有法律强制力。我国《农民专业合作社法》虽然对各个主体的权利、义务和责任等作出了相应的规定,但缺乏通过诉讼方式来维护权益或追究责任的规定。基于此,立法应健全诉讼救济的规定。从权益保护的角度而言,主要包括如下几种司法救济制度:

第一,决议瑕疵诉讼。决议瑕疵是指合作社的决议不符合法律法规和章程的规定。例如,合作社的决议违反"一人一票"的表决规则,或者有关决议违反关于"附加表决权"的限制性规定等。实践中,一些合作社已经异化为"资本控制",违背了合作社民主管理的基本原则,需要通过诉讼机制维护合作社全体社员的合法权利。具体而言,合作社决

① 参见屠文娟、钟辉、徐兰:《基于供应链视角的农民专业合作社利益分配机制研究》,载《江苏大学学报(社会科学版)》2019 年第 4 期,第 75 页。

② 参见黄博:《乡村振兴战略下农民专业合作社的发展路径研究》,载《经济体制改革》2020 年第 5 期,第 78 页。

议诉讼主要包括三种：其一，决议不成立诉讼。根据法律和章程规定，如果参会人员不构成规定的人数，则作出的决议在客观上不存在，在法律上不成立。社员可以通过诉讼请求法院确认该决议不成立。其二，社员大会或社员代表大会的决议以及理事会的决议如果违反法律的程序性规定或章程的规定，符合条件的社员可以向法院提起撤销之诉。法院经过审查认为符合撤销条件而作出撤销决议的裁决，则该决议不再具有法律效力。如果在法律规定的期间内社员不行使撤销权，则丧失向法院提起撤销之诉的权利。该决议具有法律约束力。其三，社员大会或社员代表大会的决议以及理事会的决议如果违反法律法规的规定，符合条件的社员可以向法院提起无效之诉。法院经过审查认为决议违反法律、行政法规的效力型强制性规定，或者违反公序良俗原则，则确认该决议无效，自始不具有法律约束力。

第二，社员直接诉讼。它是指社员为了维护自己的利益而向侵权人提起的诉讼。本质上是合作社社员的自益权。根据法律规定，合作社的社员享有知情权、收益权、剩余财产分配权等权利。例如，现行立法规定，社员享有查阅章程、成员名册、会议决议、财务报告、会计账簿以及审计报告的权利。这些权利有助于保障社员参与民主管理以及加强对合作社的监督，而这些权利往往容易被限制或剥夺。在这些权利受到侵害的情况下社员可以通过诉讼方式进行救济。在直接诉讼中，受到侵害的是社员，因而社员是诉讼的原告，而被告是侵害社员权利的侵权人，主要包括合作社及其理事、经理以及其他社员等。另外，我国《农民专业合作社法》第26条对社员除名的具体情形和相关程序作了规定，但对被除名社员的救济保护存在较大缺陷。现行立法只是规定，合作社在作出除名决定前，应保障该社员有提供陈述意见的机会。该规定事实上无法为社员提供充分的救济措施。除名是事关社员权益的重大事项，立法应充分保障社员的异议权和救济权。在除名诉讼中，原告是被除名的社员，被告是社员所在的农民专业合作社。

第三，社员间接诉讼。它是指当合作社拒绝或怠于通过诉讼追究给合作社利益造成损害的经营管理者的责任时，具备法定资格的社员有权以自己的名义代表合作社提起诉讼，而所得赔偿归于合作社的一种诉讼机制。与社员提起直接诉讼保护自己的利益不同，社员提起间接诉讼是为了保护合作社的利益，胜诉后利益归属合作社，因而属于共益权。提起诉讼的社员只是由于具有合作社的成员身份而间接受益。侵害合作社的主体既可以是合作社的理事、经理等，也可以是合作社以外的主体。在合作社的利益受到他人侵害后，合作社的负责人应进行维权。但在实践中，侵害合作社权益的人往往是合作社的负责人，其不可能起诉自己。而且，负有监督职能的理事或理事会有可能不切实履行职责，也不会去起诉合作社的负责人。这时候就需要一种机制赋予符合条件的社员以合作社的名义去起诉合作社的负责人，从而维护合作社的利益。因而，社员间接诉讼制度包含一种前置程序，即合作社的理事或监事拒绝或怠于履行职责时，符合条件的社员才可以以侵权人为被告提起间接诉讼。另外，在紧急情况下，不立即起诉将会使合作社的利益遭受难以弥补的损害的，社员则可以直接向法院提起代表诉讼而不受前置程序的限制。[①] 我国《农民专业合作社法》第36条规定了合作社的归入权和损害赔偿请求权，立法上应明确社员的诉讼权利，以切实保障合作社的利益。[②]

第三节　农业金融供给

一、农村金融机构

金融为农业经济发展起到“输血”作用。衡量农业农村金融发展水平的两个重要指标是金融覆盖面和金融机构自我维持能力。前者是指农村金融市场的渗透度以及农村金融提供的服务质量，反映农村金融服务的深度和广度；后者是一个复合指标，强调持续性，即使在没有补

---

① 参见刘观来：《我国农民专业合作社社员权的诉权保护——以社员代表诉讼的制度构建为中心》，载《农业经济问题》2016年第12期，第29页。

② 我国《农民专业合作社法》第36条规定：“农民专业合作社的理事长、理事和管理人员不得有下列行为：（一）侵占、挪用或者私分本社资产；（二）违反章程规定或者未经成员大会同意，将本社资金借贷给他人或者以本社资产为他人提供担保；（三）接受他人与本社交易的佣金归为己有；（四）从事损害本社经济利益的其他活动。理事长、理事和管理人员违反前款规定所得的收入，应当归本社所有；给本社造成损失的，应当承担赔偿责任。”

贴和特别政策的情况下，依然可以获取合理利润。[①] 制约我国农业农村发展的瓶颈之一就是金融供给不足以及金融机构自身能力的不足。扶持金融中介机构是解决农业农村资金短缺的重要途径。农业农村资金需求广，经营风险较大，因而农村金融机构不能完全按照市场机制运行，必须得到政策的大力支持。近些年来，在国家系列政策的支持下，新型农村金融机构在农村地区的金融供给呈现逐渐增加的趋势，农业农村的金融资源需求得到了一定程度的满足。原银监会在 2006 年 12 月出台政策放宽农村地区银行业金融机构的准入政策，鼓励各类资本发起设立或参与设立村镇银行、贷款公司和资金互助社等新型农村金融机构。2012 年 5 月原银监会出台《关于鼓励和引导民间资本进入银行业的实施意见》，支持民营企业参与村镇银行发起设立或增资扩股，支持农民、农村小企业参与农村资金互助社发起设立或者增资扩股，允许小额贷款公司按规定改制设立为村镇银行。这些新型机构对于完善农村金融体系以及解决农业融资困难等都起到了积极的推动作用。

然而新型农村金融机构的发展尚处于起步阶段，存在很多不足之处仍需解决。主要表现在：首先，新型农村金融机构存在普惠金融与商业金融的定位冲突问题。新型农村金融机构一方面发挥支农作用，另一方面还要追求利润的最大化。[②] 或者说，金融机构的可持续性发展与普惠目标之间存在二元悖论。[③] 这种困境给金融机构的自身持续发展和市场服务能力带来了巨大挑战。其次，新型农村金融机构存在资金来源不足的问题。一方面，金融监管机构为防范金融风险和保护存款人利益，对新型农村金融机构的发起设立、参与设立以及增资扩股的投资主体和持股比例作出了相应的限定。例如，农村资金互助社的出资者必须是农民或者农村小企业，且持股比例不得超过一定的限度。小额贷款公司每名股东的持股有相应的限制，即持股比例不得超过 10%。这种限制性规定制约了社会资本的参与。另一方面，新型农村金融机

① 参见邹朝阳编著：《农村金融学》，科学出版社 2017 年版，第 8 页。

② 参见胡静、姚凤阁：《新型农村金融机构社会绩效探析》，载《学习与探索》2016 年第 4 期，第 124 页。

③ 参见张春莉：《农村普惠金融之法制路径：基于国际小额信贷的启示》，载《江苏社会科学》2019 年第 6 期，第 178 页。

构的业务范围受到限制。例如,贷款公司和小额贷款公司的金融业务较为单一,不能向公众吸收存款,贷款额度限制较为严格,而且一般不得跨县域经营。虽然村镇银行可以吸收存款,但相比于商业银行和农村信用合作社,其规模小,社会信赖度和认知度不够,造成了吸储较难的情况。监管机构“低门槛、严监管”的监管思路,虽然有助于金融安全,但也造成了效率与公平受到不同程度的抑制。①

这些因素的存在影响新型农村金融机构发展的可持续性,导致其自身的脆弱性以及服务能力的不足。新型农村金融机构的基本功能应确保不能偏离于服务“三农”。为保障新型农村金融机构的持续经营能力,应拓宽其资金来源渠道,以实现其资金来源的多元化。② 具体包括以下建议:第一,放宽对村镇银行发起人资格以及持股比例的限制。例如,在满足监管规定的条件下,非银行业金融机构具有村镇银行主发起行资格。放宽对银行类资本控股比例的限制,并适当提高非银行类资本的持股比例,从而吸纳更多的非银行类投资者投资。通过主发起行制度的改革,激发村镇银行经营活力。③ 第二,增加贷款公司的设立形式,可以采取股份公司的形式,允许具有资金实力的自然人和地方企业投资,合理吸纳民间资本参与。第三,对小额贷款公司而言,应修改只能有不超过两个银行业金融机构融入资金的限制,适当提高准入数量。具体表现为,充分吸收国有企业、金融机构、民营企业等投资者参与。④ 第四,扩大农村资金互助社的资金来源。适度放开入社资格要求以及相应的持股比例,允许从事农业生产经营活动的城镇居民入股,适当提高每个社员的持股比例,从而扩大互助社的资金来源途径。也有观点认为,可以由商业银行参股形成利益共同体,以促进农村资金互助社的

---

① 参见王煜宇、刘乃梁:《新型农村金融机构的制度障碍与法律完善》,载《西北农林科技大学学报(社会科学版)》2016 年第 2 期,第 122 页。

② 参见高晓光:《新型农村金融机构可持续发展研究》,载《当代经济研究》2015 年第 2 期,第 90 页。

③ 参见蔡洋萍:《我国新型农村金融机构“支农支小”存在的问题及对策分析》,载《农村金融研究》2016 年第 1 期,第 69 页。

④ 参见牛晓东、罗剑朝:《新型农村金融机构支农:信贷可得性、满意度与福利效应》,社会科学文献出版社 2018 年版,第 178 页。

可持续发展。[①] 第五，许可资信状况优良、具有一定经营实力的贷款公司和小额贷款公司从事吸收非公众存款的金融业务，通过向特定主体吸收存款以弥补其资金来源的短缺。

除了通过产权结构调整扩大资金来源渠道外，财政和税收等措施也是促进新型农村金融机构发展的重要手段。由于新型农村金融机构主要面向农民、农业和农村发放贷款，收益低，经营风险大，为增强其抗风险和持续发展能力，需要相关政策的支持。中国人民银行、原银监会、财政部和税务总局等在不同时期出台的政策主要包括：第一，奖励和补贴。例如，对涉农贷款余额增长满足要求的县域金融机构，给予一定比例的奖励。对符合条件的新型农村金融机构，按贷款余额给予补贴。第二，存款准备金制度以及再贷款政策。主要表现在，对新型农村金融机构应实施差别化的存款准备金率。支农再贷款对象扩大到村镇银行等县域内存款类金融机构。第三，税收优惠。金融机构及其涉农贷款业务均享有一定的所得税和营业税优惠，但相关优惠政策仍然需要加以完善。其一，相关政策措施不具体，阶段性很强，应增强政策的可操作性和连续性。其二，增加税收优惠的覆盖面，将非银行业机构全资发起设立的贷款公司和小额贷款公司纳入增值税优惠范围。[②] 此外，为了降低农业信贷风险，应健全政策机制，深化信贷机构与保险公司的协同、联动，通过扩大农业保险覆盖面以减少农业生产经营者的经济损失。

二、信贷担保机制

农业信贷具有范围广、收益低、风险大、政策性强的特点。近年来，在政府的主导下和金融机构的参与下，金融监管机构积极推进农业金融创新，不断探索符合农业农村发展需要的贷款担保方式，对缓解农业

---

① 参见谢金楼：《新型农村金融机构可持续发展模式研究与选择》，载《河南社会科学》2015 年第 5 期，第 90 页。

② 中国人民银行、银保监会、证监会、财政部、农业农村部 2019 年 1 月发布的《关于金融服务乡村振兴的指导意见》提出，“落实金融机构向农户、小微企业及个体工商户发放小额贷款取得的利息收入免征增值税政策”。

融资压力和降低资金借贷风险发挥了重要作用。[①] 但是目前我国农业信贷仍然存在担保机制不健全、担保供给不足等问题。健全农业信贷担保制度可以有效地缓解农业生产经营者特别是小规模经营者的贷款难问题,同时激励金融机构积极参与“三农”金融服务。针对信贷担保存在的问题,现提出如下建议:

(1)完善农业担保主体。从担保主体的性质而言,农业信贷担保的主体是一个由政策性担保机构、商业性担保机构以及互助式担保组织等构成的多层次农业农村担保体系。2015 年以来,我国已经形成了一个包括国家农业信贷担保联盟有限责任公司和各省级农业信贷担保公司的多层次、广覆盖的全国农业信贷担保体系。但是我国涉及农业贷款的担保机构的“增信”功能还有明显不足。政策性农业信贷担保实质性运营受限,还需要进一步加强可持续力度。[②] 商业性担保机构参与涉农贷款担保的积极性不高,主要是因为农业信贷风险较大,因此应通过财政补贴和设立风险基金等方式鼓励商业性担保机构为涉农贷款进行担保。另外,目前有个别地方开始探索农村互助式担保组织,但不具有普遍性等。因而需要进一步总结实践经验,并出台相应的规范性文件或政策措施促进其发展。

(2)扩大担保物范围。除了不需要担保的小额信用贷款外,金融机构通常要求农业生产经营者用财产进行抵押或质押,以确保贷款能够得到偿还。这主要是因为,一些新型农业经营主体规模小,内部治理不完善,财会制度不健全,信用记录欠缺导致信息不对称等。[③] 受农业生产条件的限制和法律制度的制约,农业生产经营者不能或者难以提供有效的担保物,从而导致其融资需求得不到满足。该问题的实质是缺乏合法有效的担保物。例如,农村有价值的动产和财产权利较少,作为

---

① 我国《乡村振兴促进法》第 63 条规定:“国家综合运用财政、金融等政策措施,完善政府性融资担保机制,依法完善乡村资产抵押担保权能,改进、加强乡村振兴的金融支持和服务。财政出资设立的农业信贷担保机构应当主要为从事农业生产和与农业生产直接相关的经营主体服务。”

② 参见周孟亮、李向伟:《金融扶贫中新型农业经营主体融资增信研究》,载《理论探索》2018 年第 4 期,第 96 页。

③ 参见张晋华、刘西川:《新型农业经营主体融资机制研究》,经济科学出版社 2018 年版,第 55 页。

农民主要财产的房屋、宅基地使用权在法律上不能成为担保物。二元化的土地产权制度限制了农村土地资源的有效利用,特别是农村宅基地产权的残缺导致农村住房价值低下,城乡发展不平等,农民无法充分享受土地权益。[①] 为缓解担保物不足的问题,现提出如下建议:第一,扩大土地经营权抵押试点。虽然《农村土地承包法》和《民法典》等立法已经明确规定农村土地经营权可以进行抵押,但应通过配套措施扩大试点范围。从现实情况来看,受自身原因以及政策因素等的制约,适用于新型农业经营主体的大型农机具、土地经营权以及林权等抵押贷款方式没有广泛开展,抵押担保"瓶颈"仍然难以突破。[②] 第二,扩大农民住宅财产权抵押试点范围,探索建设性用地使用权抵押、农民享有的集体资产股份质押的有效形式以及配套机制。[③] 第三,探索试点新型担保物的担保。例如,出台具体规定,将水域滩涂养殖权、承包土地收益权、农(副)产品订单、农民享有的建设用地使用权及其建筑物等权利或不动产纳入农业信贷担保物范围。

(3)健全农业信用评价体系。农业信用体系是社会信用体系的重要组成部分,是满足农业生产经营者融资需求的基础性制度。建立健全农业信用评价体系,对于改善农村融资环境、促进金融服务"三农"具有重要作用。科学合理的农业信用评价不仅有利于提高农业生产经营者的自身信用水平,而且有助于增强涉农金融机构的风险防控能力。农业信用评价机制可以缓解涉农金融机构与农业经营主体之间存在的信息不对称状况。随着我国新型农业经营主体的进一步发展,其资金需求日益增加。在担保物缺乏的情况下,涉农金融机构在为农民专业

---

① 参见吴晓燕:《动能转换:农村土地产权制度改革与乡村振兴》,载《社会科学研究》2020 年第 3 期,第 64 页。

② 参见王永恒:《供给侧改革视角下新型农村经营主体金融服务路径探析——对平凉市农民专业合作社、家庭农场的调查》,载《西部金融》2018 年第 2 期,第 62 页。

③ 中国人民银行、银保监会、证监会、财政部、农业农村部 2019 年 1 月发布的《关于金融服务乡村振兴的指导意见》提出,"配合农村土地制度改革和农村集体产权制度改革部署,加快推动确权登记颁证、价值评估、交易流转、处置变现等配套机制建设,积极稳妥推广农村承包土地的经营权抵押贷款业务,结合宅基地'三权分置'改革试点进展稳妥开展农民住房财产权抵押贷款业务,推动集体经营性建设用地使用权、集体资产股份等依法合规予以抵押,促进农村土地资产和金融资源的有机衔接"。

合作社、家庭农场、种养大户等提供信贷服务时，可以根据信用等级来提供不同的信贷产品，从而降低信贷违约的风险。长期以来，我国农业信息体系建设滞后。由于没有一个统一的、标准的农业信用评价机制，涉农金融机构很难判断农业生产经营者的信用状况，直接导致其金融支持乏力。因此，中国人民银行、银保监会以及农业农村部等应加强规范化建设，提升法制化水平，建立健全农业信用评价机制，并为涉农金融机构提供权威的信息共享平台。①

三、农业保险服务

在农业生产的产前、产中和产后多个环节中，涉及多个主体，面临多种风险。农业企业、农民专业合作社、家庭农场、种养大户以及小农户等的生产经营可能面临来自自然界的风险和市场交易的风险。为农业生产经营者提供信贷服务的金融机构面临其不能偿还贷款的信贷风险。为保障农业生产的正常进行以及激励金融机构服务"三农"，需要一种机制将这些风险转移或者进行风险管理。这就是农业保险制度。然而，农业保险具有特殊性，如保险标的价值具有不确定性，地域较为分散，承保风险具有多元性和复杂性，保险机构的经营成本相对较高等。农业保险的涉及面较为广泛，不同地域和不同类型的农业生产经营主体具有差异化需求。我国农业经营的主体是分散的小农户，这增加了保费厘定、核保、理赔的难度。研究表明，在我国当前的农业保险中，"保险公司的系统性风险分散能力不足，政策红利的摊薄与经营利润率较低，加上农险市场规模增长将集中于增量效应从而面临较高的增量成本，使得保险公司缺乏增加农险资源投入、进行创新以开拓市场

① 中国人民银行、银保监会、证监会、财政部、农业农村部2019年1月发布的《关于金融服务乡村振兴的指导意见》明确提出，"加快推进农村信用体系建设。按照政府主导、人民银行牵头、各方参与、服务社会的整体思路，全面开展信用乡镇、信用村、信用户创建活动，发挥信用信息服务农村经济主体融资功能。强化部门间信息互联互通，推行守信联合激励和失信联合惩戒机制，不断提高农村地区各类经济主体的信用意识，优化农村金融生态环境。稳步推进农户、家庭农场、农民合作社、农业社会化服务组织、农村企业等经济主体电子信用档案建设，多渠道整合社会信用信息，完善信用评价与共享机制，促进农村地区信息、信用、信贷联动"。

的意愿与能力”。[①] 从现实来看,虽然农业经营主体有明确的投保愿望,但一些农村地区保险服务缺失,保险覆盖面存在问题。[②] 在国家政策的引导和支持下,我国农业保险制度得到发展,农业保险范围不断拓展,对于保障农业生产发挥了积极作用。中央文件和立法上明确提出农业保险要“扩面、增品、提标”。[③] 但是,我国现行的农业保险制度和相关政策仍然不能满足农业产业化发展的需要,存在农业保险供给不足的问题,迫切需要进一步增加农业领域的保险供给。主要包括如下方面:

1. 增加农业保险供给主体。我国农业领域尚未形成商业性、政策性和合作性相结合的多元化的农业风险分散机制。从境外实践来看,农业保险的供给主体通常包括商业性保险机构、政策性保险机构和农村合作保险组织等多层次的农业保险体系。由于农业保险具有高风险、低收益的特点,基于经营成本和效益的考虑,商业性保险机构缺乏参与农业保险的积极性,导致参与农业保险的保险公司显著不足。而且,财政补贴和税收优惠的支持力度有限,商业性保险机构也面临着较高的经营风险。从运行实践来看,应增加税收优惠对互助保险以及增值税范围和保险品种的覆盖,同时充分考虑各地的经济情况和财政状况,适当降低处于贫困地区的市县财政补贴比率,相应的补贴由中央和省级财政分担,并将有限的补贴资金重点投入高风险地区,最大限度分散农业风险。需要指出的是,我国目前的政策性农业保险主要是指对农业保险机构的财政和税收优惠,并不存在政策性农业保险机构。此种保险机构目前仅处于政策文件阶段。[④] 另外,农业互助保险组织属于合作性保险。相比于商业性保险,这种保险具有降低道德风险和逆向

---

① 张卓、尹航、褚志亮:《我国保险公司农业保险有效供给不足的效率视角解释——基于 DEA - 非期望产出模型》,载《辽宁大学学报(哲学社会科学版)》2020 年第 2 期,第 45 页。

② 参见鲁钊阳:《金融服务创新促进新型农业经营主体发展研究》,中国社会科学出版社 2019 年版,第 119 页。

③ 我国《乡村振兴促进法》第 66 条规定:“国家建立健全多层次农业保险体系,完善政策性农业保险制度,鼓励商业性保险公司开展农业保险业务,支持农民和农业经营主体依法开展互助合作保险。县级以上人民政府应当采取保费补贴等措施,支持保险机构适当增加保险品种,扩大农业保险覆盖面,促进农业保险发展。”

④ 中国人民银行、银保监会、证监会、财政部、农业农村部 2019 年发布的《关于金融服务乡村振兴的指导意见》提出,“落实农业保险大灾风险准备金制度,组建中国农业再保险公司,完善农业再保险体系”。

选择的优势,因而是农业保险重点发展的方向。但就目前而言,只有黑龙江阳光农业相互保险公司以及慈溪市龙山镇伏龙农村保险互助社等寥寥数家持牌机构,覆盖面极为有限。而且,这些机构还存在险种划分不明、保险范围狭窄、经营品种少、保障程度低等问题,难以有效发挥分散风险的作用。[①] 因此,政府应通过财政支持、税收优惠以及设立巨灾救助基金和承担最终风险处置责任等措施积极探索和实践互助保险,增加保险品种,扩大保险覆盖范围,提高风险保障程度。

2. 扩大农业保险品种的供给。我国农业保险的保险险种较少,农业保险的覆盖面严重不足。目前,我国并没有形成供给多元的农业保险种类和保险品种。长期以来,我国农业保险主要是种植类和养殖类保险,难以应对农业生产经营中面临的各种风险。随着我国适度规模经营的推进,农民专业合作社、家庭农场等新型农业经营主体得到发展。但是在我国农业生产经营中占主要地位的仍然是小农户和小微企业等。为此,农业保险机构应因地制宜开发不同的保险产品,以满足不同层次和规模的农业生产经营者的需要,如开发特色优势农产品保险品种。[②] 基于地方特色农产品保险补贴严重缺失的情况,中央财政应加大支持力度,以促进特色农业保险的"扩面"和"增品"。[③] 对于新型农业经营主体,"可推行'基本险 + 附加险'的复合式农业保险产品"。[④] 为激励保险公司进行地方优势特色农产品等新型农产品的农险创新,需要将接受补贴的主体由农业生产经营者转移到保险公司,即由"保费

---

① 参见林丽琼、朱烨、汪彬:《乡村振兴战略下我国农业互助保险发展探析》,载《石河子大学学报(哲学社会科学版)》2019 年第 3 期,第 58 页。

② 中共中央办公厅和国务院办公厅 2019 年发布的《关于促进小农户和现代农业发展有机衔接的意见》明确提出,"拓宽小农户农业保险覆盖面。建立健全农业保险保障体系,从覆盖直接物化成本逐步实现覆盖完全成本。发展与小农户生产关系密切的农作物保险、主要畜产品保险、重要'菜篮子'品种保险和森林保险,推广农房、农机具、设施农业、渔业、制种等保险品种。推进价格保险、收入保险、天气指数保险试点。鼓励地方建立特色优势农产品保险制度。鼓励发展农业互助保险。建立第三方灾害损失评估、政府监督理赔机制,确保受灾农户及时足额得到赔付。加大针对小农户农业保险保费补贴力度"。

③ 张峭等:《我国农业保险风险保障:现状、问题和建议》,载《保险研究》2019 年第 10 期,第 17 页。

④ 马彪、张琛、彭超:《农户分化背景下农业保险的功能实现研究》,载《保险研究》2020 年第 9 期,第 90 页。

补贴"逐步过渡到"经营费用补贴",以"修正农业保险的风险覆盖面与农业经营主体风险配置需求间的偏离"。[①] 在财产损失险方面,除了常规的农产品、畜产品保险外,加大农机具、设施农业、制种等保险品种的推广力度。另外,还要创新发展与农业生产经营有关的信用保险、责任保险以及保证保险等种类,如农产品质量保证保险、农业信贷保证保险、农产品质量责任保险、涉农环境责任保险等。农产品价格保险、收入类保险、天气指数保险等属于新型农业保险产品,应通过试点逐步推进。在现代化农业背景下,农业生产经营的目的已不再限于满足生活生存需要,而是通过农业投入实现增值。但我国目前的保险品种基本属于成本保险,主要补偿农业生产经营者的成本损失,保障水平有限。收入保险能够克服保障单一产量和价格的弊端,通过产量和价格等市场因素的综合运用,从而发挥高水平的保障作用。[②] 基于收入保险是一种市场化运作,农业生产经营者和保险公司都增加了相应的成本和风险,因而需要通过巨灾基金、财政投入、双向补贴、差异化补贴等措施调动市场主体的积极性。

四、发展期货农业

"期货农业"并不是一个规范性的术语。期货农业是期货市场在农业领域的应用。其实质是运用期货这一金融产品服务于农业生产的一种金融模式。期货是一种衍生性金融产品,是以标准化合约为交易标的的金融工具。我国《期货交易管理条例》调整的期货交易的范围包括期货合约和期权合约。期货是指在将来某一特定的时间和地点交割一定数量标的物的标准化合约,主要包括商品期货以及金融期货等,如农产品期货、畜产品期货及其价格指数期货等。期权是指买方有权在将来某一时间以特定价格买入或者卖出约定标的物的标准化合约,包括看涨期权和看跌期权。期货和期权的准入实行许可制,由中国证监会进行监管。广义而言,期货还包括远期。它是指在将来某一时间和地

① 张卓、尹航、褚志亮:《我国保险公司农业保险有效供给不足的效率视角解释——基于 DEA - 非期望产出模型》,载《辽宁大学学报(哲学社会科学版)》2020 年第 2 期,第 49 页。

② 参见熊礼慧、董希淼:《农业保险的供给侧改革》,载《中国金融》2020 年第 4 期,第 60 页。

点,对某一特定数量和质量的产品按某一特定价格进行交割的合约。与期货相比,远期是一种非标准化的合约,由买卖双方直接协商交易,具有较强的灵活性。订单农业其实就是一种远期,是对将来农牧产品的预买预卖。远期、期货、期权等衍生性金融产品是进行风险管理的重要工具,可以规避现货市场的价格风险,具有风险转移、价格发现和套期保值等功能。期货与保险既有联系,也相互区别。二者的联系在于,二者都属于金融工具,都对分散农业风险发挥保障作用;但二者对于分散农业风险的运行机理和保障范围并不相同。在期货市场,期货投资者付出的成本主要是保证金和期权费。期货公司属于中介机构,本身不一定承担相应的损失。在保险市场,投保人付出的成本是保险费。保险公司按照约定承担农业生产经营者的损失。另外,期货市场保障的是农产品的价格风险,针对的是能通过大规模交易进行市场定价的农产品,而且主要是对农产品价格风险的保障。保险市场保障的风险范围较为宽泛,除了农产品的价格保险外还包括农产品的收入保险以及农业机械、农业设施、环境责任等,而且对农产品的规模和品种没有限制。

农业的稳健发展离不开风险管理手段的运用。作为一种风险管理工具,期货对分散农产品风险、保障农业经营主体的收益等具有重要作用。订单农业是一种初级的风险管理手段。农业生产者可以根据与农产品经营者签订的订单进行生产,避免了盲目性。农业生产者将其价格风险转移给农产品经营者,降低了市场风险。然而,期货交易功能的发挥具有复杂性。在期货市场,参与交易的主体主要有两种,即套期保值者和投机者。农产品经营者在农产品市场上买进或卖出一定数量现货农产品的同时,在农产品期货市场上卖出或买进与现货农产品品种和数量相当但方向相反的农产品期货合约,以一个市场的盈利来弥补另一个市场的亏损,从而达到套期保值的目的。在农产品期货市场,有大量的投机者参与。这些投机者的来源非常广泛,掌握着不同的市场信息,并形成了对交易行情的不同判断。投机者基于各自不同的市场判断进行期货交易,从而影响期货交易价格的形成。在期权交易中,为防止农产品价格下跌,农产品经营者可以买入看跌期权。一旦农产品价格受市场行情影响而下跌,看跌期权的收益可以抵消农产品价格下跌所造成的损失,从而达到通过对冲降低损失的目的。近年来,中央文件多次提及试点“保险+期货”,表明二者协调发展的重要性和紧迫性。保险和期货这两种不同金融工具的运用,可以产生组合效应,更好地保障农业生产经营者的利益。研究表明,“保险+期货”的组合模式并不一定能充分发挥农产品价格的风险保障作用。这是因为,保险公司可以通过看跌期权将价格下行风险转移给期货公司,而期货公司可以通过期权费的定价权将成本传递给农业生产经营者。①

相比于发达国家和地区,我国期货市场起步较晚。特别是农产品期货市场,近年来才得到一定的发展。在政府的引导和支持下,我国期货市场已经推出了小麦、大豆、玉米、棉花、苹果等部分农产品期货品种,对完善农产品价格形成机制以及促进农业产业化等发挥了积极作用。然而,我国目前上市交易的期货品种只是涉及主要粮食作物,并不包括地方性的特色农产品。这是因为,期货品种上市交易必须满足一些条件,如产品的市场价格波动较大,有较大的市场需求,能够吸引投机者参与等。也就是说,如果某一种产品没有较大的供给和需求,或者市场价格波动较小,不能吸引众多的参与者,那么也就难以成为上市交易的期货品种。另外,商品期货还必须达到能够进行标准化和运输储存的条件等。因此,对于多数特色农产品而言,难以纳入商品期货交易范围。目前较为可行的措施就是大力发展订单农业,以解决特色农产品产销脱节问题。研究表明,生产特色农产品的农户更倾向于选择订单农业。② 农业企业、农民专业合作社以及农产品经营者等利用市场优势积极与家庭农场和小农户进行对接,由其根据订单确定的质量、数量和标准进行生产。当然,农产品的订购者也存在交易风险和市场风险。为了分散订单农业风险,可以运用“远期+保险”或“远期+期权”的综合性风险转移模式。③ 订购方购买履约保险和农产品价格保险,以降低

---

① 参见鞠荣华、常清等:《“保险+期货”:农业风险管理的策略与战略——基于试点案例分析的对策建议》,载《中国证券期货》2019年第5期,第10页。

② 参见宋瑛:《农业产业化经营组织》,科学出版社2017年版,第85页。

③ 中国人民银行、银保监会、证监会、财政部、农业农村部2019年发布的《关于金融服务乡村振兴的指导意见》提出,“稳步扩大‘保险+期货’试点,探索‘订单农业+保险+期货(权)’试点,探索建立农业补贴、涉农信贷、农产品期货(权)和农业保险联动机制,形成金融支农综合体系”。

对方违约和产品价格下跌所造成的损失。同时,保险公司或订购方可以购买看跌期权,通过对冲交易将风险在期货期权市场上分散给众多的投机者。有观点认为,"保险+期货"合作模式的"价格保险"只是一种初级形式的、短期的农业风险管理策略,作为"保险+期货"合作模式的"收入保险"才是高级形式的、长期的农业风险管理战略选择。保险公司在传统的"成本保险"的基础上,推出"收入保险"产品,并通过与期货公司的合作利用自身管理风险的优势,降低自身运行成本,为农业生产经营者提供农业风险的保障服务。①

第四节 财税保障与农业服务

一、财税保障

财政和税收政策是促进农业发展的重要保障机制。农业是基础性产业,在国民经济中处于基础性地位,同时,与其他产业相比又具有明显的弱质性,因而需要政府加强支持和保护。我国公共财政框架体系的构建充分体现了"三农"的优先位置,财政资金对"三农"投入保持持续稳定增长。为保障农业农村发展,中央财政设立了专项资金或经费,包括中央财政农业生产发展资金、农业资源及生态保护补助资金、动物防疫等补助经费。农业生产发展资金重点支持具有区域优势、地方特色的生态农业,以促进优势特色主导产业发展和农民增收致富。近年来,围绕生态保护、精准扶贫和乡村振兴,政府加大了财政支持力度,调整优化农业结构,加快培育农村发展新动能,支持绿色循环农业发展和优势特色产业集群建设,推进农业全产业链发展,推动农业由增产导向转向提质导向。为促进产业扶贫,财政资金得以向贫困地区倾斜,特别是优先支持深度贫困地区,推动贫困地区发展扶贫主导产业。尽管我国财政支农成效显著,但也存在财政支农资金的使用和管理等方面需要改进和创新的地方。例如,财政支农与金融资本、民间资本的结合不

① 参见鞠荣华、常清等:《"保险+期货":农业风险管理的策略与战略——基于试点案例分析的对策建议》,载《中国证券期货》2019年第5期,第11页。

紧密。在政府财力有限的情况下，财政资金对社会资本投资农业的引导和激励还存在不足。与中东部地区相比，西部地区的地方财政投入农业的总量有明显差距，需要中央财政加大支持力度。现行财政政策对于农业全产业链的扶持力度还存在不足。财政对农业的支持不仅包括农业生产环节，还包括农业产品的深加工、运输、储存以及服务等方面，需要采取措施予以精准支持。另外，在财政支农资金的使用监管方面也存在一些漏洞，如一些地方盲目成立家庭农场和农民专业合作社，主要目的是套取农业补贴。

质量兴农和绿色兴农是我国农业的发展方向。培育农业新业态、新模式以及推进农业绿色化、优质化、特色化和品牌化，离不开强农惠农富农政策的精准性、稳定性和实效性。由于财政农业农村资金涉及多个地区、多个层级、多个行业，因而财政支农主要存在资金运用的错位以及低效率或无效率等方面的问题。我国目前存在财政资金与社会资本结合不紧密的情况，政府应创新财政资金投入机制和使用方式，激励和引导金融资本、民间资本等投入农业农村发展。财政资金与社会资本结合进行投资和融资，是政府支农资金发挥效用的最佳途径。由于财政支农力度受到经济发展水平的制约，因而政府在保障财政支农水平的前提下，通过贴息、补贴、担保、政府购买服务等方式，吸引社会资本投入农业，以拓宽农业投融资渠道。财政支农资金分配和使用应兼顾重点领域的投入和薄弱环节的支持力度，在支持基础工程建设、抗灾救灾、农业结构调整、农业综合开发的同时，向欠发达地区倾斜，特别是加大对西部地区扶贫产业深加工的扶持，以促进农民增收和带动农民就业。在评价涉农资金使用绩效时，对于一些投入大、周期长和见效慢的农业项目，应考虑其综合效益，包括社会效益和生态效益，而不能仅局限于经济效益。为确保财政支农资金使用的精准性和实效性，应创新管理机制，加强监管力度。另外，财政补贴应具有正生态效应。研究表明，我国对农业生产者的产品补贴、投入品补贴以及直接补贴等属于“黄箱政策”的补贴，助长了农业生产者对农药化肥的施用，具有较大的生态负面效应。因此，应施行与当期生产脱钩的补贴，即施行与安全生产、产品质量等挂钩的属于“绿箱政策”的补贴，以产生正向的生态环境效应。[①] 为符合"绿箱"支持政策,应推进农作物与收入保险、农业基础设施服务以及农业生产技术研发等方面的补贴等。[②] 特别是将一些地方特色优势产业纳入保险补贴的范围。

我国目前已经形成了有关农业税收的法律和政策体系,特别是逐步完善了农业税收的优惠措施,包括农业生产环节和农产品销售环节对农业生产经营者以及服务于农业产业相关环节的企业进行税收减免或比例退税等,并成为促进农业发展的重要经济杠杆。目前,我国农业农村改革不断深化,农业全产业链逐步推进,需要更为精准的、覆盖范围广、以农业产业化为导向的税收优惠政策措施。具体分析如下:①将深加工农产品纳入优惠范围。我国现行农业税收优惠主要局限于特定的初级农产品,即直接来源于种植业、养殖业等行业生产的简单加工的各种动物和植物产品。对于深加工农产品并不属于免征增值税的范围。该项规定不仅割裂了农业产业链条的连续性,也难以促进农产品加工业的发展,直接影响农民增收以及社会资本的参与。我国农业整体水平不高,主要是因为没有从根本上改变销售原料和初级产品的单一生产经营格局,不能充分体现农业资源的质量优势和市场优势。要提高农业竞争力和促进农民增收,就必须开发有影响力的中高端产品,提升农产品的附加值。因此应健全相关规定,将深加工农产品纳入优惠范围,如葡萄酒、奶制品、枸杞茶等。②扩大农业企业优惠范围。一方面,对于从事农产品深加工的农业企业给予增值税的优惠;另一方面,对于从事一些经济作物种植和开发的农业生产经营者给予所得税优惠。现行规定对花卉、饮料作物、香料作物的种植以及内陆养殖业等减半征收企业所得税,不利于这些产业的发展。事实上,这些产业都是地方特色优势产业,对于实施产业扶贫、促进农民增收、带动农民就业等具有重要作用。因而应增加优惠力度,免征企业所得税。③扩大个人所得税优惠范围。农业的发展需要大量的资金投入,包括财政资金、金融资本、民间资本等。为了鼓励和吸引社会资本投入农业应建立相

---

① 参见马红坤、毛世平:《我国农业支持政策的绿色生态转型研究——基于中日韩三国的比较分析》,载《经济体制改革》2020 年第 2 期,第 159 页。

② 参见许庆、刘进、杨青:《WTO 规则下的农业补贴改革:逻辑、效果与方向》,载《农业经济问题》2020 年第 9 期,第 98 页。

应的税收优惠措施。然而,根据现有规定,个人投资于农业企业所得的分红,须缴纳个人所得税,不利于激发农业投资。另外,对农村集体经济组织成员从集体经济组织取得的股息、分红所得,应给予免征个人所得税的优惠。总体而言,基于推动农业现代化、规模化和产业化发展的需要,应健全增值税、所得税、房产税、城镇土地使用税、耕地占用税等优惠,以提高税收优惠政策的针对性和实效性。

二、农业服务

为农业发展提供公共服务是政府的基本职能。推进我国农业现代化治理的关键在于,“推进农业治理体系和治理能力的现代化”。[①] 我国农业发展的关键是实现农业资源的优化配置。农业产业既不能完全由市场调节,也不能任由公权力干涉,而是应当注重市场自发调节和政府宏观调控的有机结合。只有市场机制与政府调控的密切结合,才能实现产业结构的合理化。[②] 政府作为公共权力的行使者和社会事务的管理者,对经济活动的干预应是一种有边界条件和临界点的介入状态。这种干预机制是一种适度调节,而不是过度管制。这就要求政府在经济发展过程中做到有所作为,有所不为。政府可以通过对客观经济规律的认识和把握,对经济发展进行战略规划与宏观决策,对重大经济活动预先作出安排,从而进行有目的、有针对性的引导和调控。政府行为的优势在于,能够从全局出发来把握经济方向,从宏观上配置经济资源,促进经济结构调整,实现产业布局的优化。农业是我国的支柱产业和基础产业,在国民经济中占有重要地位。但是,农业也是弱质性产业。我国农业现代化还存在很多短板,如标准化程度较低、质量可控性不强、技术储备不足、经营规模较小等。这就需要政府充分利用经济杠杆,积极发挥对农业资源配置的调控作用,解决农业领域公共产品供给不足以及公共服务能力不足的问题。例如,2013 年成立的中国农业产业发展基金就是财政支持农业企业的一个具

---

① 文丰安:《乡村振兴战略与农业现代化治理融合发展:价值、内容及展望》,载《西南大学学报(社会科学版)》2020 年第 4 期,第 45 页。

② 参见白永秀、惠宁主编:《产业经济学基本问题研究》,中国经济出版社 2008 年版,第 28 页。

体措施。政府对农业发展的干预是一种宏观调控,表现为对农业的扶持、指导和服务等。政府通过出台相关政策和法律,为农业的产业化和现代化构建可行的规则体系以及营造良好的发展环境,如信贷支持政策、特色农产品奖补政策等。

无论是巩固脱贫成果还是促进乡村振兴,都离不开特色产业的发展。特色农业是一项涉及众多部门和市场主体的系统工程,需要政府精准施策,有针对性地加以支持和引导。政府应依照各地的实际情况,协调各个部门优化政策工具,调动农业生产经营者的积极性,走适度规模化发展之路,形成农业生产的特色和优势。农民专业合作既是一种规模化的农业协作经营方式,同时对农民而言也是一件新兴事物。政府部门应在尊重农民意愿的基础上,为农民提供咨询意见和信息服务,对合作社的经营和发展进行专业指导。同时,政府部门在指导过程中应妥善处理好各种利益关系,并对合作社的运行进行监督,及时解决出现的各种问题,以促进合作社的健康发展。现代农业对资本、技术、人才要求较高,政府应为城乡生产要素的自由流动创造条件。[①] 因而有观点认为,发展特色农业,政府应强化“四大作为”,即强化“引导”作为、强化“示范”作为、强化“服务”作为、强化“保护”作为。[②] 政府所提供的公共产品和公共服务与农业产业和区域经济发展呈正相关关系。例如,近年来,在中央和地方政策的大力支持下,宁夏葡萄酒产业、枸杞产业等特色产业得到快速发展,种植面积和产量得到大幅提升。在葡萄的种植和酿酒、枸杞的种植和精深加工等方面,政府通过提供市场对接、产品展销、技术服务、信息服务、宣传服务等,助力产业发展。据统计,2014 年,宁夏葡萄产量为 19.2 万吨,比上年增长 11.7%。2019 年宁夏葡萄产量为 24.54 万吨,比上年增长 23.3%。就整体而言,受区位因素以及历史因素的影响,我国西部属于欠发达地区,经济社会发展水平明显滞后于中东部地区。要从根本上改变西部地区的落后状况就必须因地制宜,充分利用当地的自然资源、人文资源等优势发展特色产业

① 参见王文龙:《新型农业经营主体、小农户与中国农业现代化》,载《宁夏社会科学》2019 年第 4 期,第 106 页。

② 参见《关于发展特色农业问题的学术观点综述》,载《江西农业经济》1996 年第 6 期,第 22 页。

和特色产品。农业是西部地区传统的优势产业，因而政府应增加公共服务供给，健全农业全产业链发展的政策措施，加强对西部地区优势特色农业和特色农产品的支持力度。

虽然基于经济社会发展的需要，政府承担公共资源的支出以及公共服务职能，但政府所具有的资源具有有限性特征，其难以利用公共资源包揽各种社会事务。这就需要不断深化行政管理体制改革，充分调动社会力量和利用社会资本服务于经济社会发展。这就是农业社会化服务。而且，从农业发展的进程来看，农业现代化是一个社会化大生产过程，离不开农业社会化服务的有力支撑。现代农业服务体系有助于克服农业生产单位自身规模小的弊端，可以解决农业小生产与大市场之间的矛盾。[①] 农业产业涵盖产前、产中、产后不同环节和不同阶段，对技术、资金、人才等多种生产要素都有多元化和差异化的需求，通过农业社会化服务可以产生互惠的、双向的价值和效益，即“价值共创”的效果。近年来，我国大力发展“主体多元、形式多样、竞争充分”的农业社会化服务，农业社会化服务供给逐步增加，初步形成了专项服务与综合性服务相协调的多元化、多形式、多层次的服务体系。集体经济组织、农业企业、农民专业合作社、家庭农场等经营主体既是与小农户形成利益联结的纽带，也是农业社会化服务的重要主体，激发了农业农村经济发展的内在活力。但就目前而言，我国通过政府或者公共服务组织提供的农业服务还占据主导地位，农业社会化服务的有效供给能力还处于一个较低的水平，难以完全满足农业生产经营者对农业服务的多元化需求，农业社会化服务普遍存在普及度较低、覆盖面不足的问题。我国西北地区地域广泛，土地资源丰富，主要生产初级农产品，对于提升农产品附加值以及提升农业产业链价值的服务还较为欠缺。从社会化服务的主体来看，相较于中东部地区，西部地区存在集体经济组织实力偏弱、社会资本参与不足、龙头企业数量偏少、农民专业合作社规模偏小和带动力不足等问题。基于此，政府需要通过财政、税收等经济杠杆引导和鼓励社会力量和社会资本升级农业产业链，构建以土地、产权、

---

① 参见曾向东、唐启国：《现代农业财政支持体系研究》，东南大学出版社 2013 年版，第 110 页。

劳动、资金、技术、产品等为纽带的多种形式的合作与联合，以此实现农民增收致富、增加农民就业机会、提高农业经营组织的带动力的目的，并促进区域经济社会发展。